21世纪国际商务专业硕士（MIB）规划教材

CROSS-BORDER
E-COMMERCE

跨境电子商务

马述忠　张夏恒　梁绮慧　/主编

图书在版编目(CIP)数据

跨境电子商务 / 马述忠, 张夏恒, 梁绮慧主编. —北京: 北京大学出版社, 2023.7
21世纪国际商务专业硕士(MIB)规划教材
ISBN 978-7-301-32567-4

Ⅰ. ①跨⋯ Ⅱ. ①马⋯ ②张⋯ ③梁⋯ Ⅲ. ①电子商务—研究生—教材 Ⅳ. ①F713.36

中国版本图书馆CIP数据核字(2021)第197376号

书　　　名	跨境电子商务
	KUAJING DIANZI SHANGWU
著作责任者	马述忠　张夏恒　梁绮慧　主编
责任编辑	李　娟
标准书号	ISBN 978-7-301-32567-4
出版发行	北京大学出版社
地　　　址	北京市海淀区成府路205号　100871
网　　　址	http://www.pup.cn
微信公众号	北京大学经管书苑(pupembook)
电子信箱	编辑部: em@pup.cn　总编室: zpup@pup.cn
电　　　话	邮购部 010-62752015　发行部 010-62750672　编辑部 010-62752926
印　刷　者	北京飞达印刷有限责任公司
经　销　者	新华书店
	787毫米×1092毫米　16开本　19.5印张　486千字
	2023年7月第1版　2023年7月第1次印刷
定　　价	49.00元

未经许可，不得以任何方式复制或抄袭本书之部分或全部内容。
版权所有，侵权必究
举报电话: 010-62752024　电子信箱: fd@pup.cn
图书如有印装质量问题，请与出版部联系，电话: 010-62756370

前　言

随着《中华人民共和国电子商务法》的发布，以及一系列跨境电子商务利好政策的相继出台，我国跨境电子商务行业逐渐形成买全球、卖全球的发展趋势，多措并举促进了我国跨境电子商务行业的与时俱进和勇立潮头。根据网经社数据，2022年中国跨境电子商务市场规模达15.7万亿元，较2021年的14.2万亿元同比增长10.56%。在全球贸易政策不确定性增加等情况下，我国跨境电子商务交易规模仍保持高速增长态势，近五年复合年均增长率达16.2%。习近平总书记在党的二十大报告中指出："从现在起，中国共产党的中心任务就是团结带领全国各族人民全面建成社会主义现代化强国、实现第二个百年奋斗目标，以中国式现代化全面推进中华民族伟大复兴。"当前，以中国式现代化全面推进中华民族伟大复兴正处于关键期，我国将继续贯彻新发展理念，推进高质量发展，推动构建新发展格局，实施供给侧结构性改革，制定一系列具有全局性意义的区域重大战略，以使我国经济实力实现历史性跃升。

然而，经济发展取得新成效、改革开放迈出新步伐、社会文明程度得到新提高、生态文明建设实现新进步、民生福祉达到新水平、国家治理效能得到新提升等主要目标的实现，离不开人才培养这一基础工程。跨境电子商务的飞速发展，刺激了相关的人才需求，包括研究生群体在内的中高端跨境电子商务人才更是人才市场的宠儿。这对于高等学校相关专业人才的培养，尤其是研究生人才的培养，提出了新的要求。值此契机，很有必要全面梳理研究生教材的体系架构，力争出版一本高质量的跨境电子商务研究生教材。本书的特色主要体现在以下几个方面：

（1）目标明确，与时俱进。本书的导学思路明晰，各篇目之间有比较密切的连贯关系，符合由浅入深的认识过程；同时，本书从近几年的热点经济问题引出抽象概念，以解决问题为导向进行知识讲解，有利于学生进行自我学习。

（2）价值引领，突出思政。本书在编写过程中将课程思政元素适当融入跨境电子商务的产生背景、制度环境和发展趋势，反映党的二十大精神，通过德育内容与专业教育相结合，使学生"德才兼备、全面发展"。

（3）学用结合，服务专业。本书每章节对于跨境电子商务各知识点都有较详细的解释，各部分知识相对独立完整，同时紧密结合专业需求。通过大量的案例分析，强化学生应用知识解决实际问题的能力，引导学生提高参与经济、政治、文化生活的能力。

（4）配套丰富，教学相长。本书在体例架构上设置"学习目标""素养目标""引导案例""新闻摘录""思考题""案例分析题"等栏目，大大增强了本书的可读性；同时，为任课教师提供了教学PPT和教学大纲等，以增加教学活动的便利性。

本书章节内容和逻辑框架由浙江大学马述忠负责设计与确定，并对全书进行整体指导与宏观规划。其他参编人员（按姓氏笔划排序）包括：王树柏（江西财经大学）、田毕飞

(中南财经政法大学)、杨丽华(宁波大学)、张夏恒(西北政法大学)、房超(浙江大学)、柴宇曦(浙江大学)、曹光耀(北京点石出海科技有限公司)、梁银锋(浙江大学)、梁绮慧(浙江工商大学)、温珺(南京理工大学)和温怀德(杭州师范大学)。各章具体分工如下:第1章,张夏恒、马述忠;第2章,温珺;第3章,马述忠、梁绮慧;第4章,张夏恒、马述忠;第5章,田毕飞;第6章,曹光耀、马述忠;第7章,张夏恒、马述忠;第8章,温怀德;第9章,马述忠、柴宇曦;第10章,杨丽华;第11章,王树柏;第12章,马述忠、房超和梁银锋。全书最后由马述忠、张夏恒、梁绮慧完成统稿与校对工作。

衷心感谢参与本书编写的各位合作者,感谢大家的辛勤付出和卓有成效的工作,我们虽然来自五湖四海,但却拥有一个共同的纽带,大都汇聚在浙江大学中国数字贸易研究院和浙江大学校级大数据创新团队——浙江大学"大数据+跨境电子商务"创新团队(马述忠工作室)这一共同的平台。浙江大学中国数字贸易研究院,是以"专业、前沿、高端、权威"为发展定位,秉承"开源创新、内涵发展"的理念,整合浙江大学、全国乃至全球研究力量以及数字贸易特别是跨境电子商务相关企业组建的新型科研平台,主要具备咨政建言、理论创新、人才培养、舆论引导、社会服务、公共外交六大功能,力求打造数字贸易特别是跨境电子商务领域国内顶尖、世界一流的高端新型智库。

未来五年是全面建设社会主义现代化国家开局起步的关键时期,党的二十大报告中强调"高质量发展是全面建设社会主义现代化国家的首要任务"。跨境电子商务是一个崭新的学科领域,新生事物不断涌现,这为跨境电子商务相关知识的梳理、界定和理解带来了严峻的挑战。时不我待,我们虽然秉承了"高质量发展"的时代诉求和理念,充分调研和吸收实践素材,在全书的结构、内容和行文等方面力求极致,但疏漏仍在所难免,不当之处望读者不吝批评指正。

马述忠
2023年1月于浙江大学紫金港

目 录

第1章 导 论 ········· 001
   1.1 跨境电子商务产生的背景 ········· 005
   1.2 跨境电子商务的内涵 ········· 009
   1.3 跨境电子商务的特征 ········· 010
   1.4 跨境电子商务演进的历程 ········· 012

第2章 跨境电子商务制度环境 ········· 019
   2.1 跨境电子商务政治环境 ········· 022
   2.2 跨境电子商务经济环境 ········· 028
   2.3 跨境电子商务法律环境 ········· 033
   2.4 跨境电子商务文化环境 ········· 040

第3章 跨境电子商务目标市场 ········· 049
   3.1 跨境电子商务目标市场细分 ········· 052
   3.2 跨境电子商务目标市场选择 ········· 057
   3.3 跨境电子商务目标市场定位 ········· 061
   3.4 跨境电子商务目标市场进入 ········· 066

第4章 跨境电子商务生态圈 ········· 073
   4.1 跨境电子商务生态圈的内涵 ········· 076
   4.2 跨境电子商务生态圈的特征 ········· 079
   4.3 跨境电子商务生态圈的理论基础 ········· 081
   4.4 跨境电子商务生态圈的主体构成 ········· 083
   4.5 跨境电子商务生态圈的协同效应 ········· 084

第5章 跨境电子商务平台 ········· 093
   5.1 跨境电子商务平台的内涵 ········· 096
   5.2 跨境电子商务平台的类型 ········· 099
   5.3 跨境电子商务平台的特征 ········· 110
   5.4 跨境电子商务平台的功能 ········· 115

第6章 跨境电子商务营销 ... 123
6.1 跨境电子商务营销的内涵 ... 126
6.2 跨境营销的产品策略 ... 127
6.3 跨境营销的定价策略 ... 135
6.4 跨境营销的分销策略 ... 141
6.5 跨境营销的促销策略 ... 144

第7章 跨境物流 ... 151
7.1 跨境物流的内涵 ... 155
7.2 跨境物流的特征 ... 156
7.3 跨境物流的运作模式 ... 157
7.4 跨境物流的运作流程 ... 164

第8章 跨境电子商务金融 ... 169
8.1 跨境电子商务金融及其特征 ... 172
8.2 跨境电子商务支付及其风险防范 ... 177
8.3 跨境电子商务融资及其基本现状 ... 187
8.4 跨境电子商务保险及其运作模式 ... 190

第9章 跨境电子商务经营风险 ... 199
9.1 跨境电子商务经营风险的来源 ... 202
9.2 跨境电子商务经营风险的类型 ... 206
9.3 跨境电子商务经营风险的影响 ... 213
9.4 跨境电子商务经营风险的防范 ... 217

第10章 跨境电子商务与智能制造 ... 231
10.1 智能制造的内涵 ... 234
10.2 跨境电子商务对智能制造发展的推动作用 ... 238
10.3 跨境电子商务推动智能制造发展的演进路径 ... 243
10.4 跨境电子商务推动智能制造发展的关键环节 ... 252

第11章 跨境电子商务与自主品牌 ... 259
11.1 自主品牌的内涵 ... 262
11.2 跨境电子商务对自主品牌培育的推动作用 ... 264
11.3 跨境电子商务推动自主品牌培育的演进路径 ... 268
11.4 跨境电子商务推动自主品牌培育的关键环节 ... 272

第 12 章　数字贸易：跨境电子商务的未来 ··· 285
　　12.1　跨境电子商务发展的趋势 ··· 288
　　12.2　数字贸易的提出与演进 ··· 290
　　12.3　数字贸易的内涵与特征 ··· 292
　　12.4　数字贸易的时代价值 ··· 296
　　12.5　数字贸易的研究展望 ··· 298

第1章 导 论

[学习目标]
- 了解跨境电子商务产生的背景及意义；
- 掌握跨境电子商务的内涵；
- 掌握跨境电子商务的特征；
- 掌握跨境电子商务发展演进的历程。

[素养目标]

跨境电子商务已经成为国际贸易增长的新引擎，学生需要更加深入学习、了解跨境电子商务这一新兴事物。在通过数据分析跨境电子商务、市场采购等新型商业模式的演进历程中，培养学生采用多种方法尤其是现代信息技术，收集、筛选社会信息的能力；在分析中小企业成为跨境电子商务的主导型力量时，引导学生主动提高参与经济、政治、文化生活的能力。

[引导案例]

跨境电子商务或将成为重庆经济的新闪光点

近年来，跨境电子商务已成为国际贸易增长的新引擎，重庆正致力于发展跨境电子商务，并获得国家批准可以开展一般进口、保税进口、一般出口、保税出口四种模式业务。业内人士认为跨境电子商务可能成为重庆继笔电（即笔记本电脑）、汽摩后的下一个经济增长点。

1. 跨境电子商务企业争相入渝

资本向来有着最敏锐的嗅觉。重庆吹响发展跨境电子商务"集结号"，让各路电子商务企业纷至沓来落户。深圳怡亚通、重庆海淘、杭州西溪壹号等一批开展跨境电子商务的企业扎堆在西永设点。白玛斯德是首个外地入渝的跨境电子商务"吃螃蟹者"。2014年1月，白玛斯德就在西永注册成立，注册资本5 000万元，白玛斯德CEO（首席执行官）黄斯德告诉记者，"选在重庆开展跨境电子商务业务，看中的就是重庆的政策先行优势"。

由于跨境电子商务产品的特殊性，商务部等部门2013年下半年出台具体扶持政策，转变思维模式，构建与跨境电子商务适配的海关监管模式和检验监管模式，实施正常的收款、结款、汇款活动，鼓励银行和相关机构提供支付服务，制定合理的税收政策，搭建并逐步完善跨境电子商务信用体系等，为跨境电子商务的发展保驾护航。

重庆是我国首批跨境电子商务试点城市，2013年10月，海关总署又批准重庆成为全国唯一具有跨境贸易电子商务服务四种模式全业务的试点城市，这样一来，重庆发展跨境电子商务就有了先机,其政策优势明显。深圳怡亚通有关负责人表示,在重庆这一新政策的推行下,海关、税务、检验检疫、银行等机构对电子商务特殊形态的进出口模式可以进行更高效率的处理和支持,对零散的电子商务产品进出口的报关、收汇等环节也能提供更全面的监管,大大推动了跨境电子商务的发展,为相关企业提供了支持。

除了政策红利,"渝新欧"、西永综保区以及大通关服务分别从物流、平台和服务三方面赋予重庆别地无法比拟的优势,这就是重庆虽然身在内陆却能大规模发展跨境电子商务的原因,这也是大批企业被吸引到重庆的重要因素。

与境内电子商务相比,跨境电子商务具有三大优势:一是面向的消费者群体众多,市场前景广阔;二是境外有大量优质消费者,只要与境外消费者建立起信任机制就会有大量订单;三是潜在的消费者群体巨大,利润相对可观。

2. 实现跨境电子商务迅猛发展

西永综保区跨境电子商务平台海关查验线于 2014 年 6 月底正式通过验收,这个位于 B 区、占地约 6 000 平方米的跨境贸易电子商务备货查验中心,成为重庆率先试点的基地之一。这标志着重庆市跨境贸易电子商务进入了起步发展阶段,实现了跨境贸易电子商务业务从无到有的跨越,并在此基础上迅速发展。

随后,这一平台并入重庆市的跨境贸易电子商务公共服务试点平台。依据这一公共平台,电子商务可享受 24 小时免费贸易、通关、物流数据共享服务,从用户下单到商家拣货,只需 3 分钟左右,帮助市民以更加便捷的方式进行"海淘"。西永综保区已搭建起跨境宝、和乐网两个电子商务平台,并引进白玛斯德、西部怡亚通、和乐超市、西永壹号、海淘、阿卡佳、千牛国际、圆觉贸易等八家电子商务企业,预计到 2014 年年底,保税商品展销面积可达 3 万平方米。

近年来,以笔记本电脑、显示器、打印机为代表的 IT 产业在西永综保区扎堆崛起,改变了重庆外贸主要依靠传统机电产品的局面。这也改变了西永综保区一直给人以亚洲最大笔记本电脑制造基地的印象。截至 2013 年,西永综保区微电园区已累计生产笔记本电脑、平板电脑、打印机、显示器等电子终端产品 6 400 万台,约占重庆 1.3 亿台的一半;同年,园区进出口总值 231.2 亿美元,占重庆进出口总值 687 亿美元的 1/3 以上。而 2014 年上半年,这一数据仍在稳步增长,西永综保区笔记本电脑累计出货 1 699 万台,平板电脑累计出货 11.9 万台,显示器累计出货 560 万台,笔记本电脑电池组件累计出货 1 470 万块。

"但这并不是西永综保区的终极目标,作为千亿级产业园区,未来西永综保区将依托微电子产业,积极推动包括跨境电子商务、保税商品展示交易、离岸金融结算、大数据在内的现代服务业,并利用'渝新欧'优势,引进更多的跨境电子商务企业,在西永综保区内建立商品集散分拨中心。"蒋显铭说。

资料来源:曹嘉智.跨境电子商务或将成重庆经济新亮点[EB/OL].(2014-08-13)[2019-03-10]. https://www.cifnews.com/article/10421.

跨境电子商务在经济发展中愈发重要,已成为中国经济发展重要的构成部分之一。伴随跨境电子商务的飞速发展,我们更需要深入学习、了解跨境电子商务这一新兴事物。

1997 年世界电子商务会议首次提出电子商务的概念,即实现整个贸易活动的电子化。我国《电子商务基本术语》(GB/T18811-2012)规定电子商务是指以电子形式进行的商务活动。学界对电子商务的内涵进行了大量讨论,例如认为电子商务是指运用多种电子形式实现整条产业链上的商品服务交易与人才信息资金流动,包含交易的所有环节,这些环节的实现也就形成了相应体系。在上述定义基础上,本书将电子商务定义为可通过互联网进行交易与活动、价值创造、实现现代化商品流通的所有组织形式。

跨境电子商务作为一种新兴的商业交易模式,已然成为全球商品与服务的重要流通方式,并通过跨越国境或关境实现了交易与服务的全球化。经济全球化、国际贸易一体化以及电子商务的发展等是驱动这种交易新形式兴起的重要因素。如今,中国迅速发展的电子商务已经成为全球市场的重要力量。以中小企业占多数的中国跨境电子商务市场同样呈现出迅猛发展态势,以其强大的生命力不断发展壮大。

1.1 跨境电子商务产生的背景

1.1.1 时代背景

1. 全球经济一体化深入发展

随着跨国公司的全球蔓延,生产要素及组织活动从20世纪70年代开始全球性重组,由此同步带动了全球经济的发展,同时也激发了对生产性服务业的需求,服务业的发展趋于全球化,全球化也步入了新的发展阶段。新兴经济体经历高速发展的历史阶段后,其生产能力和消费能力均有一定程度的提升,此时便出现了向发达地区逆向发展的趋势,表现为对发达地区消费品需求的迅速增长。国际组织及政府制定了推动全球消费一体化的政策,各国及各区域签订了大量的自由贸易协定,以此提高贸易效率及便利化。商品及信息的全球化流动更加自由,无国界贸易、全球化贸易进一步发展,跨境贸易日益频繁。

2. 传统国际贸易呈疲软之势

2008年爆发的全球金融危机,给全球经济带来沉重打击。后金融危机阶段,主要国家的经济发展后劲不足,全球范围内传统国际贸易呈现增长疲软态势。以中国为例,与前几年相比,中国2015—2017年经济增速放缓,如图1-1所示。中国传统外贸增长乏力,2015年与2016年的进出口均出现负增长,这与高速增长的跨境电子商务形成鲜明反差。尽管中国经济增速放缓,但是经济结构调整为中国大力发展跨境电子商务奠定了良好的基础。

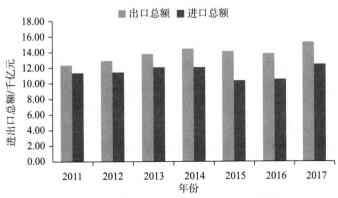

图1-1 中国进出口总额(2011—2017年)

新闻摘录

商务部：2015年是中国外贸史上极不寻常的一年

商务部新闻发言人沈丹阳2016年1月20日表示，2015年是我国外贸历史上极不寻常的一年，形势更加复杂严峻，下行压力加大。根据海关统计，2015年我国进出口总额为24.58万亿元，同比下降7%，虽然从数据上看是有所下降的，但是外贸发展的质量和效益在进一步提高，比如从国际整体情况比较来看，我国仍保持着第一贸易大国的地位，出口的国际市场份额稳中有升。

从经济主体来看，民营企业的出口是保持增长的，民营企业成为出口的主力军。从贸易方式来看，一般贸易出口保持增长，成为拉动出口的主要力量。从主要商品来看，机电产品出口保持增长，产品结构进一步优化。从主要市场来看，市场多元化取得一些进展，对"一带一路"相关国家（地区）的出口保持增长。尤其是新型商业模式保持了快速增长。比如，跨境电子商务、市场采购等新型商业模式正逐渐成为外贸发展新的增长点。2015年，跨境电子商务增速达30%以上，市场采购贸易方式出口增速超过70%。

思考题：为何跨境电子商务会成为中国外贸的增长极？

资料来源：佚名.商务部:2015年是中国外贸史上极不寻常的一年[EB/OL].(2016-01-20)[2021-03-15].http://world.huanqiu.com/hot/2016-01/8415402.html? agt=15438.

---

3. 境内电子商务发展如火如荼

一方面，境内电子商务主要是在中国境内进行电子商务交易，而跨境电子商务是和境外国家或地区的客户进行电子商务交易，虽然在地域和形式上存在一定的差异，但是电子商务这种模式基本上大同小异，境内电子商务的充分发展对跨境电子商务起到了一个先行者的作用，很多经验和模式都是跨境电子商务可以直接借鉴的。另一方面，随着互联网和电子商务在各国和地区的发展，人们对网购不再陌生和排斥。由于各国和地区信息交流日益方便、快捷，消费者能够轻松地在互联网上收集到世界各地的商品信息并进行购买，为实现跨境电子商务提供了条件。

4. "一带一路"倡议逐步推进

2013年9月7日，习近平在哈萨克斯坦纳扎尔巴耶夫大学提出共同建设"丝绸之路经济带"；同年10月，习近平在印度尼西亚提出共同建设"21世纪海上丝绸之路"。自此，"一带一路"倡议走进世界视野，逐步引发全球共鸣。到2018年，已有103个国家（地区）和国际组织同中国签署118份"一带一路"方面的合作协议；中国与沿线经济体货物贸易累计超过5万亿美元，建设的境外经贸合作区总投资200多亿美元，创造就业数十万个[①]；"一带一路"沿线经济体在科学、教育、文化、卫生等各领域广泛开展合作，民心在交流交往中拉近并相通。共建"一带一路"已经成为深受欢迎的国际公共产品和国际合作平台，我国成为一百四十多个国家和地区的主要贸易伙伴，货物贸易总额居世界第一，吸引外资和对外投资居世界前列，形成更大范围、更宽领域、更深层次的对外开放格局。

---

① 赵展慧.中国与"一带一路"沿线国家货物贸易已累计超5万亿美元[EB/OL].(2018-05-17)[2021-03-10].http://finance.china.com.cn/news/20180517/4640204.

新闻摘录

跨境电子商务发展为"一带一路"沿线经济体带来无限机遇

在"一带一路"倡议下,由国家主导并牵头创建的国际电子商务合作机制为我国境内企业开展跨境电子商务给予帮助,扫清了跨境销售过程中的诸多障碍。同时,世界上跨度最广、发展潜力巨大的"一带一路"经济带将有利于沿线各经济体实现优势互补、资源有效利用和整合,扩大彼此间的经贸合作。跨境电子商务有望凭借全球化、一体化、链接化、直观化等优势,成为境内外贸易发展的新契机,从而对贸易畅通、资金融通、民心相通起到非常重要的作用。

跨境电子商务的急剧发展,使中国百姓对分别来自智利、墨西哥、阿根廷、菲律宾的车厘子、牛油果、红虾、芒果干等境外美食不再陌生,一跃成为人们餐桌上的"常客",被人们所喜爱。

一个非常有趣的现象为:在跨境电子商务境外发展的历程中,"一带一路"经济带的大多数经济体都对中国的电子商务极为感兴趣,它们迫切想学习中国发展电子商务的相关经验,而不是出口更多的本地商品,由此可见跨境电子商务影响深远。

电子产品、科技产品等代表中国智造实力的中国产品,由于物美价廉等特点在中东地区颇受青睐,各大品牌借助跨境电子商务平台,更有利于在境外迅速崛起。

借助"一带一路",我国积极发展与沿线经济体的对外贸易,形成经济发展共同体。"一带一路"倡议为我国跨境电子商务提供了良好的发展机遇,跨境电子商务企业应抓住"一带一路"倡议中的政府扶持政策以及发展基础建设、金融服务的时机,促进自身在物流运输、支付结汇等方面快速发展。

思考题:跨境电子商务能否推动"一带一路"建设?

资料来源:杨俊峰,叶子.跨境电商连接网上丝绸之路[EB/OL].(2018-06-12)[2021-03-10].http://news.jsdushi.cn/2018/0612/144344.shtml.

---

5. 各个国家政策红利层出不穷

政府与政策具有决定性和导向性的作用,因此具有强大的推动力。在跨境电子商务成为全球热点后,各国政府纷纷重视跨境电子商务市场,出台一系列政策推动其发展,跨境电子商务面临政策红利的驱动,进一步加快了发展步伐。以中国为例,自2014年以来,政府密集出台诸多政策,旨在推动跨境电子商务的发展。2015年6月在圣彼得堡经济论坛期间,俄罗斯提出将拉动经济增长的源头从能源(石油、天然气、核电)转向互联网经济、物流与跨境贸易。在印度,政府实施新自由主义经济政策,涉及财政、货币、物价及外资等多领域,为服务业的发展创造了环境。在澳大利亚,政府鼓励中小企业通过跨境电子商务渠道开拓境外市场,并利用中国电子商务平台"京东商城"与"一号店"的促销试验,充分验证跨境电子商务对澳大利亚商品的驱动作用。2014年,习近平主席在访问拉美期间,与巴西等协商推动跨境电子商务业务等。

新闻摘录

良好的线上环境为东南亚电子商务的发展提供最佳机会

良好的线上环境为东南亚等国家电子商务的发展提供了最佳的机遇和无限的可能性。就泰国而言,泰国政府将电子商务的发展视为工业革命4.0的核心任务之一,该主张有效地推动了泰国电子商务的发展。马来西亚、越南和菲律宾等东南亚国家也都在关注各自电子商务的发展。其中,社交网站上的电子销售为重点关注对象。如今大部分在线零售商都选择通过脸书(Facebook)或照片墙(Instagram)等社交网络与消费者接触,据此实现商品的推广。

相关数据表明,东南亚电子商务正在向"移动电子商务"方向发展。目前来看,越南的手机购物比例为33%,印度尼西亚为31%,菲律宾为25%,泰国为52%,马来西亚为40%,新加坡为39%。当前东南亚的线上环境对零售商来说是一个很好的机遇,零售商每天都可以在这个不饱和市场上捕获新的消费者。

通过建立与电子商务相关的规章制度,允许外来投资者进行大量投资,预计到2025年人口众多的印度尼西亚的电子商务也将实现52%的增长。新加坡虽小却是该地区的电子商务中心市场,许多大型电子商务玩家如Lazada和Zalora等都选择新加坡作为其发展基地。

思考题: 发展跨境电子商务为何要注重在线环境?

资料来源:佚名.良好的在线环境为东南亚电商的发展提供最佳机会[EB/OL].(2018-09-13)[2020-03-10].http://www.sohu.com/a/253577124_634586.

6.相关基础设施建设不断完善

基础设施是跨境电子商务发展的基石,与网络、技术、物流、支付等相关的基础设施和资源的建设及完善,推动了跨境电子商务的快速发展。与互联网、移动网络相关的网络基础设施的完善提升了互联网的普及率,打通了跨境电子商务的实现媒介;支付工具及技术、金融网络与设施等方面基础设施的布局,完善了跨境电子商务的支付载体;以物流网点、交通运输为代表的物流基础设施的大力发展,满足了跨境电子商务的商品流通需求。伴随着个人电脑的性能提升和价格走低,以及智能手机尤其是千元乃至百元智能手机的普及,电子商务网络和移动网络得以快速发展,新兴市场对跨境电子商务发展的推力尤其显著。

1.1.2 现实意义

1. "一带一路"建设的重要内容

2015年3月28日,国家发展改革委、外交部、商务部联合发布了《推动共建丝绸之路经济带和21世纪海上丝绸之路的愿景与行动》,提出要"创新贸易方式,发展跨境电子商务等新的商业业态"。2018年8月27日,习近平总书记在推进"一带一路"建设工作五周年座谈会上强调,要搭建更多贸易促进平台,发展跨境电子商务等贸易新业态、新模式。可见,促进跨境电子商务的发展是"一带一路"建设的重点内容之一。

2. 传统产业转型升级的新突破

党的二十大报告明确提出,要坚持以推动高质量发展为主题,把实施扩大内需战略同深化供给侧结构性改革有机结合起来,增强国内大循环内生动力和可靠性,提升国际循环质量和水平,加快建设现代化经济体系,着力提高全要素生产率,着力提升产业链供应链韧性和安全水平。不仅如此,近年来《政府工作报告》提出的"互联网+"战略把互联网作为当前信息化的核心,推动移动互联网、云计算、大数据、物联网等与现代制造业结合,将引导中国制造走向中国智造。互联网当前对传统产业的影响集中在第三产业,在未来对第二、三产业的渗透空间相当巨大。在大数据、智能化、移动互联网和云计算等新技术的带动下,运用"互联网+"工具深层次助推我国传统产业与宏观经济转型升级,对传统制造业进行信息化的融合与渗透,从而对其产生深刻的影响。

3. 国际贸易创新发展的新载体

不计其数的中小型企业在经济全球化和互联网新技术的推动下,逐渐成为经济全球化的载体。跨境电子商务在供给侧及需求侧均具有坚实的基础,中小型企业则是其重要的力量源泉,这使得跨境电子商务在全球的贸易发展中成为后起之秀。跨境电子商务使贸易发展更具普惠性,跨国公司和中小型企业共同成为全球贸易的主导力量,全球贸易从进口方为主的"买家时代"转变为"进出口全方位合作"的新时代。跨境电子商务顺应了互联网和国际贸易的发展潮流,从一种单一的现象逐渐转变为固定的商业模式,并逐渐成为一种新型的贸易形式。

1.2 跨境电子商务的内涵

跨境电子商务虽存在有几年,但发展历程仍较短。有关跨境电子商务的定义,不同学者从不同角度提出了不同的内容,目前尚未有一个统一的界定。

来有为和王开前(2014):跨境电子商务是指依靠互联网和国际物流,不同关境的交易主体通过平台、跨境物流等实现支付结算、送达商品并完成交易的一类国际贸易活动。

张夏恒和马天山(2015):跨境电子商务是指处于不同国家或地区的交易主体,以电子商务平台为交易媒介,以信息技术、网络技术、支付技术等为技术支撑,通过互联网实现商品陈列、展示、浏览、比价、下单、处理、支付、客服等活动,通过线下的跨境物流实现商品从卖方流向买方并完成最后的配送,以及与之相关的其他活动内容,是一种新型的电子商务应用模式。

鄂立彬和黄永稳(2014):跨境电子商务是指不同国家或地区的交易主体,将传统出口贸易环节中的商品展示、商务谈判和交易成交电子化,并通过跨境物流和异地仓储实现商品交易的一种国际商业活动。

阿里研究院(2016):跨境电子商务有广义和狭义之分。从广义角度来看,不同国家和关境的主体通过电子商务完成进出口的交易为跨境电子商务。从狭义角度来看,跨境电子商务仅特指跨境网络零售,是互联网演进的贸易新模式,不同关境的交易主体通过电子商务平台实现交易和支付结算,并通过跨境物流实现商品送达的国际贸易新业态。

艾瑞咨询(2014):跨境电子商务有广义和狭义之分。从狭义角度来看,跨境电子商务基本上等同于跨境网络零售。跨境网络零售被定义为不同关境的交易主体借助计算机网络达成交易并支付结算的模式,其零售的商品通过跨境物流采用快件、小包等行邮的方式送达消费者手中。跨境电子商务在国际上流行的说法叫 Cross-border E-commerce,其实指的都是跨境零售,通常跨境电子商务从海关来说等同于在网上进行小包的买卖,基本上针对消费者。从严格意义上说,随着跨境电子商务的发展,跨境零售消费者中出现了一种小B类商家用户,其特点是消费碎片化、买卖小额化。小B类商家与C类个人消费者之间没有明显的区别,因此很难将两者加以界定和划分。针对小B类商家的零售活动也属于跨境零售。从广义角度来看,跨境电子商务基本上等同于外贸电子商务,指的是不同关境主体通过电子商务实现商品展示、商务洽谈和成交的电子化,依托跨境物流完成商品配送的国际贸易活动。从更加广义角度来看,跨境电子商务是将国际贸易从传统流程转变为电子化、网络化和数字化的流程,涉及进出口贸易中的在线数据传输、资金调度、货运单证等方面应用。由此可知,只要涉及电子商务应用的国际贸易均可纳入跨境电子商务这一范畴。

综上,我们发现跨境电子商务的界定,有多个不同的分析视角,有的认为是一种新的贸易方式,有的认为是一种国际商务活动,有的认为是一种新型的电子商务应用模式。还有的将跨境零售视为跨境电子商务的狭义范畴,并相应地提出广义范畴的跨境电子商务概念。通过结合跨境电子商务企业实践专家的意见,本书旨在提出一个活动具有代表性、含义具有包容性、范畴具有概括性的跨境电子商务定义。

跨境电子商务是一种分属不同国家或关境的交易主体的新型商务模式,通过平台、跨境物流等相关活动实现商品交易、商品流通等。跨境电子商务包括海淘、代购、跨境零售以及跨境B2B模式等,借助电子商务模式的跨国或跨境商业活动都属于跨境电子商务范畴。

1.3 跨境电子商务的特征

1.3.1 主体跨越关境

跨境电子商务最典型的特征是交易主体分属不同国境或关境,交易主体涉及不同的国境或关境。境内电子商务的交易主体往往都归属于同一个国家或关境,如境内企业对企业、境内企业对个人或者境内个人对个人。跨境电子商务的交易主体打破了国家或关境的限制,强调位于不同国家或关境,可能是境内企业对境外企业、境内企业对境外个人或者境内个人对境外个人。由于主体跨越关境的特征,跨境电子商务在支付、物流、经营环境等方面也受到这一典型特征的影响。境内电子商务由于交易主体属于同一个国家或关境,商品交易涉及的支付环节属于同一国境或关境,使用同一币种实现商品交易,不会涉及跨境支付业务;跨境电子商务的交易主体打破了国家或关境的限制,需跨境支付才能实现交易,使用货币、金融政策、汇率涉及不同的国家或地区。境内电子商务交易的物流体系往往都归属于同一个国家或地区,通过快递实现货物的运送,配送距离决定了运送时间,且货物不会轻易发生破损;跨境电子商务的货物配送需要借助跨境物流来实现,因为涉及不同国家或地区,跨境物流涉及输出地海关与商检、输入地海关与商检,还涉及输入地物流与配送,尤其逆向的"退换货"物流更是增加了风险。跨境电子商务比境内电子商务涉及的规则更多、更细、更复杂。首先是平台规则。跨境电子商务经营借助的平台除了境内平台,还可能有境外平台,各个平台均有不同的操作规则。国际一般贸易协定和双边多边贸易协定是发展跨境电子商务的基础。从事跨境电子商务的交易主体应当熟悉国际贸易体系和规则,时刻关注进出口、关税等政策的变化,熟知并掌握国际进出口形势。

1.3.2 网络属性鲜明

跨境电子商务延伸于电子商务,带有典型的依托互联网的特征。跨境电子商务又被视作互联网+外贸,国务院常务会议曾指出,促进跨境电子商务健康快速发展,用"互联网+外贸"实现优进优出,有利于扩大消费、推动开放型经济发展升级、打造新的经济增长点。跨境电子商务依托互联网实现了商品陈列、展示、销售、售后等活动的互联网化。

1.3.3 关联活动复杂

跨境电子商务交易链复杂,除了跨境电子商务平台涉及的商品交易活动,还会涉及跨境支付、跨境物流、海关商检等主要环节。交易商家遍布全球,有着不同的生活习惯、文化习俗、交易心理。因此,跨境电子商务企业在进行营销、流量推广、品牌建设等活动时,其复杂性远远超出境内电子商务企业,应当进行深入的了解。交易主体双方的政治、技术、经济、文化、社会等各方面环境因素均会对跨境电子商务产生影响,其复杂程度要远高于境内电子商务。

1.3.4 风险交错丛生

中国跨境电子商务交易活动复杂,经营风险繁多。在全球经济一体化背景下,涉足跨境电子商务的企业越来越多地面临新型、隐蔽而不容小觑的经营风险挑战,例如信用风险、跨境物流风险、信息风险等内生风险,以及法律风险、政治风险、自然风险、基础设施风险等外生风险。仅以汇率风险为例,中国跨境电子商务无法脱离汇率变动的影响。汇率变动直接或间接地作用于跨境电子商务,为中国跨境电子商务直接或间接地带来诸多经营风险。

(1)支付风险。支付环节涉及交易真实性识别风险、资金非法流动风险、资金管理及外汇管制风险等。汇率变动同样会作用于支付环节。在跨境支付业务中,支付机构需在境内外的不同备付金账户之间进行资金的流转。由于结算周期长、业务办理环节繁杂等原因,还会形成很大的资金流动风险。

(2)汇率风险。跨境电子商务经营无法回避汇率变动问题。汇率变动的表现形式是不同国家(地区)之间的货币兑换比率发生变化,也就是一国(地区)货币发生贬值或升值。中国跨境电子商务企业在商品交易中的资金流环节都会面临汇率风险的挑战,这类风险多发生在汇率变动幅度大的国家或地区。

(3)备货风险。人民币在不断贬值中仍表现出波动态势,汇率变动风险也传递到跨境电子商务经营活动中。在人民币贬值时,商家已备商品在不提价时利润变少,人民币境外购买力下降,出口备货成本将增加。随着商品库存量的增大,汇率变动带来的这些风险将加剧,从而制约跨境电子商务的发展。

（4）市场风险。由于跨境电子商务业务涉及不同国家或地区，导致市场的准入与退出障碍较高。对于一些汇率变动比较频繁与幅度较大的市场，中国跨境电子商务企业会面临进入还是退出的选择性困难。

1.4 跨境电子商务演进的历程

跨境电子商务的雏形源于海淘、个人代购等模式。在多种因素的刺激下，中国跨境电子商务市场逐渐发展起来，跨境电子商务也不再拘泥于海淘与个人代购形式，并逐渐实现规模化、企业化发展，越来越多的企业不断涌入跨境电子商务市场。在海淘与个人代购诸多突出问题的刺激下，跨境电子商务企业逐渐取代了海淘与个人代购，成为跨境电子商务市场的主力军。从海淘与代购出现算起，跨境电子商务发展已逾十多年，根据行业生命周期理论，我国跨境电子商务发展已走过了导入期、发展期与成熟期，当下正处于创新期，各个时期具有不同的特征，如图1-2所示。

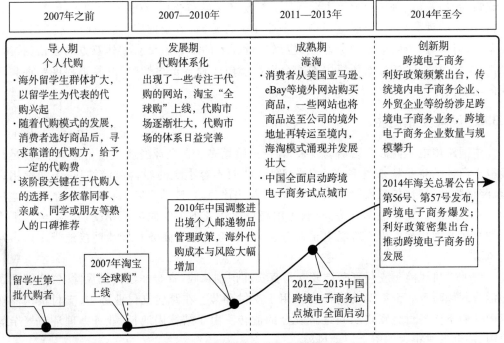

图1-2 中国跨境电子商务发展历程

1.4.1 导入期

导入期是行业生命周期理论的第一个阶段。这一时期的市场尚未成熟，行业的利润空间较小，市场增长率较高，需求增长较快，技术更新较为频繁，行业目标为开发新用户及占领新市场。同时，技术具有不稳定性，在产品、服务和市场等策略上具有较大的可选择性，有关行业特点、用户特点及行业竞争状况的信息不多，企业进入壁垒较低。

在2007年之前，随着留学生群体的扩大，以留学生为代表的第一批个人代购兴起，这一阶段主要表现为熟人推荐的境外个人代购模式。除了代购,导入期跨境电子商务以线上展示、线下交易为主要的商业模式,企业将信息和产品在第三方平台上进行展示,第三方平台的盈利来源主要是以会员费形式向企业收取的信息展示费用。在该阶段,逐渐衍生出为供应商提供的竞价推广、咨询服务等一条龙信息流增值服务。

在跨境电子商务导入期,阿里巴巴国际站、环球资源网是典型的代表平台。其中,中国最大的外贸信息黄页平台阿里巴巴于1999年成立,其提供的服务主要为网络信息服务,另外也提供相关的线下会议交易。环球资源网于1971年成立,前身为Asian Source,是亚洲较早的贸易市场资讯提供者,并于2000年4月28日在纳斯达克证券交易所上市,交易代码为GSOL。在此期间还出现了中国制造网、韩国EC21网、Kellysearch等大量以供需信息交易为主的跨境电子商务平台。尽管互联网实现了贸易信息全球共享,但在线交易的实现仍困难重重,外贸电子商务仅仅实现了产业链信息的整合和公开。

在这个时期,一批境外留学人员在eBay、亚马逊上卖游戏币,赚到了人生的第一桶金。2006年后,网络游戏没那么流行了,加之eBay宣布不再从事虚拟的游戏币交易,这个阶段也就随之终止。2004年,王树彤从卓越网离职后创办敦煌网,主打小额在线批发;2006年,以eBay起家的Dealextreme(即后来的DX)上线,主要经营电子类产品;2007年,兰亭集势上线,是中国第一家有风投参与、以自营为主的外贸电商平台。

1.4.2 发展期

发展期处于行业生命周期理论的第二个阶段。在这一时期,市场增长速度很快,需求高速增长,技术渐趋定型,行业及用户的特点、行业竞争状况较为明晰,行业进入壁垒提高,产品品类和竞争者数量增加。

2007年,淘宝"全球购"上线。同年,eBay.cn上线,主营外贸方式的B2C跨境电子商务。当时跨境电子商务还只是一个概念,敦煌网、兰亭集势等也刚起步。显然eBay希望利用其在国际市场的先发优势吸引中国商家的兴趣。事实证明,eBay做出了正确的选择。几乎在淘宝夺下中国境内在线零售的同时,eBay夺取了跨境电子商务市场。随后,一些专注于代购的网站不断涌现,发展壮大了境外代购行业的市场,尤其是2008年席卷全国的"奶粉事件"加速了境外代购、转运服务的发展,海淘的品类也从母婴商品扩充到保健品、电子产品、服装鞋帽、化妆品、奢侈品等。2008年全球金融危机全面催生和成就了中国外贸B2C行业。当年,美国最大的3 000家进口商在中国的采购市场份额下降了10%;同时,越来越多的进口商开始尝试以小额度多频次的采购形式来规避风险。其根本原因是信息随着互联网的发展趋于对称及扁平化、网络支付工具Paypal的普及以及物流渠道的日臻完善,使得线上贸易壁垒逐渐消失。欧美国家的电子商务环境比中国成熟。中小型线上贸易企业数量较多,为外贸电子商务的发展奠定了基础性力量。2010年9月,中国调整进出境个人邮递物品管理政策,缩紧了海淘与代购市场,海淘与代购的成本及风险剧增。

许多人认为代表着跨境电子商务的跨境小额交易更具诱惑力和爆发力。最简单的现象是,中国制造的物美价廉商品往往会以翻倍的价格向境外出售,通过绕过中间环节进行线上交易,利润空间大大增加。跨境电子商务的利润一般比境内电子商务高10%~20%,

个别产品利润可达到100%。eBay、敦煌网等小额跨境交易平台的交易额随市场爆发猛增，eBay 中国2009年全年平台交易额为7亿～8亿美元，与2008年相比翻了一倍；敦煌网每月交易额约增长20%，2009年交易额高达3.6亿美元。这些数据虽不及中国出口数据，但已成为中国企业实现全球化交易新的增长点。此时跨境电子商务主要有两种模式，一种是成为亚马逊或eBay大卖家，另一种是建立独立网站。这两种模式各有优缺点。前者比较适合中小企业和创业者，但由于资本及其自身规模的原因，一些有雄心的外贸 B2C 卖家更愿意直接脱离eBay和亚马逊，建立批发兼零售的独立网站，如兰亭集势、Chinavasion 等。独立网站的运营是以充足的资金及营销经验为基础的，其优势在运营过程中明显展示出来：首先，不需要再支付平台交易费用，容易对采购、物流等环节进行整合，产生规模效应，利润空间更大；其次，卖家的信任指数提升，当货物出现相关问题或发生纠纷时，相比于和第三方沟通，买家和卖家直接沟通更为方便。在这一时期，除了出现大量第三方平台卖家，也出现了一批比较知名的中国跨境电子商务平台。

1.4.3 成熟期

成熟期是行业生命周期理论的第三个阶段。在这一阶段，市场增长缓慢，需求增长率不高，技术已经成熟，行业及用户的特点和竞争状况非常明晰和稳定，此时买方市场形成，行业盈利水平降低，新产品开发及产品的新用途开发相当困难，行业进入壁垒很高。

2012—2013年，中国规划并开启了跨境电子商务服务试点城市，拉开了跨境电子商务发展的快车道。2011年后，跨境电子商务这一词语开始为我们所熟知，国家也非常重视，相关法规密集出台，各地政府加大扶持力度，当然竞争也越来越激烈。有传统的行业转型进入，线下供应商、物流商、服务商以及阿里系的卖家越来越多地涌入速卖通。经过前一轮的野蛮生长，中国跨境电子商务开始出现激烈竞争。仅仅深圳一地，短短几年内就涌现出千余家外贸 B2C。很多潜在的问题也随之暴露出来。

第一，国际上对仿品和假货的抵制越来越严厉。来自外国政府的限制和消费者的抵制让中国跨境电子商务陷入被"全面封杀"的局面。2012年12月2日凌晨，美国有关部门关停了82家商业网站，声称涉嫌销售假冒产品。其中，运动装备、鞋子、手提包、太阳镜等假冒商品大多来自中国。谷歌开始对仿牌关键字进行封杀，亚马逊、eBay、Paypal 等也都对仿牌零容忍。

第二，成本急剧增加。做 B2C，搜索引擎的排名相当重要。近年来，Google 的关键字优化搜索价格越来越贵，外国人习惯使用的 Paypal，每笔交易会产生4%左右的交易费，这在利润压缩的背景下是笔不小的数目。人民币升值也直接导致产品成本增加，而同行拼价更进一步恶化了营商环境。一件婚纱，过去成本是300元人民币，以300美元卖给美国人；现在成本是800元人民币，却以200美元卖出去。这种恶性竞争挤压了行业的生存空间。

第三，人才缺乏。跨境电子商务对从业人员的能力要求很高，从事跨境电子商务业务的人才需要全面了解境外的市场、交易方式、文化、消费习惯、风土人情等。目前做跨境电子商务的人才主要来自传统外贸行业，但英语专业居多，一些小语种如德语、俄语、西班牙语的电子商务人才较为缺乏。此外，由于跨境电子商务主流平台如速卖通、Wish、eBay 等的规则复杂,并且还在不断地变动,因此熟练掌握各大平台的交易规则和交易特征的难度较大导致人才非常紧缺。

1.4.4 创新期

按照行业生命周期理论,在成熟期后行业会进入衰退期,但在受到一些因素的刺激后,也会出现新的变化,比如重新进入行业生命周期新的循环,步入创新期。在全球互联网经济大环境下,基于各类政策红利和内外部利好因素的刺激,我国跨境电子商务在经历成熟期后进入了创新期。

2014年7月起,包括海关总署公告2014年第56号(关于跨境贸易电子商务进出境货物、物品有关监管事宜的公告)、第57号(关于增列海关监管方式代码的公告)等在内的各类利好政策不断出台,涉及海关、商检、物流、支付等环节的政策加速了跨境电子商务的发展,至此跨境电子商务企业不断涌现,也逐渐步入正常发展的轨道。2014年成为跨境电子商务重要转型年,跨境电子商务的商业模式出现了全方位的变化。随着跨境电子商务的转型,跨境电子商务"大时代"随之到来。跨境电子商务具有大型工厂上线、B类买家成规模、中大额订单比例提升、大型服务商加入和移动用户量爆发五方面特征。与此同时,跨境电子商务服务全面升级,平台承载能力增强,全产业链服务在线化也是我国跨境电子商务行业创新期的重要特征。在跨境电子商务创新期,用户群体具有较强的管理能力,并由草根生产及设计团队转型为工厂和公司。跨境电子商务平台所售商品由二手及网商货源转变为一手货源,大多数卖家从传统外贸艰难转型为跨境电子商务业务模式,生产模式也逐渐由大生产线转变为柔性生产,同时对代理运营服务和产业链相关服务有着较高的需求。另外,该阶段的主要平台模式也由C2C、B2C向B2B、M2B模式转变,平台的主要交易额来自批发商的中额及大额交易。

本章要点

- 发展跨境电子商务,是"一带一路"倡议的重要内容,是传统产业转型升级的新突破口,是国际贸易创新发展的新载体。
- 跨境电子商务是一种分属不同国家或关境的交易主体的新型商务模式,通过平台、跨境物流等相关活动实现商品交易、商品流通等。
- 跨境电子商务特征鲜明,主要表现为主体跨越关境、网络属性鲜明、关联活动复杂、风险交错丛生。
- 跨境电子商务经历了导入期、发展期、成熟期,现已进入创新期。

重要术语

跨境电子商务(Cross-border E-commerce)
跨境电子商务生命周期(Cross-border E-commerce Life Cycle)

思考题

1. 试论述跨境电子商务的产生背景。
2. 试论述跨境电子商务发展的意义。
3. 简述跨境电子商务的特征。
4. 试论述跨境电子商务的各生命周期阶段。

案例分析题

东南亚独特的电子商务市场——新加坡

目前东南亚国家电子商务的发展状态非常不错,各个国家在支付方式、物流和互联网连接率等方面都有较大的差异。作为东南亚较为先进和富裕的国家,新加坡与该地区其他国家相比具有较为独特的一面。

高度开放的外向型经济、狭小的国内市场的自然条件限制以及全球经济一体化的趋势是新加坡大力发展电子商务的动力,而规划先行、立法保障和政府推动是新加坡电子商务发展的独特优势。

根据新加坡相关调查数据,新加坡网购消费者中女性占比高于男性,同时女性的购买频率远远高于男性。目前Qoo10[①]重点关注美容和时尚领域,这在一定程度上为该平台获得了更多的女性消费者。

新加坡市场表现出较为强烈的跨境购物需求。该市场的五大电子商务平台中就有两个为消费者提供跨境购买服务,这两大电子商务平台就是eBay和Ezbuy。

在2017年第三季度和第四季度,Ezbuy是获得第三访问量的电子商务平台,eBay位居其后。不过在2018年第一季度两家电子商务平台交换了位置。Ezbuy和eBay有一个非常相似的地方,就是它们销售的产品大部分来自境外。eBay主要关注跨境贸易,跨境贸易是新加坡电子商务市场重要的一部分。作为新加坡第一个全球购物平台,Ezbuy也是一个促进跨境购物的平台,该平台专注于将客户与境外(例如韩国、美国和中国台湾)联系起来的产品。相关数据显示,新加坡60%的电子商务销售来自跨境订单,马来西亚则为40%。

通过分析网站流量可知,新加坡电子商务市场是唯一一个没有被电子商务巨头Lazada主导的市场。根据数据,Qoo10的流量高出Lazada 300多万。根据新加坡电子商务地图,过去三个季度电子商务网站流量全由Qoo10引领。虽然Lazada通过大型促销活动在一定程度上提高了其流量,但是这似乎并未影响到Qoo10。

思考题:如何看待新加坡跨境电子商务市场的发展?其市场成长的主要原因有哪些?

资料来源:佚名.新加坡:东南亚独特的电子商务市场[EB/OL].(2018-09-13)[2020-03-10].http://china-asean-media.com/show-11-17251-1.html.

---

① 中文为趣天网,是一家新加坡跨境电子商务平台。

参考文献

[1] CARDONA M, DUCH-BROWN N, MARTENS B. Consumer perceptions of (cross-border) ecommerce in the EU digital single market[J]. Available at SSRN, 2015.
[2] FENG Y, HUA M. Research on non-verbal graphic symbol communication of cross-border e-commerce[M]//Digital services and information intelligence. Springer Berlin Heidelberg, 2014: 251-263.
[3] GOMEZ-HERRERA E, MARTENS B, TURLEA G. The drivers and impediments for cross-border e-commerce in the EU[J].Information economics and policy, 2014, 28: 83-96.
[4] PAUL T. Business models for electronic markets[J].Journal on electronic markets,1998,8(2):3-8.
[5] 艾瑞咨询.中国跨境电商行业研究报告 2014 年[R/OL].(2014-12-16)[2017-06-20].http://www.iresearch.com.cn/report/2293.html.
[6] 阿里研究院.贸易的未来:跨境电商连接世界:2016 中国跨境电商发展报告[R/OL].(2016-09-08)[2017-06-20].http://www.aliresearch.com/blog/article/detail/id/21054.html.
[7] 程宇,陈明森.福建跨境电子商务发展机遇与对策[J].亚太经济,2014(5):115-120.
[8] 崔雁冰,姜晶.我国跨境电子商务的发展现状和对策[J].宏观经济管理,2015(8):65-67.
[9] 鄂立彬,黄永稳.国际贸易新方式:跨境电子商务的最新研究[J].东北财经大学学报,2014(2):22-31.
[10] 金虹,林晓伟.我国跨境电子商务的发展模式与策略建议[J].宏观经济研究,2015(9):40-49.
[11] 来有为,王开前.中国跨境电子商务发展形态、障碍性因素及其下一步[J].改革,2014(5):68-74.
[12] 张夏恒,马天山.澳大利亚跨境电子商务发展的机遇与困扰[J].中国流通经济,2015(9):46-51.

第 2 章 跨境电子商务制度环境

[学习目标]

- 理解制度环境的重要性;
- 了解制度环境对跨境电子商务的影响;
- 掌握国际跨境电子商务制度环境的发展状况;
- 掌握中国跨境电子商务制度环境的发展状况。

[素养目标]

随着跨境电子商务发展日趋成熟,其越来越多地受到来自政治、经济、法律、文化、社会等制度环境的约束,在分析国际制度环境对跨境电子商务的影响时,培养学生的国际化视野,关注社会发展;引导学生积极参与社会实践,增强社会责任感和民主法制观念,理解发展社会主义市场经济、社会主义民主政治、社会主义先进文化的意义。

[引导案例]

中美政府出台网络销售打假措施

2019年4月3日,美国总统特朗普签署了《打击贩卖假货及盗版货备忘录》,以向全世界表明美国政府将尽全力打击网络销售假货的行为,而阿里巴巴、亚马逊及eBay这三个全球电子商务平台将是重点打击对象。

为了证明不是空穴来风,美国政府披露了以下数据:亚马逊、沃尔玛和eBay网站上第三方商家销售的品牌商品,有40%都是假货,其中不乏药物和电池等可能给民众带来严重危险的商品。假货和盗版货的贸易额每年约为5 000亿美元,其中盗用美国商标和专利的假货的占比高达24%,盗用法国商标和专利的占比为17%,盗用意大利商标和专利的占比为15%,盗用瑞士商标和专利的占比为11%,盗用德国商标和专利的占比为9%。

"这一举动是对这些公司的鸣枪示警,你不对网站上的假冒产品采取行动,那么政府就会替你采取措施。"这话出自特朗普的助手纳瓦罗,表明白宫在未来会通过行政手段和司法手段,严厉打击各平台的售假行为。同时,美国政府责令相关部门做好以下几件事:①调查假货的来源及售卖因素;②查明可能促进假货和盗版货进入美国并销售给消费者的企业程序和政策;③审查假货和盗版货的来源、被贩卖的假货和盗版货种类等相关数据;④与第三方电子商务平台、运输公司、报关行、支付提供商、卖家和其他参与国际交易的机构合作,以得出调查结果。

同样在2019年4月3日,国务院总理李克强主持召开国务院常务会议,确定当年降低政府性收费和经营服务性收费的措施,进一步为企业和群众减负。在知识产权方面,会议决定从7月1日起,减免不动产登记费,扩大减缴专利申请费、年费等的范围,降低因私普通护照等出入境证照、部分商标注册及电力、车联网等占用无线电频率收费标准,并要求必须有明显降费,比如车库、车位等不动产所有权登记收费标准由每件550元降为80元,商标续展注册费收费标准由1 000元降为500元。同时,要加大对侵犯商标专用权行为的惩罚力度,大幅提高侵权赔偿数额。

中美两国政府如此步调一致的举措表明,商品品牌化和规范化售卖势在必行,侵权产品必将遭受各大平台的淘汰。没有商标和专利的卖家们不可心存侥幸,从现在开始打造自主品牌才是正道。

资料来源:佚名.中美两国政府出手打假:这几个电商平台将是重点打击对象[EB/OL].(2019-04-09)[2020-03-10].https://www.ikjzd.com/articles/21507.

安全在跨境电子商务交易中是需要考虑的重要因素,也是商业交易的基本要素之一。除了要关注安全这一环境因素,还有许多其他的环境因素也要一并考虑。

跨境电子商务发展日趋成熟,网上销售的产品品目众多,网购成为新型购物方式,随之而来网购商品的质量与安全性成为令人担忧的问题之一。目前各国政府正在防范网络安全风险,加强对电子商务的监管。任何企业在网上开展业务,都会遇到相应的制度环境(如政治环境、经济环境、法律环境、文化环境等)的约束。

2.1 跨境电子商务政治环境

2.1.1 政治环境及其重要性

1. 政治环境的概念

政治环境是指一定时期内国内外的政治局面和政治氛围,包括社会、外交、宗教、族群、非政府组织等一系列政治因素和政府行为。它是直接影响政治决策的因素。政治环境不仅影响一国的社会、文化环境,也影响企业的经营环境。政治环境的变化会对商业活动产生重大影响。政治环境的变化,如政府换届、政治腐败等,会导致企业的经营环境出现不可预料的不连续性,进而对企业的利润或其他目标构成潜在威胁。所以,企业在从事商业活动时,需实时关注政治环境,预测政治环境会对它们的经营产生何种影响。党的二十大报告明确提出,我们要统筹维护和塑造国家安全,夯实国家安全和社会稳定基层基础,完善参与全球安全治理机制,建设更高水平的平安中国,以新安全格局保障新发展格局。

2. 政治环境的评价

政治环境分为两级:稳定与不稳定。政治稳定主要是指国家(地区)政治生活的秩序性和沿袭性,即国家(地区)权力主体相对稳定;国家(地区)政策、法律法规相对稳定;政府腐败程度低;社会秩序相对协调平衡;政治局势可控。政治不稳定主要体现在三个方面:政府政权的更迭;社会动荡与政局巨变,如罢工、恐怖主义、内战等;政策不连续。国际组织与学术界尝试构建衡量一国(地区)政治稳定的指标,常用的指标包括政体指数(Polity Indices)、全球治理指数(Worldwide Governance Indices,WGI)、国际国家风险指数(International Country Risk Guide,ICRG)、商业环境风险评估(Business Environment Risk Intelligence,BERI)等。这些指标多从政治风险的角度来诠释,通常包含政治暴利、社会动荡和示威罢工等二级指标。

3. 政治环境的重要性

在国际商务环境下,东道国(地区)的政治环境是影响境外投资决策的重要因素之一。企业选择进入境外市场之前,不仅要考虑目标市场的经济规模,还要考虑企业可能面对的规章制度、目标国(地区)政府对企业经营活动的干预程度,以及目标市场的政治社会风险。大部分资本通常会流向政治稳定和制度透明的国家(地区),因为良好、稳定的政治环境可以降低市场的不确定性,保障企业的投资回报。相反,政治不稳定的国家(地区)会产生影响力大、覆盖面广、破坏力强的政治风险,企业在这类国家(地区)投资会支付额外的投资成本,最终阻碍商业交易的顺利开展。例如,2015 年 3 月,斯里兰卡新任总统西里塞纳以危害国家利益为由,暂停前总统拉贾帕克萨与中国签订的科伦坡港口城建设工程,因此中方损失日均金额高达 38 万美元。①

2.1.2 政治环境对跨境电子商务的影响

政府出台不利于商业活动的政策,改变法律体系和对商业活动的政治态度等,均会对外贸企业或跨境企业产生各种正面或负面的影响。即使在政治稳定的国家(地区),任何微小的政治改变也可能带来巨大的冲击。政治环境对跨境电子商务企业带来的威胁或许与传统外贸企业有所不同,跨境电子商务企业从事的是跨经济活动,不可避免地要受到境内和目标国(地区)政治环境的约束。例如,亚马逊和 eBay 在亚太地区发展时,就发现印度的"红头文件"成为它们在该地区拓展新业务的主要障碍。再如,欧盟一直瞄准来自美国的科技巨头企业,谷歌于 2017 年 6 月因垄断而被欧盟处以创纪录的 24 亿欧元(约合 28 亿美元)罚款。② 同年 10 月,亚马逊又因不当避税问题而被欧盟要求向卢森堡补缴约 2.5 亿欧元(约 2.94 亿美元)的税金。因此,政治环境是欧盟电子商务发展速度慢于美国的原因之一。

具体而言,政治环境对跨境电子商务的影响如下:

1. 税收政策的影响

人们喜欢网络购物的重要原因之一是相同产品线上售价比线下商店售价要低。这一价格差异的产生很大程度上得益于税收优惠。长期以来,是否对电子商务征税一直争论不休。一方面,由于电子商务具有交易隐蔽性的特点,加之电子商务企业的征税归属问题难以确定,导致税收征管和稽查的难度较大,税务部门还未研究制定有效的征管政策。另一方面,对于电子商务这一新型行业,大部分国家(地区)持鼓励、扶植的态度。在电子商务发展初期,绝大部分国家(地区)为了不遏制其发展,均采取了以电子商务形式销售的产品免税的政策。例如,美国政府对网络交易以及电脑软件交易等一律免税;欧盟对从非欧

---

① 贾元熙.斯里兰卡一度叫停中斯港口城内幕曝光[EB/OL].(2016-08-06)[2020-03-10].http://www.cankaoxiaoxi.com/world/20160806/1258709.shtml.

② 箫雨.谷歌炮轰欧盟 24 亿欧元罚款:无视亚马逊、eBay 竞争[EB/OL].(2017-10-31)[2020-03-10].http://tech.ifeng.com/a/20171031/44736724_0.shtml.

盟国家(地区)进口到欧盟国家(地区)单价低于22欧元的商品免征进口增值税;中国在税改前曾规定交易额低于500元的"海淘"商品免征关税。

随着电子商务的成长,越来越多的跨国公司利用电子商务形式的"避税天堂"规避税收,扰乱了正常的市场秩序。为了秉承税法公平原则,以及维护国家(地区)税收主权原则和坚持财政收入原则,世界各国(地区)政府开始完善税法,补充有关电子商务的税收条款,跨境电子商务的税收优惠红利逐渐消失。电子商务免税政策的取消对跨境电子商务企业造成巨大的负面冲击。一方面,跨境电子商务企业的各种商品销售成本提高,电子商务的价格优势被削弱,线上线下价格空间的压缩将导致消费者重新回流到传统渠道;另一方面,电子商务税收的开征会增加跨境电子商务企业的报税成本,加重企业的经营负担。所以,在2018年6月21日美国公布各州政府有权对电子商务的跨州销售征收消费税的规定后,美国互联网零售商股价均有不同程度的下跌,其中亚马逊下跌1.13%,eBay下跌约1%,Way fair、Overstock、Etsy、Shopify下跌均超过2%。

2. 海关规则的影响

跨境电子商务的发展与海关的支持息息相关。世界各国的海关政策不同,清关难度与手续烦琐程度也不一样。通常来说,大部分欧洲国家(地区)、亚洲国家(地区)、北美国家(地区)和澳大利亚清关相对简单,中东地区、非洲和南美洲国家清关程序则相对复杂。清关容易的国家(地区)对于跨境电子商务卖家而言会缩短商品到达消费者手中的时间,提高消费者购物的满意度,扩大卖家的销量。反之,清关严格的国家(地区)对于跨境电子商务卖家而言通关时间较长,手续烦琐导致消费者等待时间较长,损害了消费者的购物喜悦感,降低了消费者的境外购买意愿。

以亚洲国家(地区)为例。印度规定自2017年4月1日起,收件人需在货物到达当地的第二个工作日前提交所有清关文件,否则将会有延误附加费产生。延误附加费前三天按每天5 000卢布收取,之后将按每天10 000卢布加收,由收件人承担。孟加拉国则规定所有进口到该国的包裹及文件需移交给海关操作处理,当地海关会对每票进口包裹随机抽取部分文件类货件进行严格查验,这一规则使得发往孟加拉国的货件清关及中转派送时效延长。再如,印度尼西亚是东南亚地区清关最难的国家,清关时间长,手续烦琐,针对高货值货物查验高,货物无理由被扣频繁。每年12月至次年3月,印度尼西亚会有进口清关的红灯期——货物严查时期,海关会加强清关查验力度以及相关清关文件的审核,货物清关会有所延误,相关费用也会增加。化妆品本是跨境电子商务平台上的畅销产品,但是印度尼西亚严禁进口化妆品及食物,一旦发现将被退回,产生的费用由卖家自行承担。如果属于商业用途的,需要当地药物及食品局提供的进口许可证清关。FOB申报价值大于1 500美元的商品,需要提供原产地的检验证书。如果货物在到达当地30天内未能完成清关,则将按当地海关法规转自动处理,产生的一切费用由卖家承担。

2018年2月,首届世界海关跨境电商大会在北京召开,讨论了中国海关与世界海关组织其他成员草拟的《世界海关组织跨境电商标准框架》,以包容审慎、协同共管的理念呼吁世界海关"信息互换、监管互认、执法互助",主要就是为了促进边境管理标准化、便利化和程序简化,进一步完善监管规则。

3. 外汇管理政策的影响

各国(地区)的外汇管理松紧不一。美国、德国、英国等发达经济体的外汇管理是自由开放式的,外汇管制相对宽松,而一些外汇资金短缺、经济发展程度不高的经济体实施的是较为严格的外汇管制,对企业或个人收结汇、购付汇有一定额度的限制。例如,一些从事 B2C 的中国跨境电子商务企业因不能像传统 B2B 通过公司收款结汇而无法正常结汇,只能借助公司员工个人额度进行结汇,而中国境内个人每年的结汇最高额度是 5 万美元,这严重制约了公司业务的开展。

另外,在监管对象方面,外汇监管部门对跨境电子商务的监测对象包括外贸企业、电子商务企业、第三方支付机构和个人。在跨境电子商务零售业务中,个人消费者常通过第三方支付机构进行支付,这是传统外贸中不曾出现的支付模式,所以第三方支付机构成为当前跨境电子商务外汇管理的重点对象。为了适应互联网时代下的跨境电子商务支付方式,各国(地区)都在积极地探索支付监管方式,主要涉及范围包括支付机构的业务资质、市场准入、反洗钱义务和客户权益保护等方面。包括中国、美国、欧盟、澳大利亚、新加坡在内的大部分国家和地区对支付机构采取业务许可制度,即支付机构必须事先获得批准才可运营。而欧盟、英国、澳大利亚、新加坡同时对部分市场主体的准入实施豁免制度,例如在欧盟,小型的支付机构无须取得银行业执照或电子货币机构执照就能运营。日本等对支付机构准入采取登记制度,即支付机构必须先申请登记"资金转移商业经营者"。

2.1.3 主要国家(地区)跨境电子商务政治环境的差异

跨境电子商务自萌芽以来,各国(地区)政府均意识到这种新型产业发展的重要性,普遍采取鼓励扶持的态度。由于跨境电子商务是电子商务的一个分支,因此各国(地区)政府出台的政策多围绕电子商务,主要以规划、规范和引导为目的。

1. 美国

电子商务发起于美国,1996 年美国就出台了《全球电子商务政策框架》,对电子商务的发展进行宏观指引。在电子商务发展初期,美国认为对互联网的过度管理无益于电子商务的迅速发展,因此,政府把权力下放至私营机构和企业,从宏观上进行战略指导,主要依靠行业自律,同时在 WTO 等国际会议上积极推行电子商务、数字贸易免税等提案,并且在知识产权保护等需要政府采取行动的方面,也实施透明、可预测、简单一致的政策。例如,1992 年,美国最高法院明令各州不得代收网络零售商的销售税;1998 年的《互联网免税法案》禁止对互联网接入服务纳税,也不允许为此增加新税种;2016 年以前,美国政府规定美国国民从境外进口价值低于 200 美元的物品可以免征关税,亦可免于在海关正式报关;2016 年 3 月,奥巴马政府又将免税额从 200 美元提高至 800 美元。

特朗普执政后,美国政策的不确定性和波动性加大。美国政府对贸易的态度从自由开放向贸易保护转变,具体体现在美国开始单边实施贸易保护主义政策。例如,2018 年 3 月,美国突然针对中国发起了"中美贸易战";同年 6 月,美国开始对加拿大、墨西哥和欧盟的进口钢铝产品加征关税。在电子商务领域,以规范为目的,为了兼顾政府收入与实体零售店的利益,美国政府从最初的宽容逐渐加以约束,2018 年 6 月,美国最高法院规定各州政府有权对电子商务的跨州销售征收消费税。美国是中国重要的贸易伙伴国,美国一系列与以往有别的政治举措会影响中美未来的经贸格局,会影响中国跨境电子商务未来的发展格局。

2. 欧盟

欧盟是中国第一大出口市场以及主要的进口来源地。长期以来，欧盟范围内以英、法、德为首的西欧政治局势较为稳定，中东欧政治稳定性略差。但是近年来，由于乌克兰危机、欧元区债务危机、希腊救助纷争和难民危机事件的接踵而至，欧盟的凝聚力严重弱化。2016年6月，英国公投脱欧并于2017年3月正式触发脱欧程序，这给欧盟带来沉重的打击。一旦英国脱欧成功，欧盟的经济地位与政治地位将均遭下滑，欧盟的国际经贸关系也将受到影响。英国脱欧成功也可能诱使其他成员国中"反欧盟"势力大涨，事实上，2016年意大利大选与2017年法国大选就表现出脱欧倾向，这为欧盟未来的稳定埋下危机的种子。2020年1月31日，英国正式脱欧。

欧盟未来局势的不明朗也给跨境电子商务企业造成困扰。英国脱离欧盟，首先跨境电子商务企业出口英国将面临独立的海关体系，通关手续变得复杂，外贸成本加大。其次，不少中国跨境电子商务企业发往欧盟的产品是通过英国进行转运，很多大型的跨境电子商务企业在英国建立海外仓甚至办事处，英国脱离欧盟让英国中间站的价值完全丧失，加重了物流成本。这对出口欧盟的中国跨境电子商务企业影响深远。

在电子商务方面，欧盟表现出来的态度一直是以严格立法为主，行政监督为辅。所以涉及电子商务的法规内容比较全面，并且立法更新速度较快，每隔几年就会对法规进行效果评审和更新。与美国一样，欧盟电子商务的税收政策也是从宽到严。2017年12月，欧盟取消了原先欧盟外的跨境电子商务企业将产品卖往欧盟时货值低于22欧元免缴增值税的规定，并且规定卖家在直接销售和平台销售两种方式下不允许提供不同的优惠力度。

3. 澳大利亚

2017年中国继续保持为澳大利亚第一贸易伙伴，同时中国也是澳大利亚最大的外国投资者，两国之间经贸合作关系融洽。澳大利亚虽是多元化的移民国家，但国内整体政治局势稳定，与中国保持着稳定良好的政治关系。然而，自总理马尔科姆·特恩布尔（Malcolm Turnbull）上台后，由于深陷"避税"丑闻和国内政党内斗，政府的支持率逐渐下降，政客煽动的民众反华情绪不断蔓延。为了转移民众注意力、挽救政权危机，澳大利亚对华态度发生转变。例如，2017年澳大利亚媒体不实报道中国商人"窃取澳国家机密"，以及炒作在澳中国留学生从事"间谍活动"，特恩布尔更是以担忧中国影响力干预澳洲政治为理由，宣布将推行新的《反间谍和外国干预法》。这一系列的"中国威胁论"言行损害了中澳之间的政治关系，进而负面影响了中澳之间的经贸关系。

近年来，澳大利亚网络购物盛行，在2018年以前进口价值低于1 000澳元的商品一律免征商品及服务税，这导致政府税收急剧下滑。同时，消费者热衷从境外网站购物，这给澳大利亚本土传统零售商带来巨大压力。为了防止税收流失以及保护本土企业，澳大利亚政府于2018年7月1日取消低值进口商品免征商品及服务税的规定。同时，加大对跨境电子商务的纳税监管力度，所有向澳大利亚消费者出售的商品总额在12个月内达到7.5万澳元（约合37.5万元人民币）的境外企业或电子商务平台，均需在该国税务局的商品及服务税系统中进行注册，且每季度缴纳商品总价10%的增值税。澳大利亚税收新政无疑加重了跨境电子商务企业的负担。

4. 俄罗斯

俄罗斯的政治稳定程度评价一直不高。世界银行全球治理指数中评级得分-2.5 以下表示国家治理能力弱,得分 2.5 以上表示国家治理能力强。2016 年,俄罗斯的政治稳定性得分为-0.89,治理有效性得分为-0.22,政府监管质量得分为-0.42,法律规范得分为-0.80,综合得分处于世界倒数 10% 左右。① 投资者视俄罗斯政治风险高的原因在于:第一,俄罗斯法律法规、政策条例缺乏连贯性,政策多变、不稳定,相关的法律制度也不够完善;第二,俄罗斯的外交政策过于强硬,2014 年以克里米亚危机为发端,西方国家对俄罗斯实施"常态化"的经济制裁,俄罗斯则对欧盟实行反制裁措施,造成经济上两败俱伤;第三,俄罗斯的政治腐败根深蒂固,根据 2017 年全球清廉指数,俄罗斯排名第 135 位,属于腐败问题严重的国家;第四,俄罗斯的社会治安较差,犯罪分子嚣张跋扈。

虽然俄罗斯的政治环境不佳,但是俄罗斯作为经济增速较快的新兴市场主体,市场发展前景不错。首先,普京治下的俄罗斯结束了后苏联时期混乱失控的政治社会状况,政治局势稳定可控;其次,2017 年后俄罗斯的外部环境得到改善,中俄一直保持着亲密友好的关系。在这样的政治环境下,未来中国在俄的经贸投资机会巨大。

在跨境电子商务的政策态度方面,俄罗斯随国际大势近期在征税政策上有偏保守的趋势。以前,俄罗斯个人境外购物免税门槛为每人每月 1 000 欧元,且重量小于 31 千克,超出限额部分征收货值 30%、每千克不少于 4 欧元的税。自 2018 年 1 月 1 日起,免税门槛降至 500 欧元,并且 2020 年降至 200 欧元。此外,2017 年俄罗斯电子商务协会(AKIT)提议政府向国际跨境电子商务征税,建议引入外国公司增值税注册机制,国际跨境电子商务平台将按商品最终价格的 15.25% 被征税,拒缴增值税的网站将被俄罗斯通信监管局关闭。②

5. 中国

中国目前已经超越美国成为世界最大的电子商务市场,跨境领域的市场规模发展也十分惊人,这些成绩主要与政府的扶持政策密不可分。纵观政府出台的电子商务相关政策,大致分为以下三个时期。

第一时期(2004—2007 年):以规范电子商务行业为导向。在这一时期,中国的电子商务正处于起步阶段,跨境领域也才初露头角。政府出台的政策法令除《中华人民共和国电子签名法》,其余仅为管理办法或者指导意见,如《网上交易平台服务自律规范》《关于网上交易的指导意见(暂行)》等。这反映出政府对于新生事物采取了肯定和鼓励其发展的态度,政策职能也主要是为了促进电子商务健康发展和防范网上交易风险。当时,针对跨境电子商务领域的政策还并未出现。

第二时期(2008—2015 年):以促进跨境电子商务零售出口与进口为导向。在这一时期,中国跨境电子商务 B2C 出口势头迅猛,相关政策已经不适用于以邮寄、快件等形式开展的跨境电子商务零售出口企业的需求,主要体现在海关、检验、收付汇、税收等方面。政

---

① 刘骊光,高莲红.世行经验对我国法治政府指标体系建设的启示[J].社会治理,2019(2):69-74.
② 佚名.解读!俄罗斯收紧跨境电商政策[EB/OL].(2018-11-17)[2020-03-10].http://www.sohu.com/a/273109094_100166736.

府延续鼓励的态度,加大对该行业的支持力度,营造良好的税收政策环境,鼓励社会资金投入平台建设。2013年,国务院转发商务部等部门《关于实施支持跨境电子商务零售出口有关政策的意见》。同年上海自贸试验区成立,针对海关监管、出口检验检疫、收结汇与支付等探索跨境电子商务零售出口的最佳监管方式。同年,为了探索零售进口的监管方式,政府又先后批准了10个跨境电子商务试点城市以及跨境电子商务综合试验区。例如,杭州作为首个跨境电子商务综合试验区,对跨境贸易新产品采取负面清单管理模式,即采用"非禁即入"原则。此后为了改善跨境电子商务灰色通关的问题,海关又新增跨境电子商务专门的监管代码1210、1239和9610,方便物品快速通关。在利好政策因素的推动下,第二时期是我国跨境电子商务的爆发时期。

第三时期(2015年至今):以规范进口、促进跨境电子商务B2B为重点。在政策鼓励下,跨境电子商务进口蓬勃发展,但由于进口产品主要为奶粉、化妆品和服饰等消费类产品,产品质量纠纷事故频发,出现国内消费者维权难的问题。另外,税收不公平问题导致国内企业受到侵害。为此,2016年《关于跨境电子商务零售进口税收政策的通知》(简称"四八新政")要求,调整行邮税政策,针对海淘与境外游购物发布《跨境电子商务零售进口商品清单》。但由于新政与前期政策方向相悖,企业尚未完全适应,故而《跨境电子商务零售进口商品清单》中规定的有关监管要求暂缓执行,延期至2018年年底。此外,2017年3月经国务院批准,跨境电子商务零售进口商品由原来"按照货物征收关税、进口环节增值税和消费税"变更为"暂按照个人物品监管",且实施范围扩大至15个城市,自2018年1月1日起实施,这一新措施的实质是从检验检疫方面为跨境电子商务松绑。在出口方面,政府结合供给侧结构性改革的指导方针,各相关部门通过推进通关、结售汇与退税的便利措施,最大限度地减少对跨境电子商务市场的行政干预。2018年4月20日,海关与商检合并,跨境电子商务在通关、报检便利化方面有了很大的进展。可以预见,今后政府的政策方向将侧重于规范引导跨境电子商务行业的良性生长秩序。

2.2 跨境电子商务经济环境

2.2.1 经济环境及其重要性

1. 经济环境的概念

经济环境是指影响消费者购买与消费行为,进而对企业的价值创造产生影响的一系列综合因素,它体现在社会经济状况和国家(地区)经济政策两方面。例如,在经济萧条时期,消费者面临失业的威胁,会自发地减少不必要的开销,导致企业的经济收益下降;反之,在经济繁荣时期,消费者会扩大消费,企业因此会增加利润。

经济环境反映了一个国家(地区)内外在的经济状况,影响企业经营环境的经济因素主要涵盖宏观外部因素与微观内部因素。宏观外部因素包括就业、收入、通货膨胀、利率、货币汇率和储蓄率等。外部因素往往超出企业可控的能力,波及范围大,影响程度深。微观内部因素则包括特定产品的市场规模、市场竞争程度、劳动力成本、原材料成本、加工成本与企业的供货销售渠道等。相较之外部因素,内部因素造成的困境对企业而言是可应对的,企业一般依靠自身的力量就可以改善不利的经营环境。

2. 经济环境的重要性

经济环境本质上是动态的,会随着政府政策、政治形势以及其他环境的改变而改变。当前,世界各国(地区)间经济的依赖程度越来越紧密,企业所处的经济环境愈加复杂多变。企业除了在本国(地区)的经济环境下求得生存,还要面临目标国(地区)经济环境所带来的影响,并且企业身处的内外部环境是相互联动、非孤立存在的。因此,开拓境外市场的企业在制定发展战略时需将境内外经济环境均考虑进来。例如,自 2015 年始至 2018 年 6 月,美联储已经相继加息 7 次,在美债收益率持续走高、美元指数上升等多重因素共振下,全球市场发生巨大的动荡。阿根廷、土耳其、巴西与印度尼西亚等新兴市场面临货币贬值的压力,中国也不例外。货币贬值一方面推动出口贸易的发展,另一方面又导致资本外逃,投资乏力,经济下滑,企业面临偿债压力。资料显示,2018 年 1—5 月,中国债券市场共发生违约事件 17 起,涉及违约主体 12 家,新增违约债券规模达 357 亿元,同期相比有所增长。

各国(地区)经济活动相互交织影响着企业的长远发展战略和全球发展战略的实施。经济一体化使得国家(地区)之间的经济活动界限模糊,你中有我,我中有你,所以企业在制定经济发展战略时,必须打破地域经济界限,树立全球战略意识,从生产要素的投入到产品投放市场的每个环节都要关注全球各国(地区)的经济环境。

2.2.2 经济环境对跨境电子商务的影响

与实体传统销售企业相似,电子商务企业的盈利能力也会受到经济环境的影响,并且其影响是直接的、不可忽略的。通货膨胀、利率变动、劳动力与汇率波动等经济因素直接影响着产品和服务的供需,进而影响消费者的购买力及消费方式。例如,2007 年爆发经济危机后,美国商务部普查局调查发现,2008 年全年社会零售额与上年相比下降了 1.2%,但是电子商务零售额上升了 3.3%。

1. 国民经济收入的影响

国民经济收入是影响跨境电子商务发展的重要因素。因为一国(地区)的国民经济收入是这个国家(地区)经济实力的表现。通常来说,一国(地区)经济增长速度快,失业率低,人均 GDP 高,则该国(地区)人民的可支配收入就高,其消费需求也大,会愿意购买更多的生活用品甚至奢侈品。反之,一国(地区)经济增长速度缓慢,失业率高,人均 GDP 低,则该国(地区)人民的可支配收入就低,其消费需求也小,愿意购买必需品外的非生活用品的动机就不强。

企业借助互联网的方式向境外市场销售产品,或许线上价格会低于传统零售价格,但是目的国(地区)消费者的经济收入依旧是决定对产品渴望程度的关键。综观全球跨境电子商务的发展,发达经济体的跨境电子商务规模普遍高于发展中经济体。美国、欧盟及澳大利亚等是全球跨境电子商务市场较为活跃的区域,例如美国、英国、德国、加拿大和澳大利亚等是中国跨境电子商务出口的主要地区,而巴西、俄罗斯等经济增长速度较快的新兴市场也是跨境电子商务极具潜力的地区。

2. 传统外贸的影响

从目前形势看,跨境电子商务似乎挤压了传统外贸的生长空间,但事实上,传统外贸模式与跨境电子商务模式是互惠互利而非互相倾轧的两种商业模式。在跨境电子商务发展的初期,境外电子商务所销售的畅销产品均是该所属国(地区)传统的优势出口产品,进口国(地区)消费者由于最先通过传统进口方式体验了出口国(地区)的优势产品,所以跨境电子商务企业才能通过热销这些产品赚取利润。就目前而言,各国(地区)的跨境电子商务发展速度虽快,但与传统外贸规模相比,跨境电子商务总量占进出口总量的比例不大。

跨境电子商务的发展是受到传统外贸约束的。一国(地区)传统进出口贸易规模较小,反映出该国(地区)的市场需求有限,工业企业生产率低下,生产能力不足,该市场的跨境电子商务发展潜力必然会受限制。相反,一国(地区)传统进出口贸易规模较大,反映出该国(地区)市场需求活跃,工业企业生产率高,生产能力强,该市场的跨境电子商务发展潜力必然巨大。全球跨境电子商务市场活跃的地方集中在美国、欧盟、中国等地,背后的原因之一就是这些地区的传统进出口贸易规模排名在世界前列。跨境电子商务发展的后期阶段就是跨境电子商务企业整合线上线下渠道,传统进出口模式与跨境电子商务模式相融合。

3. 汇率波动的影响

汇率是进出口贸易的润滑剂之一,汇率变动反映了一国(地区)消费者购买力的变化,对传统模式的进出口贸易会产生较大的影响。一国(地区)货币对外币贬值,说明本国(地区)货币的购买力下降,以本币计价的商品出口价格相对降低,出口企业会因扩大销量而获利,最终扩大该国(地区)的整体出口贸易;对进口贸易而言,由于本国(地区)货币的购买力下降,本国(地区)消费者会减少购买国外商品的需求,进口量从而下降。相反,当一国(地区)货币对外升值时,出口贸易会降低,进口贸易会增加。

跨境电子商务因是进出口交易,所以同样受到汇率波动的影响。例如,在亚马逊或者eBay上销售产品的中国企业,以零售形式出售商品,有的是赚取进货价格与零售价格的价差,有的是厂家直销,赚取生产成本与零售价格的价差,但由于批量小且网络透明性导致的价格竞争激烈,没有品牌影响力的企业境外终端价格的议价能力较弱。加之,中国出口跨境电子商务多以美元计价,最后以人民币结汇,所以当人民币升值时,卖家不敢轻易提价,利润空间被挤压。再如人民币持续贬值,跨境进口平台的商品采购成本增加,最终零售价格增加,若是进口商品的需求价格弹性低,那么影响不大,但是对于需求价格弹性高的进口商品而言,进口量就会大大降低,从而影响进口平台的利润。

4. 利率的影响

利率是重要的经济杠杆。以下调利率为例,降低利率可以在不扩大货币供应的情况下增加市场流动性,低利率一方面降低居民的储蓄率,刺激了消费动机,另一方面降低了企业的借贷成本,导致投资规模扩张,就业增加,居民收入提高,社会总需求增加。此外,利率变动对国际收支也产生重要影响。一国(地区)利率下调,会引发社会资本的流失,使得本国(地区)货币对外币贬值,鼓励出口抑制进口,从而减少贸易逆差。

自2015年以来,美联储数次加息,使得社会资本回流美国,从而增强美元价值,在一定程度上推动了美元汇率上涨。中国跨境电子商务卖家多以美元计价,人民币结汇,美元升值有利于增加跨境卖家的回款,并且由于美元升值,美国居民的购买欲望增强,扩大了消费支出。但是美元升值对应着人民币贬值,这对中国卖家而言,在美国境内的广告宣传营销成本以及跨境运输和仓储的物流成本也相应增加。

5. 通货膨胀的影响

通货膨胀会使一国(地区)的物价水平上升,企业的生产成本与经营成本增加,持续上升的通货膨胀导致消费者能够购买的产品数量减少。若跨境电子商务出口的目标市场出现高通货膨胀现象,那么一方面跨境电子商务在该市场的物流成本和运营成本会增加;另一方面持续高通货膨胀容易引起货币贬值,从而该市场的消费需求下降,跨境电子商务的销售利润减少。例如,俄罗斯一直是中国跨境电子商务企业青睐的出口新兴市场之一。2014年克里米亚危机爆发,俄罗斯遭遇西方制裁,2015年俄罗斯通货膨胀率达到15%左右,国内物价上涨,俄罗斯企业的工业成本增加,本土物流成本也在不断上升,甚至当地运营海外仓的服务商也面临涨价压力,进而增加了境外电商卖家的销售成本,压缩了境外电商卖家的利润空间。并且,通货膨胀引起俄罗斯零售交易规模下降,整体经济下滑。2015年俄罗斯电商市场B2C方面增长速度仅达到2.1%,低于2014年的16.7%。

2.2.3 主要国家(地区)跨境电子商务经济环境的差异

1. 美国

美国作为世界上最大的经济体,GDP总量长期排名世界第一,2017年其名义GDP达到19.42万亿美元,与上年相比增长了2.7%,同时失业率有所下降。2018年第一季度,房地产、租赁业、信息业以及非耐用品制造业是美国经济增长的主要贡献点。此外,美国数字经济一直是美国经济的亮点,2006—2016年以年均5.6%的增长率增长,远超整体经济1.5%的增长率。2016年数字经济占了美国经济的6.5%。与美国传统行业相比,数字经济位于科技服务行业之下,高于批发贸易。

作为全球最早培育和发展电子商务的国家,美国电子商务以年均11.8%的速度增长。2016年制造业的电子商务销售规模达到34 953亿美元,占整个制造业销售额的64.8%;服务业的电子商务交易规模达到6 087亿美元,占服务业交易规模的4.2%。同时,交通运输和仓储服务增长6.4%,尤其是航空运输增长较快,美国P2P移动支付使用量也在快速增长,这些都是电子商务发展强有力的支撑。

美国在跨境电子商务领域一直居于前列。一方面,美国拥有全球知名的电子商务巨头,如亚马逊、eBay、沃尔玛和Wish等,其中亚马逊占据美国市场近四成,占英国和德国市场近三成,在全球共有十四个基站。另一方面,美国网民购买力强以及购物频率高,并且喜欢在国际网站上购物,这些网站主要来自英国、中国、加拿大和澳大利亚等。美国是中国出口跨境电子商务三大市场之一,同时美国商品(例如坚果、保健品、奶粉和轻奢产品等)也是中国跨境网购者青睐的商品。2018年,中美双方政府对各自部分商品加征关税,网站上美国的热销产品被列入限制清单中,这对中国跨境电子商务进口会产生一定的负面影响。

2. 欧盟

欧洲地区总人口超过8亿,其中东、西欧地区(包括俄罗斯)人口占比分别为29%和31%。自2008年金融危机爆发后,欧盟经济一直处于低增长、低投资和高失业率的艰难状态。为了摆脱困境,欧盟先后拨付大规模救援资金,帮助成员国刺激经济增长,例如 2015 年欧盟投入 210 亿欧元,并定下目标 2020 年救援资金将增至至少 5 000 亿欧元。在大规模的资金扶持下,欧盟地区的投资额有所上升,促进了经济增长。2017 年欧盟生产总值实现 15.4 万亿欧元,其中人均收入排名在前的国家依次为卢森堡、挪威、爱尔兰、冰岛、丹麦、荷兰等;GDP 年均增长率较高的国家依次是爱尔兰(7.2%)、罗马尼亚(6.9%)、马耳他(6.4%)、斯洛文尼亚(5.0%)等,反观老牌发达国家如英国、德国与法国的增长率仅有 2% 左右。每户家庭人均消费支出排名靠前的分别是卢森堡、芬兰、爱尔兰、比利时、奥地利、荷兰和德国。

欧盟地区的跨境电子商务市场发展较快。原因在于:一方面,欧盟地区的网络渗透率一直很高,2017 年平均为 81.22%,其中瑞典的网络渗透率最高(达 99.7%);另一方面,欧盟地区的消费者习惯网上购物,2017 年网民中在线购物比例最高的是荷兰(82%)。整个欧盟地区,跨境电子商务市场规模较大的主要是英国、德国、法国、意大利和西班牙,但是 2017 年网络交易中跨境购物比例较大的依次是葡萄牙(85%)、卢森堡(79%)、瑞士(64%)、冰岛(63%)和奥地利(53%)等,而跨境购物增长率最高的国家是斯洛文尼亚(6%)。欧盟地区的跨境电子商务平台主要是亚马逊、阿里速卖通、eBay、Wish 和 Zalando 等。亚马逊在卢森堡和奥地利的市场占有率最高,分别为 72% 和 64%;eBay 的市场主要在塞浦路斯(63%),阿里速卖通的市场主要在荷兰(35%)。①

3. 加拿大

加拿大人口近 3 660 万,英语和法语是其通用语言。作为全世界网民数量较多的国家之一,2016 年加拿大的网络普及率达 88.5%。根据 eMarketer 的调查,2015 年,84% 的加拿大人喜欢从网上购物,20% 的人平均每月有一次网上购物的经历。2016 年,25% 的人通过智能手机购物,这其中 41% 的人每周购物一次。2017 年 3 月,加拿大的电子商务销售总额达到约 12 亿加元,预计 2020 年电子商务交易规模将达到 500 亿加元,占零售总额的 10%。加拿大的主要在线零售商有沃尔玛、亚马逊、戴尔、Costco 和百思买(Best Buy)。

虽然加拿大人偏好本地商店,但仍有大部分人会从国外网站上购物,其中 1/3 的人从美国网店上购物,其余从亚洲(主要是中国)和欧洲网店上购物。2016 年,67% 的在线购物是跨境交易,因为加拿大人认为境外产品价格低并且品种丰富。加拿大的中小企业数量众多,但是这些企业进入电子商务领域的步伐缓慢,这对意欲进入加拿大市场的外国电子商务企业而言是个好消息,因为该区域的电子商务市场竞争程度相对较低;但是,由于加拿大毗邻美国,其消费、税率、物流配送及费用等与美国相似,因此美国电子商务企业更容易第一时间将产品卖给加拿大,这对美洲以外的电子商务企业而言进入加拿大市场又面临来自美国的竞争。

4. 澳大利亚

作为"骑在羊背上的国家"和"坐在矿车上的国家",澳大利亚是南半球经济最发达的国家,2016 年实际人均收入约 4 万美元,排名世界前十。② 根据澳大利亚统计局公布的数

---

① 资料来自 European Ecommerce Report 2018。
② 资料来自世界银行 WDI 数据库。

据,2018年第一季度,澳大利亚GDP环比增长1%,标志着澳大利亚经济保持了在发达国家中连续无衰退增长最长的纪录——27年,其经济发展主要依赖出口和跨国投资。2018年6月,澳大利业的失业率为5.4%,创5年内新低,说明澳大利亚的经济形势良好。中国是澳大利亚最大的贸易伙伴国,澳大利亚近1/3的出口流向中国。

澳大利亚的电子商务市场发展潜力大。这得益于澳大利亚的经济实力强劲,人均可支配收入高。金融业的发展也驱动着该国电子商务的增长,澳大利亚四大银行(联邦银行、澳新银行、澳大利亚国家银行和西太平洋银行)为在线支付和移动支付提供了保障。此外,澳大利亚配套基础设施水平高,该国的网络普及率高达85%,智能手机普及率也高,澳大利亚脸书用户超过1 300万人,社交媒体极大地推动了B2C网络零售交易。澳大利亚的城市人口密集度大,这有利于公路物流配送。根据澳大利亚国家银行发布的网络零售指数,2017年澳大利亚网络零售额约163亿美元,较上年增长11.5%。消费者所购买的品类主要是百货类产品(30%)、时尚用品(22%)、家具用品(15%)、音像制品(13%)、健康美容产品(8.7%)、食品和酒(6%)以及娱乐用品(5%)。79%的澳大利亚人在本土网站上购买本国产品,其余21%的人在网上购买外国产品,较上年增长7.3%。在购买的这些外国商品中,40%来自美国,32%来自中国,22%来自英国。澳大利亚主要的平台供应商有亚马逊、eBay、Gumtree、Catch of the Day、JB HiFi、Kogan、SurfStich、the Iconic 和 Appliances Online。

5. 中国

中国长期保持着高速的经济增长,消费者可支配收入稳定增加,人民币汇率稳定,中国跨境零售进口额稳步增长;同时,进出口贸易居世界首位,助力更多中国卖家借助网络将产品推向世界,成为在线出口的动力。

2017年中国跨境电子商务总体达8.2万亿元人民币。其中,零售进口额实现566亿元人民币,同比增长75.5%。2018年1—10月,零售进口额为672亿元人民币,同比增长53.7%。[①] 在中国跨境电子商务主要出口地中,美国、欧盟、东盟位居前三,但是中国企业主要借助亚马逊或eBay等国外平台出口,说明中国具有全球实力的外贸平台数量不足。

2.3 跨境电子商务法律环境

法律或许不是跨境电子商务兴起的前提,但却是维持该行业良性增长的助力。一个良好的法律环境对建立消费者信任和进行电子商务交易至关重要。

2.3.1 法律环境及其重要性

1. 法律环境的概念

法律环境指的是由法律组织机构、法律意识形态、政府所制定的法律规范、规章制度以及法律执行情况所构成的完整体系,它对社会、文化、经济、政治都产生重要的影响。任何人以及企业无论在何处都需要遵守法律法规,法律规范与规章制度的实施可以直接干

---

① 资料来源:http://www.100ec.cn/detail--6483177.html。

预市场配置机制,或者间接改变企业和消费者的行为。政府通过法律法规对市场负外部性进行调节、监管和干预。它对企业的行为有着指引、教育、评价的作用,除此之外还起着保障企业权利和利益的作用,是企业公平竞争的前提条件。

2. 法律环境的重要性

企业在国际市场上开展业务,必须遵守境内与境外的双重法律标准。境内外的法律法规差异越大,企业所面临的风险越大。一国(地区)法律环境好坏的评判标准主要体现在三个方面:法律健全程度、法律透明度与司法执法力度。一国(地区)法律制度健全完备,可以为政策的制定和实施创造良好的依据和秩序,为经济发展的稳健运行保驾护航。反之,法律制度不健全会导致政策制定无法可依,企业不正当竞争行为得不到惩罚,从而引发市场混乱。法律透明度反映的是法律在实施过程中需公开透明,使公众了解执行过程。若一国(地区)法律制度不透明,则在执法过程中势必出现不公平现象。例如,印度一直活跃地使用反倾销措施,其中中国是印度发起贸易救济调查的最大受害者,1994—2017年,印度一共对中国发起两百多起反倾销调查,2018年头两个月又发动八起反倾销调查。调查过程以主观的标准来判断中国企业是否存在倾销行为,处理过程不透明,具有明显的歧视色彩。司法执法力度体现了一国(地区)的法治精神。一国(地区)若存在有法可依却执法不严的情况,会造成司法裁判失去当事人的信任和尊重,最终法律的效力也将丧失。

2.3.2 法律环境对跨境电子商务的影响

跨境电子商务活动跨境性、交易地点模糊性的特点,使得跨境电子商务的法律环境十分复杂。传统外贸的法律法规对跨境电子商务活动有管辖作用,但又出现一定的滞后性,跨境电子商务交易面临各种法律纠纷的挑战。总之,跨境电子商务需要遵从的法律范围涉及广泛,包括传统外贸领域、电子商务或互联网领域以及消费者领域的法律法规。

具体而言,对跨境电子商务影响较大的法律法规主要有如下几个:

1. 电子交易法

跨境电子商务类似于无纸贸易,电子交易法是与跨境电子商务直接关联的法律。截至2017年,全球196个国家(地区)中77%制定了电子交易法,其中除梵蒂冈外所有的发达国家(地区)都出台了电子交易法,发展中国家(地区)中非洲有28个、亚洲和大洋洲有35个、拉丁美洲和加勒比海地区有29个,再加上17个经济转型国家(地区)制定了电子交易法。

1996年,联合国国际贸易法委员会颁布《电子商务示范法》,2001年颁布《电子签名示范法》,2005年颁布《联合国国际合同使用电子通信公约》,这三个公约被视为关于电子商务的专门性公约。《电子商务法示范法》的核心原则是在法律上确立无纸贸易与纸质贸易的功能对等地位。许多国家(地区)的电子交易法遵循协调性原则,最大限度地与国际接轨,均以这三个公约为模板,具体细节有所增减。例如,日本、俄罗斯、马来西亚关于电子商务的立法就仅仅是《电子签名法》,而新加坡的《电子交易法》则是内容全面的综合性法律,包含电子签名、电子合同效力与网络服务提供者责任三方面内容。

在数字签名和数字认证方面,大多数国家(地区)承认电子签名的法律效力,但是在电子签名使用的技术中立性上还存在分歧。许多国家(地区)要求只有技术特定化的电子签名才有效,如公钥密钥加密、计算机口令、对称密钥加密、生物笔迹鉴别法等。乌克兰和白俄罗斯则要求只有认可的认证机构加密的电子签名才具有法律效力。因此,不同的加密技术认可,系统间的不兼容,妨碍了电子签名的普及,影响了在线交易中电子合同票据的推广。

2. 知识产权保护

跨境电子商务涉及的知识产权侵权范围较广,常见的有专利、商标与著作权侵权。一般而言,以美、欧为代表的发达经济体较为重视知识产权保护,知识产权的执法力度也较为严格,发展中经济体的知识产权意识则相对薄弱,执法力度也相对不大。在跨境电子商务模式盛行的情况下,知识产权的侵权行为也越来越频繁。各国(地区)为了保护本国(地区)的知识产权,纷纷完善自身的知识产权法律法规,并且加强知识产权海关执法。例如,2011年5月,欧盟提出新的知识产权保护战略,积极探索适应数字时代的知识产权保护体系,并且加强知识产权海关执法。2014年7月1日,欧盟委员会又通过"解决欧盟知识产权侵权问题的行动计划"以及"在第三世界国家保护和执行知识产权的战略计划"。2020年11月25日,欧盟委员会在颁布《数据治理法/条例》的同时发布了《知识产权行动计划》,该行动计划将采取各种措施,以升级欧盟的知识产权框架。美国则是将针对知识产权问题的301调查对象从线下移到线上,甚至将301调查作为贸易保护的工具。比如,2011年阿里巴巴上榜美国贸易代表办公室年度"恶名市场"黑名单,此后阿里巴巴在打假方面不断努力,加大查处力度,建立打假联盟,曝光清退造假卖家,但是美国贸易代表办公室并未承认阿里巴巴的努力,2016年12月依旧置其于名单中。所以,跨境电子商务在发展过程中面临境外知识产权保护壁垒的压力。在境外市场,企业一定要尽责防止产品侵权,规避侵权风险。

3. 数据保护法

跨境电子商务交易将全部贸易信息暴露在相对公开的网络中,其中涉及有关消费者个人信息的跨境收集和使用,既包括个人身份信息和网络活动踪迹等,又包括金融隐私权,即财产利益的信息,如交易密码、账号、支付信息等。如果个人数据信息得不到有效保护,被经营者或者第三方平台泄露出售给其他网络经营者,那么消费者对网络交易安全性将不再信任,会影响未来的网络交易。因此,个人数据保护是跨境电子商务持续发展的必要条件。

第一部个人数据保护立法始于20世纪70年代的德国。截至目前,全球共有一百多个国家或独立司法管辖区出台了个人数据保护法律。早期的个人数据保护法律虽不是针对跨境电子商务行为中产生的隐私侵权而颁布的,但是由于网络传播速度快、范围广,一旦发生个人隐私信息泄露,危害会更大,因此如今个人数据保护法重点适用于跨境电子商务领域。

跨境电子商务企业在服务于境外市场时,必须要了解当地针对个人数据收集、存储、使用、披露、跨境传输等的规定,是否允许转移当地居民的信息至其他国家(地区)的数据中心,一旦违反将有可能面临高额罚款。例如,2018年科技巨头谷歌和脸书就因分享用户数据涉嫌违反《通用数据保护条例》而遭遇欧盟法律诉讼,分别面临总额37亿欧元和39亿欧元的罚金。根据《通用数据保护条例》,今后卖家在向欧盟境内进行电子邮件营销时必须要用户同意选择接收邮件才能发送,同时收件人有权要求卖家删除用户信息,或者是退订电子邮件。

4. 消费者保护法

消费者保护法的宗旨是确保消费者的权利利益。由于在各种形式的商务互动中企业与消费者之间关系不对等,消费者容易受到误导、欺诈和不公平的商业待遇,因此消费者保护法通过意识灌输和教育赋予消费者权利,当发生问题时消费者可以有效处理解决。考虑到网络交易的虚拟性,卖家身份、地址以及可信度容易隐瞒,复杂冗长的交易条款消费者也不能轻松及时地获知,所以信息不对称导致消费者受到伤害的现象在电子商务环境下尤为突出。2017 年,美国联邦贸易委员会共收到关于网络消费的 12 019 个投诉,投诉较多的就是购物欺诈和垃圾邮件等,其中投诉中国公司的案件共 3 266 起,位于投诉榜单第二名(第一名为美国,投诉案件 4 237 起)[①]。

消费者保护法能够帮助企业清楚从事线上业务的法律要求,进行自我约束。发达国家(地区)一般在消费者保护方面做得较好,而发展中国家(地区)则重视不够,立法相对落后。截至 2017 年,42 个发达国家(地区)中有 36 个颁布了消费者保护法,而 154 个发展中国家(地区)中仅有 62 个颁布了该法律。[②] 不同国家(地区)在消费者保护法方面的法律差异会阻碍跨境贸易。以欧盟为例,企业在 28 个国家从事跨境电子商务,就需要了解每个国家适用的法律条款,承担相应的合同订立、法律咨询服务等费用,欧洲委员会曾于 2011 年做过调查,44%的消费者声称不清楚自己的权利,所以不愿从其他欧盟国家购买产品,为此欧洲委员会特意发布《欧洲统一买卖法》,其目的是不取代既有的成员国买卖法,但适用于交易一方为欧盟成员国的跨境贸易。

总之,各国(地区)的消费者保护法是有所差异的,所以在出口商品时,企业必须遵循目标市场的消费者保护法才能获得消费者的信任;同理,在进口商品时,企业也必须从本国(地区)消费者保护法的角度出发,确保境外商品标准达到境内要求,否则一旦发生纠纷,跨境退换货难度较大,最终只会影响消费者的购物体验,给消费者留下不好的印象。

2.3.3 主要国家(地区)跨境电子商务法律环境的差异

长期以来,世界各地跨境电子商务规则的严格程度不尽相同。跨境电子商务企业在开拓市场时,必须关注目标市场的法律法规,以防因不熟悉法律而造成经济损失。主要跨境电子商务国家(地区)的立法如下:

1. 美国

美国在商务领域的立法一直采取"自由企业"的态度,即尽量不出台法律干涉企业的成长,所以跨境电子商务领域的法律数量并不多。由于是联邦制国家,美国联邦政府和州级政府均有立法权。为了保护和规范电子商务的健康发展,1999 年美国统一州法全国委员会通过《统一计算机信息交易法》和《统一电子交易法》。前者适用于通过网络途径进行的信息产品的交易,如软件交易、数据库使用和信息服务等,后者是为进一步配合电子商

---

① 资料来自美国联邦贸易委员会《2017 年美国消费者保护数据手册报告》。
② 资料来自 UNCTAD Cyberlaw Tracker。

务内容而制定的。这两个法律属于示范法,没有直接的法律效力,但是它们为美国各州在电子商务立法方面提供了规范。2000年美国又签署了《电子签名法》,该法律的重大贡献在于数字签名的技术中立,即对数字签名中使用的技术的非歧视性。

在跨境电子商务金融支持方面,美国针对第三方支付出台了《统一货币服务法》。该法律约束经营货币服务业务的机构的业务范围,例如不得从事存贷款业务,不得擅自挪用客户的交易资金等。另外,《爱国者法案》规定所有经营货币服务业务的机构需先由美国金融犯罪执法网络(FinCEN)认证后方可开业,同时所有交易记录必须保存,以备反洗钱调查。美国有40多个州规定P2P支付企业需获批业务许可证才能办理汇款业务。

在信息安全方面,奥巴马执政期间一直贯彻执行保护个人隐私权。2015年,《消费者隐私权利法案》颁布,要求各行业接受美国联邦贸易委员会(FTC)的监督,企业在发现数据泄露后的30天内必须告知消费者,同时FTC有权对违规行为下达禁令,并可以给予最高2 500万美元的罚款。但是当特朗普执政后,美国立法对个人隐私权保护表现出矛盾的行为。一方面,2017年2月,美国众议院通过了《电邮隐私法案》,要求执法人员必须首先向法院申请搜查令,才能调阅公民存储在网络的电子邮件或数字文档。另一方面,同年3月,美国众议院又废除了《网络用户隐私权保护法案》,该法案是奥巴马执政期间制定拟于2017年12月生效的,废除的原因是认为法案的严格规定扼杀了企业创新,法案废除意味着网络供应商可以收集和出售用户的网络浏览历史、位置信息、健康数据以及其他个人信息。

在消费者保护方面,美国无专门的消费者保护法律,主要是由法院判例以及相关领域的单项条文构成。例如,《产品责任法》遵循将消费者作为弱者予以保护的充分原则,将精神损害赔偿概念引入消费领域,维权的天平倾向于消费者。

2. 欧盟

欧盟立法一向严格,多以指令为主,法规覆盖面广。1997年,欧盟委员会颁布了《欧盟电子商务行动方案》,这是一部欧洲范围内电子商务的基本法律框架,是规范跨境电子商务的最初法律文件。2000年,欧盟又颁布了《电子商务指令》,目的是协调各成员国的电子商务国内法。各成员国结合自身的情况,在该指令的基础上出台国内法,譬如英国的《电子商务条例》、德国的《电子商务交易统一法案》。因此,跨境电子商务企业在欧盟投资做生意时需要兼顾成员国国内法律。

针对跨境电子支付问题,欧盟出台了《关于电子货币机构业务开办、经营与审慎监管的指令》,根据指令,电子货币机构的注册资金不得低于100万欧元,同时机构投资额应等于其负债额。欧盟境内跨境电子商务中信用卡支付占比很大,2018年1月13日,《欧盟支付服务修订法案第二版》(Payment Service Directive 2,PSD2)生效,规定欧洲各大银行必须对第三方支付服务商(Third-party Payment Service Providers,PSPs)开放用户账户信息权限,以及提供全部必要的API(应用程序编程)接口权限,这意味着苹果支付、阿里支付、微信支付等支付方式可以较低门槛进入欧洲。同时,取消所有欧盟交易条例所涵盖的信用卡(Visa和Mastercard)的手续费,禁止商家将付款手续费、转账手续费等因资金流动而产生的银行费用转嫁给消费者。此外,还规定将对欧洲各大银行及支付公司强制实行线上付款认证体系,第三方支付服务商将参与监管以保证稽查所有低于500欧元的可能存在风险的支付金额。该法律一方面推动了个人在线金融消费,另一方面加强了对个人资金严密的安全监管。

在消费者保护方面,《欧盟消费者权利指令》于2014年6月13日生效,该指令可谓是全世界最先进的消费者权益保护法律。该指令终止了网络消费中的隐性收费和付出;增加了价格透明度;禁止在线销售中卖家事先勾画的附加销售项目;消费者无论以何种方式购物,均可在14天内无条件退货,并且退货后14天内商家将款项退还消费者并承担运费;为方便消费者,在欧盟范围内采用统一的退货单;终止对使用信用卡和客服热线支付的消费者附加收费;商家若希望消费者支付退货产生的运费,必须事先清晰地告知消费者;强化对消费者数字产品的权益保护以及对商业行为的共同规则,使商家更容易在欧洲境内交易。

另外,在隐私数据安全方面的法律应属2018年5月25日生效的《通用数据保护条例》,该条例涵盖欧盟公民的数据保护和隐私,适用于所有向欧盟公民提供商品或服务的公司。根据该条例,公司和其他组织必须更加透明、清楚地陈述它们收集信息的用途、收集方式及是否与他人共享信息。个人若未明确表示同意其所收集信息的行动,公司和其他组织不允许采取预先同意或者强制同意的措施。消费者有权查看任何公司中有关自身的信息,要求纠正不正确的信息,撤销其数据的保存权限,并将其数据导出。如果有人决定不提供信息,则组织需要及时从系统中删除这些信息。如果发生数据泄露,则必须在72小时内通知消费者。若违反《通用数据保护条例》的规定,则公司将会面临高达2 000万欧元或公司年度全球收入4%的巨额罚款,就高不就低。

3. 澳大利亚

1999年,澳大利亚出台《联邦电子交易法》。该法律规定个人或者实体在申请网络交易时需要实名注册,注册表格要求填写个人或者实体的真实信息并且提供电子签名(电子签名采用技术中立原则),同时要求提交相关证明文件或者以往交易记录等材料。另外,申请企业还需在澳大利亚商业登记局注册一个11位数字的ABN(Australian Business Number)商业号,这样监管部门可以很方便地追溯到经营主体的所有信息。但是澳大利亚类似于美国,各州有自己的立法权,会颁布实施相对独立于联邦法律体系的法律条文。联邦与州之间、不同的州之间法律条文的交叉重复在一定程度上加重了商家的负担,并且法律倾向于保护消费者,也为跨境电子商务带来一定的风险。

在消费者权益保护方面,《澳大利亚消费者法》是欲在澳大利亚从事电子商务的外国企业必须重视的法律之一。该立法依附于《2010年竞争与消费者法》,是澳大利亚全国通行的保护消费者权益和公平贸易的法律。该法律赋予澳大利亚联邦政府和地方州政府权利,以强制性标准要求所有企业必须为澳大利亚消费者提供一系列产品质量安全等方面的担保,并且这些担保是自动生成的。如有违反,《澳大利亚消费者法》可以短期或永久禁止产品进入澳大利亚市场,发布强制性召回通知,要求供应商召回产品。2016年9月1日,该法案又添加了禁止澳洲商家向使用EFTPOS(销售点电子转账)和信用卡支付的消费者过度收取附加费用的条款。

在数据隐私保护方面,澳大利亚出台了1988年的《隐私权法》和2003年的《垃圾邮件法》,前者是规范企业对个人信息的收集、使用、安全和处理行为,由澳大利亚信息委员会办公室执行,后者由澳大利亚通信和媒体局执行。澳大利亚的数据保护法并不适用于所有企业,只有年营业额超过300万澳元的企业才会受到《隐私权法》的管辖,但是由于个人隐私数据的安全性是消费者对商家的信任,所以通常所有网店都会承诺保障消费者信息安全。《垃圾邮件法》的目的是减少垃圾邮件所带来不便,保留商业广告的价值。为了制止垃圾邮件,澳大利亚采取了严格的"选择加入"(Offer In)方式,即任何通过邮件来发布广告的企业,必须先得到邮箱用户的许可,才能向用户发送商业广告电子邮件。一经违反,最高罚金100万澳元。2009年12月,澳大利亚通信和媒体局对新西兰人兰斯·阿特金森(Lance Atkinson)提起诉讼,因其名下企业每天发送100亿份垃圾邮件给全球用户,被判巨额罚金。

4. 俄罗斯

俄罗斯是世界上最早制定电子商务法的国家之一。2001年《俄联邦电子商务法》发布,对电子商务经营主体的责任范围、电子信息通信的使用规则、电子合同的订立规则、电子单据的凭证效力及电子商务信息管理等做出了规定。同年又通过了《电子签名法》,规定了电子签名的使用原则、类型、法律效力等。值得注意的是,俄罗斯的电子签名认证是技术特定模式,即只有基于PKI(公开密钥基础设施)加密的电子签名才被法律认可。

俄罗斯在消费者权益保护方面非常完备。1992年俄罗斯议会批准通过了《消费者权益保护法》,该法成为其他独联体国家类似法律的模板。迄今为止,《消费者权益保护法》历经数次修订,每次修订都更加保障消费者的利益。譬如顾客在退换货时,无须发票辅证,只需事实证明即可。对于一些家电商品和汽车等,只要有瑕疵,无论瑕疵大小,顾客均可以要求商家退换货或者进行回收维修。在互联网上购买的商品的退换货规则与传统商店一样。消费者在认定被侵权时,寻求国家保护无须承担任何费用。①

在数据流动与保护方面,俄罗斯现行的个人信息保护法是2006年生效的《个人数据法》。该法规支持数据本地化,即俄罗斯公民的个人信息数据的采集与存储只能放置在俄境内的服务器中,数据的副本可能会暂时存放在境外,但仅限于需要使用的期间内;公司一旦违法将被起诉,并被处以高达30万卢布的罚款。由于俄罗斯于2001年签署加入《欧洲理事会第108号公约》(简称《第108号公约》),因此,俄罗斯《个人数据法》允许个人信息从俄罗斯境内传输至其他的签署国。同时,如果非《第108号公约》的签署国加入俄罗斯个人信息跨境流动的"白名单"中,那么俄罗斯公民的个人信息也可以传输至该国。此外,2016年1月1日《信息、信息技术与信息保护法修正案》生效,其中规定俄罗斯公民有权要求搜索引擎删除有关自己的不实信息链接,因此该法又被称作"被忘却权"法。

5. 中国

与中国跨境电子商务发展的速度相比,目前我国的法律法规还显得滞后,但是法律环境正在逐步完善。2019年1月1日,《中华人民共和国电子商务法》(简称《电子商务法》)正式生效。我国的《电子商务法》一方面鼓励和促进电子商务发展,譬如商务活动线上线下一视同仁,一些从事零星交易、销售自产农副产品和家庭手工业产品的个人不需要办理工商登记,体现法律的包容性;另一方面,约束治理网购乱象,尊重消费者平等权利,保障

---

① 王建华.俄罗斯消费者权益保护法[N].人民法院报,2011-03-18(08).

消费者不被歧视,同时保障消费者的选择权和知情权,维护零售业的健康发展。譬如商品和服务的搭售应当明确提请消费者注意,不得设置其为默认选项;若收取押金,则应当明确押金如何退还,不得附带任何不合理的条件;电子商务经营者不得以格式条款等方式约定消费者支付价款后合同不成立。同时,《电子商务法》第二十六条、第七十一条到第七十三条都提到了跨境电子商务领域的规定细则,如"电子商务经营者从事跨境电子商务,应当遵守进出口监督管理的法律、行政法规和国家有关规定""国家支持小型微型企业从事跨境电子商务"等。

我国消费者权益保护适用法律是《中华人民共和国消费者权益保护法》,该法制定于1993年,随着互联网技术的发展,该法已不适用于网络购物,因此几经修订。例如,新版法律为了保障消费者的知情权,要求网店经营者必须提供经营业务真实、完整的信息,譬如经营注册信息、商品或服务的详细介绍、合同履行方式、安全注意事项及售后事项等。另外,消费者凡是经过网络、电话、电视、邮购等方式购买的商品,有权自收到商品之日起七日内无条件退货,卖家应当承担退货的运费,并且在收到退货后七日之内返还货款。对于网络交易平台提供者,新版法律也做出了明确的责任划分:网络交易平台可以承担消费者的赔偿,再向销售者或者服务提供者追偿。网络第三方服务平台在明知或者应知平台注册商家侵害了消费者合法权益,却未采取必要措施的情况下,依法与权益侵害方承担连带责任。这一规定有助于督促网络交易平台履行应尽审核义务,有助于消费者维权。

关于个人隐私数据保护,中国尚无专门的数据保护法,《个人信息保护法》还处于草案制定阶段,目前现行的法律是2017年6月1日实施的《网络安全法》,该法旨在监管网络安全、保护个人隐私和敏感信息,以及维护国家网络空间主权与安全。比如用户信息得到被采集者的许可,并且严格保密,不得随意篡改泄露。若有违反,轻者被给予警告,责令改正;严重者处以最高十万元的罚款,直接负责人最高处以五万元的罚款。例如,2017年5月底,数据堂(北京)科技股份有限公司因涉嫌倒卖个人数据信息被监管部门列入调查名单。

2.4 跨境电子商务文化环境

2.4.1 文化环境及其重要性

1. 文化环境的概念

文化是人类在某一特定社会下长期发展过程中形成的思维模式和行为模式,它蕴含了基本价值观、道德规范、家庭社会结构、宗教信仰、风俗习惯、审美观念、生活偏好和其他因素。文化环境影响和制约着人们的消费理念、购买行为及生活方式。任何企业都处于一定的文化环境中,在国际营销中,即使企业面对的消费者具有相似的特性,消费者也会因文化背景的差异而对营销刺激有不同的反应,导致其消费行为模式的不同。

例如,在英国人的饮食习惯中,下午四点到五点之间喝下午茶是传统,每到周末去酒吧喝酒聊天,寻求欢乐,这是生活文化。美国人或加拿大人对约定时间通常会晚到一刻钟;若是在德国、瑞典或瑞士,客人通常会准点到达,这是社会文化。西方人用刀叉甚至手抓的方式吃饭,而中国人使用竹筷吃饭,这是民族文化。有些企业允许员工畅所欲言,直接向高层领导提出意见,有些企业却要求员工绝对服从上级指令,这是企业文化。

文化是一个包含许多相互关联要素的结构体系。对于文化的构成要素,学者的意见莫衷一是。闫国庆(2013)从表现形态来划分文化,认为文化由八个要素构成,即精神、观念、价值观、道德伦理、素质、行为、制度与形象。从组织的角度来看,美国学者托马斯·彼得斯(Thomas Peters)和罗伯特·沃特曼(Robert Waterman)认为文化包含七个基本要素,即战略(Strategy)、结构(Structure)、体制(System)、人员(Staff)、技能(Skill)、行为方式(Style)与共同价值(Shared Value)。其中,前三个要素是文化的硬件要素,后四个要素是文化的软件要素。总之,不论何种分类,文化的范畴十分广泛。

2. 文化环境的评价指标

评价文化环境的方法主要有部分评价法和综合评价法两种。部分评价法是微观评价法,将文化环境划分为几个范畴,重点分析、评价文化构成要素中对企业的商业活动起重要作用的特定要素,如语言、宗教、价值观、生活方式、对财富权势的态度、社会阶层等。例如,宗教信仰是构成文化的重要因素之一。伊斯兰教作为世界三大宗教之一,穆斯林遍布中东地区与非洲西北海岸,穆斯林不吃猪肉,所以不进口猪肉类制品,即便是牛羊肉,也必须证明是按清真食品生产配制加工储存的一般准则处理的。因此,中国的牛羊类制品在出口时必须提供清真证书。所以,宗教信仰在宗教信徒购买决策中具有决定性的影响。

综合评价法是以文化的相似性为基准,对不同社会宏观文化环境之间的具体差异进行系统分析。经典的综合评价法是吉尔特·霍夫施泰德(Geert Hofstede)的文化维度观。20世纪80年代初,霍夫施泰德对大型跨国公司IBM的11.7万名员工进行问卷调查,发现这些员工所在国家(地区)的文化呈现四个维度的差异,即个体主义/集体主义、权力距离、男性化社会/女性化社会和不确定性规避。此后,彭迈克(Bond Michael)通过对中国价值观的调查,又在这四个维度的基础上添加了第五个维度——长期取向/短期取向,使得霍夫施泰德的文化维度理论更加完整。

个体主义/集体主义维度反映了人们对以"自我"与"集体"为中心的评价和行为取向。个体主义文化强调个人的独立性与个人自我价值,集体社会之间的关系松散;而集体主义文化强调以集体为中心,个人应从属于集体,注重社区或群体之间的和谐融洽与紧密联系,进行集体决策。一般地,人均GDP较高的西方国家(地区)个人主义得分较高,东方国家(地区)则体现为集体主义文化。

权力距离维度体现了人们对社会不平等的接受程度。欧美人士的权力等级与财富等级观念不强,强调个人权力、地位与机会的平等,属于权力距离低的文化。相对而言,亚洲、中东以及拉美等国家(地区)权力距离高,人们倾向于容忍权力不平等现象,严格遵守等级制度,认为掌权者享有特权是理所当然的。

男性化社会/女性化社会维度表明一个社会中男女性别各自扮演什么角色的看法评价。在男性化社会里,性别角色差异明显。男性应该果敢坚强,关注事业成功,女性则应该温顺谦虚,关注生活质量,典型代表如中国、日本、韩国及其他东南亚国家。在女性化社会里,男女地位平等,男性和女性都要谦和温顺,关注生活质量,典型代表如荷兰、挪威、瑞典等。

不确定性规避维度是指人们对不确定性及不熟悉的情景感知到的威胁程度,以及通过何种手段规避不确定性的程度。在不确定性规避程度低的文化里,例如美国、加拿大等,人们认为不确定性在生活中是常见的事情,面对模糊的情景及不熟悉的风险比较宽容,会积极进取,规章制度较少。而在不确定性规避程度高的文化里,例如日本、法国、中国等,人们对生活中的不确定性感到紧张、压力大,不敢冒风险,喜欢接受熟悉的风险,恐惧模糊的情景,通过规章制度、安全措施甚至对绝对真理的信仰来回避各种不确定性因素。

长期取向/短期取向维度被称为"儒家精神动力"。长期取向是儒家观念的集中表现,具体表现在持续性或坚韧性、关系由身份和地位决定、节俭、羞耻感、个体稳定性、尊重传统与感恩和礼尚往来等特殊价值观方面,人们可以为了长远目标不计较眼前的回报,代表国家如中国、日本、韩国。短期取向的文化则认为人们的行为不能太善变,人们更愿意通过履行社会义务和付出努力来迅速获得眼前的回报。一些学者认为 20 世纪 90 年代"亚洲四小龙"的经济奇迹就是部分得益于长期取向的文化价值观。

关于文化的综合评价法,除了霍夫施泰德的文化维度,爱德华·霍尔(Edward Hall)也开发了文化差异的辨识范式:高情境文化和低情境文化。日本、中国、阿拉伯国家与拉美国家属于高情境文化国家,重视关系建立、过程沟通,谈判委婉。相反,低情境文化国家重视内容而非情境,认为信息包含在清晰的语言编码中,不重视关系的建立与维护,法律是履行协议的基础,协议常是书面形式,谈判时沟通直接,重视时间与效率,不拘泥于仪式。美国、德国与瑞士等属于低情境文化国家。

3. 文化环境的重要性

在国际市场多元异质的文化环境里,文化之间的差异会在企业的跨国经营活动中反映出来,甚至产生商业冲突。例如,在国际谈判中,文化背景决定了谈判者的风格、表达方式、谈判进程、谈判目标。美国人谈判直截了当,喜欢将谈判内容划分成若干条目,依据事实逐一解决。日本人谈判经常使用委婉间接的表达方式,很少直接反驳对方的观点,尽量避免谈判摩擦,谈判内容从整体到局部、从笼统到具体。

文化环境也会影响企业的经营管理活动。由于跨国公司的员工来自不同国家,因此企业管理者需要进行跨文化管理。例如,美欧企业在管理中强调员工的工作效率和质量,工作中不讲究人情关系,允许下级随时向上级陈述意见,同时工作时间与个人生活时间界限分明,不会将工作带入生活中;而中、日、韩国企业的员工等级层次分明,下级要绝对服从上级,并且员工往往将工作时间与个人生活时间混为一谈,以加班为荣,注重团队集体主义。另外,西方文化推崇契约精神,严格遵守契约并按契约办事,尊重规则制度;而东方文化注重人伦情谊,处理事务的轻重缓急有时以关系优先,所以不少跨国公司在华经营时逐渐意识到人脉在中国的重要性。

2.4.2 文化环境对跨境电子商务的影响

文化环境对跨境电子商务行业产生了重要的影响。许多品牌零售网店发现它们在本地经营十分成功,但是在境外市场发展却困难重重,其中一个原因就是跨文化因素。不同文化背景下,人们的价值观大相径庭,从商品的样式、色彩、设计到商品的包装等都会有不同要求。

1. 网站设计

跨境电子商务交易是一个摸不到实物的交易方式,网站设计就成为跨境电子商务成功的关键。网站是连接跨境电子商务买卖双方的信息纽带和交流载体,是企业形象的表征。网络营销的方式是,跨境电子商务企业首先把产品介绍及买卖条款等信息翻译成目标语言,再通过图片、视频及文字展示,将信息传递给网络购物者。因此在设计网站时,相关信息的翻译要特别注意符合目标语言的风格及习惯。比如,中文喜欢运用华丽的辞藻、排比、对仗等修辞手法,来修饰核心关键词,而英文在表达时往往关键信息在前,事实描述在后,构词简单。所以,跨境电子商务网店在文字表达上要遵循"Your attitude"原则,标题直接陈述产品的核心信息,不能前置过多的修饰词从而淡化产品介绍的关键信息。

图片的展示也涉及文化因素。在跨境电子商务交易中,由于买方与卖方距离遥远,买方无法亲自触摸到产品,因此高品质的产品图片对推广至关重要。图片是产品文字说明的补充,能带给消费者直观的视觉感受。品质优良的图片不仅能在视觉上美化产品的品相,还能大大提升目标顾客的购买欲望。但是,文化差异可能使得跨境电子商务企业展示图片的颜色及方式有所不同。例如,中国的吉庆色为红色,欧洲人偏好蓝色与红色,法国人忌黄色与墨绿色等。因此,在设计网站时,企业应考虑各方对图片颜色的偏好。

2. 产品定价

网络上的产品价格分为三种:①上架价格,即产品上传时填写的价格;②销售价格或折后价,即产品在店铺折扣后显示的价格;③成交价格,即买方在最终下单后支付的单位价格。一般而言,卖方会计算产品的成本价,再根据成本加成原则确定产品的销售价格。由于网络上产品的价格信息透明,消费者可以将世界各地相同产品的价格进行搜索比对,因此激烈的竞争可能导致跨境网店的销售价格差异不大。但是,在文化价值观的影响下,消费者愿意支付的价格还是有所差异的。例如,印度人不太忠于一个品牌,会货比三家,对产品的认可既要物美又要价廉,针对该国网店的产品难以制定高价。同样地,英国消费者也看重低价,对高档品牌并不关心,只关心寻找价格低于英国本土的商品。相反,中国消费者青睐外国产品,认为外国产品质量好,价格高自然能接受,所以外国企业在中国市场的定价往往高于在其他市场的定价。除此之外,制定产品价格时,还要考虑目标市场的习惯表达方式。例如,针对纺织品面料,美国的买家喜欢用"码"来衡量,而加拿大的买家喜欢用"米"来衡量。因此,卖方在报价时要考虑文化差异,同一种布料在不同国家(地区)定价应有所不同。

3. 畅销产品的偏好

在个人主义指数高的国家(地区),人们更倾向于购买个性化、标新立异的产品,如以服装为例,美国消费者讲究着装体现个性,喜欢宽松类服饰,追逐时尚,所以美国人多选择舒适、宽松的T恤装和运动装等休闲服。而在像中国这样的集体主义指数较高的国家,人们在线上购物时喜欢购买那些已经获得大众审美认可的商品,在购买服装时会选择网络爆款和网红同款,使自己的着装风格符合普遍的社会范式。

4. 支付方式的偏好

跨境电子商务的支付方式主要分为两大类:线上支付和线下支付,前者适合小额的跨境电子商务零售,后者适合大批量大金额的跨境贸易,与传统外贸中使用的支付方式相似。在不确定性规避程度低的文化里,人们较为适应不熟悉的风险,心理安全感较强,能够接受跨境电子商务零售风险较高的支付方式,比如欧美发达地区的消费者偏好信用卡支付方式。而在不确定性规避程度高的文化里,人们缺乏安全感,喜欢采用较为熟悉的传统支付方式。例如在俄罗斯,现金支付方式占比最高,八成网购采用货到付款,其中六成是现金支付,四成是 POS 机刷卡[①];在印度,90%的交易也是采用现金支付方式,这对跨境电子商务企业来说是一个巨大的挑战。

2.4.3 主要国家(地区)跨境电子商务文化环境的差异

生活方式的差异、行为习惯的差异、文化传承的差异、文化价值观的差异、文化信仰的差异等导致了跨境电子商务交易中产品需求和服务需求的差异。跨境电子商务不单纯是一种跨境的交易活动,它同时也是一种跨文化的商务活动。跨文化讲求"求同存异",因此各电子商务企业要想成功跨境经营,就必须深谙目的国(地区)与本国(地区)的文化差异。

1. 美国

美国是一个移民国家,其文化主要传承于欧洲文化,所以美国文化具有包容性、多元化的特点。不同种族的移民融合在一起,保留了各自的语言和家庭文化传统,从各个方面影响着美国的生活方式。例如,美国东北部、南部、中西部、东南部和西部地区都有自己的传统习俗。

首先是语言与宗教。根据美国联邦人口普查局的调查,全美范围内共存在三百多种语言。虽然 90%的美国人都说英语,但是美国政府(除个别州)并未规定其官方语言是英语。在美国,除了英语,其他常用的语言有西班牙语、汉语、法语和德语。美国尊重宗教自由,大约 70%的美国人信奉基督教。

其次是消费文化。美国文化价值观的突出特征是个人主义。美国文化彰显个性,注重独立自主,强调个人价值的实现。所以美国消费者的需求是多样化的,没有过多的产品禁忌。人们一般偏好浅亮色的颜色。美国人的衣着风格与社会地位、所处地区、职业和气候有关。一般而言,他们对衣服的要求是自由、宽松。牛仔服、帆布鞋、户外装、靴子等是美国人普遍喜欢的服饰。但有时美国人的时尚也会被名人效应和媒体引导。

再次是美国人对潜在风险的包容性强,喜欢尝试冒险,是机会主义者。因此,互联网技术发展支撑的电子商务在美国率先兴起。也正因如此,美国大众喜欢寅吃卯粮式的超前消费、借贷消费。信用卡在跨境电子商务的支付方式中占主要地位。

最后,在人际关系方面,美国人与人之间虽然不如东方人那么亲密,但亲朋好友之间也时常馈赠礼物,通常所送礼物不是强调价格,而是强调心意,所以送小孩的礼物一般为玩具、户外用品或 DIY 手工制品;年轻人之间的礼物多为服装配件、新潮的工艺品或电子产品;而老人之间的礼物则以家居用品、厨房用品、工艺品和收藏品为主。因此,这些物品经常是跨境电子商务网站上的热销产品。

---

① 高玉海,安春生.对俄跨境电子商务战略合作研究:基于黑龙江省的典型调查[J].西伯利亚研究,2017(2):20-24.

2. 英国

综观欧洲各国电子商务的发展,英国电子商务渗透率最高。先进的网络技术支撑使跨境电子商务不断深入英国企业和个人,英国的跨境电子商务交易活动呈几何式增长。

英国由英格兰、苏格兰、北爱尔兰和威尔士组成,英语是全国通用的官方语言,少部分人说威尔士语言和苏格兰语。英式英语与美式英语有所不同,例如英式英语中的"pants"指的是长裤,而在美式英语中指的却是内裤,英式英语"内裤"的单词为"knickers";再如,"运动鞋"的美式英语单词通常为"sneakers",而英式英语单词则常用"trainers"。所以跨境电子商务企业在网站上发布产品信息时需要注意英国消费者对相同单词的理解与美国消费者不同,不能因为两个国家的通用语言都是英语而不加以区分。

传统英国人比较守旧,有民族优越感。英国人重视衣着打扮,什么场合下穿什么服饰,出席正式的宴会必须穿黑色礼服,衣裤须烫得笔挺,所以跨境电子商务英国网站上服装类产品是主要畅销产品之一。英国属于西欧国家,西欧国家买家的普遍特点是追求质量和实用主义,讲究效率,关注细节,所以对产品要求很高,并且会很认真地查看产品的详细描述。英国的批发商还非常喜欢下试购订单,先订购一到两个样品,再下批量订单。

英国人信奉天主教,不少传统节日与宗教有关,如耶稣受难日(Good Friday)、复活节、圣诞节等。跨境电子商务企业需要重视的英国节日主要是节礼日(Boxing Day)。节礼日在每年的 12 月 26 日,与美国的黑色星期五(Black Friday)及网络星期一(Cyber Monday)一样是所有商家和全民参与的疯狂购物节。当天,英国线上、线下的网店和商店几乎都在打折,这一天是英国一年中最大的购物日。除此之外,每年夏季 6 月开始,英国还有夏季打折日(Summer Sale),具体时间因商家而异,有的持续一周,有的持续一个月,打折力度可以低至半价。

英国人的消费习惯是一般使用银行卡结账,英国成年人一般都有三个卡:信用卡、借记卡和储值卡。购物、吃饭甚至乘坐公交车,都可用卡结账。所以英国人很少携带大量现金,甚至很多英国人未见过 50 英镑现钞的样子。英国消费者在境外网站上购物主要使用信用卡或借记卡支付。

3. 澳大利亚

澳大利亚地广人稀,却是南半球经济最发达的国家。与美国相似,澳大利亚也是移民国家,其文化具有多元化的特点。

英语是澳大利亚的通用语言,同时也有其他语言通行。与英式英语及美式英语相比,澳大利亚英语在发音、词汇的使用及语法方面也存在明显的差异。比如,在澳大利亚英语中,双重否定只是表示加强否定,而非肯定。"药店"在标准英语中的词汇是"drugstore",但是澳大利亚人使用"chemists";"鸡肉"在标准英语中的词汇是"chicken",而澳大利亚英语是"chook"。澳大利亚人说话直接,不像东方人使用"谦虚"的客套语言,他们认为那样是虚伪和无能或瞧不起人的表现,所以在与澳大利亚人进行沟通时要坦率、直截了当。

澳大利亚也有与美国、英国相同的狂欢购物节,名为 Click Frenzy,这是自 2012 年开始举办的,此后每年举办数次。其间澳大利亚全国网上商店折扣力度非常大,全民网购大狂欢。在澳大利亚,使用信用卡支付是网上支付的主流方式。

4. 俄罗斯

俄罗斯居民的语言属于印欧语系,以俄语为主,同时也有乌克兰语、白俄罗斯语和波兰语等。他们的沟通方式直接干脆，会毫不留情地指出对方的错误，但若是他们自身的错误，也不会因对方直接指责批评他们而生气。俄罗斯有个突出的商业习惯是比较磨蹭，需要合作方具有极大的耐心。

俄罗斯人喜欢蓝色和红色，忌讳黑色和黄色。与英、美国家一样，数字13在俄罗斯人心中视为不吉利数，但是俄罗斯人对3的倍数比较偏爱，并且也崇尚数字7，所以跨境电子商务企业在产品定价时应该尽量避开13这个数字，而取3的倍数或者带数字7。送花在俄罗斯非常普遍，并且通常都送单支，而中国人送礼时偏好双数，这一点俄罗斯文化与中国文化不同。

俄罗斯人喜欢马、公鸡和熊。他们认为马可以给人带来好运、驱逐邪恶；公鸡同样能够赶走凶神恶煞；熊则是他们的吉祥物，被誉为"森林之王"。俄罗斯人忌讳黑猫、布谷鸟和兔子。他们认为黑猫是妖魔鬼怪的附体，遇见黑猫会不吉利；布谷鸟代表忧郁，预兆着死亡；兔子则是胆小无能的动物。因此，跨境电子商务企业在网站设计上应当避免出现俄罗斯人的禁忌动物。

与西欧其他国家不同，1月7日是俄罗斯的圣诞节，因为按照俄历，耶稣是诞生在公历1月7日。同样按照俄历，1月13日是俄罗斯的新年，俄罗斯俗称"老新年"。送冬节是俄罗斯人心目中比较重要的节日，在每年的2月底3月初。该节日又称谢肉节，在东正教为期40天的大斋期里，禁止一切娱乐购物活动，所以这段时间在俄罗斯投入商业活动的效果会比较差。

本章要点

- 制度环境约束、规范跨境电子商务企业的经营活动行为，制度环境分为政治环境、法律环境、经济环境与文化环境四个方面。
- 稳定的政治环境降低市场的不确定性，保障跨境电子商务企业的投资回报。一国政策若秉承扶持态度，则跨境电子商务发展会稳中向前。目前，全球各地采取鼓励加保守、规范的态度。
- 健全的法律环境是跨境电子商务企业公平竞争权益的保障，是增强消费者安全感和信息安全的后盾。与跨境电子商务企业关联较大的法律主要包括电子商务法、电子签名法、数据隐私保护法、消费者权益保护法与知识产权保护法。
- 前景乐观的经济环境对跨境电子商务企业而言意味着巨大的商机，市场风险小。跨境电子商务企业应当时刻关注目标市场的国民经济收入、汇率、利率等经济因素的变化。
- 东道国与目标国之间文化距离越远，对企业的影响越大。文化差异会影响网站设计、消费偏好、产品定价与支付方式等。跨境电子商务企业开拓境外市场必须重视文化差异。

重要术语

政治环境（Political Environment）　　　　法律环境（Legal Environment）
经济环境（Economic Environment）　　　文化环境（Cultural Environment）

思考题

1. 试析"一带一路"沿线国家（地区）的法律环境差异。
2. 试析"一带一路"沿线国家（地区）的经济环境差异。
3. 试析文化差异对跨境电子商务企业国际营销的影响。
4. 讨论欧盟《通用数据保护条例》的生效如何影响中国跨境电子商务企业。

案例分析题

侵权 Burberry　尚品网被判赔 180 万元

2017 年 4 月，英国时尚奢侈品 Burberry（巴宝莉）公司将北京尚品百姿电子商务有限公司（简称尚品百姿公司）告上北京朝阳区人民法院。尚品百姿公司因在其经营的尚品网销售假冒 Burberry 产品，被 Burberry 有限公司诉至法院。北京市朝阳区人民法院一审认定尚品百姿公司构成商标侵权及不正当竞争，判令其停止侵权，赔偿 Burberry 有限公司 180 万元。

尚品网创立于 2010 年 7 月，总部设在北京。其官网介绍，尚品网在欧洲设有办事处，拥有众多知名品牌官方授权和强大的全球时尚品牌供应链，超过 5 万款时尚精品与欧美专柜同步在线销售，并称 100% 正品保证。2013 年 11 月，尚品百姿公司在尚品网及天猫商城"尚品奥莱官方旗舰店"中分别销售的一款钱夹和一件衬衫，经鉴定均为假冒 Burberry 商标的商品。同年 12 月，北京海关查获三批次以尚品百姿公司为实际收货人的假冒 Burberry 商标的进口商品，涉及货物价值 589 余万元，总利润预计 2 000 余万元。为此，北京海关和朝阳区工商局均对该公司进行了处罚。然而，被处罚后的尚品百姿公司并没有就此改过。直到 2015 年 12 月，尚品百姿公司依旧在尚品网使用 Burberry 的商标，最终遭到了 Burberry 品牌方的起诉。最终，号称"官方授权 100% 正品"的尚品网正式被判侵权，并将赔偿 Burberry 品牌方经济损失 180 万元。

思考题：
1. 本案中，Burberry 品牌方为什么起诉尚品网？
2. 这个案例告诉我们企业在网站上销售产品要注意哪些法律风险？

资料来源：颜斐.销售假 Burberry 尚品网判赔 180 万[N].北京晨报，2017-04-19.

参考文献

[1] DANNE CYR. Modeling web site design across cultures: relationships to trust, satisfaction, and e-Loyalty[J]. Journal of management information systems, 2008, 24(4): 47-72.
[2] 傅凯.电子商务法律[M].上海：上海财经大学出版社，2014.
[3] 何传添.跨境电子商务：出口篇[M].北京：经济科学出版社，2016.
[4] 胡田野.最新欧盟消费者权益指令的解读与借鉴[J].河北法学，2012(12):151-156.
[5] 雷丽平.俄罗斯文化的形成、发展及其主要特征[J].西伯利亚研究，2001(2):41-53.
[6] 李适时.各国电子商务法[M].北京：中国法制出版社，2003.

[7] 李天威,李巍.政策层面战略环境评价:理论方法与实践经验[M].北京:科学出版社,2008.

[8] 梁静波.中国企业境外投资的政治风险与对策[J].求实,2013(4):40-44.

[9] 刘璐.从美国人的消费文化窥探美国人的价值观[J].产业与科技论坛,2011(10):168-169.

[10] 刘颖.大额电子支付的法律基础:以美国《统一商法典》第 4A 编为中心的论述[M].北京:北京邮电大学出版社,2001.

[11] 芮廷先,郑燕华.电子商务概论[M].北京:清华大学出版社,2014.

[12] 王惠敏,张黎.电子商务国际规则新发展及中国应对策略[J].国际贸易,2017(4):51-56.

[13] 温珺,阎志军.中国跨境电子商务发展:新特点、新问题和新趋势[J].国际经济合作,2017(11):29-35.

[14] 吴俊丽.跨境电商网店跨文化营销策略选择研究[J].特区经济,2017(3):101-103.

[15] 闫国庆.跨国并购:提升宁波民企发展能级[J].宁波经济(财经观点),2013(5):38-39.

[16] 张莉.跨境电子商务背景下的跨文化营销品牌策略选择[J].商业经济研究,2015(28):58-60.

[17] 张秀兰.网络隐私权保护研究[M].北京:北京图书馆出版社,2016.

[18] 郑成思,薛虹.各国电子商务立法状况[J].法学,2000(12):35-42.

[19] 郑鲁英.跨境电子商务知识产权治理:困境、成因及解决路径[J].中国流通经济,2017(10):110-118.

[20] 郑远民,李俊平.新加坡电子商务法最新发展及对我国的启示[J].湖南师范大学社会科学学报,2012(5):55-59.

第 3 章　跨境电子商务目标市场

[学习目标]
- 掌握跨境电子商务目标市场细分的概念和划分依据;
- 掌握跨境电子商务目标市场细分的步骤;
- 了解跨境电子商务目标市场选择的依据、策略和方法;
- 掌握跨境电子商务目标市场定位的四种策略;
- 掌握跨境电子商务目标市场进入的模式。

[素养目标]

面对消费者需求的日益多样化,跨境电子商务模式也日渐聚焦到细分市场,在对跨境电子商务进行细分时,让学生按照一定步骤进行比较、分类并完成选择,在此过程中培养学生的逻辑思辨能力和解决问题的能力;在介绍跨境电子商务目标市场定位的方法时,让学生充分了解辩证唯物主义和历史唯物主义的基本原理和方法。

[引导案例]

亚马逊前三名耳机卖家 Bluedio,怎么运作境外品牌?

在跨境电子商务行业中,某蓝牙耳机品牌 Bluedio(化名蓝弦)从众多耳机品牌中脱颖而出,跻身国外消费者最爱中国品牌前三名,其设计工艺及高新技术颇有看头,在境外圈粉无数,是国内企业品牌出海的成功范例之一。

蓝弦以"无线音频"这一细分领域切入中高端市场,主要专注于头戴式耳机、便携式蓝牙音箱及运动耳机在内的无线品类。蓝弦的成功离不开其卓越的制造能力和品牌化思维。蓝弦于2012年开始布局线上业务,从OEM代工厂逐步向品牌商转型,现在蓝弦有一个30人左右的核心研发团队负责产品的整体研发,拥有外观、实用新型改造和发明在内的多项专利,每年研发经费上千万元。其团队始终坚持自主创新的设计理念,更是在核心技术的专利优势中不断突破。空气系列(Air)最新推出的两款新产品青花瓷、涂鸦,配色方案大胆新潮,同时融入西风东韵,处处彰显品牌不甘墨守成规。

凭借过硬的产品质量及先进的蓝牙技术,蓝弦斩获诸多荣誉,在两大跨境电子商务平台成功摘星:在2017年的亚马逊全球统计中,蓝弦销售额列中国卖家第二位,在会员日当天销售额超过50万美元;就速卖通平台而言,根据大数据统计,蓝弦稳居全年耳机类目综合排名第一、消费电子类目排名前十,每年增长幅度为100%~200%。现在,蓝弦正着力研发更加高端的系列新品,着重优化用户的佩戴体验。随着境外市场这块"大蛋糕"越来越抢手,各行各业的经济触角逐渐全球化,在此大背景之下,蓝弦将瞄准东南亚市场,进一步实现业务全球化。

资料来源:佚名.亚马逊前三甲耳机卖家 Bluedio,怎么运作境外品牌[EB/OL].(2017-05-25)[2019-03-10].https://baijiahao.baidu.com/s?id=1568300704005321&wfr=spider&for=pc.

蓝弦的成功显然离不开其对市场定位及目标人群的"差异化"打法。那么,蓝弦依据什么来进行市场定位的呢?它的成功又给了我们怎样的启发呢?在本章中,我们将具体介绍跨境电子商务目标市场的相关概念,对跨境电子商务目标市场细分、目标市场选择、目标市场定位、目标市场进入等知识点进行讲解。

3.1 跨境电子商务目标市场细分

3.1.1 跨境电子商务目标市场细分的内涵

市场细分理论是美国市场营销学教授温德尔·史密斯(Wendell Smith)在20世纪50年代中期提出来的。随着"以顾客为中心"的理念深入人心,将消费者划分为有着共同需求群体的传统做法已经无法满足消费者的需求。如今,消费者的习惯正在悄然发生变化,消费者从仅关注商品价格开始逐渐转向关注商品的品质和服务,消费观也从基本品消费转向品质消费、品牌消费、个性消费等。传统的网站推广、信息陈列模式已经难以满足消费者日益增长的多元化需求,跨境电子商务模式正从"广而廉"转向"小而美",引领传统的电子商务逐渐转型。

跨境电子商务目标市场细分是指经营者通过境外市场调研,依据消费者的购买需求、购买行为和购买习惯等方面的差异,把某一产品的市场整体划分为若干消费者群体市场的过程。消费者在产品需求方面存在差异,在购买产品时的习惯也不尽相同,从而使得细分产品市场变得可能。每一个消费者群体都是一个细分市场,每一个细分市场也都是由具有类似需求的消费者构成的群体。其实质是对消费者进行细分,而不是对商品进行细分。跨境电子商务企业根据消费者在产品需求上的不同,将有着同样需求的客户当作一类,从而将整个市场细分成若干个小市场。对跨境电子商务市场进行细分的目的是对市场进行最终的确定和选择。

实际上,只有当市场上商品供过于求、消费者需求呈现多样化时,市场细分的客观条件才具备。当企业面对的是成千上万分布于世界各地的跨境消费者,他们有着迥然不同的需求,且这些需求会随着外部环境的变化而变化时,即使是一个实力雄厚的大企业,也不可能满足消费者的所有需求。此时,市场细分不仅是一个分解的过程,同时也是一个集聚的过程。所谓集聚,就是依据消费者对产品的反应,将具有类似反应的消费者集合成群,直到识别出足以实现企业利润目标的有效消费市场。企业可以根据自身的条件,选择力所能及的、适合自身经营的目标市场,在细分市场上确立自己的经营优势。

新闻摘录

除了鞋服,最受国外市场欢迎的中国商品是什么?

我国和很多国家(地区)通过跨境电子商务建立了贸易往来。我国通过跨境电子商务出口的目标市场主要是欧美和日本,这些区域对外贸易和信息网路都比较成熟,进行跨境电子商务的各方面条件也比较成熟。

依据全球总交易额,美国市场的消费者是"中国制造"的最主要购买群体,在美国市场,最热门的五大出口品类依次为服装及配饰、手机及配件、珠宝等配饰、个人电脑、电子消费产品。在英国市场,最畅销的产品除了鞋服及配饰,还包括家装用品、电脑、通信类产品。而在澳大利亚市场,汽车配件则进入细分品类榜单的前五位。对于新兴市场,服装、手机、消费电子产品等仍是最主要的商品,基本与成熟市场重合。在以色列市场,服装、鞋帽及配饰最畅销,其次为手机及配件、电子消费产品、电脑、珠宝首饰。在阿根廷市场,前五大热门品类中增加了商业类,仅次于服饰、电子消费产品和电脑。在北欧市场的代表挪威,汽配成为第二大受欢迎品类。

各个国家(地区)市场对商品的偏好程度不同,除了服饰,电子产品逐渐占据各个市场!

思考题:试分析哪些产品是跨境电子商务的畅销产品。

资料来源:佚名.境外六国最 in 的中国商品:除了鞋服还有啥[EB/OL].(2014-04-29)[2020-03-10]. http://www.ebrun.com/20140429/97737.shtml.

3.1.2 跨境电子商务目标市场细分的依据

企业对跨境电子商务目标市场进行细分时,虽需结合自身的特性来决定,但对目标市场细分的依据存在一定的共性,可以按照地理因素、人口因素、心理因素及行为因素进行细分。

1. 按地理因素细分市场

地理因素之所以能作为市场细分的依据,是因为处在相同环境下的消费者对于同一类产品往往有类似的需求与偏好。按照消费者所处的国家、地区、城市规模、气候、人口密度、地形地貌等方面的差异将跨境电子商务目标市场分为不同的小市场。比如,在一些沿海地区,某些海产品被视为上等佳肴,而内陆地区的许多消费者则觉得这些海产品味道平常。又如,由于居住环境的差异,城镇居民与农村居民对室内装饰用品的需求大相径庭。企业可以据此观察不同地区的消费者在同类产品偏好及需求上的差异,根据其对企业的产品与价格、广告与宣传及分销的渠道等各类营销手段的反应制定不同的策略。

地理变量因其易于识别,成为跨境电子商务目标市场细分时考虑的重要因素。但处于同一地理位置的消费者需求也存在较大差异,比如在东南亚地区,马来西亚、新加坡的流动人口非常多,这些流动人群的消费习惯与当地居民有很大不同。因此,单一地以地理特征区分市场,并不能真实地反映消费者的差异性需求,还需结合其他变量进行综合考虑。

2. 按人口因素细分市场

消费者需求偏好与人口统计变量往往有着十分紧密的联系。比如,收入水平较高的消费人群更有可能成为高档化妆品、名贵手表等奢侈品的偏好用户。由于人口统计变量的相关数据较易获取,企业常以人口变量作为市场细分的依据。按照人口因素细分市场时,需要考虑的人口因素有年龄、性别、收入、职业、受教育程度、家庭规模、家庭生命周期、种族、宗教、国籍等。

(1) 年龄。不同年龄阶段的消费者具有不同的需求特点。例如,青年人对服饰的需求偏向于鲜艳、时髦、流行,老年人则需要端庄、素雅、舒适的服饰。

(2) 性别。由于性别的差异,男性与女性对产品的需求偏好有着很大差异,体现在服饰、发型、生活必需品等诸多方面。在过去,汽车制造商大多迎合男性的要求设计汽车,随着越来越多的女性驾驶汽车,市场上出现了许多适合女性的汽车款式。

(3) 收入。收入的高低决定了消费者在产品选择、休闲时间安排等方面的不同。比如,同是外出旅游,高收入者与低收入者在交通工具及食宿地点的选择上具有显著差异。因此,企业相当普遍地在诸如服装、化妆品、旅游服务等领域根据收入来细分市场。

(4) 职业与受教育程度。消费者因职业不同、受教育程度不同,也会引发不同的需求,企业可据此细分市场。比如,在笔记本电脑的选择方面,学生和老师喜欢购买大容量的"游戏本",而白领工作者则喜欢轻便的"商务本"。

(5) 家庭生命周期。一个家庭按年龄、婚姻和子女状况可划分为未婚阶段、已婚阶段、满巢阶段、空巢阶段和孤独阶段五个阶段。在不同阶段,由于家庭购买力不同,家庭成员对商品的偏好会有较大差别。比如,处于单身阶段的青年人,由于几乎没有经济负担,是新消费观念的带头人,往往倾向于娱乐导向型购物;处于满巢阶段的中年人,由于不满足现有的经济状况,会注重储蓄,购买较多的儿童用品;处于空巢阶段的老年人,购买力达到高峰期,较多购买医疗保健品,娱乐及服务性消费支出增加。

3. 按心理因素细分市场

企业按照心理因素细分市场时要依据消费者所处的社会阶层、生活方式、个性等进行划分,通常有以下几个分类依据:

(1) 社会阶层。人们在社会经济结构中的地位决定了他们的阶层。不同阶层的成员在价值观、兴趣爱好和行为方式方面存在较大差异。很显然,识别不同社会阶层的消费者所具有的特点,可以为跨境电子商务市场细分提供重要的依据。

(2) 生活方式。人们追求的生活方式各不相同,有的人追求新潮、时髦,有的人追求恬静、简朴,有的人追求刺激、冒险,有的人追求稳定、安逸。因此,依据消费者的生活方式,企业可以为"朴素型女性""时髦型女性"和"有男子气质型女性"分别设计不同类型的服装。

(3) 个性。个性的不同会导致气质、情感、兴趣、爱好等方面的不同,因此可以按照个性特征进行市场细分。比如,对诸如化妆品、香烟、啤酒之类的产品,以个性特征为基础进行市场细分的企业均取得了成功。

4. 按行为因素细分市场

依据消费者对产品的了解程度、态度和反应等把他们划分成不同的群体,即行为细

分。许多人认为,消费者行为能更直接地反映他们的需求差异,因而成为市场细分的最佳起点。按行为因素细分市场主要有:

（1）购买时机。依据消费者购买产品的不同时机,可以把他们划分成不同的群体。例如,生产果汁类的企业,可以根据消费者在春夏秋冬时节对果汁口味需求的不同,将他们划分为不同的子市场。

（2）购买动机。消费者购买产品是为了解决某类问题或者满足某种需要,而他们的购买动机有很大差异。例如购买手表,有的消费者追求价格便宜,有的消费者追求耐用可靠,还有的消费者偏向于显示社会地位等。

（3）购买状况。根据消费者对产品的购买情况,可以把他们分为经常消费者、首次消费者、潜在消费者和非消费者。大企业往往注重将潜在消费者转化为首次消费者,小企业则注重于维持消费者黏性,并设法吸引同类竞争企业的消费者。

（4）购买数量。依据消费者使用产品的数量,可分为大量消费者、中度消费者和轻度消费者。大量消费者人数可能不是很多,但他们的消费量在全部消费量中占很大的比例。例如有调研结果显示,近八成的啤酒是被五成的消费者买走的,因此啤酒公司宁愿吸引大量消费者,而放弃轻度消费者。

（5）购买态度。根据消费者对产品的热衷程度来细分市场,可以分为肯定型消费者、否定型消费者和中立型消费者。针对持不同态度的消费者群体,企业可以在细分市场中采用不同的广告传播和促销策略。

当然,市场细分并不是越细越好,原因主要有如下三个方面:①市场过于细分,会导致市场容量过小,使企业达不到盈利的目标;②在市场过于细分的情形下,消费者需求会失去显著的差异性,企业难以制定营销组合策略,容易导致促销失败;③企业针对各细分市场投放不同的产品、制定不同的价格以满足不同消费者的需求,会使得产品的利润空间减少。

3.1.3 跨境电子商务目标市场细分的步骤

对跨境电子商务市场进行细分是一个比较、分类、选择的过程,应按照一定的步骤来进行。

1. 选择跨境电子商务市场的范围

跨境电子商务企业应根据自身的经营条件和经营能力选择市场范围,如进入的行业、销售的产品、提供的服务等。一般而言,跨境电子商务企业在确定市场范围时,主要采取主导因素细分法、综合因素细分法、系列因素细分法三种划分方法。

主导因素细分法,是指选取影响消费者需求最主要的因素作为细分依据。这种细分法的基础是跨境电子商务企业对消费者有充分的了解,能够找到一种可以有效区分消费者并使企业的营销策略产生效应的因素。例如,影响玩具市场需求的主要因素是儿童年龄,不同年龄段的儿童都是一个细分市场,企业可以据此设计不同的玩具。

综合因素细分法,是指综合运用影响消费者需求的因素来进行市场细分的方法。例如,依据生活方式(朴素型、时髦型、有男子气质性)、收入水平(高、中、低)、年龄(青年、中年、老年）三个因素可将女装市场划分为 27 种细分市场。

系列因素细分法，是指当目标市场涉及的因素众多，且各因素具有一定的前后选择顺序时，便可采用由粗到细、由浅入深逐步进行细分的方法。用系列因素细分法划分目标市场时，细分市场将会变得越来越具体。例如，某地的皮鞋市场就可以用系列因素细分法做如图 3-1 所示的细分。

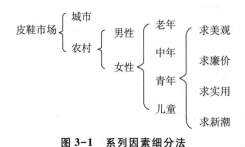

图 3-1　系列因素细分法

2. 列出潜在消费者的需求情况

在选定市场范围后，通过搜集市场信息和消费者背景资料，较全面地罗列消费者的基本情况，初步划分出具有明显差异的细分市场，作为市场细分的依据。

3. 筛选符合要求的市场

根据有效市场细分的条件，筛选出符合要求的细分市场。经典的营销理论认为，有效市场细分需要具备两个基本条件：

第一，细分市场具有一定的规模。因为企业开发新市场往往需要付出高额的成本，如果市场需求很小，企业进入该市场后无法获取足够多的利润，那么这就是一个无效的细分市场。

第二，竞争者不致力于充实或控制整个细分市场。若市场的竞争对手很少，或者竞争对手实力不强，企业在进入市场后就能充分发挥其优势。或者虽然竞争者几乎控制了市场，但是该细分市场吸引力特别大，企业在自身实力较强的情况下也可以进入这一市场参与竞争。但是，如果竞争对手完全控制了市场，而企业自身又不具备与之竞争的实力，那么企业就不能将其作为目标市场，因为它是一个无效的细分市场。

4. 复核并确定目标市场

在分析研究过后，企业应做相应的尽职调查，仔细了解各市场的特点，如市场规模、潜在需求等是否符合企业的竞争策略，还需要对市场未知的特点做深入了解，仔细审核细分市场。最终，跨境电子商务企业从细分市场中选择出最符合自己发展需求的目标市场，并制定相应的市场策略。

3.1.4　跨境电子商务目标市场细分的作用

跨境电子商务目标市场细分并不是根据产品来划分的，而是从消费者的角度进行划分的，即消费者的购买需求、购买动机、购买行为。企业对跨境电子商务目标市场进行细分，对其生产和营销有着极其重要的作用，具体表现在以下几点：

1. 有利于企业制定市场营销策略

企业进行目标市场细分有利于其制定市场营销策略。市场营销策略通常由产品策略、价格策略、促销策略、分销策略、权力营销策略、公共关系策略等组成。通过细分市场，企业可以发挥优势，扬长避短，有针对性地制定具体、完善、有效的营销策略。同时，在细分市场，信息反馈也较为快速，当消费者需求发生变化时，企业可以快速制定相应策略，以适应市场需求变化。

2. 有利于企业集中有限资源

由于资源的稀缺性，企业选择相应的细分市场后，就可以将人力、物力、财力等资源集中于该市场，提高企业的应变能力，争取在细分市场上获取竞争优势，占领目标市场。市场细分后，消费者的需求也更容易聚焦，企业可以根据其经营策略来确定服务对象。

3. 有利于企业发掘市场机会

市场细分有利于企业了解和对比各市场的消费潜力、满意度和竞争等情况，从而发掘出有利于自身发展的市场机会，并据此制定出产品的生产、更新换代、营销等决策，以便更好地服务市场需求。

4. 有利于企业提高经济效益

前面三点都会对企业提高经济效益产生正向的影响。不仅如此，通过市场细分，企业可以在相应的目标市场上投放满足市场真实需求的产品，还可以提高企业的整体利润。产品适销对路可以进一步加快商品流通速度，扩大企业的生产经营规模，降低企业投入成本，提高劳动者的生产效率，减少产品次品率，进而全面提高企业的经济效益。

3.2 跨境电子商务目标市场选择

跨境电子商务企业在做好市场细分之后，接下来便要对目标市场进行选择。跨境电子商务目标市场选择主要是根据每个细分市场的吸引力，来选择进入一个或多个细分市场。

3.2.1 跨境电子商务目标市场选择的依据

市场细分是选择目标市场的基石。在市场细分的基础上，企业无论采取什么策略，也无论选择几个细分市场，目标市场一定是具有最大潜力、能为企业带来最大利润的市场。在跨境电子商务目标市场的选择中，企业该选择何种目标市场，需考虑以下几个主要因素：

第一，企业选择的目标市场必须足够大，或正在扩大，以保证企业获得足够的经济效益。这是因为消费者的数量是影响企业利润最重要的因素之一。跨境电子商务企业在进入市场初期时非常渴望获利，若市场规模过小或有缩小的趋势，则企业日后的发展将会面临很大阻碍，这时企业应谨慎考虑是否进入该目标市场。不过，企业也不能把市场规模当作唯一考量的依据，尤其是要避开"多数谬误"，当多家企业共同争夺同一消费者群体时势必会引发过度竞争。现在很多跨境电子商务企业动辄就将欧美等发达国家和地区作为其首选市场,而对一些发展速度较快的发展中国家和地区不屑一顾,就很可能步入误区。实际上,如果转换一下思维,一些经营不善的企业或许可以在新市场开辟出"柳暗花明"的局面。

第二,企业选择目标市场时必须考虑竞争对手是否已经进入。本田公司在向美国拓展市场时就充分考虑到了这一点,并成功地定位了最终的目标市场。相比其他高级轿车品牌(如奔驰、奥迪等),本田公司因其生产的汽车价格更低,且技术含量也很高,是有能力从竞争对手中争夺一部分市场份额的。但是,本田公司没有这样做,原因是公司做了一个预测:它们根据近几年人均收入的增长,成功地预测了年轻消费者可自由支配的收入也会增长,其倾向购买高级轿车的趋势将会进一步加大。与其同竞争对手争夺一个已被瓜分完的市场,不如开辟一个尚未被竞争对手看到的、有潜力的蓝海市场,即马上要富裕起来的中青年消费者市场。

第三,企业选择的目标市场要与企业的经营目标和能力相匹配。一些细分市场虽然有很强的吸引力,但不足以助力企业实现其经营目标,甚至有可能耗散企业有限的精力,令其完成不了既定的目标,这样的细分市场企业就不宜进入。换句话说,如果企业选择的目标市场很大,但该市场的消费者对企业的产品不感兴趣,那么企业仍然不能获得利润。因此,跨境电子商务企业应思考的是企业资源与目标市场的适配程度,只有进入能够充分发挥其资源优势的目标市场,企业才会持久盈利。

3.2.2 跨境电子商务目标市场选择的策略

跨境电子商务目标市场选择具体是指企业根据每个细分市场的吸引力,选择进入一个或多个细分市场。确定好目标市场之后,企业就要集中所有资源,在目标市场上发挥企业的比较优势,扩大其经营利润。跨境电子商务目标市场的选择策略,是跨境电子商务企业对客观存在的不同消费者群体,根据不同商品和服务特点,运用不同的策略组合。一般来说,跨境电子商务目标市场选择策略有以下三种:

1. 无差异目标市场选择策略

无差异目标市场选择策略是指跨境电子商务企业将全部市场视为目标市场,关注消费者需求的共同点,忽略差异,设计标准化的营销组合策略(见图3-2)。无差异目标市场选择策略将全球市场看作同一个市场,用批量的标准化产品和统一的经营策略开辟市场,以满足消费者群体中大部分人的需求。这是一种"求同存异"的策略,跨境电子商务企业使用此策略时只需分辨出消费者需求的共性,而不关心差异性,企业只需投入较低的制造和营销成本,便可获得较高的规模经济效益。当跨境电子商务企业从事全球一体化的行业、具有广泛的需求和相似的消费者群体,并且有较雄厚的实力时,可考虑采用无差异目标市场选择策略。

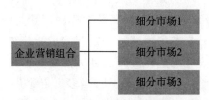

图3-2 无差异目标市场选择策略

案例分析

BOBO BIRD 木质手表迅速崛起

BOBO BIRD 的店铺里只卖一种产品，那就是木质手表，但却是速卖通平台上最受欢迎的产品。木头手表在境外已存在八年之久，但这一细分类目在跨境电子商务平台上却是一个新鲜事物。看准了这个空白市场，木头手表品牌 BOBO BIRD 迅速崛起。

在平台上，经营木质手表的商家寥寥无几，巨大的市场需求和较少的产品选择给了 BOBO BIRD 手表发展的机会。与其他选择大而全产品的商家相比，BOBO BIRD 对产品及其属性高度聚焦，给消费者留下了深刻的印象。在一次购买之后，BOBO BIRD 产品往往可以获得极高的复购率，以此形成的口碑效应正是成就品牌的契机，口碑效应赢得大量的忠诚顾客，BOBO BIRD 木质手表由此迅速发展。

思考题：试分析聚焦单一市场的产品策略。

资料来源：路遥.只卖一款木头表，却意外成了速卖通最赚钱的手表卖家[EB/OL].(2017-02-11)[2020-03-10].http://www.sohu.com/a/126019755_505835.

2. 密集性目标市场选择策略

密集性目标市场选择策略又称集中性目标市场选择策略，是指企业将目标集中于一个或几个国际细分市场，并针对这部分市场实行专业化生产和销售的策略，进行专门化经营。密集性目标市场选择策略具有产品密集化、用户密集化和销售渠道密集化的特点，其立足点是，与其在总体上占劣势，不如在个别市场上占据优势（见图3-3）。采用这种策略，企业可以集中力量提供较好的服务和产品，获得较大的市场份额和较高的知名度，例如有的汽车厂只生产吉普车，有的服装厂只生产女装或儿童装，等等。

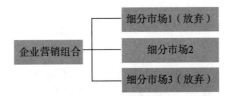

图 3-3　密集性目标市场选择策略

3. 差异性目标市场选择策略

差异性目标市场选择策略是指企业在细分市场的基础上，将全部或多个细分市场作为目标市场（见图3-4），依据每个细分市场在需求上的差异性，针对每个细分市场制定一套独立的营销方案。例如，各类服装生产企业根据各个细分市场的特点，相应扩大某些产品的花色、式样和品种，或制定不同的营销计划和办法，以适应不同消费者的需求，吸引各类消费者，从而扩大每种产品的销量。差异性目标市场选择策略的优点是企业在产品设计或宣传推销上能有的放矢，分别满足不同地区消费者的需求，增加产品的总销量，同时可使企业在细分小市场上占有优势，从而提高企业的市场覆盖率，在消费者心中树立良好的企业形象。不过，其缺点是会增加企业的制造成本和营销成本，分散企业资源。

图 3-4　差异性目标市场选择策略

3.2.3　跨境电子商务目标市场选择的步骤

跨境电子商务企业在确定最终目标市场时需划定目标市场的范围,对目标市场进行调查和研究,在具体操作过程中一般分为以下三个步骤,每一步骤都有其考虑的重点。

1. 判断细分市场盈利的可能性

根据跨境电子商务企业的资源实力、产品生命周期和产品同质性程度进行判断和选择,需要考虑的因素有:

(1) 企业资源实力。企业拥有的资源实力主要包括人力实力、物力实力、财力实力和技术实力。若跨境电子商务企业拥有较强的经济实力和营销能力,则应考虑无差异目标市场选择策略或差异性目标市场选择策略;若企业拥有的资源有限,没有能力撑起整个市场,则可以考虑密集性目标市场选择策略。如果某些细分市场虽然有较大的吸引力,但却不能助推企业成功,甚至会耗散企业的精力,那么企业就应放弃这些细分市场。

(2) 产品生命周期。当企业生产的产品处于不同生命周期阶段时,应选择差异化的市场营销策略。比如,当产品刚投入市场时,相似产品较少,企业可采用无差异目标市场选择策略;当产品进入成长期或成熟期时,类似产品逐渐变多,竞争日益激烈,企业可采取差异性目标市场选择策略;当产品逐步进入衰退期时,企业可采取密集性目标市场选择策略以延长产品生命周期和保持市场地位,或者采取差异性目标市场选择策略以开辟新的细分市场。

(3) 产品同质性。根据生产产品的特征,企业应采用不同的目标市场选择策略。对于牛奶、大豆、钢铁这类同质性较高的产品,虽然因产地和出厂的不同会存在些许品质差异,但若消费者没有明显偏好、不过分挑剔的话,则生产此类产品的企业适合采用无差异目标市场选择策略。对于服饰、化妆品、汽车这类个性化产品,由于在样式、型号、规格等方面具有很大差异,产品的同质性较低,因此生产这类产品的企业适用于差异性目标市场选择策略或密集性目标市场选择策略。

2. 对目标市场进行调研

这一步需要跨境电子商务企业评价细分市场的经济价值,包括细分市场的销售额与增长率、细分市场的盈利可能性等。在这一过程中,需要考虑的因素有:

(1) 市场同质性。市场同质性是指细分子市场间的相似程度,当消费者需求和偏好比较接近,对市场营销策略的刺激反应大致相同,对营销方式的要求无太大差别时,企业可以采用无差异目标市场选择策略。反之,若市场上消费者需求的同质性较低,消费者对同一商品的品种、规格、价格、服务等有不同的要求,则宜采用差异性目标市场选择策略或密集性目标市场选择策略。

(2)细分市场的竞争情况。俗话说"知己知彼,百战不殆",企业在选择目标市场时,若不分析竞争对手的经营策略,就会难以生存和发展。一般而言,在进行目标市场选择时,企业应采用与竞争对手不同的策略,正所谓"反其道行之"。如果实力较强的竞争对手采用无差异目标市场选择策略,那么企业应采取密集性目标市场选择策略或差异性目标市场选择策略。若企业面临实力较弱的竞争对手,则企业可以采取与之相同的策略,依靠实力来打败竞争对手。如果市场内已经有了众多强大的竞争对手,或者市场壁垒本身不高有很多新竞争者加入,那么该细分市场就会失去吸引力。此外,还要考虑产品的替代品情况、消费者及供应商的讨价还价能力。

3. 设计评价指标,构建综合指标体系,最终划定目标市场范围

针对跨境电子商务企业的国际目标市场拓展的特性,本书基于钻石模型理论,将钻石模型中的"企业战略、结构或竞争对手"修改为"同业竞争",并在如图3-5所示的六项影响因素基础上添加"境外经验"(Experience)和"境内政策"(Policy)两项影响因素,构建面向国际目标市场选择的EP-钻石模型。其中,境外经验是指跨境电子商务企业对境外制度、文化和市场了解的总和;境内政策是指我国政府实行的政策对市场潜在的影响程度,如"一带一路"倡议等。举个例子,如果企业对某目标市场了解充分并且该市场又处在"一带一路"沿线区域,那么这个目标市场最终被选择的概率会大大提高。

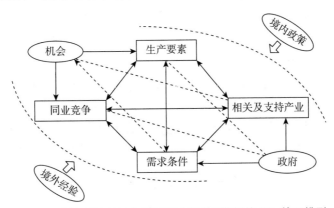

图3-5 跨境电子商务企业国际目标市场选择的EP-钻石模型

3.3 跨境电子商务目标市场定位

3.3.1 跨境电子商务目标市场定位的依据

跨境电子商务企业进行市场细分和选择目标市场后,必须回答如下重要问题:如何进入目标市场?以怎样的一种姿态和形象占领目标市场?这就是目标市场定位。

目标市场定位是指企业根据所选目标市场的竞争状况和自身条件,确定企业和产品在目标市场上的特色、形象和位置的过程。跨境电子商务企业进行目标市场定位可通过创造鲜明的产品营销特色和个性,塑造独特的市场形象来实现。这种特色既可表现在产品的种类、价格、设计方面,也可表现在产品营销方式等方面。

科学而准确的市场定位通常建立在对市场情况尤其是竞争对手情况的全面分析基础

之上，分析竞争对手经营的商品具有何种特色，消费者对商品各种属性的重视程度等。因此，跨境电子商务企业需要掌握以下几种信息：①目标市场上的竞争者提供何种商品给消费者？②消费者确实需要什么？③目标市场上的新消费者是谁？企业根据掌握的信息，结合自身条件，适应目标市场消费者的要求和偏好，在商品设计、生产和营销过程中力争为本企业的商品添加一定的特色，赋予一定的形象，从而建立一种竞争优势，以便在该细分市场吸引更多的消费者。

目标市场定位实质是一种竞争策略，它反映一种商品或一家企业与类似商品或企业之间的竞争关系。定位不同，竞争态势也不同。

由于跨境电子商务企业经营的商品有很大差异，面对的消费者不同，所处的竞争环境也具有很大差别，因此目标市场定位需要依据的原则也会因势而变。跨境电子商务目标市场定位的依据主要有以下两点：

1. 依据产品的特点定位

构成产品内在特点的诸多要素都可当作市场定位的依据，常见的有产品材质、质量、价格、成分等。例如，"元气森林"汽水的定位是"零卡"，强调它是不含糖饮料，与普通类汽水成分不同；"乳胶枕"枕头的定位是"纯天然的枕头"，显示枕头所含成分乳胶具有回弹力和柔软的特性。强调产品的特点，有助于企业在消费者心目中占据一个独特而有价值的位置，成为消费者心目中不可替代的选择。

2. 依据消费者获得的利益定位

以产品和目标市场内消费者的生活形态和生活方式作为定位的基础，着重考虑消费者希望获得的利益。成功进行消费者定位，可以将企业的产品个性化，从而树立独特的品牌形象和品牌个性。比如耐克，它将喜好运动的人作为目标消费者，但是它需要和竞争对手乔丹（中国体育用品品牌）加以区分，因此它的广告不仅展现篮球运动员乔丹的风貌，更是将耐克拼搏进取的精神和积极乐观的个性融入"耐克"中，深受消费者喜爱。

3.3.2 跨境电子商务目标市场定位的策略

市场定位是跨境电子商务企业在目标市场上找到适合自己的位置，并寻求有利的市场优势。市场定位策略可由目标市场领先者、目标市场挑战者、目标市场跟随者和目标市场补缺者四个角色加以确定。处于不同地位的企业根据自身竞争环境，确定自己在目标市场的定位策略。

1. 跨境电子商务目标市场领先者定位策略

跨境电子商务目标市场领先者定位策略是指企业选择的目标市场尚未被竞争者发现，企业率先进入并抢占市场的策略。企业采用这种定位策略，必须符合以下三个条件：①该市场符合消费者发展趋势，具有强大的市场潜力；②企业具备领先进入的条件和能力；③进入的市场必须有利于创造企业的营销特色。

2. 跨境电子商务目标市场挑战者定位策略

跨境电子商务目标市场挑战者策略是指企业将市场锁定在竞争者的附近，与在市场上占支配地位的领先者"对着干"，让本企业取而代之的市场定位策略。企业采取这种定位策略必须具备三个条件：①要有足够的市场潜力；②具有比竞争对手更丰富的资源和更强的营销能力；③能够向目标市场提供更好的商品和服务。具体来说主要有以下四种策略：

（1）价格折扣策略。作为市场挑战者，其主要策略是以不高于市场领导者的价格给消费者提供产品。然而，这个策略想要获得比较明显的效果，必须有三个前提条件：①市场挑战者必须让消费者认可它的产品与服务；②消费者需要对价格极为敏感；③供应商并未与市场领导者达成联盟，忽视市场挑战者的攻击。

（2）廉价品策略。市场挑战者的又一策略是以低价提供给消费者低品质的产品。这种策略只针对细分市场中有足够数量且对低价格感兴趣的消费者才行得通。由于使用廉价品策略的企业容易遭受提供更廉价产品的厂商的攻击，因此企业应逐步提高产品质量来抵御攻击。

（3）产品繁衍策略。市场挑战者可以在市场领导者之后推出许多稍加改造的产品，从而给予消费者更多的选择权。例如在美国，苹果手机在iPhone 4之后又相继推出iPhone 5、iPhone 6、iPhone 7、iPhone 8和iPhone X，打赢了当时的手机巨头黑莓、诺基亚和三星，成为智能手机的领头羊。又如，云南白药将中药牙膏投入市场后，极大地改变了原有市场的竞争状况，消费者除了市场领导品牌高露洁，有了更多的选择。

（4）降低成本策略。市场挑战者可以使用更高效的采购、更低的人工成本和更现代化的生产技术，以此达到降低成本的目的。企业可以通过低成本制定更具攻击性的低价格，来提高市场占有率。这一策略正是中国众多的跨境电子商务企业得以打开全球市场并取得成功的重要原因。

3. 跨境电子商务目标市场跟随者定位策略

跨境电子商务目标市场跟随者定位是指目标市场竞争者实力超群，但是该市场需求潜力又很大，于是企业跟随竞争者挤入市场，与竞争者同处一个位置的定位策略。企业采用这种策略，必须具备三个条件：①目标市场还有很大的需求潜力；②目标市场未被竞争者完全垄断；③企业具备挤入市场的条件和与竞争对手"平分秋色"的营销能力。主要采取紧随者策略、保持一定距离追随策略和有选择追随策略三种策略。

4. 跨境电子商务目标市场补缺者定位策略

跨境电子商务目标市场补缺者定位策略是指企业选择进入竞争者未注意和占领的市场的策略。跨境电子商务企业在分析竞争者的市场范围、消费者的实际需要以及自己的产品属性后，倘若发现目标市场仍留有一定的空白领域，且自己经营的产品又不具备与竞争者正面抗衡的实力，那么企业应该把自己定位成市场补缺者，同竞争者形成鼎力之势。选择这种市场定位策略，需要满足三个条件：①企业有这个市场需要的大批货源；②该市场有大量的潜在消费者；③企业拥有进入该市场的独特技能与条件。

值得一提的是，企业选取的市场定位策略并不是一成不变的，而是随着目标市场竞争者情况和企业内部条件的变化而变化的。如果目标市场发生以下变化，那么企业需要重新调整定位策略：①竞争者的销售业绩攀升，使得企业自身市场占有率下降，出现经营困难；②新消费趋势和新消费者群体涌现，使得企业经营商品的吸引力急速下降；③企业其他新市场能够获取更高利润。因此，当企业自身和市场环境发生改变时，企业需要重新调整目标市场的定位策略,新的定位策略要突出企业特色、发挥企业优势,从而取得较高的营业利润。

3.3.3 跨境电子商务目标市场定位的方法

跨境电子商务目标市场定位的方法有多种,从不同角度考虑就有不同种方法。

1. 基础定位方法

最基础的两种定位方法分别是两维定位法和多维定位法。

(1) 两维定位法。两维定位法就是在定位时选择两个变量或因素,每个变量可以选择两种状态,分析由两个变量两种状态组合而得到的四种不同结果的方法。两维定位法的好处有:①非常直观、形象、一目了然;②分析全面,不易漏掉可能出现的结果;③扩展方便,稍微做些改进就可以进行扩展和进行更深入的分析。

(2) 多维定位法。多维定位法通常选择三个或三个以上的变量或因素进行分析和定位,所以也称为立体定位法。一般来说,多维变量的构成越多,直观理解就越困难,这是因为多维变量构成的是一个立体空间,其分析也是在立体空间进行的。

在市场定位过程中,不论采取两维定位法还是多维定位法,其核心是选择好变量,当一种定位不科学时,可通过重新选择变量来找到市场空白和发现可能出现的商机。

2. 从目标市场消费者角度考虑的细分定位方法

考虑到目标市场的消费者,两维定位法和多维定位法中可能涉及的变量或因素主要有消费者所在区域、消费者所处阶层、消费者所属职业、消费者个性和消费者年龄,因此又有几种细分的定位方法:

(1) 区域定位法。区域定位法是指跨境电子商务企业在制定营销策略时选择产品进入的市场区域,即确定该产品是进入全球市场、发达经济体市场,还是进入发展中经济体市场等。企业只有选对适合自己产品的市场区域,它的营销计划才能获得成功。

(2) 阶层定位法。每个市场都包含许多社会阶层,不同的社会阶层有截然不同的消费需求,企业的产品到底应面向何种阶层,是跨境电子商务企业在定位目标市场时应考量的问题。阶层定位法按照不同的标准,可以将社会上的人群分成不同阶层,例如依据资产划分,就有富裕阶层、中产阶层和贫困阶层。进行阶层定位的目的是要牢牢把握某一阶层的需求特点,从设计、营销等各方面满足消费者的相应需求。

(3) 职业定位法。职业定位法是指企业依据消费者人群的职业,考虑将产品销售给什么职业的人群。例如,将西装销售给白领,将饲料销售给农民及养殖户,这是十分明显的,但真正带来巨大效益的却常常是那些与众不同的市场定位。因此,企业在进行市场定位时要擦亮眼睛,善于洞察竞争对手的盲区,才可以获得巨大收益。

(4) 个性定位法。个性定位法是企业根据不同人群的个性特点,考虑如何将产品销售给拥有特殊个性的消费者。挑选出一部分拥有相同个性的消费者作为企业的定位目标,依据他们的兴趣爱好采取不同的营销手段,可以获得不错的营销效果。

(5) 年龄定位法。跨境电子商务企业在进行市场定位时,还需要考虑消费人群的年龄。不同年龄阶层的人,有着不同的需求特点,企业只有做到足够全面和细致,才会赢得消费者喜爱。例如针对奶粉,有婴儿奶粉、青少年奶粉、成年奶粉、中老年奶粉等,企业可以根据自己的市场定位来满足对应人群的需求。

3. 从企业目标市场定位策略选择角度考虑的定位方法

在涉及跨境电子商务企业目标市场定位策略选择时，又有三种定位方法：

（1）避强定位法。避强定位法是指企业在面对强有力的竞争对手时主动退出，把自己的产品定位于另一市场区域，避免发生与强有力的竞争对手竞争"同一块蛋糕"的现象。这个定位方法使得企业可以迅速立稳脚跟，并在消费者心中留下深刻的印象。这种方法风险较小，成功率较高，为很多企业所使用。

（2）迎头定位法。迎头定位法是指企业评估自身实力后，为占据较佳的市场位置与市场上占据支配地位的竞争对手发生正面竞争，从而使自己经营的产品进入同一个市场。由于竞争对手很强大，这一竞争过程往往会十分醒目，这样企业连带其产品能较快地被消费者了解，达到树立企业形象的目的。不过这种策略往往可能引发激烈的市场竞争，存在较大的风险。

（3）重新定位法。重新定位法是指企业对销路少、市场反应差的产品进行二次定位的方法。在企业初次定位后，若消费者的偏好发生变化导致市场对产品的需求骤减，或者新竞争对手选择与本企业相似的市场，企业就需要对其产品进行重新定位。一般而言，重新定位是企业摆脱经营困境、寻求新活力的有效途径。此外，如果企业发现新的产品市场范围，也可以进行重新定位。

3.3.4 跨境电子商务目标市场定位的步骤

跨境电子商务企业目标市场定位的全过程可以通过以下四个步骤来完成：

1. 分析本企业产品特色，识别潜在竞争优势

跨境电子商务企业在确定目标市场定位时首先要回答三个问题：第一，竞争对手产品定位如何？第二，目标市场上的消费者具有何种欲望？第三，面对市场上的潜在消费者企业能够做什么？解决了这三大问题，企业对本企业和市场需求的基本特征便有了大致了解。要解答这三个问题，企业必须经历一系列调研过程，系统地搜索和分析上述问题的资料并得出研究结论。解答完上述三大问题，企业就会明白自己潜在的竞争优势。

2. 根据企业的核心竞争优势，初步确立定位方案

分析企业的核心竞争优势，这种优势指的是跨境电子商务企业具备的完胜市场竞争对手的能力。这种能力可以是企业目前拥有的，也可以是潜在的。实际上，分析企业的竞争优势也是企业同竞争对手在各方面比较实力的过程，通常的方法是分析、比较企业与竞争对手在经营管理、技术开发、原料采购、产品生产、市场营销、财务状况和产品质量等七个方面的强项和弱项。之后，选择出最适合企业发展的优势项目，初步确定企业要进入的目标市场。

3. 制定战略，并在定位市场上试销

跨境电子商务企业需要经过一系列的宣传促销活动，才能将其独有的竞争优势传递给潜在消费者，并在消费者心中留下深刻印象。首先，企业应该尽量使目标消费者了解、熟悉、认同甚至是喜欢和偏爱自己的产品，在消费者心中建立起较好的形象。其次，企业

应通过各种努力强化自身形象,保持目标消费者对企业及其产品的了解,稳定目标消费者对企业产品的态度,加深目标消费者对企业定位形象的认可。最后,企业应尽量避免目标消费者对企业的市场定位理解出现偏差,并及时纠正与市场定位不一致的形象。

4. 修正定位方案,重新定位

在试销结束后,企业应及时调整不合理的定位方案,考虑重新定位。当企业出现以下两种情况时,就要考虑重新定位了:一是竞争对手推出的新产品与自身产品定位相似,蚕食本企业的部分市场,使得产品市场占有率下降;二是消费者的需求偏好发生变化,使企业产品销量骤减。当出现如上两种情况时,跨境电子商务企业应重新确定产品定位,在消费者心目中树立新的形象,从而获取更加有利的竞争地位。

3.4 跨境电子商务目标市场进入

案例分析

小蚁科技拿下欧美市场后又成功转战东南亚市场

小蚁科技是一家年轻的互联网硬件企业,2016年进入美国市场,2017年进入欧洲市场。小蚁科技在进入欧美市场之前就已经生产出适应境外市场的产品,利用品牌先行的优势让渠道商和零售商主动找到小蚁科技,加上小蚁科技的大量宣传促进了本次的转型。短短两年时间,小蚁品牌已经得到境外消费者的认可,无论是在品牌认知度还是在市场占有率方面都取得了不错的成绩。目前,小蚁科技在速卖通平台上是出海十大品牌之一,在亚马逊平台上牢牢占据大品类最佳销售商位置,这主要归功于小蚁科技能够紧跟趋势,宣传和营销的渠道广。

2017年年末,小蚁科技着手进入东南亚和非洲市场。虽然东南亚市场是被众多企业看好的蓝海市场,但是部分东南亚市场仍然存在基础设施落后、物流时效性差等问题,很多企业虽然跃跃欲试但还是战战兢兢,怕投资存在风险。对此,小蚁科技却没有这样的担忧,因为小蚁科技是全权交给当地的分销商来拓展东南亚市场,线上线下同时进行,小蚁科技也会在线下招募一些当地的企业去销售,利用当地企业的资源优势拓展市场。目前,小蚁科技已经成功地进入东南亚市场,在印度尼西亚、马来西亚和新加坡都有很高的市场占有率。

思考题:试分析跨境电子商务企业应如何开拓市场。

资料来源:佚名.拿下欧美市场后转战东南亚 TA是如何做到的[EB/OL].(2018-07-18)[2020-03-10].http://www.ebrun.com/20180718/286816.shtml.

3.4.1 跨境电子商务目标市场进入的条件

跨境电子商务企业融入国际化的浪潮,不仅是自身发展的客观需要,也符合国家(地区)相关的宏观战略。跨境电子商务企业在进入目标市场时需要考虑以下条件:

1. 企业的自身实力

跨境电子商务企业的自身实力是确定目标市场进入时机的基本因素。如果企业是一家处在市场领先地位的大企业,它通常会采用领先进入市场的策略,因为它有足够的实力和能力去支配和影响其他中小企业,在此状况下先期进入市场对企业是有利的。反之,如果企业是一家处于跟随地位的中小企业,那么它要采取后进入市场的策略,因为新产品面世后,企业将面临巨大投入,既包括进入市场初期时所需的各项费用,又牵涉企业自身的人力和物力问题。因此,企业必须全面考量自身实力,在拥有足够的竞争实力、做好充分的准备后再进入目标市场。

2. 企业的经营目标

跨境电子商务企业的经营目标是确定目标市场进入时机的直接因素。企业的经营目标主要包含两个:一是降低成本,赢得市场占有率,获取长期利润;二是低价促销,尽快收回成本,获取短期利润。无论是哪种经营目标,企业的最终目标都是占领并获取市场占有率。但是由于两种经营目标存在本质上的差别,一个是把扩大企业市场占有率放在第一位,而另一个是在较短时间内回收成本并赚取利润,因此企业在进入目标市场时,要采取与之经营目标相一致的市场。

3. 企业所处的环境

跨境电子商务企业所处的环境是确定目标市场进入时机的重要因素。企业所处的环境与企业能否获得成功具有密切的联系,只有捕捉住市场机会并且克服环境的威胁,才能保证企业在激烈的市场竞争中打败竞争对手。企业在进入目标市场时,不仅要考虑宏观的外部环境,还要考虑中观的产业环境及微观的企业环境,在各方面条件均得到满足后再确定目标市场进入的时机。

3.4.2 跨境电子商务目标市场进入的模式

跨境电子商务目标市场进入的模式是指企业在选定目标市场后,进入目标市场时所使用的方式。在国际化理论研究中,一般把进入境外市场的模式归纳为出口进入模式、合同进入模式和投资进入模式三大类。

1. 出口进入模式

出口进入模式是指产品在目标市场境外生产(其他两种模式都涉及在目标市场境内进行生产),再输入目标市场销售,或者说是通过产品输出进入境外市场的方式。出口又分为直接出口和间接出口:直接出口模式是指企业把产品直接出售给境外的中间商或最终用户;间接出口模式是通过本国(地区)的外贸公司或者境外公司设立在本国(地区)的机构采购或代理的方式出口产品,适用于刚刚进入国际市场的企业。出口进入模式的优点是成本低、风险小、简单易行,缺点是对国际营销的控制程度低,难以全面了解国际市场信息。

2. 合同进入模式

合同进入模式是指跨境电子商务企业与目标市场合作企业签订非权益性合同,使前者的专利、技术、经验、管理、人力等无形资产为后者所使用,并从后者获得经济利益的模式(见表3-1)。合同进入模式是一种通过知识和技术的输出来进入境外市场的方式。合同进入模式又可以分为许可贸易、特许经营、合同制造和管理合同四种模式。

表 3-1 合同进入模式含义及其优缺点分析

合同进入模式	含义	优点	缺点
许可贸易	企业在一定时限内将其工业产权(专利、技术或商标)的使用权转移给境外另一家企业,并得到许可费或其他补偿	• 充分利用知识产权获利 • 避开贸易壁垒,加快新产品、新技术的扩散 • 无须投资,风险较小	• 授权后对知识产权使用的控制和参与能力较弱 • 被许可方可能会成为竞争对手
特许经营	企业在一定时限内将其工业产权(专利、技术或商标)的使用权和经营模式授权给境外另一家企业,并收取许可费;同时提供企业管理、市场运作等方面的建议和支持	• 借助特许经营的企业会在不同市场建立销售网点,提高企业品牌的影响力和产品销售额 • 测试境外市场,降低境外投资的风险	• 对被特许方的控制和指导能力有限,易导致失败 • 边际利润较低
合同制造	企业与境外生产厂家签订合同,规定由对方按照本企业的要求生产某种产品,由企业负责产品的营销	• 对外投资少,低风险 • 与境外制造商建立合作伙伴关系 • 企业掌握产品营销的控制权	• 对生产过程的控制能力有限 • 对方可能会成为竞争对手
管理合同	企业为境外的旅馆、飞机场、医院或其他组织提供管理服务,并收取管理费	• 出口管理服务,低风险 • 有利于扩大企业在当地市场的影响力 • 利于企业了解当地市场的情况	• 与接受服务方是同类企业,难与对方竞争

3. 投资进入模式

投资进入模式是指跨境电子商务企业通过在目标国(地区)获得该国(地区)相关企业的部分或全部所有权,达到部分控制或全部控制目标国(地区)内的产品生产和销售的模式。这种模式是通过资本输出来进入境外市场的,又可以分为合资进入和独资进入两种模式。投资进入模式的优点是给予投资者最大限度的控制权和战略自由度,可以避开贸易壁垒;缺点是需要大量的投资,受东道国(地区)市场不可控因素影响的程度比较大。

以上三种模式是跨境电子商务企业进入国际(地区间)市场时最常采取的模式,并不存在一般性的最优进入模式,跨境电子商务企业需要综合考虑各方面影响因素从而选择出适合自己的进入模式。

3.4.3 跨境电子商务目标市场进入的策略

跨境电子商务目标市场进入策略的含义是指企业为了使产品顺利地进入市场,对进入方式和进入渠道采取的策略。市场进入策略一般有直接进入策略和间接进入策略之分。

直接进入策略是指企业利用自身已有的营销网络、成熟的营销策略、立体化的广告宣传、便捷的售后服务,直接将新开发的产品投放到既定的目标市场的策略。这种策略要求企业具有自身独立、完备的销售和服务网络以及雄厚的资金实力,一般适用于大型企业集团。

间接进入策略是指企业在产品实现的全部环节中只承担设计、开发、生产等任务,营销策划、广告、销售、服务等采取合作、合资或销售代理等方式。这种方式适用于规模较小、销售网络不完善、资金有限的企业,也是目前比较流行的市场进入策略,体现了社会分工的集约经营理念。

在间接进入策略中,十分重要的一种策略是战略联盟策略。面对复杂的国际(地区间)竞争环境,跨境电子商务企业间的关系表现为竞合的特征。产品出口便意味着跨境电子商务企业初步参与到国际(地区间)竞争中,但是如何在激烈的竞争中顺利进入目标市场并长期保持优势是企业需要考虑的重要问题。因此,发展企业间的合作关系,建立跨国(地区)战略同盟成为企业进入目标市场的重要选择方式。企业战略联盟是指两个或两个以上的合作企业为实现资源共享、优势互补等战略目标,进行互相承诺并信任对方的合作活动,以获得价值链一体化的竞争优势。战略联盟本身是网络型的组织,具有边界模糊、关系松散、机动灵活和运作高效等特点。中国很多跨境电子商务企业已经同跨国公司建立了广泛的战略联盟,包括技术、供应、生产、营销等各个方面的合作。

还有一种策略是专业市场进入策略。例如浙江义乌小商品城经济,依靠专业市场的发展和专业市场的国际化带动中小企业的发展和国际化,从而产生了不同于单个企业进入境外市场的一种新的进入策略,即专业市场进入策略。专业市场把众多中小跨境电子商务企业连成一个整体,整合单个中小企业的优势资源以形成特定的优势,而这种优势恰恰克服了单个中小企业自身的劣势,从而使得这种新进入方式能够取得成功。一般说来,以专业市场的国际化带动中小企业国际化有两种基本形式:

一是"引进来",即境内专业市场进入方式。中小跨境电子商务企业、境外客商以市场为载体被紧密连在一起。与传统的直接出口进入模式不同,单个中小企业通过境内专业市场和境外消费者发生联系(类似于境内的跨境电子商务平台出口模式)。企业不用再花费大量精力去搜寻境外市场信息,因为境外客户已经带来了境外市场最新的信息。企业不用出门就可以把自己的产品输送到境外市场。

二是"走出去",即境外专业市场进入方式。由于大量中小企业无法脱离市场单独开展出口业务,专业市场进入模式还采取了另一种进入境外市场的方式,即在境外设立分市场。如执御、大龙网等企业在迪拜、乌克兰、南非等国家设立了境外专业市场,把商品和中小企业直接输送到境外。

在"引进来"方式中,中小跨境电子商务企业通过境外客商让产品走向境外,而在"走出去"方式下,中小企业直接面对目标市场。专业市场进入方式的优势有很多,企业从市场内其他相关的中小企业处可以获取很多间接经验,通过专业市场的联系,中小跨境电子商务企业不仅可以把自身最具竞争优势的部分组合在一起,还可以比专业市场外的企业更快地获取信息和技术,降低搜寻成本。专业市场进入策略兼具规模性和灵活性,克服了单个企业的资源限制,同时承担风险的能力也得到提升,是一种很好的进入国际市场的方式。

本章要点

- 跨境电子商务企业为实现其经营发展的战略目标,对市场进行细分,既能够了解消费者需求的不同情况,及时发现没有满足需求的消费者,又能够掌握各细分市场中竞争对手的实力,正确地进行目标市场选择与定位,使得跨境电子商务企业扬长避短。
- 跨境电子商务企业加强对目标市场的细分和选择,对于其明确目标市场中的营销策略,为目标市场中的消费者提供优质的产品与服务,最终在国际(地区间)竞争环境中占据主动、抓住机遇具有十分重要的意义和作用。
- 跨境电子商务企业进行目标市场定位时,往往应根据自身条件和外界环境来决定自己的定位策略。常见的定位策略有目标市场领先者定位策略、目标市场挑战者定位策略、目标市场跟随者定位策略和目标市场补缺者定位策略。
- 跨境电子商务进入目标市场时,可以选取出口进入模式、合同进入模式和投资进入模式三种进入模式。采取的策略有直接进入策略、间接进入策略和专业市场进入策略。

重要术语

目标市场细分(Target Market Segmentation)
主导因素细分法(Leading Factor Subdivision Method)
综合因素细分法(Comprehensive Factor Subdivision Method)
系列因素细分法(Segmentation Method of Series Factors)
无差异市场策略(Undifferentiated Market Strategy)
差异性市场策略(Differential Market Strategy)
密集性市场策略(Intensive Market Strategy)
目标市场定位(Target Market Positioning)
两维定位法(Two-dimensional Location Method)
多维定位法(Multidimensional Location Method)

思考题

1. 试分析跨境电子商务企业目标市场选择和目标市场定位有哪些相同点和不同点。
2. 试论述跨境电子商务企业目标市场细分的依据。
3. 试举例分析如何对跨境电子商务目标市场进行细分。
4. 论述跨境电子商务目标市场选择的具体策略。
5. 论述跨境电子商务目标市场选择的具体步骤。
6. 如何进行跨境电子商务目标市场定位?
7. 跨境电子商务目标市场进入的策略有哪些?

案例分析题

小米拿下"印度第一"后,三星坐不住了

2018年7月9日,小米正式在香港主板上市。值得一提的是,小米仅用三年时间就超越三星这个绝对霸主,成为印度手机市场头号品牌。2014年的印度,尽管很多人用上了手机,但仍以低端功能机为主,仅有1/10的消费者使用智能手机,在印度经济快速崛起的进

程中，消费者从使用功能机转向使用智能机。基于此，小米将印度视为最重要的境外市场。2014年，小米在印度发布了MI3手机，通过线上闪购模式，一个月就卖掉了12万部；同年10月，小米在印度销售手机超过50万部。短短一个季度，小米就占据了印度智能手机市场份额的1.5%。小米把它在国内的一套做法复制到了印度，一边和印度本土电商平台Flipkart合作，一边采取饥饿营销的策略，推出低价智能手机，非常契合当地人的消费需求。

全球智能手机行业已趋饱和，发达经济体市场增长缓慢，但印度等新兴市场依然高速增长。过去三年，印度这个人口第二大国的智能手机销量无比惊人，增幅高达300%，预计到2020年销量还将再次翻番。印度是全球第三大智能手机市场，竞争已成红海，既有三星、苹果等国际大牌的咄咄逼人之势，也有诸如Micromax和Karbonn等本土品牌风生水起，小米在强手如林的情况下，依靠其"特立独行"的尝试——低价和网上销售模式，"引爆了市场"。对于印度消费者来说，喜欢小米手机最重要的原因就是其超高的性价比，多数印度人并不富有，因此他们对价格比较敏感，小米手机比同配置的其他品牌手机低一半以上的价格，这正是印度消费者所追求的实惠。

此外，在开拓印度市场时，小米还懂得运用本土化策略俘获印度消费者，其背后的逻辑是新兴市场的"优先战略"——从研发到设计，小米都充分考虑了印度消费者的需求。为了更好地了解消费者的需求和喜好，小米调派团队到印度市场研发定制产品，如小米4i。小米CEO雷军说："它们不会在中国面世，这样印度米粉会更喜爱我们。"小米将自己定位于"本土厂商"而非"进口手机商"，更贴近当地消费者，使小米逐渐成为印度消费者心中值得信赖的品牌。当年雷军疯狂的想法"用互联网方式做手机，提升中国产品的全球形象，造福全球每个人"无疑在印度市场得到了印证。

思考题

1. 小米为什么要选择印度市场？小米在选择目标市场时采取了哪些策略？
2. 小米在进入目标市场时采取的模式和策略分别是什么？

资料来源：茱莉.小米拿下"印度第一"后，三星坐不住了[EB/OL].(2018-07-10)[2020-03-10]. http://baijiahao.baidu.com/s?id=1605521239823084420&wfr=spider&for=pc.

参考文献

[1] 丛翔媛.浅谈市场细分原理与企业目标市场的选择[J].商场现代化,2014(14):69-71.
[2] 徐凤琴,乔忠.企业市场细分方法及目标市场的确定[J].科技与管理,2004(3):26-28.
[3] 李学军,王念东.关于市场细分的四点思考[J].特区经济,2007(3):184-185.
[4] 徐掌元.浅谈企业市场细分与目标市场的选择[J].消费导刊,2008(8):60-61.
[5] 沈捷.电子商务市场细分的作用及淘宝店铺定位[J].中国商论,2017(25):14-15.
[6] 杨天开,林珂,黄春林,等.面向通信服务企业的国际目标市场选择方法研究[J].中国管理信息化,2016(2):123-126.
[7] 薛芳.中小企业目标市场选择及定位研究[J].现代商业,2014(30):178-179.
[8] 清华.探讨市场细分与目标市场选择[J].现代营销(学苑版),2011(1):36-37.

第 4 章　跨境电子商务生态圈

[学习目标]
- 掌握跨境电子商务生态圈理论的演进路径；
- 掌握跨境电子商务生态圈的概念、特征与结构图；
- 了解跨境电子商务生态圈的相关理论，如生态位、自组织、协同等；
- 掌握跨境电子商务生态圈的主体构成；
- 掌握跨境电子商务生态圈的协同机理与路径。

[素养目标]

跨境电子商务生态圈是一个多要素、多层级的复杂结构，其中的相关物种同处一条全球价值链，相互依赖又相互影响。在分析跨境电子商务生态圈的协同机理与路径时，引导学生进入跨境电子商务生态圈各主体的角色扮演，提高学生在社会生活中正确处理竞争与合作关系的能力，培养学生热爱集体、奉献社会、关心他人、乐于助人、团结友善的精神。

[引导案例]

打造更具竞争力的跨境电子商务生态圈

近年来，电子商务的迅猛发展使杭州成为世界电子商务之都，向世界展示了中国经济创新发展的巨大潜力。杭州抓住跨境电子商务这一新的经济形式，成功抢占跨境进口业务的制高点，并于2015年3月成为首个全面跨境电子商务综合试验区。

产品质量是电子商务健康发展的生命线。如何推动跨境电子商务新业态的良性发展，杭州检验检疫局在制度保障、模式创新、合作共赢等方面积极探索实践。目前，试点区共有下城、下沙、空港等13个分园。凭借信息共享体系、金融服务体系、智能物流体系、电子商务信用体系、统计监测体系、风险防控体系建设，以及线上"单一窗口"平台和线下"综合园区"平台、"六大系统、两大平台"建设，逐步促成跨境电子商务业务信息流、资金流、货物流"三流合一"。

2013年试点之初，杭州检验检疫局提出探索创新"前期备案、提前监管、后期跟踪、质量监控"出境电商监管模式和"提前申报备案、入区集中检疫、出区分批核销、质量安全追溯"进境电商监管模式，被质检总局认可固化并向其他试点城市推广。2015年，杭州检验检疫局在监管模式、负面清单、风险监控、关检合作方面形成首批4条可复制推广经验。2016年1月，国务院同意设立天津等第二批12个跨境电子商务综合试验区，明确要求复制推广杭州跨境电子商务综合试验区的经验做法，其中就包含杭州检验检疫局的4条经验。

抽样441批，不合格52批，不合格率为12%。这是2017年1—8月跨境电子商务进口商品线上的抽检数据。杭州检验检疫局电商处处长王一晨说："跨境电子商务的不合格率同比下降了2个百分点,说明我们的质量共治模式取得了效果。"这在质量提升的大背景下,无疑是一组有说服力和令人欣慰的数据。王一晨说的质量共治模式,不仅是杭州检验检疫局首创,也是质量提升行动的有力手段之一。在与天猫国际签署质量共治合作备忘录的基础上,杭州检验检疫局2017年上半年陆续与网易考拉、贝贝网等境内知名电商企业签署质量共治协议。

质量共治包括入仓检、品牌合作、溯源管理、标准共制四种模式。入仓检模式是指将跨境商品监督抽检计划由上架后提前到备货环节,检出不合格的商品将无法发布上架。品牌合作模式是通过与法国欧莱雅集团等知名品牌方建立合作关系,来帮助消费者拓宽打假侵权鉴定渠道。溯源管理模式和标准共制模式则是加强与企业在溯源标准体系、研究制定跨境电子商务进口商品新标准方面的合作。

实行质量共治模式以来,杭州检验检疫局共检测出19批不合格品。在检验检疫部门的监督下,相关电子商务平台第一时间对这些不合格商品进行封存或者退货。跨境电子商务不仅受交易买卖双方的影响,也会受到其他如款项支付、物流等因素的影响。这些因素也会相互影响和交错作用。只有平衡各种因素的相互作用,才能构建更具竞争力的跨境电子商务生态系统。

资料来源:陆洋,杨振,陈浩.打造更具竞争力的跨境电子商务生态圈[N].中国国门时报,2017-11-13(01).

跨境电子商务在商品交易的过程中,除了受到卖方与买方的影响,还会受到支付、物流等其他因素的影响,这些因素之间还存在彼此影响与交错作用的状况。

4.1 跨境电子商务生态圈的内涵

生态圈这一概念较早由Tansley(1935)提出,他认为生态圈是生物与环境之间形成的不可分割的相互关联与相互影响的整体。阿瑟·坦斯利(Arthur Tansley)在《生态学》(*Ecology*)上发表的题为《植被概念与术语的使用和滥用》一文中提及生态圈的概念,"更基本的概念……不仅包含有机体综合体,还包含形成的成为环境的物理因素的全部综合体的整体系统……不能把它们从特殊环境中分离出来,它们与特殊环境形成了一个自然系统……正是如此形成的这个系统构成地球表面自然界的基本单位……这些生态圈(Ecosystem)如我们可以称呼它们的"。《生物多样性公约》对生态圈的定义被较普遍认同,即生态圈是由植物、动物和微生物群落及其无机环境相互作用构成的一个动态、复杂的功能单元。也有学者提出,对生态圈的描述应包括它的空间关系、自然特征的调查,它的栖息地与生态位,它的有机体与能量物质的基本存量,它的输入物质的性质、能量与行为,以及它的熵水平的趋势。从构成要素的角度,有学者强调突出三类要素(包括生产者、消费者与分解者)以及外界环境的物质、能量、信息交换关系;也有学者提出生态圈由六种成分构成,分别为无机物质、有机化合物、气候因素、生产者、消费者、分解者。

借助生态圈的观点与理论,Moore(1993)最早提出了商业生态圈的概念,认为商业生态圈是一种基于组织互动的经济联合体。随后Moore(1996)详细阐述了商业生态圈理论,认为商业生态圈是组织与个体(商业世界里的有机体)互相影响的经济联合体,并生产出对消费者有价值的产品或服务,商业生态圈的构成体包括核心企业、消费者、市场中介(代理商、销售渠道等)、供应商、风险承担者与政府机构等,在一定程度上还包括竞争者。

商业生态圈是一个复杂系统,成员面临复杂多变的环境,尤其在大数据环境下,企业间的竞争不再是个体竞争,也不是供应链链条间的竞争,而演变为企业联合的商业生态圈间的竞争。为了应对动态不确定的环境变化,商业生态圈中形成的协同进化机制愈发重要,各成员在自我完善的同时,必须对系统中其他成员加以关注,并予以积极配合,同时其他成员也应进行自我努力以实现改造的目标,其中骨干成员和核心成员的作用更加关键。

新闻摘录

Zilingo 电子生态系统以质取胜

2017CCEE(深圳)跨境电子商务选品大会,汇聚了多家工厂、平台,汇集了海内外需求信息和市场定位走向,网聚了全球各大品牌商、供货商、服务商,帮工厂找卖家,帮卖家找工厂,为外贸企业转型升级提供了专业性的资讯分享、选品对接。

东南亚的 Zilingo 拥有时尚零售发展的巨大商机,每年 300 亿美元的跨境销售额是带动东南亚经济引跑的主要方式,卖家该如何应对东南亚零售市场的激烈竞争、实现销量的持续增长呢？Zilingo 区域总监 Jeff Lim 结合东南亚市场的需求现状,对接平台资讯,为卖家入驻东南亚市场进行了全方位的推广和市场分析。

(1) 聚集跨境电子商务定位。就客户群体而言,不同年龄阶层消费者的购买力不同;就内容而言,不同买家的客户需求不同;对于本地化,Zilingo 融合本地和跨境产品为卖家提供更为广泛的选择。

(2) 非饱和市场以质取胜。激烈的市场竞争、不断缩减的利润空间使得零售商逐渐撤出市场,但并未引发行业的衰退及市场的饱和。相反,互联网的发展为零售业提供了巨大的市场商机,要想脱颖而出就必须拿出独特的竞争优势。

(3) 构建电子生态系统。传统的购买行为已经不能满足消费者的需求了,互联网的迅速发展和手机移动端的普及为消费者和卖家带来了可期的便利。

Jeff Lim 表示:"未来的购物是由大数据控制的,今后购物都会以个人的购买行为来进行定义。"Zilingo 能为卖家提供完整的电子商务生态圈、全套付款选择、库存管理和视频制作等,支持卖家专注其擅长的产品开发。同时,Zilingo 通过链接 2 000 多个来自各地的卖家和提供不同支付选择,为平台用户提供不同的服务,只有了解买家和卖家的需求才能打造完整的生态圈。

(4) 高用户参与度助力市场推广。用户参与度越高,用户的忠诚度和复购率越高,越有利于实现平台与买家双赢的局面。

思考题:试分析 Zilingo 的电子商务生态系统涉及哪些要素。

资料来源:钟云莲.东南亚时尚风标 Zilingo:电子生态系统以质取胜[EB/OL].(2017-03-08)[2020-03-10].https://www.cifnews.com/article/24764.

电子商务生态圈是借助生态圈与商业生态圈理论衍生的一个概念。有人提出电子商务生态圈是在互联网环境下的生态圈,该观点比较片面。叶秀敏和陈禹(2005)较早提出了网商生态圈的概念,认为网商生态圈是在网上通过信息交流与资源互通进行交易,随着日趋激烈的市场竞争,网商们不断更新理念、改进技术以适应外界环境飞速变化,进而形成的一个以互联网为基础与时俱进的,以网商、规则、互联网、环境四要素组成的商业生态圈。该观点并不全面,只是从电子商务生态圈中的网商角度提出的。刘志坚(2006)将生态圈与商业生态圈引入电子商务领域,提出电子商务生态圈是由一系列关系密切的企业与组织机构,破除地理空间位置藩篱,以互联网搭建平台进行信息交流、企业竞争,凭借虚拟、联盟等形式进行资源共享与协同发展构成的一个有机生态圈。

电子商务生态圈是根据生态圈、商业生态圈理念提出的。商业生态圈属于生态圈的一种类型,电子商务生态圈又属于商业生态圈的一种类型。在生态圈与商业生态圈理论背景下,各类企业或组织作为构成物种的表现形式,要将关注点从提升组织内部能力向增加组织所参与的商业网络的整体能力上转移。未来的竞争已不再是单个组织之间的竞争,正演化成商业生态圈之间的抗衡,因此需要从生态圈—商业生态圈—电子商务生态圈的演变轨迹来探究跨境电子商务生态圈。

新闻摘录

畅通"川货出口"通道 着力打造跨境电子商务生态圈

2018年以来,四川省成都市武侯区积极融入国家"一带一路"建设,进一步推进自贸区建设,突出航空口岸和保税物流两大优势,重点发展空港、综保、邮政三大产业园区,不断完善跨境电子商务线上和线下服务体系,全面引进和培育跨境电子商务进出口贸易、服务企业、创新跨境供应链金融服务,有序布局海外仓和营销渠道,促进生产制造业、港口服务业和国际贸易之间的无缝对接,打造跨境电子商务生态圈,努力成为全市跨境电子商务的先行试点和新兴经济的带头者。

1. 布好节点,连通世界密网

2018年4月19—20日,在全球跨境电子商务暨成都会议期间,由四川省成都市武侯区发起支持的中国邮政速递(四川双流)跨境电子商务出口产业园"川货天下行"平台正式启动。该平台作为跨境F2B(工厂到网络运营商)的销售平台,主要为跨境出口企业提供一站式供应链服务,实现跨境电子商务出口的阳光发展,实现四川制造与世界贸易接轨的格局。

搭建厂商与跨境网商的产销对接平台,集货物供应商、第三方境外销售平台、跨境贸易销售企业、仓储物流服务商、海关稽查等政府监管部门、金融支付服务商、运营培训服务商于一体,打造出口闭环生态集聚圈,为出口跨境提供一站式服务。该平台以商品供销、跨境供应链金融、跨境物流、海外仓储共享等配套为突破点,实现生产、制造、港口服务与国际贸易的无缝对接。

推进跨境电子商务供应链F2B综合服务平台建设,为中小微跨境电子商务企业提供全方位的产品供应链服务和专业化服务,解决厂家与跨境电子商务企业合作的协同问题,整合仓储租赁、物流配送等资源,实现货物的平稳供销、跨境物流共享,并积极推进"四川制造"走出去。

2. 追踪流程,保障供应畅通

目前,成都市武侯区出口的每件商品包装上都多了一个二维码。二维码不仅有助于充分了解方方面面的项目信息,而且可以实现全程追踪,有效维护买卖双方的合法权益。这是武侯区 2018 年 6 月依托市跨境商品流通追溯与质量检测数据协同服务云平台实施的进出口企业商品流通追溯体系应用试点。该平台以海关技术中心为基础,以产品溯源数据标准和数据应用统一界面的构建为手段,以货运二维码(条形码)标签为载体,为进出口企业提供跨境商品追溯数据服务。

近年来,四川省成都市武侯区通过实施入境物品标准化试点改革、口岸部门跨境电子商务集中检查区建设、城市公共服务平台系统对接应用、身份证认证电信线路开通等相关创新改革,大大提高了通关便利化水平、标准化和信息化水平。目前,武侯区聚集了 UPS(美国联合包裹运送服务公司)、中外运等 13 家全球 100 强和 10 家全国 100 强物流企业;跨境电子商务园区已落户阿里巴巴、敦煌网、众游东方等跨境电子商务产业链企业,有业务合作的本省跨境企业达 200 多家,在 12 个国家和地区布局"海外仓"。

该体系的试点建设,有利于提升四川省成都市武侯区对外贸易产业链的国际竞争力和品牌影响力,有利于为诚实守信、崇尚品质的进出口企业保驾护航,有利于保障境内外企业及个人买家的防伪辨真需求,为双流自贸区发展增添了新举措。

思考题:如何应用数据打造跨境电子商务生态圈?

资料来源:胡兵发.畅通"川货出口"通道 着力打造跨境电商生态圈[EB/OL].(2018-07-18)[2020-03-10].http://www.sohu.com/a/241977498_640814.

跨境电子商务来源于电子商务,是电子商务发展成熟后向境外市场扩展及演化的结果。所以,以生态圈、商业生态圈及电子商务生态圈理论研究跨境电子商务是可行的与必要的。跨境电子商务生态圈是基于电子商务生态圈发展起来的,其概念既依附于电子商务生态圈,又不同于电子商务生态圈,虽然可以视作电子商务生态圈的一种,但是其复杂性要远超电子商务生态圈,这种复杂性既包含构成主体的复杂性,也包括环境的复杂性。跨境电子商务生态圈是指以与跨境电子商务相关的个体、企业、组织或机构为物种,以跨境电子商务平台为竞争、合作与沟通的媒介及渠道,通过多种形式进行资源共享与协同互助,物种间及物种与环境间进行动态的物流、商流、资金流、信息流等物流、能量及信息的流动、沟通、共享与循环,进而构成一个多要素、多层面、多角度、多层级的复杂的电子商务生态圈。

4.2 跨境电子商务生态圈的特征

4.2.1 生态位分离

跨境电子商务生态圈建立在企业生态位分离的基础之上。若两个物种在跨境电子商务生态圈中使用同一资源或共同占有某环境变量,就会导致生态位重叠。由此,必然引起竞争,最终后果就是这两个物种无法同时占领相同的生态位,即出现生态位分离。

在商业世界中也是同理,企业对资源的需求越趋同,产品和市场基础越类似,它们之间的生态位重叠就越多,竞争就越激烈。在激烈的市场竞争环境中,企业要占有一席之地,就需要找到最能发挥自己作用的位置,发展与其他企业与众不同的生存能力和技巧,实现企业生态位分离。成功的企业必然是能够找到属于自己生态位的企业。生态位分离既避免了一定程度上的企业竞争,更为企业间功能耦合形成超循环创造了条件。

4.2.2 物种多样性

多样性概念最早来源于生物学,生态圈中的各类生物在环境中发挥着各自的功能,通过物种与物种之间、生物与环境之间的摄食依存关系,自然界形成了多条完整的食物链并构成了复杂庞大的食物网,进行着生态圈内物质流动与能量传输的良性循环,若食物链断裂将会极大地影响系统功能的效用。

与自然生态圈一样,多样性对于跨境电子商务生态圈也是至关重要的。首先,多样性对于企业应对不确定性环境发挥着缓冲的作用;其次,多样性有利于商业生态圈价值的提升;最后,多样性是商业生态圈实现自组织的前提基础。

4.2.3 系统动态性

作为一个完整的整体,系统内部成员会不断地更新,也会有外部力量持续参与,这意味着电子商务生态圈具有动态变化的特点,系统的构成要素不断淘汰更新,最终实现电子商务各部分成员的共同发展和整个系统的完善。

跨境电子商务生态圈认为系统的运作或动力并非源于系统外部或系统的顶层,而是来自系统内部各个要素或各个子系统之间自发主动地相互作用而产生的系统规则,这是协同学最基础的理论和方法。复杂性模式的出现实际上是通过底层(或低层次)子系统的竞争和协同作用产生的,而不是外部指令的结果。系统内部各个子系统通过竞争形成协同,促使竞争中的一种或几种趋势不断优化,并因此支配整个系统由杂乱无章逐渐转向井然有序。商业生态圈是一个复杂多变的适应系统,在相应规则的约束下,不同种类、自我管理的个体的低层次相互作用促使系统向高层次有序进化。

4.2.4 网络状结构

跨境电子商务生态圈,尤其是虚拟商业生态圈具有模糊的边界,呈现网络状结构。跨境电子商务生态圈边界模糊表现在两个方面:一是每一个商业生态圈内部包含着众多的小商业生态圈,同时它本身又是更大的一个商业生态圈的一部分,也就是说,其边界往往依据实际需要而划定;二是某一企业可能同时存在于若干个商业生态圈中,难以厘清其范围。

4.2.5 系统开放性

开放的系统具有强大的自我调节和自我修复功能,以保证系统不断吸收优秀成员,自由地与外界进行信息交换。开放性使企业在最大范围内建立战略合作伙伴关系,形成良性的系统循环,达到资源的优化配置和有效利用。跨境电子商务生态圈也是一个开放的系统,跨境电子商务平台、跨境物流、跨境支付等物种均存在进入或退出该系统的情况。在实践领域,每年都有众多不同物种类型的企业进入跨境电子商务领域,也有一些企业退出跨境电子商务领域,这集中体现了跨境电子商务生态圈的系统开放性。

4.3 跨境电子商务生态圈的理论基础

4.3.1 生态位理论

生态位(Ecological Niche)作为生态学词汇,其定义历经百余年的发展已较为成熟。关于生态位,物种若要生存与繁殖,必须在一定的温度、地理等环境范围内方可进行,这个范围就称为物种的生态位[①]。物种是生态系统中最小的个体及要素,也是基本单元与核心单元。物种是由群居组成的具有生殖属性的个体所构成,与其他个体在生殖上是孤立的,在生态系统内占据一定的生态位。

如果考察某单一的环境因子(如温度),那么一个物种将有且只有一个具体的适合度。也就是说,此物种必须处于既定温度范围内才能稳定生存与繁殖,这个范围就是此物种在一维中的生态位。若同时考察此物种在湿度上适合的范围,生态位就成了二维的。若再考虑第三个环境因子(如食物颗粒大小),那么生态位就成了三维的。显而易见,有许多生物与非生物的因子会不同程度地影响到物种的适合度。因此,生态维数将远远超过三个,进而形成了一个多维适合度的范畴,这就是对生态位概念的扩展解读。

除此之外,还有一些重要的观点需要予以说明:

第一,生态位是从物种的观点阐述的,它与生境的内涵大相径庭。虽然生境与生态位都是对环境参数的表述,但生态位是物种所处的位置、功能和环境的特征化,而生境是对多种生物共同栖息环境的特征化。

第二,种间竞争是生态位的重要环境参数,缺失种间竞争的物种的生态位称为基础生态位,这是物种潜在的可拥有空间,而受竞争影响的现实的生态位称为实际生态位,由竞争因子决定其范围。

第三,物种的生态位受生境限制,生境会使生态位的部分内含缺失。

第四,生态位的维度是可以任意添加的,因此对任何一个物种来说都难以全面地测定其生态位,于是产生了一种生态位是"无限维空间"的困难。鉴于此,一个物种的生态位往往没有一个非常明晰具体的边界。

4.3.2 自组织理论

在协同学中,强调自组织的概念。自组织是相对于他组织而言的。他组织是指组织指令和组织能力来自系统外部,而自组织则指在没有外部指令的条件下,系统内部各子系统之间能够按照某种规则自动形成一定的结构或功能,具有内在性和自生性的特点。

自组织理论认为,任何系统如果缺乏与外界环境进行物质、能量和信息的交流,其本

---

① 郑师章,吴千红,王海波,等.普通生态学:原理、方法和应用[M].上海:复旦大学出版社,1994:86.

身就会处于孤立或封闭状态。

跨境电子商务生态圈涉及不同业态的众多企业,企业的数量永远在变动着,尽管生态圈外部环境对于跨境电子商务生态圈的密度有较大影响,但跨境电子商务生态圈具有自我调节的功能,正是这种自我调节的能力使跨境电子商务生态圈的密度保持在一个健康和稳定的状态。这正是自组织理论的作用所在。

Prigogine et al.(1969)基于对热力学第二定律的研究创立了"耗散结构理论",对自组织理论体系的搭建做出了突出贡献。除此之外,他们还详细地阐述了自组织现象形成的环境与条件。耗散结构理论能够有效帮助我们理解跨境电子商务生态圈在何种条件下能够发生自组织的演化,并辅助我们构建出自组织条件。依据耗散结构理论,在系统处于平衡状态时,系统从环境中获得源源不断的物质和能量,这些物质和能量为系统产生负熵,结果使整个系统的有序性增加,在一定条件下就自发形成新的有序组织,也称作耗散结构。某一系统若能自发组织起来,形成耗散结构,必须满足四个条件:第一,系统的某一部分必须能够自身催化,即自参考;第二,系统中必须满足两个及以上部件存在非线性关系,或具有因果互助关系;第三,系统必须在能量与物质交换的影响下对环境开放;第四,系统必须远离平衡状态。以上是形成自组织的必要条件,每个条件在自组织的形成过程中都发挥着一定的作用,任一单独条件都无法引发系统的自组织行为。对于跨境电子商务生态圈来说,满足以上条件便能够在内部形成自组织。

根据自组织理论,系统处于平衡状态时,外部因素对系统的影响非常小。如果他组织发挥的作用即外部影响较小,不足以影响系统的平衡状态,系统平衡状态只会暂时偏离,且这种偏离很快又会衰减直至重新恢复到平衡状态。如果外部影响对系统的冲击足够大,这种冲击就会扰乱内部组成元素间原本的相互作用,使系统不稳定甚至远离平衡状态。

4.3.3 协同理论

Synergetics 来源于希腊文,其含义为协同作用的科学。伊戈尔·安索夫(Igor Ansoff)于 1965 年提出协同概念,旨在强调一种让企业整体效益大于各独立部分综合的效益。赫尔曼·哈肯(Hermann Haken)在 1971 年发表了《协同学:一门协作的科学》一文,引入了协同及协同学概念,后于 1976 年较为系统地论述了协同理论,并创立了协同学,认为整个环境的各系统或各部分之间相互协作,使得整个系统形成微个体层所不存在的新质的结构和特征。哈肯的研究表明,一切开放系统,无论是宇宙系统、宏观系统还是微观系统,无论是自然系统还是社会系统,都能在一定条件下呈现出非平衡的有序结构,可能应用于协同学理论。

协同学的目的是建立一种用统一的观点去处理复杂系统的概念与方法。哈肯概括出协同学是研究一个由大量子系统以复杂的方式相互作用所构成的复合系统,在一定条件下,子系统间通过非线性作用产生协同现象和相干效应,使系统形成有一定功能的空间、时间或时空的自组织结构。

系统是由诸多子系统构成的复杂集合,如哈肯所论述的,所有系统都可以分为若干子系统,观察到的系统行为并非子系统行为的简单叠加,由于所有子系统相互作用对总系统贡献的结果,总系统的行为好像是有调节地、有目的地自组织起来的。一个系统结构的稳定性取决于系统的有序度,而系统的有序度又取决于各子系统间的协同性。协同强调环境中各系统之间存在相互影响又相互合作的关系。

协同思想就是构成系统的要素或子系统之间的协调与同步思想。Hindle(2004)概括了坎贝尔等人关于企业协同的实现方式,指出企业可以通过共享技能、共享有形资源、协调战略、垂直整合、与供应商谈判和联合力量等方式实现协同。芮明杰等(2005)对协同的内涵进行了界定,认为协同是同一企业内部多个不同的业务单元或不同企业之间通过共享有形或无形的独特资源来创造更大价值的一种行为、方式和能力。邱国栋和白景坤(2007)从价值生成的角度对协同效应进行了研究,提出"协同效应=共用效果+互补效果+同步效果"这一基本的理论分析框架。

协同强调对两个或两个以上的不同个体或不同资源进行协调,并将这些个体或资源视为一个整体环境系统。郭治安(1988)提出子系统之间的协同合作产生宏观的有序结构,这是"协同"的第一层含义;序参量之间的协同合作决定着系统的有序结构,这是"协同"的第二层含义。协同的概念较为广泛,不单单包括人与人之间的协同,还包括不同子系统、资源、设备、应用情景、人与机器、科技与传统之间等全方位的协同。通过协同,人、物、机器、信息、资金等各种资源能够关联起来,为实现共同目标而进行协作,通过对有限资源最大范围的开发与利用,实现整体系统的利益最大化,消除或尽可能降低协作过程中的各种障碍。

4.4 跨境电子商务生态圈的主体构成

跨境电子商务生态圈不仅包括跨境电子商务平台企业、消费者、商品的供应商等核心物种,也包括诸如跨境支付企业、跨境物流企业、海关、信息支持企业、交易主体双方所在国(地区)的职能机构等物种,还涵盖交易主体所在国(地区)的政治、经济、技术、社会、自然环境等环境要素,以及各物种的内部环境要素。结合较为普遍的电子商务生态圈构成方式,按照物种的定位来区分,跨境电子商务生态圈主体可分为核心物种、关键物种、支持物种与寄生物种,再结合Moore(1996)的商业生态圈结构图,尝试构建出跨境电子商务生态圈结构图(见图4-1)。

(1)核心物种是跨境电子商务企业或平台,是整个跨境电子商务生态圈的领导者,通过其所提供的交易平台及信息、监管等服务,承担着跨境电子商务生态圈的资源整合与沟通、协调的作用。

(2)关键物种是跨境电子商务的交易主体,包括供应商、消费者、投资商、生产商,乃至供应商的供应商及客户的客户,构成跨境电子商务生态圈其他物种所共同服务的对象。

(3)支持物种是跨境电子商务交易所必须依附的企业、组织或机构,包括跨境物流企业、跨境支付企业、海关机构、商检机构、金融机构、行业协会、通信服务企业、信息技术企业等,这些物种都是围绕着跨境电子商务生态圈的核心物种与关键物种进行活动,支持跨境电子商务系统的正常运转。

(4)寄生物种是为跨境电子商务交易提供增值服务的服务提供商等,包括翻译企业、网络营销服务企业、技术支持企业、广告及咨询服务机构、供应链优化及整合服务企业、媒体企业等。

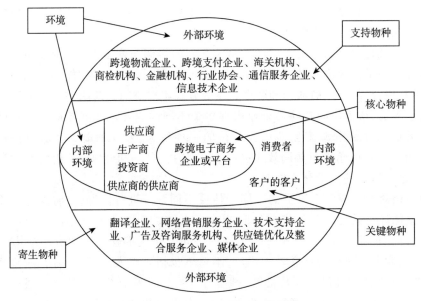

图 4-1 跨境电子商务生态圈结构

(5) 环境是跨境电子商务生态圈所包含的各类环境,包括生态圈内各类主体的内部环境,也包括它们面对的外部环境,从环境类别看,分为政治环境、经济环境、法律环境、技术环境、社会文化环境、自然环境等。

4.5 跨境电子商务生态圈的协同效应

4.5.1 协同机理

Gereffi et al.(2003)在生产网络理论的基础上,结合价值链理论、交易成本经济学、技术能力与企业学习等理论提出了较为系统、完整的分析框架。他们归纳总结出了五种典型的全球价值链治理方式,根据价值链中主体之间的协调程度按照降序依次排列为市场型、模块型、关系型、领导型和层级型。

(1) 市场型。市场型的交易往往比较简单,双方仅凭借价格和契约就可以有效控制交易的不确定性。此时,合同的使用能够减少交易成本,产品或服务比较单一,供应商能力较强,不需要消费者投入太多,且资产专用性较低。

(2) 模块型。模块型的产品或服务较为复杂,供应商能力较强,资产专用性较高。买卖双方的数量虽然有限,但具有很强的市场灵活性,极易更换合作伙伴。双方需要交流沟通的信息量繁多复杂,订立标准化契约能够有效降低交易成本。

(3) 关系型。关系型的产品或服务比较复杂,双方需要交换的信息量庞杂,且供应商能力较强,领导厂商和供应商之间联系非常密切。双方往往通过信誉、空间的临近性、家族或种族关系来降低交易成本。关系型常常通过面对面交流来协商和交换复杂信息,因此交易伙伴长时期内较为固定。

(4) 领导型。领导型的产品或服务较为复杂,需要供应商大量投入技术与原料。供应商为了防止其他供应商竞争,将其资产专用化。供应商对领导厂商的依赖性极强,无法轻易改变交易对象,极易成为"俘虏型供应商"。领导厂商通过高度控制供应商来实现统领,与此同时通过提供各种支持促使供应商继续保持合作关系。

（5）层级型。层级型的产品或服务非常复杂,交易涉及领导厂商的核心能力（如隐性知识、知识产权等）,通常采用企业内生产。由于外部交易成本很高而供应商能力很低,领导厂商难以通过契约来控制机会主义行为,必须采用纵向一体化的企业治理方式。

此外,他们还研究了价值链治理的动态性问题。随着外界环境的变化,决定价值链治理模式的三个变量将随之改变,价值链治理模式也会随之变化。这种动态变化在现实中是普遍存在的。例如在自行车行业,由于规模经济、标准化等方面的提高,治理模式从层级型转向市场型；在服装行业,由于交易复杂程度的降低和供应商能力的增强,其治理模式由领导型转变为关系型。

这些变量发生变化的原因主要包括：第一,领导厂商采购要求的提高在降低供应商的能力的同时,增加了交易的复杂程度；第二,创新和标准化本身就存在悖论,创新必定会影响标准化程度；第三,供应商的能力会随着外界环境的变化而改变,如引入新供应商竞争、技术创新及领导厂商采购要求的变化都会不同程度地影响供应商的相对能力。

以跨境电子商务平台与跨境物流企业为例,两者的协同机理如图4-2所示。

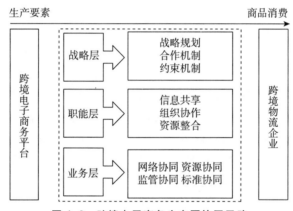

图4-2　跨境电子商务生态圈协同思路

4.5.2　协同路径

1. 战略协同

（1）战略规划。跨境电子商务生态圈中的相关物种同处一条全球价值链,它们相互依赖又相互影响。跨境电子商务生态圈中的参与物种实则具有相同的发展目标与战略规划,应基于全球价值链的分工地位,最大限度地开发与扩展该价值链的价值,将跨境电子商务这一市场做大、做强,以此为基础寻求各自价值最大化。战略规划的制定与实行,需要充分考虑全球价值链中的相关利益主体,更需要将跨境电子商务平台与跨境物流企业的各自战略纳入进来,在统一目标约束下,建立并完善彼此的战略规划。跨境电子商务生态圈中的各物种通过战略联盟,以共同利益体现的发展规划为生产与活动的目标,实施各自在全球价值链上的企业活动,进行资源的优化配置,进而追逐共同的企业价值。

（2）合作机制。跨境电子商务生态圈中各相关物种作为跨境电子商务交易中的重要环节,存在诸多协调与合作点。物种相互配合与协作共同实现商品的全球价值链活动,共同完成商品由生产要素到最终消费的商品流通与价值传递过程。为了更好地推动跨境电子商务生态圈的协同运作与融合发展,需要建立长效的合作机制。跨境电子商务生态圈中各物种通过建立有效、双赢的合作机制,消除合作壁垒与障碍,减少在具体工作中的摩擦与猜忌,利于其在商品流通与价值实现过程中的通力协作。

(3) 约束机制。跨境电子商务生态圈中各相关物种在合作过程中无法避免"投机主义"与"道德风险",尤其在利益驱动下,无论是跨境电子商务平台还是跨境物流,抑或其他参与物种,都可能存在损人利己的行为,通过一些有损整体利益或整体价值的行为将个体风险转嫁到对方或个体之外。为了推动跨境电子商务生态圈中各物种长期合作,需要建立有效的约束机制。这种约束不单局限于纸质合同,更多的是一种机制或理念,以对跨境电子商务生态圈中各物种的行为进行规范。约束机制还应充分体现对违反行为的惩罚措施与执行措施。应该避免约束机制的形式主义,使之成为一种"法"的理念应用在跨境电子商务活动中,不仅要有"法"可依,还应有"法"必依、执"法"必严、违"法"必究。通过建立约束机制,规范跨境电子商务生态圈中各物种的行为,打击与消除可能存在的"投机主义"与"道德风险",并使之成为一种无形的行业准入与准出门槛。

2. 职能协同

(1) 信息共享。跨境电子商务生态圈中各物种之间实则是一种利益博弈的关系。跨境电子商务生态圈各物种在实践活动中存在信息不对称,这不仅削弱了它们协同运作的积极性,还不利于它们长期的融合发展。跨境电子商务生态圈中各物种虽然各有独立的信息数据库,但许多中小型企业自身数据库系统资源薄弱,无法与大型企业的数据库实现有效对接。再者,跨境电子商务生态圈中各物种即便拥有各自的信息数据库,仍无法有效整合全球价值链上庞大的信息流。此外,海关机构的信息化系统仍主要服务于传统的国际贸易,尚未与跨境电子商务进行有效匹配,基于企业自身利益的追逐,很多跨境电子商务平台与跨境物流企业不提供或提供不准确或有倾向性的数据,使得中国海关端口的跨境电子商务信息系统仍不完善。为解决这一短板,应以跨境电子商务平台、跨境物流企业、海关机构等主要组织为主体,依托大数据、云计算等信息技术,构建跨境电子商务信息系统与信息平台,实现跨境电子商务相关活动的信息实时上传与无缝对接。通过信息共享,消除沟通障碍,衔接商品购销,保证实时监控,促进商品运输,协调以跨境电子商务、跨境物流、海关为主要节点的跨境电子商务活动各个环节之间的运作,提高跨境物流活动中运输、通关、配送的时效。

(2) 组织协作。企业活动的载体是组织,跨境电子商务生态圈中各物种协同应注重组织结构、岗位设置、人员安排等方面的协作、匹配与相互适应。对于组织而言,除了组织目标,还包括组织活动、组织要素、组织成员等内容,这些构成了跨境电子商务生态圈中各物种活动的基础。从组织协作角度出发,跨境电子商务生态圈中各物种应在其内部设置服务于对方的组织架构,并安排相应的岗位与人员。跨境电子商务生态圈各物种在设置组织目标时,应充分考虑所涉及的具体活动内容的需求,并综合考虑跨境电子商务整体活动的需求,以及相对应的全球价值链各环节活动及价值创造的需求。涉及组织活动(具体表现为跨境电子商务平台所产生的商品流通需求、指令,包括时间、成本、地点、服务等,跨境物流的分拣、包装、运输、通关、商检、配送等具体活动)的设置与实施时,应考虑彼此的包容性与公用性,从成本、效率等角度综合组织的相关活动内容,旨在实现跨境电子商务生态圈中各物种的组织协作。

(3) 资源整合。从全球价值链视角看,跨境电子商务活动涉及从生产要素到最终消费的全产业链上的相关各类资源。跨境电子商务平台与跨境物流企业作为跨境电子商务活动链商品流通的两个重要环节,尤其会涉及上游与下游的诸多资源。跨境电子商务平台与跨境物流企业属于不同的经济范畴与产业范畴,具有不同的资源优势。从整体价值与效益最大化目的出发,跨境电子商务生态圈中各物种应系统地整合资源,包括有形资源与无形资源,也包括不同层面与类型的资源,旨在实现资源的优化配置与充分利用,实现价值最优化与最大化。跨境电子商务生态圈中各物种应关注商品流通环节所需的直接资源,也要关注所需的间接资源,更要关注起核心作用的关键资源。通过资源整合,达到衔接商品供需、优化运输网络、增强流通效率、降低流通成本、提高服务质量等效果。

3. 业务协同

(1) 网络协同。以跨境电子商务生态圈的物流业务协同为例,商品跨境流通更需要聚焦依托信息网络的物流网络协同,通过提高物流网络覆盖,建立与完善跨境物流信息共享网络,将跨境电子商务活动的上下游、跨境电子商务平台、跨境物流企业、金融机构、海关等部门的业务一并纳入该信息网络,推动相关活动通过互联网实现有效链接。

新闻摘录

"易收汇·共享仓"跨境生态服务平台正式上线

2017年6月,阳光捷通(北京)贸易服务有限公司率先在业内提出在跨境电子商务全球仓储服务领域应用共享服务的创新性理念,依托互联网和云计算等新技术,共享仓平台与全球电子支付、仓储服务、电子商务平台、ERP系统互联互通、共享联动,建立共享仓平台的统一标准、服务体系、结算体系、评价体系和合作体系。同年11月,嘉里大通物流有限公司和阳光捷通(北京)贸易服务有限公司于香港中环广场签订了《嘉里·共享仓供应链服务协议》,并发布了共享仓建设计划,推动了俄罗斯、东南亚、西亚等嘉里物流区域的核心物流枢纽建设。预计2018年共享仓数量将扩大至30个以上,2019年达到50个以上。会议结束后,"易收汇"和"共享仓"两个平台将形成协同联动,为中国跨境电子商务行业创新生态服务。从中国出口业务的角度来看,通过"共享仓",我们可以直观地搜索出满足时效性、价格、硬件等需求条件的服务产品;通过"易收汇",我们能够快速实现一站式电子支付和国际收汇。"共享仓"还可以发挥供应链金融服务监管仓库的作用,中国出口卖家可以凭借"易收汇""共享仓"平台整合的交易流、货物流、资金流信息向浦发银行申请3分钟到账的便捷信用贷款。

"易收汇·共享仓"跨境生态服务平台的推出标志着共享经济新模式的出现,加速了新产品在国际物流领域的创新应用。跨境电子商务已经进入产品快速迭代和销售模式百般变化的时代。原生态的贸易、物流、通关、仓储、结算等环节已由串联走向并联,由独立走向融合。依托互联网平台,融合"交易流、物流、资金流",共享经济模式的先进性将得到更多体现和发挥。中国的跨境电子商务出口将从传统的B2B和B2C模式迅速发展到B2S2C的共享模式。

思考题:跨境电子商务平台如何充分发挥在生态圈中的价值?

资料来源:佚名.迈入跨境电商生态服务共享协同时代:"易收汇·共享仓"跨境生态服务平台正式上线发布[EB/OL].(2017-12-21)[2020-03-10].https://www.cifnews.com/article/31489.

---

(2)资源协同。跨境电子商务生态圈中各物种活动的运行是依托相应资源完成的,这些资源包括人、财、物、信息等。跨境电子商务平台和跨境物流企业应关注各自所拥有的资源、所需要的资源、所短缺的资源,通过战略联盟、组织协作、资源整合、信息共享等方式,加强企业间合作,实现资源的协同优势。例如,从跨境商品运输与终端配送的角度提前设置商品包装,通过这一信息资源与生产要素资源协同,既能减少运输过程中的货损与二次包装等,又有利于降低成本,提升物流时效。此外,跨境电子商务平台与跨境物流企业还可以通过合资、入股、合作、联盟等方式,共同减少跨境物流所需的软硬件设备设施,跨境电子商务平台将内部物流资源外部化,在满足自身物流服务需求的同时,还可以与专业跨境物流企业实现干线、支线对接,与仓储、运输与配送等环节有效衔接等。

(3)监管协同。在跨境电子商务活动中,虚拟网络环境容易滋生安全隐患与交易风险。对交易主体行为进行监管,能够有效防范与规避这些风险。跨境电子商务生态圈中各物种在协同运作过程中,应注重各方在监管内容、监管措施、监管口径等方面的协同。例如,跨境电子商务平台依据跨境物流企业潜在的欺骗风险,对其设置合理、适度的惩罚额度,促使跨境物流企业积极合作,降低跨境电子商务平台对跨境物流企业的监管成本与潜在损失。跨境电子商务平台还应研究跨境物流企业获取私利的大小,以此为基础选择合适的监管概率,既实现对跨境物流企业的有效监管,又有利于减少盲目监管,从而减少监管成本。

(4)标准协同。跨境电子商务活动涉及不同的行业与国家(地区),不同行业之间存在行业规范与标准的区别,不同国家(地区)之间也会存在标准规范的差异。跨境电子商务生态圈中的各物种应致力于定制与执行统一的业务操作标准、服务质量标准等,乃至细化到商品包装与标识、仓储规范等方面。标准协同有利于推动跨境电子商务生态圈中各物种的网络协同、资源协同与监管协同,还利于减少沟通障碍,降低沟通成本,提高沟通效率。此外,跨境电子商务生态圈中的各物种还应根据不同国家(地区)在商品流通及退换货、售后服务等方面的相关准则制定适用于跨境交易或国际化的规则与标准体系。

跨境电子商务为我国企业提升其在全球价值链中的地位提供了契机。从全球价值链视角看,我国跨境电子商务平台并非单一环节,也无法孤立存活于价值链中。为了推动跨境电子商务的健康发展,推动跨境电子商务生态圈中的各物种协同势在必行。考虑到跨境电子商务的一些差异化特征,尤其是跨境电子商务交易主体处于不同国家(地区),导致跨境物流环节更加复杂,这已成为制约与影响跨境电子商务平台发展的重要环节。在此背景下,跨境电子商务平台与跨境物流企业协同不单单是协同运作,更多的是融合发展。

尽管跨境电子商务平台与跨境物流企业发展较快,但是它们尚未形成相互适应、相互协作的良性发展态势,虽然这一问题在 2016 年稍有改变,但仍需彼此调适,以便实现二者真正意义上的协同运作。从全球范围到我国市场,跨境电子商务平台快速扩张,短期内跨境物流企业扩张速度落后于跨境电子商务平台,这一问题在 2014 年与 2015 年凸显。固有的国际邮政包裹、国际快递等跨境物流模式尚未适应跨境电子商务的发展,加剧了这两年跨境电子商务与跨境物流协同度低的问题。2016 年,跨境电子商务市场得到一定的整合,以速卖通、亚马逊、天猫国际、京东全球购、网易考拉、兰亭集势、敦煌网等为代表的跨境电子商务平台逐渐发力,并推广海外仓、边境仓、国际物流专线、自贸区物流等新型跨境物流应用模式,在一定程度上缓解了跨境电子商务平台与跨境物流协同缺失的问题。整体上看,推动了跨境电子商务平台与跨境物流的协同发展,实现了二者的有机结合,既促进了跨境物流行业的提升,也推动了跨境电子商务进一步腾飞。

本章要点

- 跨境电子商务生态圈衍生于电子商务生态圈,是电子商务生态圈向细分领域的扩散与演进,其又依托商业生态圈与生态圈相关理论。
- 生态圈是生物与环境之间形成的不可分割的相互关联与相互影响的整体。
- 跨境电子商务生态圈是指以与跨境电子商务相关的个体、企业、组织或机构为物种,以跨境电子商务平台为竞争、合作与沟通的媒介及渠道,通过各种形式进行资源共享与信息互通,物种间及物种与环境间进行动态的物流、商流、资金流、信息流等物流、能量及信息的流动、沟通、共享与循环,进而构成一个多要素、多层面、多角度、多层级的复杂的电子商务生态圈。
- 生态位理论、自组织理论、协同理论是跨境电子商务生态圈理论研究的基础。
- 协同强调对两个或两个以上的不同个体或不同资源进行协调,并将这些个体或资源视为一个整体环境系统。
- 从构成类型视角,跨境电子商务生态圈包括核心物种、关键物种、支持物种、寄生物种和环境。
- 跨境电子商务生态圈涉及不同的构成要素与参与主体,实现主体协同是提升跨境电子商务生态圈效率的关键所在。
- 跨境电子商务生态圈系统要素在实现协同的过程中,需要从战略协同、职能协同与业务协同层面入手,进而实现跨境电子商务生态圈的协同效应。

重要术语

生态圈(Ecosystem)
商业生态圈(Business Ecosystem)
跨境电子商务生态圈(Cross-border E-Commerce Ecosystem)
生态位(Ecological Niche)
自组织(Self-organization)
核心物种(Core Species)
关键物种(Key Species)
支持物种(Supporting Species)
寄生物种(Parasitic Species)

思考题

1. 试论述跨境电子商务生态圈的演进路径。
2. 跨境电子商务生态圈具有哪些特征?
3. 举例论述跨境电子商务生态圈的构成要素,并画出其结构图。
4. 试论述如何实现跨境电子商务生态圈的协同效应。

案例分析题

打造跨境电子商务最优生态圈

宁波保税区作为宁波市对外贸易发展的领跑者,率先发现了跨境电子商务的发展潜力,成功达到了跨境进口业务的制高点,实现了以跨境购物为主体的线上交易平台和宁波保税区、国际会展中心的进口商品交易中心的线下体验馆有机结合的引领模式,实现了跨境电子商务与特色产业的融合。在最新的非传统安全理论的引导下,宁波检验检疫局保税区办事处(以下简称"宁波局保税办")逐步完善了跨境贸易电子商务检验检疫监管的"宁波模式",其特征是"入区(境)检疫、区内监管、出区核查、后续监督"。

1. 实现从 0 到 100 亿元进口额的跨越

8月31日15时,来自宁波跨境电子商务监管系统的数据显示,检验检疫部门累计审核通过保税区的跨境电子商务进口申报单达到5 281万单,进口交易额突破100亿元大关,占全市跨境进口总额的79.3%,稳居全国试点城市前列。

作为全国首批跨境电子商务业务试点区域,宁波保税区跨境电子商务进口额从0到100亿元的跨越仅仅用了不到4年的时间。截至目前,区内已获得跨境资质的电子商务企业有522家,备案商品达19余万件,共有来自全国各地的2 471万名消费者购买了发自保税区跨境仓库的商品。

"在当前100亿规模的体量下,我们还是保持着年均20%的增长速度。"宁波保税区管委会经济发展局副局长朱建军介绍道,2017年1—8月,保税区跨境电子商务进口商品发货1 663万单,交易额28.6亿元,同比分别增长22%和18%。"为了支撑大体量下的高增长,我们在引进大企业的同时,非常重视对配套软硬件的建设。"为了解决跨境进口商品仓储难问题,在检验检疫等职能部门的支持下,保税区将原先单一的公共仓运作模式转变为"公共仓+自营仓"运作模式,满足了不同规模的电子商务企业的需求,仓储面积从最初的7 000平方米拓展到了35万平方米。与此同时,引进了菜鸟网络、嘉里大通、百世物流和海航云商等一批国内外知名的专业物流服务企业,加快构建现代化的物流仓储体系。

2. 质量安全不容低估,创建知名品牌示范区

随着跨境电子商务的快速发展,进口商品的质量安全问题不可小觑。目前,跨境电子商务进口商品已从刚开始的"遍地开花"逐步转向"优胜劣汰"的品质化进程。

"由于初期的跨境电子商务进口商品以母婴类为主,一开始我们做得确实极为谨慎",宁波局保税办主任陈伟介绍。作为跨境电子商务进口商品质量安全的主要监管部门,宁

波局保税办在试点之初实施了"入区集中申报、一次检验检疫、出区核销放行"的监管模式。"虽然一定程度上解决了快进快出问题,但显然无法满足企业对引进婴幼儿乳粉、电器和化妆品等这些因前置许可限制而备受国内消费者欢迎的商品需求。"陈伟表示,"这点从发货金额的变化上我们就可以看出"。统计数据显示,试点之初,保税区跨境电子商务发货金额从0到1亿元整整花了11个月时间。

为突破这一瓶颈,宁波局保税办通过对前期积累的海量数据进行分析处理,结合最新的非传统安全理论,逐步完善了以"入区(境)检疫、区内监管、出区核查、后续监督"四个关键监管环节为特征的跨境贸易电子商务检验检疫监管的"宁波模式"。事实证明,该模式对跨境电子商务进口业务的发展具有巨大的推动力。从2014年6月1日正式实施"宁波模式"起,一周时间发货金额就突破1 000万元,仅这一年的"双十一"一天发货金额就达到1.6亿元。该模式也成为全国其他试点城市检验检疫监管模式的样板,并获得了2015"质量之光"年度质检创新奖。

该模式不仅促进了宁波保税区跨境电子商务进口业务的快速发展,还有力地保障了质量安全。截至目前,宁波局保税办已截获因微生物超标、重金属超标等不合格的商品104批次,全部进行销毁或退运处理。查获超过保质期限和破损的商品货值高达5 000多万元人民币。这些不合格商品若流入市场,则不仅对消费者危害巨大,还将严重损害保税区跨境电子商务产业的声誉。

正是基于检验检疫部门对跨境进口商品质量安全的严格把关,国家质检总局①于今年1月22日正式批复同意保税区筹建全国首个"跨境电子商务产业知名品牌创建示范区"。在不远的将来,品牌建设势必将成为推动保税区跨境电子商务持续发展的重要力量。

3. 营造产业聚集软环境,为跨境电子商务发展保驾护航

宁波保税区电子商务规模不断扩大,集聚了亚马逊、好市多及阿里巴巴天猫国际、京东全球购、网易考拉、蜜芽、小红书等国内外电商巨头。

为了营造良好的投资软环境,宁波局保税办首先在减税、免费上下功夫。推出的无纸化报检服务,不仅加快了通检速度,也为电子商务企业节省了成本。1—8月,有1万余批次的电子商务进口商品以无纸化报检形式通关,不仅节省了人工、交通等成本,还为企业节省了超过10万张A4打印纸。在宁波局保税办的支持下,保税区管委会与检验检疫部门签署的《关于打造宁波保税区跨境电子商务商品质量监测无费区的合作协议》也于2017年7月1日正式实施,保税区由此成为我国第一个跨境电子商务商品质量监测"无费区",惠及区内5 000多家电子商务企业。

其次在"招大引强"上出实招。宁波局保税办按照保税区管委会"功能集中、服务集成、企业集群"的发展思路,对地方政府重点引进的小红书落户、网易仓建设等项目开展"一企一策"的针对性服务。安排专人对企业的备案、商品准入核准、高风险能力认定、检验检疫监管仓库改造设计等进行上门指导。

为了促进宁波的发展,检验检疫部门将继续在建立创建机制、扶持品牌建设、完善跨

---

① 2018年3月,根据国务院机构改革方案,将国家质检总局的职责整合,组建了国家市场监督管理总局;将国家质检总局的出入境检验检疫管理职责和队伍划入海关总署。

境质管机制和深化服务保障能力四个方面积极配合支持,打造更具市场竞争力的跨境电子商务生态圈和产业链,助推宁波建设成为国际贸易中心城市。

思考题:试分析宁波保税区是如何打造跨境电子商务生态圈的。

资料来源:钟炫超,陈颖然.打造跨境电子商务最优生态圈[EB/OL].(2017-09-22)[2020-03-10]. http://ww.sohu.com/a/193791874_543961.

参考文献

[1] GEREFFI G, HUMPHREY J, STURGEON T. The governance of global value chains[J]. Review of international political economy, 2005, 12(1): 78-104.

[2] HINDLE T. The third age of globalization[J]. The economist, The World in 2004: 97-98.

[3] HINDLE T. Guide to management ideas and gurus [M]. Profile Books, 2008.

[4] LUMMUS R R, VOKURKA R J. Defining supply chain management: a historical perspective and practical guidelines[J]. Industrial management & data systems, 1999, 99(1): 11-17.

[5] MOORE J F. The evolution of wal-wart: sawy expansion and leadership[J]. Harvard business review, 1993, May-June: 82-83.

[6] MOORE J F. The death of competition: leadership and strategy in the age of business ecosystems[M]. New York: Harper Paperbacks, 1996.

[7] PRIGOGINE I, LEFEVER R, GOLDBETER A, et al. Symmetry breaking instabilities in biological systems[J]. Nature, 1969, 223(5209): 913-916.

[8] STEVENS G C. Integrating the supply chain[J]. International journal of physical distribution & materials management, 1989, 19(8): 3-8.

[9] TANSLEY A G. The use and abuse of vegetational concepts and terms[J]. Ecology, 1935, 16(3): 284-307.

[10] 郭治安.协同学入门[M].成都:四川人民出版社,1988.

[11] 克里斯托弗.物流与供应链管理:第4版[M].何明珂,卢丽雪,张屹然,等译.北京:电子工业出版社,2012.

[12] 刘志坚.基于产业集群的企业生态网络研究[J].经济与管理研究,2006(1):61-64.

[13] 邱国栋,白景坤.价值生成分析:一个协同效应的理论框架[J].中国工业经济,2007(6):88-95.

[14] 芮明杰,屈路,胡金星.企业追求内部协同向外部协同转变的动因分析[J].上海管理科学,2005(3):5-7.

[15] 叶秀敏,陈禹.网商生态系统的自组织和他组织[J].系统工程学报,2005(2):148-152.

[16] 尤申.物流供应链结构在跨境电商中的选择和优化[J].江苏商论,2016(29):10-12.

[17] 张夏恒,郭海玲.跨境电商与跨境物流协同:机理与路径[J].中国流通经济,2016(11):83-92.

[18] 张夏恒.京东:构建跨境电商生态系统[J].企业管理,2016(11):102-104.

[19] 张夏恒.跨境电商类型与运作模式[J].中国流通经济,2017(1):76-83.

[20] 张夏恒.跨境电子商务生态系统研究[M].北京:经济科学出版社,2017.

第 5 章　跨境电子商务平台

第5章 跨境电子商务平台

[学习目标]
- 理解跨境电子商务平台的概念与内涵；
- 熟悉跨境电子商务平台的分类依据及对应类型；
- 了解跨境电子商务平台的主要特征；
- 掌握跨境电子商务的主要功能。

[素养目标]

跨境电子商务平台具有全球性、无纸化、时效性和匿名性这四大特性，与境内电子商务平台相比，跨境电子商务涉及的业务流程更加复杂，需要培养学生对信息的获取、加工、管理、甄别与处理能力。在分析跨境电子商务平台的几大类型及发展历程中，引导学生对未来跨境电子商务平台的模式进行畅想和构建，培养学生的科学态度和创新精神。

[引导案例]

万亿亚马逊的平台发展历程

2018年9月4日，亚马逊的股价飙升至每股2 050.27美元，使亚马逊成为世界历史上第二个市值突破万亿美元的企业，仅次于在同一年8月2日突破万亿美元的苹果公司。苹果公司从上市到破万亿美元花费了38年，而亚马逊在21年内就完成了这一切，是什么推动着亚马逊的迅速发展？

1994年，杰夫·贝佐斯敏锐地察觉到电子商务可能蕴藏的商机，便毅然辞职，创办了亚马逊并选择图书市场作为其主要业务。亚马逊最初以一种非常原始的方式销售书籍：通过邮件接收订单，从图书批发商那里购买，然后通过邮政系统将书发送给读者。互联网打破了区域和地域市场的界限，亚马逊比任何传统书店都获得了更大的需求。通过最初的运营，亚马逊发现消费者更喜欢通过网站而不是电子邮件交易。亚马逊网站于1995年7月上线，得到了消费者的充分肯定。该网站的日交易量第一周达到12 000美元，第二周达到15 000美元。

随着传统书店逐渐进入电子商务领域，亚马逊面临的压力越来越大。亚马逊开始扩大业务，销售书籍以外的商品。起初，亚马逊仍然选择自营型平台，并建立了自己的仓储和物流系统，以配合销售。然而，这种模式的问题很快浮现出来：亚马逊当时有限的财力使得消费者难以接触到足够的商品种类，这就限制了它的吸引力。那么如何打破僵局呢？答案是转变为服务型平台。亚马逊开始向企业和个体经营者开放网站，允许它们在网站上销售商品。中小型企业依靠亚马逊的口碑和渠道，让更多的消费者看到它们的产品。因此,大量商户业务集中在亚马逊平台上,亚马逊收获更多:成功地解决了商品种类单一的问题,使整个亚马逊更具吸引力,更吸引消费者,更有利于自身业务增长,一个万亿商业帝国渐渐崛起。

资料来源:陈永伟.万亿亚马逊的平台化历程[EB/OL].(2018-09-20)[2019-03-10].http://www.100ec.cn/detail--6472033.html.

从起初的邮件销售到自建网站,从单独运行的自营型平台到更加开放的服务型平台,亚马逊实现了完美的转型。全球跨境电子商务平台巨头亚马逊的发展给整个跨境电子商务行业带来了一股新鲜血液。那么跨境电子商务平台究竟是什么?本章将引导读者学习跨境电子商务平台的相关知识。

5.1 跨境电子商务平台的内涵

5.1.1 电子商务平台

电子商务平台是以互联网为基础建立的用于进行商务活动的虚拟网络空间,其保障相关商务活动能够顺利进行,是促进信息流、货物流、资金流保持有序、关联、高效流动的重要场所。电子商务平台所提供的网络基础设施、支付平台、管理平台以及安全平台使企业和商家可以共享资源,使其能够在开展商业活动的同时有效降低成本、加强顾客联系并提高交易效率,使得市场化的交易更加容易进行。

电子商务平台带来的好处主要有降低成本和提高竞争优势,但对于消费者(买方)和商家(卖方)而言,它们加入电子商务平台的原因是不同的,具体区别如表5-1所示。

表5-1 电子商务平台带来的利益

买方利益	卖方利益
交易成本更低	交易成本更低
供应商发现更方便	购买者发现更便捷
流程简单、快捷	订单处理简化,错误率降低
流程管理透明化	营销能力提高
ERP等使系统集成的实现成为可能	定价可以实现网上更新
供应链管理为集成式	精准营销成为可能
内部信息传输得到改进	市场预测能力提高
内部后台服务得到改进	客户关系管理能力提高
价格更合理	与客户的关系更近
市场透明	接触客户的途径多样化
购买者社区	更丰富的关于客户的知识
采购与外包方式更成熟	后台工作流程处理更加方便

(续表)

买方利益	卖方利益
IT 技术的效果更好	集中式物流
IT 成本与复杂性降低	外部账单处理的实现成为可能
功能、灵活性与反应速度提高	远程仓储管理的实现成为可能
生产制造能力增强	获取新的潜在利润源
	市场覆盖更加广阔
	潜在的更强的物流能力
	IT 技术的效果增强
	IT 成本与复杂性降低
	功能、灵活性与反应速度提高

5.1.2 电子商务平台交易机制

电子商务平台主要通过聚集和匹配两种不同的机制来创造价值。电子商务平台的聚集机制就是将大量交易者聚集在虚拟网络平台上，通过提供一站式的购物服务来降低交易成本。由于聚集机制下商品的价格均为预先商定的，因此聚集是一种静态机制。该机制的一个重要特点是电子商务平台中每增加一个新的购买者，受益方均为卖家，其原因在于聚集机制下，买方与卖方的位置均为固定不变的。特别地，聚集机制在以下环境中能更好地运行：当处理一张订单的成本高于按件购买时；产品是专业化的商品而非一般商品；单件产品的数量或者存储单位很大；供应商高度分散且购买者对其定价机制不熟；购买按照事先拟定的谈判合约进行；该平台能够容纳大量供应商并提供这些供应商的产品目录。

与静态的聚集机制不同，匹配机制能够把买卖双方撮合在一起，从而实现动态、实时的价格谈判。在匹配机制下，交易的参与方可以列出投标价格以及对于产品数量的需求，价格是在成交时决定的，例如拍卖就是一种特定形态的匹配机制。在匹配机制中，参与者的角色不断变化，即卖方可能成为买方，反之亦然。因此，向市场添加一些新成员可以增加市场的流动性并使买卖双方都从中受益。匹配作为一种复杂且难以形成规模的交易机制，它在以下环境中能更好地运行：产品是日常必需品或近似日常必需品，可以不经过验货就进行交易；交易价格远大于交易成本；交易者能够熟练地运用动态定价机制；企业能够通过实施采购来平衡供需的波峰和波谷；物流可以通过第三方实现，且不会泄露买者或卖者的身份信息；需求和价格不断波动。

5.1.3 跨境电子商务平台

从中国电子商务平台发展的实际情况来看，第一代电子商务平台大多是通过收取会员费来实现盈利的网站，其仅提供信息服务，允许买卖双方进行联系、报价、签订合同、下订单、生产、发货、支付等行为都与电子商务平台无关，是一种不完整的电子商务交易模式。随着电子商务市场走向成熟，新的电子商务平台实现了各种交易和服务的整合，并逐渐成为一个集信息咨询、买方顾问、网上交易、网上支付和现代物流等多种服务于一体的综合服务平台。电子商务与传统产业的紧密结合,成为企业加强资源整合、广泛开拓国内外市场的重要手段。

跨境电子商务平台从电子商务平台演化而来,是指分属于不同关境的交易主体进行信息交换、达成交易、进行支付结算的虚拟场所。跨境电子商务是基于传统国际贸易和境内电子商务的一次伟大创新,利用现代电子科技大大减少了传统国际贸易烦琐的中间环节,并且显著降低了跨境贸易的交易成本。在整个跨境电子商务的交易活动中,跨境电子商务平台作为各交易主体间沟通交流的桥梁和纽带,有着核心中枢的作用,跨境电子商务平台的建设水平、功能实现、服务质量直接影响企业、消费者及政府等交易主体参与跨境电子商务交易活动的意向,也决定了整个跨境电子商务行业的发展状况,因而了解跨境电子商务平台是了解跨境电子商务的核心内容之一。总的来说,跨境电子商务平台大致具有以下四点特性:

1. 全球性

借助现代互联网技术的发展,跨境电子商务平台使全球各地的买家和卖家能方便地进行商务活动,具有全球性特征。与传统的国际贸易相比,跨境电子商务大大摆脱了空间限制:卖方可以在跨境电子商务平台上发布产品和服务的具体信息,并将信息长期留存于平台;买方可以在跨境电子商务平台上搜索各卖方发布的信息,从而挑选出更合适的产品和服务。跨境电子商务平台将信息资源最大化地分享给了全球的卖家和买家,并降低了参与跨境贸易的门槛,使得更多的个人和企业参与到跨境贸易中来。同时,跨境电子商务平台作为买方和卖方交流磋商的媒介,扩大了贸易范围,降低了商品成本,消费者再也不用为了购买喜爱的商品而跨越关境或支付高昂的价格,只需借助跨境电子商务平台即可获得价格合理的产品。

2. 无纸化

跨境电子商务平台作为跨境电子商务活动的载体,承担了传统贸易活动中的中间环节,实现了贸易的无纸化。在传统国际贸易中,订购合同、运输条款、保险条款及货物单据等均是通过书面文件完成;而在跨境电子商务中,这些合同、条款及单据等均以电子文件形式发送。烦琐的书面文件转变为简洁的电子文件,大大提高了买卖双方的信息交流和货物买卖的效率。无纸化的贸易不仅带来了便利,也带来了潜在的风险。相较于正式的书面文件,电子单据更易被篡改,参与交易的企业或个人可能因此而遭受巨大损失。国际贸易行业现行的法律大多是针对书面文件内容而订立的,无纸化的跨境贸易发展迅猛,目前相关领域监管缺失,针对电子单据的立法问题亟待解决。

3. 时效性

跨境电子商务平台采用电子技术实现信息的传递,加快了消费者、商家及物流商等多方的沟通效率,具有时效性。在传统的跨境贸易活动中,买卖双方进行信息交流的主要方式是邮件、传真等,这些方式受到地理位置和通信技术的限制,导致信息的发送与接收存在时间差。国际贸易涉及不同支付货币的选择,而货币汇率变化迅速,时间差的存在可能导致交易一方承受巨大损失,甚至为了避免损失而拒绝履行合同。跨境电子商务平台的时效性完美解决了时间差问题,信息的发送与接收几乎同时进行,并且通过跨境电子商务平台,买卖双方可以直接交流,减少了代理商、零售商等传统跨境贸易中的诸多环节,更具时效性。值得注意的是,跨境电子商务的时效性使得交易更加迅速,但同时政府的监管征税难度也提高了。

4. 匿名性

互联网向来将使用者的个人信息隐藏得很好,基于互联网的跨境电子商务平台同样具有匿名性的特征。出于规避风险、逃避责任等原因,参与跨境电子商务交易的消费者或个人卖家常隐匿个人信息,享受跨境电子商务平台带来的便利之时却没有承担应有的义务,如个别不法商家售卖伪劣产品,利用跨境贸易追责困难而逃避法律的制裁。在纳税环节中,这个问题尤为突出,因为交易主体的身份、地理位置等信息均难以获取,税务部门无法得知真实的交易情况,更无法进行合理征税。

5.2 跨境电子商务平台的类型

跨境电子商务平台是跨境电子商务活动的枢纽,搭建从制造商到消费者的桥梁。越来越多的企业依靠跨境电子商务平台"走出去",而跨境电子商务平台种类繁多,差异巨大,明晰跨境电子商务平台的类型,是了解跨境电子商务的前提。跨境电子商务平台可以从交易主体属性、平台属性、商品属性、商品流向等维度进行分类。

5.2.1 依据交易主体属性划分

根据交易主体属性的不同,可将交易主体分为企业、个人、政府三类,但政府这一主体目前尚未参与跨境电子商务交易活动,因此跨境电子商务交易活动主要的交易主体是企业和个人。将买卖双方属性与交易主体属性结合,跨境电子商务平台可分为 B2B(Business to Business)跨境平台、B2C(Business to Customer)跨境平台、C2C(Customer to Customer)跨境平台。在 B2C 跨境平台发展的过程中,结合传统的线下门店模式,跨境电子商务平台又衍生出了 O2O(Online to Offline)跨境平台。

1. B2B 跨境平台

B2B 跨境平台是指不同国家(地区)的企业与企业依靠电子商务技术进行产品、服务和信息之间交换的商务活动平台。B2B 模式下买卖双方均为企业,具体过程主要包括信息发布、询价和订购、付款和结算、票据流转、物流配送等,但企业往往只使用平台进行广告和信息的发布,产品成交及通关等具体环节基本都选择在线下完成,电子商务应用程度很浅。与传统的跨境贸易相比,B2B 跨境电子商务只是信息的获取途径及沟通方式发生改变。

中国 B2B 跨境平台的发展历程大致分为以下三个阶段:

(1) 萌芽期(1999—2003 年)。在这一阶段,信息服务是 B2B 跨境平台的主要经营模式,即在互联网平台上进行各类信息的展示,而交易的其他环节均在线下完成。B2B 跨境平台的盈利来源主要有平台会员费及信息推广费,平台本身并不参与交易行为,属于最初级的跨境电子商务平台。萌芽期也可称为信息服务阶段,主要代表平台有慧聪网、中国制造网、阿里巴巴。

(2) 发展期(2004—2014 年)。在这一阶段,B2B 跨境平台在信息服务的基础上,添加了线上交易的功能。除了支付、物流等贸易环节,企业还可以在平台上进行客户关系的管理。此时按交易额收取一定点数的服务费是 B2B 跨境平台主要的盈利来源,相比萌芽期的平台会员费和信息推广费,按交易额收费的佣金模式对中小企业更加友好。在发展期,跨境平台的功能已基本完备,但贸易规模较小,大多是中小额订单。发展期也可称为佣金服务阶段,主要代表平台有敦煌网。

(3) 转型期(2015 年至今)。在这一阶段,B2B 跨境平台的中大额订单逐渐增加,变化的趋势为交易主体呈现规模化,各大品牌制造商、供应商与服务商开始进入跨境电子商务领域,B2B 跨境模式因其较低的信用风险而成为它们的首要选择。相应地,B2B 跨境平台也变得更加规范,并逐渐与各大企业接轨。与此同时,各大平台也开始在移动端构建自己的生态圈,B2B 跨境平台进入转型期。转型期也可称为规模服务阶段。

2. B2C 跨境平台

B2C 跨境平台是指不同国家(地区)的企业与消费者依靠电子商务技术进行产品、服务和信息之间交换的商务活动平台。B2C 模式下一般卖方是企业,买方是消费者,具体过程与 B2B 模式相似,双方在 B2C 跨境平台上进行交易活动。相对来说,B2C 模式的电子化程度更深,销售、采购及结算等活动均在平台上完成。

中国 B2C 跨境电子商务大致自 2003 年开始发展,相对于 B2B 跨境电子商务而言,其更接近真正意义上的跨境电子商务。B2C 跨境平台具有三个明显的特征:

一是偶然性消费居多。B2C 跨境平台面对的是消费者而非企业,订单呈现出数量大、金额小等特征,且多数为偶然性消费,消费者选购产品是为了满足其个性化需求,消费决策较为随意,因此商家只有持续更新产品,提高产品质量,突出差异,满足消费者的个性需求,才能吸引消费者的下次购买。

二是沟通效率高。第一,B2C 跨境平台采用立体化管理,向企业提供了一系列的交易流程,包括询价、报价、合同签订、支付、物流等,企业可以轻松地与国际买家进行沟通和联系;第二,在互联网电子技术的帮助下,B2C 跨境平台能够使 24 小时营业成为现实;第三,大多数 B2C 订单涉及的环节较为简单,B2C 跨境平台设计了"选购—下单—付款"的消费者自助流程,商家在不需要人工客服的情况下也可以获得订单。

三是行业规模优势明显。参与 B2C 模式的商家大多为中小企业,发展方式基本分为两个阶段:在前期,企业采用低价营销策略,主要目的是打开市场,在消费者中塑造良好的品牌形象,获得品牌知名度;在后期,企业不断提高产品质量、完善产品功能从而获得用户忠诚度。在 B2C 跨境平台上,相似的产品往往有许多商家参与销售,由此形成了行业规模效应,进而更易培养出某一类产品的忠实用户群体,但也会使得竞争更加激烈,企业必须谨防被淘汰。

中国的跨境电子商务主要包含 B2B 模式和 B2C 模式,下面从三个角度对这两个模式进行比较:

(1) 从交易规模角度看,B2B 模式成交规模始终占据绝对优势,但越来越多企业的进入使得 B2B 市场竞争加剧,许多企业为了增加自身的竞争优势,开始向产业链上下游延伸;B2C 模式占比呈上升趋势,B2C 跨境龙头企业正由粗放式发展向精细化发展过渡,龙头企业凭借先发优势和规模化优势具备精细化整合的时间基础和实力,同时自主品牌产品的发展有利于提升内生增长质量及盈利性。图 5-1 展示了 2013—2019 年中国跨境电子商务交易规模的 B2B 与 B2C 结构对比。

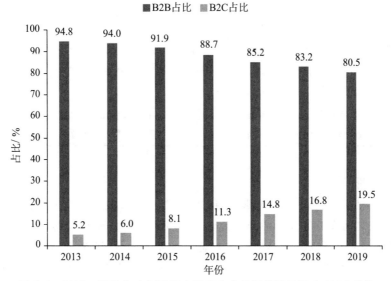

图 5-1　2013—2019 年中国跨境电子商务交易规模的 B2B 与 B2C 结构

资料来源：前瞻产业研究院. 2013—2019 年中国跨境电商 B2B 及 B2C 交易规模分布情况［EB/OL］.（2021-01-08）［2021-03-10］.https://bg.qianzhan.com/wuliu/detail/616/210108-f0534aee.html.

（2）从面向市场角度看，B2B 模式面对企业，B2C 模式面对消费者，二者具有明显的不同，具体区别如表 5-2 所示。

表 5-2　B2B 模式与 B2C 模式面向市场群体对比

特点	B2B 市场	B2C 市场
购买者属性	购买者较少；在地理区域上购买者较为集中	购买者很多；在地理区域上购买者较为分散
购买者使用产品的方式	用于企业自身生产、消耗、使用或转售	用于个人使用或消费需求
需求模式	需求缺乏弹性，需求波动大	需求富有弹性，需求波动小
购买者行为	购买量大；购买决策偏理性	购买量小；购买决策偏感性
买卖双方的关系	关系密切，有可能长期合作	关系松散，长期购买可能性较小

（3）从营销方式角度看，由于两者面对的市场差异巨大，采取的营销方式一般也明显不同，主要区别如表 5-3 所示。

表 5-3　B2B 模式与 B2C 模式营销方式对比

特点	B2B 营销	B2C 营销
市场竞争	竞争集中于产品的功能与厂商的售后服务	竞争集中于产品的差异化和产品的价格
市场调研	企业市场的关注重心在市场规模及其增长和潜在的趋势；市场调研更多采用辅助数据即二手资料	消费者市场的关注重心在消费者心理；一手资料在市场调研中被更广泛地采用

(续表)

特点	B2B 营销	B2C 营销
市场细分	根据行业与个体公司的需求来细分;人文、经营因素、采购方法、情境因素和个性特征等是企业市场主要的细分变量	根据个人或者群体的需求来细分;地理、人文、心理和行为因素是消费者市场的主要细分变量
公司和产品	在企业市场里,公司品牌比产品品牌更重要,企业客户对公司品牌更感兴趣	在消费者市场里,比公司品牌更重要的是产品品牌,消费者客户对产品品牌更感兴趣

3. C2C 跨境平台

C2C 跨境平台是指不同国家(地区)的消费者与个人卖家依靠电子商务技术进行产品、服务和信息之间交换的商务活动平台。与 B2B 跨境平台和 B2C 跨境平台相比,C2C 跨境平台在整个跨境电子商务活动中扮演着更为重要的角色,因为不同国家(地区)的消费者和个人卖家比企业更难以克服语言障碍,无法完成跨境物流、跨境支付等交易环节。

洋码头是国内最典型的 C2C 电子商务平台。它成立于 2009 年,最初定位为电子商务服务平台,通过与境外卖家合作来对接境内消费者,卖家分两种,一种是境外商家,一种是个人买手。前者属于 B2C 跨境模式,后者则属于 C2C 跨境模式,又被称为境外买手制,即提供跨境电子商务平台,吸引境外买手入驻。在平台上,消费者通过筛选信息来寻找合适的买手,代其购买某种商品。

相比企业作为卖家的 B2B 模式和 B2C 模式,C2C 模式能够提供更加个性化的商品和服务,而且商品种类更加丰富。但 C2C 模式最致命的问题在于其体量小,很难形成规模效应,因而很难影响其供应链上游,并且难以控制客户的服务体验,伪劣产品较多一向是 C2C 跨境平台受人诟病之处。

4. O2O 跨境平台

O2O 模式是从 B2C 模式衍生的一种特殊形式,是由线上和线下的交互来实现交易的电子商务模式。不同于前述的 B2B、B2C、C2C 三类电子商务模式,O2O 模式将传统实体店与现代电子商务技术更紧密地结合在一起,在近几年发展迅速。在跨境电子商务活动中,消费者面临更大的风险,如不合格的产品质量及不尽如人意的售后服务等问题,在跨境情形下进行消费维权成为一件十分困难的事情,O2O 跨境模式表现出了其蓬勃的生命力。

电子商务的发展挤压了零售实体店的生存空间,传统的经营模式已经难以适应当下的竞争,O2O 平台在这种背景下应运而生。目前,O2O 平台主要有以下四种运营模式:

一是线上下单,线下机场提货。在机场免税店,商家会摆放商品,当外国消费者看中某件商品时,即可在相关的 O2O 跨境平台订购,回国后直接在机场免税店取货,而不用购买后搭载回国。

二是繁华商区开设体验店,线下体验,线上购买。体验店充当展台,通过样品让消费者进行直接体验,消费者若看中商品,则可以在 O2O 平台上下单,而后商家从仓库发货,运送至消费者手中。

三是利用渠道广泛设立社区便利店。在社区便利店,客户可以享受到商品订购、体验、产品展示、快递自提、免费试用、预约服务等便民服务。

四是线上营销、线下体验,线上下单。先搭建线上平台进行营销,再将线上商业流导入线下,让用户进行商品的体验,若体验后用户想要购买商品,则在线上即O2O跨境平台下单,然后通过直邮或者保税仓邮寄至境外。

O2O跨境平台有其特有的优势,具体包括:

第一,实体店与跨境电子商务平台联系紧密,各取所长。实体店为消费者提供更有保障的售后服务,跨境电子商务平台让消费者能获得更全面的商品信息,强强联合,使消费者拥有更好的购物体验。

第二,O2O模式给消费者更真实的消费体验。除了线上平台的精美广告展示,线下商店真实的消费体验还可以吸引消费者做出购买决策,提高消费者的满意度。

第三,O2O模式实现多方共赢。线上支付使得商家可以获取消费者的消费信息,线下体验可以让消费者全面了解商家的信息,获得实体店的购物体验,且以低价获得想要的商品,从而实现双赢。

5.2.2　依据平台属性划分

跨境电子商务平台作为整个跨境电子商务活动的承载体,涉及商品采购、信息咨询、订单管理、物流配送及售后服务等一系列交易环节,而不同的跨境电子商务平台对各个环节的侧重点有所不同,即运营方式不同。根据跨境电子商务平台的不同运营方式,可以将跨境电子商务平台分为服务型跨境平台和自营型跨境平台。

1. 服务型跨境平台

服务型跨境平台只开发和运营第三方电子商务网站,在商家与消费者之间搭建一座沟通的桥梁,吸引商品卖家入驻平台且物流与售后等服务由卖家自己负责。在跨境电子商务交易活动中,服务型跨境平台并不直接参与商品的采购与销售,只负责提供商品交易的虚拟场所。

服务型跨境平台的主要特征如下:第一,平台只提供交易场所,并不参与商品购买、销售、物流配送等后续环节;第二,境内外各类品牌商、经销商、制造厂家及个人店铺店主等入驻服务型跨境平台,进行商品的展示、销售、物流配送等活动;第三,商家云集、商品众多,消费者可选择的范围很大。服务型跨境平台侧重于平台渠道的建设,将主要的交易环节交由商家自身负责,这产生了两大问题:一是海关、商检、跨境物流等环节的渠道不稳定,导致服务质量较低;二是商品质量差异较大,保障水平较低,不少伪劣商家利用跨境贸易追责难的特点销售劣质产品,导致平台声誉受损,消费者信任度降低。

服务型跨境平台建设的主要流程如下:

(1) 建站:跨境电子商务网站的开发与建设是基础,包括:①网站域名、名称、logo等;②网站布局与风格;③语言开发与设置。

(2) 引流:平台的生存之本是流量,服务型跨境平台主要通过两种方式引流:一是依靠传统电商巨头引流;二是通过广告、市场活动扩大知名度进行引流。

(3) 招商:平台存续与发展的关键是招商,服务型跨境平台应提高入驻商家数量,增加商品种类,同时严格把控商家资质审核,确保商品质量。

（4）管理：服务型跨境平台作为虚拟交易场所的管理者,应约束商家的不良行为,对商家和商品进行日常管理,以确保商品的正常供应以及品质,并定时开展促销活动,促进平台商品的销售。

（5）物流：商家多使用直邮方式,服务型跨境平台可与大型物流商合作,也可自建物流系统,服务平台商家,以获得更高利润。

（6）服务：服务型跨境平台不参与具体商品的备货、销售等环节,但应针对商家服务短板,补充售后与客服环节,具体包括三种方式：①提供在线信息沟通工具,扮演客服角色；②监督商家服务质量,处理消费者投诉；③承办部分退换货工作。

2. 自营型跨境平台

自营型跨境平台不仅开发和运营电子商务网站,也负责采购与销售货物、物流及售后等服务,其本身就是卖家。在跨境电子商务交易活动中,自营型跨境平台有更高的参与度,对整个活动的掌控力更强。

自营型跨境平台的主要特征如下：一是平台不仅建立交易场所,还作为商品购买主体从境内外采购商品、储备商品；二是平台自行负责交易活动的各个环节,从商品采购、展示、销售到海关、商检、物流配送及售后,与服务型跨境平台相比更加稳定；三是商品质量更有保障,平台信誉度更好,消费者信任度更高。不可避免的是,自营型跨境平台在掌控更多交易环节的同时,也面临一些问题：一是从事的交易环节众多,平台整体的经营成本很高,面临更大的风险；二是商品种类较少,难以满足部分消费者的个性化需求；三是备货压力大,常面临商品滞销的困境。

自营型跨境平台建设的主要流程如下：

（1）建站：跨境电子商务网站的开发与建设是基础,包括：①网站域名、名称、logo 等；②网站布局与风格；③语言开发与设置。

（2）引流：流量是跨境平台的生存之本,自营型跨境平台主要通过广告、市场活动扩大知名度进行引流。

（3）供应：商品供应是自营型跨境平台存续和发展的关键,平台可联系品牌商、制造商、零售商、经销商等采购商品,同时应尽力争取知名厂商供货。

（4）选品：能自行选择商品是自营型跨境平台保证商品质量的重要手段,因此选品需追求准确性、前瞻性：一是追求畅销商品,选择热销款式；二是挖掘未被开发的优质商品；三是避免商品滞销、积压。

（5）运营：自营型跨境平台负责商品运营与销售,通过社区、社交网络、品牌营销、价格补贴、搜索推荐等多种途径提升运营效果,促进商品销售。

（6）物流：自营型跨境平台一般自建或租赁保税区、自贸区仓库以及海外仓等,承担着跨境物流组织者角色。

（7）服务：自营型跨境平台拥有自己的服务团队,为消费者提供标准化服务,统一管理售前、售中、售后服务,自建采购、运营、客服、售后团队,多数提供退换货服务。

新闻摘录

跨境电子商务平台沃尔玛的兴起

沃尔玛由美国零售业的传奇人物山姆·沃尔顿先生于1962年在阿肯色州成立。经过五十多年的发展,沃尔玛已经成为世界最大的连锁零售商,多次荣登《财富》杂志世界500强榜首。沃尔玛致力于通过实体零售店、在线电子商店及移动设备移动端等不同平台向世界各地的人们提供服务。截至目前,沃尔玛已经在中国180多个城市开设了400多家商场,累计服务顾客70亿人次。

从2010年年底开始,沃尔玛的山姆会员网上商店陆续在深圳、北京、大连、上海、广州、福州、杭州等城市开通了山姆会员网购直送服务。为了方便山姆会员多渠道购物,继开通微信服务后,2014年4月山姆App移动客户端正式发布。会员网购下单更方便,还可以在移动客户端查询购物记录和常购清单,并获取最新优惠信息,非会员也可以通过移动客户端购买山姆会籍成为山姆会员。

2016年10月,沃尔玛与京东宣布在跨境电子商务、O2O等领域进行合作,携手为中国消费者提供更丰富的海内外优质商品、更便捷高效的物流服务,并在"双十一"到来之际,提出了具有历史性意义的三大举措:山姆会员商店正式入驻京东商城、沃尔玛全球购官方旗舰店入驻京东全球购、沃尔玛购物广场入驻京东到家平台。

2017年10月,沃尔玛全球购官方旗舰店已经成长为京东全球购平台上品类最齐全的店铺,沃尔玛全球购官方旗舰店2021年年底前将新增商品4万多种,店铺销量持续增长,沃尔玛已成为京东到家平台上增长速度最快的商家之一。

2018年4月,山姆会员商店与京东到家共同宣布,双方展开深度合作,在深圳上线京东到家,成为首个入驻京东到家的付费会员制商家。双方将充分发挥山姆的高品质商品和品牌效益及京东到家的高效线上运营和物流能力,满足市场对高端商品,尤其是高品质生鲜一小时送达的需求,该合作未来还将延伸至更多全国重点城市,让山姆会员得以享受更多元化的配送服务。

2018年12月,沃尔玛礼品卡全渠道升级,接入沃尔玛在京东的官方旗舰店及在京东到家平台的支付体系,从而实现一张礼品卡线上线下支付打通。顾客只要在沃尔玛购物,无论是在全国400多家沃尔玛实体门店,还是在沃尔玛特定的线上渠道,均可一卡通行。

2019年1月,沃尔玛中国正式启动Omega 8项目——一个与中国初创企业共同成长的创新平台。依托这个平台,沃尔玛中国可以与更多创新型企业合作,共同探索前沿科技在零售行业的应用,解决零售痛点并提供技术解决方案,更好地为顾客服务。

思考题:
1. 试分析沃尔玛在中国是如何一步步转型成为跨境电商平台的。
2. 沃尔玛的转型给中国零售企业的发展带来哪些启示?

资料来源:佚名.跨境电商平台沃尔玛Walmart中国简介[EB/OL].[2021-06-18].https://www.sohu.com/a/471103165_121068616.

5.2.3 依据商品属性划分

相比传统的线下实体店,跨境电子商务平台一个很大的优势是商品品类多样化。从采购、物流及营销等方面来看,不同的商品可能存在巨大差异,以经营商品的属性为划分依据是研究不同跨境电子商务平台的重要切入点。根据跨境电子商务平台经营商品的不同属性,跨境电子商务平台可分为垂直型跨境平台和综合型跨境平台。

1. 垂直型跨境平台

垂直型跨境平台是指以某种产品及其他相关产品为其主营产品,或者以某个国家(地区)的消费者为细分市场,并提供其他一系列服务模式的跨境电子商务平台。垂直型跨境平台专门为一些特定的领域或者某种特定的需求服务,提供该领域或该需求全部的深度信息与服务,如专注于母婴商品的红孩子、专营服装的凡客诚品、主打品牌特卖的唯品会等。垂直型跨境平台一般均为中小型跨境电子商务平台。

垂直型跨境平台具有以下特征:

(1) 商品采购备货价格较低。垂直型跨境平台通常根据消费者的订单信息确定采购品种,再从供货商处采购。由于垂直型跨境平台专注于某一特定领域,对该领域商品的各类信息更为了解,对产业上下游把握更加细致,为减少中间商攫取利润,提高盈利能力,垂直型跨境平台一般直接与制造商联系,获取采购低价的同时,也对产品质量有着更好的保证。保持进销差价优势,是垂直型跨境平台在与众多强大的综合型跨境平台竞争时不被淘汰的重要原因。

(2) 客户购物体验两极分化。凭借其在特定细分市场上的专注与专业性服务,垂直型跨境平台通过更加细致的产品运营和售后管理,提升了目标细分市场消费者的购买体验,能够在价格合理的基础上提供符合消费者需求特点的消费产品,获得较多消费者的信任及更强的客户黏性。但消费者若想购买其他类型的产品,则可能得到完全相反的购物体验。对于非专营领域内的产品,垂直型跨境平台投入的关注极为有限,这也导致消费者无法获得"一站式"的购物体验。各大综合型跨境平台目前都在试图强化各个细分领域,这对垂直型跨境平台将形成巨大的挑战。

(3) 生存环境差,各类成本高。从先天角度来说,一些细分市场本身就不适合垂直型跨境平台生存,如3C电子产品(即计算机类、通信类和消费类电子产品三者的统称)、家具等耐用品,用户购买频率低,平台获得新用户的投入成本较高,并且这类商品一般单价较高,消费者会更加理性地关注价格,这使得垂直型跨境平台产品细分丰富和服务质量高的优势无法体现,即垂直型跨境平台的先天生存环境较差。从营销上来说,综合型跨境平台的各类商品可形成集聚效应,购买A类商品的客户往往会在同一平台购买B类商品,而垂直型跨境平台想要获得流量,只能依靠投入更高的营销费用。从物流体系上来看,综合型跨境平台可以凭借销售规模优势建立强大的物流体系,在有效降低配送成本的同时提高配送速度,更优质的物流体系会对价格形成反作用,而与综合型跨境平台相比,垂直型跨境平台的销售规模具有天然的劣势,这进一步放大了垂直型跨境平台的劣势。

(4) 承受风险能力较差。垂直型跨境平台经营商品品类单一,一旦主营行业受到冲击,整个平台很可能遭受巨大损失。与阿里巴巴、京东等综合型跨境平台相比,垂直型跨境平台在产品和服务上没有明显的竞争优势,但在成本和物流等方面却存在明显劣势,且综合型跨境平台仍在继续追求规模效应,其产品覆盖面必将继续扩大,因此综合型跨境平台与垂直型跨境平台的主营产品必然会发生碰撞。例如当当网,当京东正式宣布扩大其经营范围进军图书行业时,当当网的形势急转而下,由盈利转为亏损,这也成为当当网经营走下坡路的关键节点。

2. 综合型跨境平台

综合型跨境平台是一个与垂直型跨境平台相对应的概念。不像垂直型跨境平台专注于某些特定的领域与相关的服务,综合型跨境平台经营的商品种类繁多,涉及多种行业,如天猫商城、京东商城、亚马逊商城等。综合型跨境平台一般是大型跨境电子商务平台。

综合型跨境平台具有抗风险能力强、规模效应大等特点,而垂直型跨境平台具有资金需求少、切入细分市场发展速度快等独有优势。从目前的状况来看,新创企业选择路径的一般思路是:在运营初期,由于资金和流量问题,企业往往难以进行综合运营,应选择自身擅长并适宜垂直型跨境平台生存的某一细分领域切入,培养忠实客户群体和平台声誉,并形成自身的运作模式及跨境物流体系;在运营后期,企业以垂直型跨境平台的形式在市场取得初步成功后,往往会逐步扩大经营范围,向综合型跨境平台发展。中国国内一个典型的例子是当当网。当当网创立于1999年,最初是专营图书的垂直型跨境平台,最终发展为面向全国经营的综合型跨境平台。在成立初期,当当网即凭借拥有多年出版业经验的李国庆和深谙企业运营之道的俞渝两位联合创始人,得到国际知名风险投资机构的青睐,得以迅速发展。目前,当当网的产品范围涵盖十个大类、三十五个小类,并不断升级物流、售后、线下服务等功能,以提升消费者的购物体验。对于现有的综合型跨境平台,其发展方向是在各个领域进行细分,以提高客户黏性。天猫、京东等大型综合电子商务平台越来越注重引进品牌商,以提升自身在各个细分市场的竞争优势。总的来说,综合型跨境平台与垂直型跨境平台并不是割裂的,垂直型跨境平台逐步综合化,以获得规模效应;而综合型跨境平台进一步垂直化,以占领细分市场,两者趋于统一。

5.2.4 依据商品流向划分

从出口和进口两方面来研究问题在国际贸易领域由来已久。跨境电子商务作为国际贸易的一种创新方式,其商品流动跨越了国家(地区)地理空间范畴,根据商品流向的不同,可分为出口跨境电子商务与进口跨境电子商务。相应地,从事两类电子商务活动的跨境平台可称为出口跨境平台与进口跨境平台。图5-2展现了2015—2019年中国跨境电子商务进出口交易结构。

从结构上看,出口跨境电子商务占比在八成左右,出口B2B行业处于稳健发展阶段,行业高增长、可持续。境内市场处于电子商务后流量红利时代,但境外B2C电子商务市场拥有巨大的增长潜力。境内跨境电子商务的政策红利持续增加,并且"一带一路"倡议助力"海外仓"建设,将有助于推动跨境电子商务行业的发展。进口跨境电子商务从整体市场格局来看,境内电子商务巨头凭借其良好的客户基础占据较大市场份额,前端流量市场

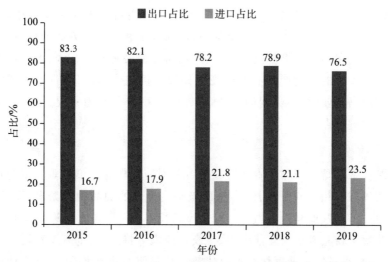

图 5-2　2015—2019 年中国跨境电子商务交易规模占比

资料来源：前瞻产业研究院. 2015—2019 年中国跨境电商进出口交易结构分布情况[EB/OL].（2021-01-06）[2021-03-10]. https://bg.qianzhan.com/wuliu/detail/616/210106-5cb0937a.html.

的竞争格局基本形成。大部分进口跨境电子商务创业公司表现出"小而美"的特点，发挥自身某一特殊优势，专注某一垂直领域，如母婴、家居、保健等。未来，跨境电子商务企业将更多地从供应链寻找突破口。

1. 出口跨境平台

顾名思义，出口跨境平台指的是从事商品出口业务的跨境平台，具体指将本国（地区）商品以电子商务平台为基础进行展示、交易、支付并通过线下的跨境物流企业实现配送，完成跨境交易活动的平台，代表性平台有 eBay、阿里速卖通、大龙网、敦煌网等。表 5-4 列示了 2012—2017 年中国出口跨境电子商务交易规模及其增长率。

表 5-4　2012—2017 年中国出口跨境电子商务交易详情

年份	交易规模/万亿元	交易规模增长率/%
2012	1.86	—
2013	2.70	45.2
2014	3.57	32.2
2015	4.50	26.1
2016	5.50	22.2
2017	7.23	31.5

未来，中国出口跨境电子商务的发展大致有以下几个趋势：

一是品类更丰富，机会更多。目前，越来越多的消费者参与跨境网上购物。"中国制造"因其较高的性价比而受到各国（地区）消费者的欢迎，中国出口的产品种类越来越丰富，商家将继续开拓新的销售市场，"中国制造"与全球消费者的联系更加紧密。

二是成熟市场拥有巨大的发展潜力,新兴市场增速快。在全球跨境电子商务迅速发展的大背景下,中国跨境电子商务在新兴市场上的发展速度很快,在成熟市场的发展潜力依然存在。例如,在美国、德国、英国等发达国家市场,跨境电子商务风险较低,流程较为完善,交易机制成熟,当前旺盛发展的态势将继续保持。新兴市场技术进步,消费者增多,将成为我国出口跨境电子商务新的重要市场。

三是多样化物流解决方案。由于交易双方地理位置通常较远,语言不同,因此对物流发展提出了很高的要求。为了提高企业自身的竞争力,"海外仓"的方式被越来越多的中小卖家采用,以实现跨境交易本地化,优化客户退换货的体验。

2. 进口跨境平台

进口跨境平台指的是从事商品进口业务的跨境平台,具体指将境外商品通过电子商务平台进行展示、交易、支付并通过线下的跨境物流企业实现配送,完成跨境交易活动的平台,代表性平台有天猫国际、京东全球购、洋码头等。表5-5显示了2012—2017年中国进口跨境电子商务交易规模及其增长率。

表5-5 2012—2017年中国进口跨境电子商务交易详情

年份	交易规模/万亿元	交易规模增长率/%
2012	0.24	—
2013	0.45	87.5
2014	0.63	40.0
2015	0.90	42.9
2016	1.20	33.3
2017	1.85	54.2

中国的进口跨境电子商务发展历程大致可分为以下三个阶段:

(1) 2007年以前,个人代购萌芽。个人代购是指消费者委托他人在境外购买其指定的商品并将其运送至境内,或者通过快递、邮政等方式运送至境内。进行代购活动的个人一般是消费者的亲朋好友或者熟人推荐之人,通常会收取一定数额的代购费。个人代购方式虽简单经济,但有其固有的缺陷:一是货源价格高,购买者只能以高于商品零售价的价格(含代购费)购得商品,成本较高;二是物流风险高,因为个人代购不履行报关手续,在通过海关时可能被海关查获;三是售后风险高,一旦商品出现问题,能否退换只能取决于代购人的态度。

(2) 2007—2010年,代购呈现体系化的趋势。一些专业经营代购的网站开始出现,如2007年由阿里巴巴推出的C2C平台——淘宝全球购,使代购市场得到了极大的发展。

(3) 2011—2013年,海淘风靡。海淘是指消费者以互联网为基础获取境外商品的相关信息,然后通过电子订单发出购物请求,由境外购物网站(如亚马逊)借助国际快递发货,或由转运公司代收货物再发回境内。与代购相比,海淘是消费者直接联系商家选购商品,价格更低,产品质量可以得到保证,但其同样有难以克服的缺陷。一是消费者需具备一定的外语能力,能够自己使用购物网站;二是物流时间较长,且消费者需要自己联系物流转运公司;三是海淘购物没有足够的保障,很难进行退换货。

(4) 2014年以来,出现了进口跨境电子商务。2012年3月,海关总署开始整顿海淘,规定境外快递企业使用EMS清关派送的包裹,不得按照进境邮递物品办理清关手续,这使得大多数转运公司无法开展业务。同年,海关总署启动了跨境贸易电子商务服务试点。可以说,进口跨境电子商务是海淘规范化后的产物。与海淘相比,进口跨境电子商务的规范性体现在:一是从事进口跨境电子商务的企业必须登记注册,与海淘的野蛮生长大不相同;二是入境商品需提前申请备案,不可即进即出;三是进口跨境电子商务平台、物流公司及第三方支付企业需分别将订单、运单和支付单信息推送给海关;四是商品的种类、数量及金额均受到相关法规的限制。在如此规范化的流程下,消费者从境外购得的商品质量更加有保障,物流时间缩短,售后服务水平提高,进口跨境电子商务发展开始步入正轨。

5.3 跨境电子商务平台的特征

5.3.1 类型丰富

跨境电子商务平台从不同角度分析存在不同的分类,由此衍生出复合维度分类,如自营型出口垂直B2C跨境电子商务平台,分别从各个角度描述了跨境电子商务平台的某些特质,但相互之间并不冲突。从多个角度进行分析能帮助我们更精确地理解不同的跨境电子商务平台。除上述四个分类维度,还有基于价值链的分类、混合分类、基于原模式的分类、基于新旧模式差异的分类、基于控制方的分类和基于互联网商务功能的分类等,跨境电子商务平台的划分维度之多、类型之丰富可见一斑。

1. 基于价值链的分类

Timmers(1998)基于迈克尔·波特(Michael Porter)提出的价值链概念,对电子商务模式创新程度的高低和功能整合能力的强弱进行综合考虑,将电子商务模式分为电子商店、电子采购、电子商城、电子拍卖、虚拟社区、协作平台、第三方市场、价值链整合商、价值链服务供应商、信息中介、信用服务等11类。图5-3描述了基于价值链的电子商务模式矩阵。

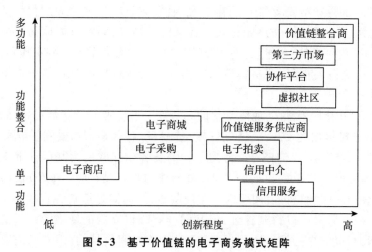

图5-3 基于价值链的电子商务模式矩阵

2. 混合分类

Rappa(2001)将电子商务模式大致分为经纪模式、广告模式、信息中介模式、销售商模式、制造商模式、会员模式、社区模式、订阅模式、效用模式九类。其中,经纪模式又可以分为买/卖配送、市场交易、商业贸易社区、购买者集合、经销商、虚拟商城、后中介商、拍卖经纪人、反向拍卖经纪商、分类广告、搜索代理等十一种;广告模式又可以分为个性化门户网站、专门化门户网站、注意力/刺激性营销、免费模式、廉价商店等五种。

3. 基于原模式的分类

Weill(2001)认为,电子商务模式从本质上来说属于原模式的一种或者是原模式的某种组合。原模式有内容提供者、直接与顾客交易、全面服务提供者、中间商、共享基础设施、价值网整合商、虚拟社区、企业/政府一体化八种。

4. 基于新旧模式差异的分类

Bambury(1998)以新模式和旧模式的差异为基础,将电子商务模式分为移植模式和禀赋模式两大类。移植模式是指在现实世界已经存在并被移植复制到网络世界的商务模式;禀赋模式则是仅存在于网络世界中的商务模式。

5. 基于控制方的分类

全球著名的管理咨询公司麦肯锡认为,存在三种新兴的电子商务模式,即卖方控制模式、买方控制模式和第三方控制模式。这是根据卖方、买方及第三方中介在电子商务活动中的主导者地位进行的分类,它的优点是反映了各方对交易的控制程度。

6. 基于互联网商务功能的分类

Deise et al.(2000)根据互联网的不同商务功用,将电子商务模式划分为基于产品销售的商务模式、基于服务销售的商务模式和基于信息交付的商务模式三类。

表5-6对以上各种电子商务模式分类方法的优缺点进行了比较。

表5-6 几种常用电子商务模式分类方法的比较

分类方式	提出者	优点	缺点
基于价值链	Timmers	按价值创造的过程来分类,为商务模式的创新提供了一般性的思路	类别过多
混合分类	Rappa	覆盖面齐全,既包括传统的商务模式,也包括网络环境下特有的商务模式	缺乏完整一致的分类体系,分类有交叉
基于原模式	Weill	提出了原模式的概念,为商务模式的创新提供了一般性的思路	原模式的划分缺乏完整一致的分类体系
基于新旧模式差异	Bambury	区分新旧经济特有的商务模式,分类体系完整一致,覆盖面全	未进一步细分
基于控制方	麦肯锡公司	按在交易中占相对主导地位的交易方来分类,分类体系完整一致,覆盖面全	未进一步细分
基于互联网商务功能	Deise等	按互联网对商家的功能来分类,分类体系基本完整一致	未进一步细分

5.3.2 业务复杂

由于交易活动地理跨度大、文化距离大及居民习惯差异大等客观因素,与境内电子商务平台相比,跨境电子商务平台涉及的业务流程更加复杂,这主要体现在商品销售、订单处理、支付结算、物流配送和售后服务等方面。

1. 商品销售

跨境电子商务平台的商品销售比境内电子商务平台的商品销售更加复杂,这主要是因为在销售商品的选择上,境内外消费者使用习惯大为不同,在境内流行的商品在境外可能遇冷,而在境内无人问津的商品在境外却可能大受追捧。因此,跨境电子商务平台在选择进行销售的商品品类时,需结合目标市场的实际情况,仔细甄别,以选择更可能带来利润的商品。此外,各国(地区)消费者的个性化需求也是跨境电子商务平台采购人员需要重点关注的内容,在保证企业执行效率的前提下,发现细分目标市场,满足目标市场的特别需求是创造新利润点的重要手段。

2. 订单处理

跨境电子商务平台在处理订单时面临比境内电子商务平台更加复杂的环境。对于自营型跨境平台来说,客服人员需要将接收的订单分类归纳,联系库存负责人员正常安排物流,及时将商品送达顾客手中;对于服务型跨境平台来说,由于其身份是交易中介,面对的卖方和买方是属于不同国家(地区)的企业和个人,因此需在不同的语言环境下处理订单,并由专门的客服人员将信息反馈给买卖双方,协助卖方联系物流配送,且将相关信息反馈给买方,保证订单的正确执行。

3. 支付结算

不同的货币环境会给跨境电子商务平台的支付结算业务带来麻烦。在传统国际贸易中,买卖双方经常面临汇率风险,有时因汇率变动导致的预期损失可能使交易中的一方宁愿声誉受损也不愿继续履行合同,这冲击了国际贸易信用体系。在跨境电子商务运营环境中,不同货币结算潜在的汇率风险由跨境电子商务平台承担。跨境电子商务平台应重视汇率风险,尽量采取各种手段规避风险、保存利润。

4. 物流配送

跨境电子商务平台与一般境内电子商务平台的不同之处之一即是物流环节。由于交易主体处于不同国家(地区),物流配送更显复杂,主要体现在:第一,跨境物流的地理距离相对于境内物流更远,且经常涉及交通运输方式的转换,整合难度较大;第二,消费者需求层次不同,有的消费者愿意出高价以更快获得心仪的商品,而有的消费者则相反,跨境电子商务平台须尽力满足多层次的物流需求;第三,不同国家(地区)的通关法律法规差异较大,跨境电子商务平台需详细了解各国(地区)的相关规定,以减少物流成本。

5. 售后服务

售后服务主要包括退换货服务。在海淘及代购时代,售后服务一直是消费者购买境外商品的最大障碍,一般的个人卖家不提供退换货服务,而企业卖家虽名义上允许退换货,但出于高昂的邮费、复杂的通关流程及语言要求等原因,消费者很难顺利退换货。对于跨境电子商务平台而言，退换货服务是"兵家必争之地"，海外仓的存在使得退换货的效率大大提高，但海外仓的选址、租赁、管理等环节使得跨境电子商务平台的业务更显复杂。

5.3.3 主体多样

跨境电子商务作为一种全新的国际商业活动模式，其基于电子商务平台的跨境交易，使企业能够直接与个体批发商、零售商建立联系，大大缩短了跨境贸易的交易链，降低了交易成本，提高了交易效率，实现了买卖双方双赢的局面。跨境电子商务相对于传统贸易的优越性，使得各类主体都愿意积极参与。跨境电子商务的交易主体主要可分为个人、企业、政府三类。

1. 个人

个人是经济活动中最活跃的参与者，个人以卖家和买家两种身份存在于跨境电子商务平台，其参与贯穿跨境电子商务发展的始终。个人作为卖家身份，最早以个人代购的形式出现在跨境电子商务的萌芽时期。在跨境电子商务兴起之前，消费者购买境外商品的主要途径是境外个人代购，这种方式因存在商品价格高、种类少、质量难以保障、物流配送时间长及售后服务缺失等内在缺陷已逐渐被淘汰。个人作为买家身份一直活跃在跨境电子商务活动中，B2C跨境电子商务贸易规模虽不及B2B跨境电子商务，但其政策福利好、行业基数小、增速快、集中度低、享受成长红利，前景可谓一片光明。个人将以买家身份持续促进B2C跨境电子商务的发展。

2. 企业

企业是各类经济活动的主要组织者，企业同样以卖家和买家两种身份存在于跨境电子商务平台。企业作为卖家，是跨境电子商务活动的主要供应者，B2B、B2C模式占据了几乎全部的跨境电子商务活动，以个人卖家为供应者的C2C模式跨境贸易额几乎可忽略不计。最初，企业大多以中间商的身份销售商品。随着跨境电子商务活动的发展，越来越多的制造商进驻跨境电子商务平台，直接供货，这也被称为M2C（Manufacturers to Consumer）。企业卖家也是跨境电子商务模式的主要创新者，比如成为跨境电子商务新趋势的O2O模式就是企业卖家创新的产物。企业作为买家，与个人买家相比，订购特点主要为批次少、数量多、金额大，合作关系稳定，这也是B2B跨境电子商务总额占据绝对优势的原因，但企业买家更专业、更注重产品价格，而对于售后等其他附加服务重视不足，因此B2B发展前景不如B2C。

3. 政府

政府以有形的手调节市场，在经济活动中一般充当调控者的角色。政府目前以监管者的身份维持跨境电子商务活动的正常运行，并可能在未来以买家身份参与跨境电子商务活动。政府作为买家，可将采购环节转移至电子商务平台，相比传统的线下采购，线上采购不仅可让更多供应商参与以获得优质产品，还使得采购价格与流程更加透明，抑制政府腐败行为的发生，增强政府公信力。除以买家身份直接参与跨境电子商务活动，政府还以监管者的身份，通过相关政策影响和调控跨境电子商务活动。值得一提的是，税收问题一直是跨境电子商务活动中的难题之一。由于网络环境的高度匿名性，如何合理有效地征收税款已成为政府税务部门面临的巨大挑战。

> **新闻摘录**
>
> ### 跨境电子商务平台将告别"免税区"
>
> 2018年6月21日,美国最高法院推翻1992年的一项让互联网成为"免税区"裁决的决定引发全球业界关注。虽然截至目前这仅意味着美国境内各州和地方政府可以开始对那些不向其客户征税的互联网零售商征收销售税,但市场人士注意到,加大对跨境电子商务平台的征税力度正成为多国共识。
>
> 资料显示,近年来,多个国家和地区先后明确了电子商务平台及境外销售者的流转税纳税义务。比如,2017年7月,澳大利亚税务局颁布了《针对低价值进口商品征收商品及服务税的通知》,进一步扩大了商品及服务税(GST)的征收范围。根据该通知,自2018年7月1日起,低价值进口商品的GST将在供应商向消费者销售或者做出再投递安排时被征收。通知还规定,12个月销售额累计超过7.5万澳元的供应商应通过澳大利亚税务局提供的GST系统完成注册,并按季度申报、缴纳税款。
>
> 欧盟在2017年12月宣布通过《关于电子商务的增值税改革方案》,具体措施包括卖家未来只需在一个欧盟国家注册,填写一份增值税申报表就可以申报卖家在所有欧盟国家需要缴纳的增值税;同时,取消现行的低价值商品(小于22欧元)进口增值税豁免的政策。
>
> 英国在2018年3月通过了《2017—2018年财政法案》,进一步明确了在英国销售货物的电子商务平台及其境外销售者的增值税纳税义务。其要求年营业额超过8.5万英镑的电子商务平台的销售者必须在英国注册并缴纳增值税。
>
> 2018年5月,新西兰提出了《完善境外供应商注册系统,对低价值进口商品征收商品及服务税》的草案。据此估计,自2019年10月1日起,新西兰将对出口新西兰的低价值最终消费品的境外供应商征收15%的GST。
>
> 普华永道指出,在这种国际贸易形势错综复杂、国际流转税环境趋严的背景下,中国跨境电子商务企业要合理评估税务风险,结合经营模式,合理筹划交易模式,并从合规性角度出发,按照各国(地区)税法,在各国(地区)完成流转税登记及纳税义务,必要时可以在当地聘请代理机构按时申报并缴纳流转税。
>
> 思考题:政府应如何做以推动跨境电子商务的发展?
>
> 资料来源:杨舒.跨境电商平台将告别"免税区"[EB/OL].(2018-06-29)[2019-03-10].http://ge.cri.cn/20180629/b7a1957c-b79c-d2dd-3301-a79779f8796c.html.

5.3.4 功能强化

传统电子商务平台主要拥有商品陈列、商品销售、订单管理、库存管理、信息处理和客户服务几大功能。由于跨境电子商务平台涉及多国(地区)交易,相较于传统的境内电子商务平台,跨境电子商务平台强化了特有功能,以适应海量的订单信息和顾客信息等。

1. 强化商品陈列

跨境电子商务平台涉及的商品众多,受众为境内外消费者,因此在网站上商品陈列得当与否显得尤为重要。境内电子商务平台上的商品陈列受到顾客群及商品种类数量的限制,往往只是由一级商品目录往下展开2~3个子系列。跨境电子商务平台由于境外客户的特殊性,必须拥有尽可能多种类的商品才能满足不同类型客户的购买需求,这就要求跨境电子商务平台在陈列商品时必须拥有更多的一级商品目录,且在一级商品目录下对商品进行更深入的细分,尽可能以同类商品不同属性的特征进行分类以满足境内外消费者的需求。此外,与境内传统电子商务平台相比,文化差异是影响甚至决定跨境电子商务成败的重大因素,跨境电子商务平台的管理者必须根据特定的文化改变商品陈列方式。

2. 强化信息处理

在跨境电子商务平台中,财务、统计报表的处理尤为复杂与重要。在海量信息中,跨境电子商务平台必须将每一笔订单信息进行归类处理,甚至利用这些信息进行客户需求分析。传统的 Excel 模式已无法适应如此大的信息库。跨境电子商务平台告别了低效率的 Excel 统计模式。以亚马逊为例,亚马逊平台采用了 SellingExpress[①] 系统,这个系统能够高效地为亚马逊进行财务、统计报表的制作与分析,并将全程运费分摊到每一个库存量单位上,使得订单的统计更加准确。

3. 强化库存管理

传统国际贸易或境内中小型电子商务平台采用的大都是人工管理,容易发生错发漏发重发、物流渠道分配乱、发货效率低、库存难易仓等问题。跨境电子商务平台涉及多国(地区)贸易,采用 ERP(Enterprise Resource Planning)智能化仓库系统,能极大减少仓库失误。此外,ERP 智能化仓库系统可以预判产品销量。卖家可以对每个订单的前期数据和增长进行详细分析,并通过产品不同的增长规律来备货,有效减少货品积压。以亚马逊为例,SellingExpress 系统为亚马逊 FBA[②] 卖家提供智能的备货采购建议。系统依据综合库存、平均销量、采购在途、预留、到货天数、备货天数等将采购建议数量自动转化成采购计划;系统审核采购计划,自动转化为采购订单;采购订单自动转为收货,入库后本地库存增加;系统自动同步 FBA 运输,通过 FBA 运输出库,自动扣减本地库存;FBA 收货后,FBA 库存增加(可对比 FBA 计划发货数量);同步 FBA 销售订单后,回到 FBA 智能补货计算功能算出建议的采购数量。以上完成了采购—本地库存—FBA 库存—销售—采购的整个周转流程。

5.4 跨境电子商务平台的功能

5.4.1 商品陈列功能

不论面对的是个人消费者、企业客户还是政府订购者,跨境电子商务平台都必须清晰直观地展示商品,以提高买家对商品的认知度及购买需求。进行商品陈列是将商品成功

---

① SellingExpress 是一套综合的电商 ERP 系统,对接了亚马逊、eBay、Aliexpress、Wish 等主流电商平台及多家物流公司接口,提供了从刊登、采购、订单、仓储、发货到客服管理的整套流程。

② FBA,即 Fulfillment by Amazon,是指卖家把在亚马逊上销售的产品直接存放于亚马逊当地市场的仓库中,客户下订单后,亚马逊系统会自动完成后续的发货。

销售出去的前提。跨境电子商务平台的商品陈列与境内电子商务平台的商品陈列大体相同,都是利用计算机处理系统不断建立子标题或次级标题,尽可能将商品进行不同种类的分割与管理。在具体的商品陈列功能中,面对个人消费者的 B2C 跨境平台和面对企业客户的 B2B 跨境平台存在一定的差别。

B2C 跨境平台销售的产品品类十分丰富,因此具体的分类工作十分重要,无论是身为商家的自营型跨境平台还是作为中介的服务型跨境平台,均按大类、小类依次分好,且常与明星合作宣传产品,另外专门的促销栏目会定期宣传打折商品,以促进平台商品的销售。B2C 跨境平台在陈列商品时更多的是展示商品的功用与效果,以吸引个人消费者订购。

B2B 跨境平台销售的产品品类相对来说较少,面对的是企业客户,企业客户比个人消费者更加专业和理性,传统的明星营销、换季促销等手段效果不佳,平台更倾向于削减开支降低商品价格以获取更多企业客户的青睐。与 B2C 跨境平台相比,B2B 跨境平台在陈列商品时更注重展示商品的具体规格,并有固定的栏目介绍公司(自营型跨境平台介绍本企业,服务型跨境平台则滚动介绍会员企业),因为企业客户更有可能长期合作,让它们更多地了解产品及供应商是下一次购买的基础。

O2O 跨境平台比较特殊,不仅同一般的跨境平台一样在网站上陈列商品,还采取传统线下门店陈列商品的方式。比如,著名的 O2O 跨境平台大龙网,在巴西、迪拜等世界多个国家(地区)创设了"外贸样品体验馆"。在体验馆中,观众不仅能看到各种类型的样品,还可以通过扫码等方式直接联系相应生产商。除了体验馆,大龙网还经常举办和参加各类线下展览会,吸引各类消费者的关注。这种线上与线下相结合的商品陈列方式具有广阔的发展前景,是目前跨境电子商务平台发展的新趋势。

5.4.2 商品销售功能

跨境电子商务平台是国际贸易方式的创新,是境内电子商务平台的延伸,其实质是传统跨境商务活动的电子化,因此商品销售是跨境电子商务平台的基础功能之一,其他的一切功能都是围绕商品销售展开的。与传统的线下商品销售相比,跨境电子商务平台的商品销售突破了时间与空间的限制,无论是白天还是黑夜,任何一个消费者在互联网覆盖到的任何一个地方,轻点鼠标就可以下订单锁定喜欢的商品。

跨境电子商务平台的商品销售手段更加丰富、多样,主要有以下方式:一是定期对商品打折,吸引客户购买。以兰亭集势为例,其网站首页有一栏专门摆放打折商品,折扣力度有九折、七折、五折等。由于跨境电子商务平台信息传递迅速,因此打折促销方式能在较短时间内吸引足够多消费者的注意。二是组织各类购物节日,如淘宝的"双十一"、京东的"6·18"以及美国许多购物网站的"黑色星期五"。在购物节中,跨境电子商务平台的商品均有较大折扣,吸引消费者订购更多商品,频频打破成交金额纪录即证明了购物节的成功。三是跨境电子商务平台与品牌商合作,推出"正品保障"服务。与质量参差不齐的实体店、海淘及个人代购相比,大型正规的跨境电子商务平台显然更加值得信赖,极大地促进了商品销售。

5.4.3 订单管理功能

订单管理是指订单管理部门及时处理客户的需求信息,对从客户下订单到客户收到货物这一过程中的所有单据处理活动进行管理,通常包括订单准备、订单传递、订单登录、按订单供货、订单处理状态跟踪等流程。改善订单管理过程,缩短订单处理周期,提高订单满足率和供货的准确性,提供订单处理全程跟踪信息,可以大大改善平台服务水平及提高客户满意度,同时可以降低库存水平和物流总成本。

跨境电子商务平台订单管理的大部分流程与一般商务活动类似,最大的不同在于订单处理状态跟踪,因为跨境电子商务活动涉及跨境支付、跨境物流,而这两个环节目前也是制约跨境电子商务平台发展的主要因素。支付是否成功与物流状态跟踪均是订单处理状态跟踪的重要内容,将决定跨境电子商务平台订单管理的成败,极大地影响客户的购买体验,因此跨境电子商务平台必须高度重视跨境支付与跨境物流问题。

5.4.4 库存管理功能

库存管理是指在保证企业生产、经营需求的前提下,将企业库存量长期保持在合理的水平上;掌握库存量动态,适时、适量发出订货请求,避免存货过多或缺货;减少库存空间的占用,降低库存总成本;控制库存资金使用并加速资金周转。与境内电子商务活动相比,跨境电子商务活动涉及复杂的跨境物流,物流周期长并且运输方式复杂,因此跨境电子商务平台从激烈的竞争环境中脱颖而出的必要条件之一就是高效的库存管理功能。

库存管理包括库存的数量、时间及地点,跨境电子商务平台的库存管理变化主要体现在库存地点的选择上。早期的跨境电子商务平台直接在本国(地区)存储商品,采用境外中转的方式,即由境外卖家将商品交付给转运公司,然后通过跨境物流将商品发送至客户所在国(地区),进行报关通关,最后由境内快递邮寄到消费者手中。但是,境外中转方式效率低,成本高。目前的跨境电子商务平台纷纷选择"海外仓"存储商品,"海外仓"一般设立在东道国(地区)保税区或自贸区,消费者在平台上下单后,由跨境电子商务平台在消费者所在国家(地区)设定的"海外仓"发货,由消费者所在国家(地区)的物流公司直接从仓库配货运至消费者手中。跨境电子商务平台的供应链管理效率因"海外仓"的设立而得到了提升,"海外仓"破解了仓储物流难题,是对传统跨境电子商务库存与物流的一次革命,让商品流通不再有渠道和国家(地区)之分。

新闻摘录

数据时代跨境电子商务勿轻视"小批发"

当前全球经济疲软,外贸市场更是迎来低利润时代,传统外贸企业如何在"遇冷"时寻找新的"市场蓝海"?传统制造型外贸企业在积极探索跨境电子商务新商机、"触电"的同时,经常苦于不知如何破解库存难题,保住原本就不多的利润空间。日前,泉州市跨境电子商务协会召开茶话会,业界知名人士与寻求升级的传统外贸企业负责人畅谈如何巧用跨境电子商务平台,把产品卖出去,把利润收进来。

"库存真的是个难题,货品积压几个月后就死了,如果产品在境外,那么连销毁都是一笔大投入。"拥有十几年外贸从业经验的杰睿箱包服装负责人卢连强正在摸索如何玩转跨境电子商务。同样受困于库存难题的还有来自索尔诺家居用品的林国彬,他们的简易布衣柜跨境电子商务事业才刚刚起步,在选品定位、线上平台开店布局及化解库存难题方面都存在不小的困惑。"库存是所有企业的共同难题。"泉州市跨境电子商务协会常务副会长、哥登尼(泉州)服饰发展有限公司总经理陈志加说。同样是传统外贸企业出身,三四年前该企业开始尝试跨境电子商务业务,如今是传统外贸与跨境电子商务"两条腿走路"。

"数据分析可有效降低库存压力,"陈志加分享说,"根据经验,想要解决库存难题需要做好以下几方面工作:首先,要进行产品投放前的数据分析,对于热销品要进行详细研究。建议在各个不同国家(地区)相关的平台上寻找排名前十的同类产品,详细了解相关消费者的评语,特别是那些不良评语,从而优化自己的产品描述及设计方向。当然,也可以通过了解沃尔玛或其他国际大卖场上的热销品,寻找最有可能热销的产品线。其次,要充分利用海外仓,将产品分拨到海外仓,从而解决跨境电子商务邮递时间长、退换货难的问题。再次,要化零为整,不要以为跨境电子商务就一定是卖给终端消费者,其实无论是传统外贸还是跨境电子商务,道理都是一样的,因此不能小瞧线上外贸小批发商的购买力。最后,也是最重要的,就是要适应小批量、多款式的跨境电子商务游戏规则,即缩短产品的运转时间,让每批货都处于排队上路的状态,减少翻单的时间差。"

微小企业的小批发能力不容忽视,正是小批发商少量多次的特点大幅提升了购买力,解决了库存积压问题,为跨境电子商务市场注入了新的增长活力。大数据时代跨境电子商务勿轻视"小批发"!

思考题:跨境电子商务企业为何需要重视"小批发"业务?

资料来源:王宇静.跨境电子商务勿轻视"小批发"[N].泉州晚报,2017-07-24(7).

5.4.5 信息处理功能

由于跨境电子商务交易涉及不同的国家(地区),信息的收集和处理变得更加复杂和烦琐。跨境电子商务平台是跨境电子商务交易主体之间沟通和交流的平台,这个平台必须从不同的交叉信息中筛选出与不同客户需求相匹配的信息。由于网络技术的不断发展以及大数据时代的来临,跨境电子商务平台会接触到更多的信息。跨境电子商务平台主要处理以下两类信息:

一类是客户终端信息,即客户的购物喜好、地理分布、年龄分布等信息。跨境电子商务平台可以通过对客户终端信息的分析,挖掘更深层次的销售潜力。通过计算机分析处理,跨境电子商务平台可以分析出每一客户的消费习惯用以预测其消费行为,为客户提供个性化的网页产品推送,以促进商品的销售。

另一类是渠道引入信息,即客户主要是通过哪个渠道进入网页并购物的信息。跨境电子商务平台会采用搜索引擎、网站联盟、邮件营销及社会化营销等营销手段拓展市场。当境外市场难以拓展时,掌握渠道引入信息可以使跨境电子商务平台明白在哪些渠道投入广告对客户更具吸引力。

5.4.6 客户服务功能

客户服务主要是指商品咨询服务、退换货服务及保修服务等。跨境电子商务与早期的海淘及个人代购相比,一个很大的不同就体现在客户服务上。早期的海淘及个人代购往往对消费者在语言上有所要求。若消费者心仪某个境外平台的某个商品,他们需要提前熟悉境外网站的语言,适应网站布局以及商品销售方式等,且在退换货服务及保修服务上根本得不到保障。因为从卖方角度来看,大多数境外网站不支持其他国家(地区)消费者的售后服务。从买方角度来看,邮寄商品回销售国(地区)需要经历漫长、复杂的国际物流体系。目前的跨境电子商务平台在客户服务质量上已大大改善。从商品咨询服务角度看,跨境电子商务平台有专门的语言人才,无论是网站沟通语言还是网站布局形式及商品销售方式,均实现了一定程度的本土化,对消费者更加友好,便于消费者进行购物决策;从退换货服务及保修服务角度看,跨境电子商务平台一般都在东道国(地区)设立了海外仓,并有专门的售后客服,效率大大提高,消费者权益也得到了更好的保障。

5.4.7 其他辅助功能

一是线上支付功能。跨境电子商务平台往往自带线上支付功能,不同于境内电子商务平台的线上支付,跨境支付还涉及复杂的结汇问题。目前中国跨境电子商务平台主要采取以下支付方法:通过网银直接支付、通过人民币国际直接结算及通过第三方支付平台实现支付,其中第三方支付方式占主导地位。网上支付完成后就是复杂的结汇问题,目前跨境电子商务出口企业主要采取的结汇方式有境内个人账户结汇、第三方结汇及地下钱庄结汇。由于我国对外汇管制较为严格,境外客户支付的货款只能通过个人储蓄账户来结汇,且单人一年的汇兑额度仅为5万美元,这在一定程度上促进了地下钱庄的发展。

二是营销推广功能。除了主要展示的商品,跨境电子商务平台页面上往往还有相应的广告栏目,有需要的企业可投入一定的广告费达到推广的目的。目前大数据分析技术越来越成熟,跨境电子商务平台往往可以根据消费者的浏览与选购记录分析消费者的购物偏好,然后将相应行业企业的广告推送给消费者。例如,一名女性消费者经常搜索服装、化妆品等,那么她的浏览页面可能会出现 Zara 公司的广告;一名男性消费者关注篮球、运动,那么他的浏览页面将会出现 Nike 相关的产品。更具针对性的营销推广增强了企业广告的效果,同时也提高了跨境电子商务平台的服务收入。

三是社交平台功能。随着各类社交平台如微信的兴起,社交零售已成为新的热点,众多电子商务平台预测到其中蕴藏的巨大潜力,开始设计自己的社交功能。比如淘宝开通了微淘板块与淘宝直播板块。在微淘板块,消费者可以看到自己关注的店铺商家发布的动态,还可以评论点赞,与商家及别的顾客互动。美食达人、购物达人、化妆达人等各类达人都可以在淘宝直播板块上进行直播,展示自己使用的商品,这与早年流行的电视购物有异曲同工之妙。而与电视购物相比,淘宝直播的商品种类更加丰富,直播门槛大大降低。相比传统的略显生硬的电子图片展示方式,淘宝直播将商品更全面地展示给消费者,这大大刺激了消费者的购物欲望。跨境电子商务平台目前对于这方面的功能开发程度较低,出口跨境平台面对多个国家(地区)的消费者,语言障碍及文化差异使得社交受阻,进口跨境平台则受限于消费者群体仍然较小。但可以预见的是,随着跨境电子商务活动的进一步发展与普及,跨境电子商务平台必定会实现社交平台功能,世界各地的商家与消费者将拥有更加紧密的联系。

本章要点

- 跨境电子商务平台按交易主体属性分为 B2B、B2C、C2C、O2O 跨境平台,按平台属性分为服务型跨境平台和自营型跨境平台,按商品属性分为垂直型跨境平台和综合型跨境平台,按商品流向分为出口型跨境平台和进口型跨境平台。
- 跨境电子商务平台的四个特征分别是类型丰富、业务复杂、主体多样、功能强化。
- 跨境电子商务平台具有商品陈列、商品销售、订单管理、库存管理、信息处理、客户服务、其他辅助功能等七个功能。

重要术语

跨境电子商务平台(Cross-border E-commerce Platform)

B2B 跨境平台(B2B Cross-border E-commerce Platform)

B2C 跨境平台(B2C Cross-border E-commerce Platform)

C2C 跨境平台(C2C Cross-border E-commerce Platform)

O2O 跨境平台(O2O Cross-border E-commerce Platform)

服务型跨境平台(Service-oriented Cross-border E-commerce Platform)

自营型跨境平台(Self-operated Cross-border E-Commerce Platform)

垂直型跨境平台(Vertical Cross-border E-commerce Platform)

综合型跨境平台(Integrated Cross-border E-commerce Platform)

出口跨境平台(Export Cross-border E-commerce Platform)

进口跨境平台(Import Cross-border E-commerce Platform)

订单管理(Order Management)

库存管理(Inventory Management)

思考题

1. 跨境电子商务平台具有哪些特点?
2. B2B 跨境平台与 B2C 跨境平台的区别与联系是什么?
3. 服务型跨境平台与自营型跨境平台的区别和联系是什么?
4. 跨境电子商务平台具有哪些功能?

案例分析题

新政之后再看速卖通:生存环境变好,如何"寻机而上"?

速卖通新政之后,全面转向 B2C,大力扶持品牌发展。对此,不少卖家"懵圈圈"了,觉得当下谈品牌太空泛,路太远,作为"卖货郎",修为和历练都远远不够。新起点的速卖通,留给"中国制造"的机会是巨大的。

小狗电器跨境负责人王彤宇表示,公司在 2014 年因缘际会通过速卖通进军俄罗斯和欧洲市场。虽然小狗电器在境内已经是家喻户晓的吸尘器品牌,但在境外一切都要从零开始。"没有任何知名度,客户也不认识你,用最笨的方法把产品做好,把服务境内客户的那种诚心实意延续到服务境外客户上来,慢慢地就获得了认可,现在客户下单都是好几台,帮亲戚朋友购买,随着口碑沉淀渐渐也有品牌的感觉了。"

王彤宇表示,中国制造的优势就是性价比高:不是够便宜,而是品质经得起考验、定价比境外本土竞争产品更有优势。据介绍,2007年,在境内电子商务腾飞之际,小狗电器从线下撤出专注线上运营,以超高性价比和优质的售后服务拿下境内市场。历史的成功总是相似的。回过头来看,转型后的速卖通,更符合中国制造"走出去"的长远利益,未来或许能带出一大批境内品牌。

应对一:从品类找生存空间,专营是特色

转型后的速卖通,专营店成为其特色,考核变严、年费投入等需要卖家更用心更专注才能出"成绩"。虽然不能像以往那样广铺货,销售暂受影响,但生存环境改变了,只要专注,即使一个小类目市场也是很大的。

王彤宇说这个时期很适合卖家专心调整内部产品结构,根据市场需求来决定砍去哪些品类,专注于哪些品类。现阶段市场越来越规范,不打价格战,就算是卖货,做好产品、提升服务也是大有机会的,出业绩为第一追求,品牌徐徐推之。

应对二:不用纠结是否"做品牌",而是寻机而上

"关于速卖通要求卖家要有'品牌',作为过来人,我是这样看的:小狗品牌也是因为有商标,慢慢地随着客户的认可,口口相传,这个品牌就形成了。初始阶段的品牌是要有的,哪怕是一个商标,指不定你就是下一个做大的。"王彤宇说道。

有人说,速卖通过去培养了一大群追求价格的买家。现在走品牌之路,用户群体能否买单?但很多人不知道的是,早就有品牌成长起来。同样是在2014年入驻速卖通,短短一年LD闪存卡在俄罗斯已经家喻户晓,至今销量已突破100万片。LD品牌负责人梅攀峰表示,当时速卖通平台内存卡以中性卡和虚假扩容卡为主,多为低价卡和假卡,LD主打品质,很快就做到了这一类目第一。本质上,速卖通规范运营也是对很多品类市场的重新整改"洗牌",这正是优秀中国制造凸显发展的最好时机。

应对三:电子商务也讲究"眼球经济",不能没有"包装"

LD品牌负责人梅攀峰表示,开始做速卖通的时候,LD销量不大、客户认知度也低,但包装、销售经营理念给人的感觉是成熟、规范,从第一印象取得境外消费者的信任,从而获得更多的关注。他认为电子商务更讲究"眼球经济",产品的包装、外形设计,店铺整体的风格,产品卖点的提炼,功能说明,等等,都是消费者能感受到的,需要往专业层面打造。

他还强调了培养和组建专业团队的重要性,LD包括设计、营销、市场调研及至速卖通大促都有专门团队在做,大促布控十分严密,因此效果也很好。

应对四:定市场、定位、定价,卖家应该思考的三大核心问题

小狗电器王彤宇最后总结,卖家要特别注意平台的规划方向、主推市场,结合主推市场去调整产品策略和服务策略,只有这样才能生存和发展,获取更多流量和机会。

梅攀峰则指出选择品类有以下参考标准:一是有发展潜力,像闪存卡市场只会随着智能手机等的普及越来越大;二是市场刚需类,影响衣食住行的商品;三是创意类或个性类产品,这是无法与大卖家相竞争的中小卖家剑走偏锋的取胜之道;四是大品类中的细分之细分。

思考题:评价速卖通的几种应对方式,并思考经营好跨境电子商务平台业务的注意要点与核心工作。

资料来源:佚名.新政之后再看速卖通:生存环境变好,如何"寻机而上"[EB/OL].(2016-04-15)[2020-03-10].https://www.cifnews.com/article/20031.

参考文献

[1] 丁雅馨.中国 B2C 电子商务跨境发展研究[D].海南大学,2017.

[2] 李雪.跨境电商 B2B 商业模式与 B2C 商业模式比较分析[D].辽宁大学,2017.

[3] 宋秀丽.跨境电商 O2O 体验店发展模式浅析[J].科技经济导刊,2017(27):270+213.

[4] 王宇静.跨境电商勿轻视"小批发"[N].泉州晚报,2017-07-24(7).

[5] 萧潇.跨境电商零售进口监管政策落地 喧嚣后看本质[N].经济参考报,2017-04-12(7).

[6] 徐凡.跨境电子商务基础[M].北京:中国铁道出版社,2017.

[7] 杨舒.跨境电商平台将告别"免税区"[N].国际商报,2018-06-29(4).

[8] 易法敏,马亚男.电子商务平台形态演进与互联网商务模式转换[J].中国流通经济,2009(10):42-45.

[9] 张夏恒.跨境电商类型与运作模式[J].中国流通经济,2017(1):76-83.

[10] 章宁,王天梅,许海曦,等.电子商务模式研究[J].中央财经大学学报,2004(2):68-70.

[11] BAKER S, BAKER K. Going up! vertical marketing on the web [J]. Journal of business strategy, 2000, 21(3):30-33.

[12] BAMBURY P. A taxonomy of internet commerce [J]. First Monday, 1998, 10(3):675-689.

[13] DEISE M V, WRIGHT A, NOWIKOW C. Executive's guide to e-business: from tactics to strategy[M]. John Wiley & Sons, 2000.

[14] RAPPA M. Business models on the web: managing the digital enterprise[J]. Social science electronic publishing, 2001.

[15] STEVEN C, DAVIS T V. Partnering on extranets for strategic advantage [J]. Journal of information systems management, 2000, 17(1):58-64.

[16] TIMMERS P. Business models for electronic markets [J]. Electronic markets, 1998, 8(2):3-8.

[17] WEILL P, VITALE M R. Place to space: migrating to ebusiness models [M]. Harvard Business School Press, 2001.

第 6 章　跨境电子商务营销

第6章 跨境电子商务营销

[学习目标]
- 理解跨境电子商务营销的内涵；
- 了解跨境电子商务营销组合战略制定的特殊性；
- 掌握产品、定价、分销、促销四个方面策略的内涵；
- 掌握产品、定价、分销、促销四个方面策略的选择与管理。

[素养目标]

跨境电子商务在营销时需要充分利用电子商务与互联网的技术便利性，结合企业自身的能力和当地跨境营销的竞争环境。在分析跨境营销产品策略时，可以引导学生针对不同目标国家和地区，选择合适的营销推广方案，培养学生具有世界眼光、与时俱进，学习世界各民族的优秀文化，尊重世界的多样性，相互学习、相互借鉴。

[引导案例]

9 940 亿美元的跨境电子商务市场，如何占得一席之地？

跨境电子商务已成为新的经济增长点。根据埃森哲的研究报告，跨境电子商务，尤其是跨境B2C，正变得更加活跃。2015—2020年跨境B2C的年均增长率达到27%，2020年跨境电子商务市场有望达到9 940亿美元。跨境电子商务市场的繁荣吸引了众多的参与者，包括品牌贸易商、外贸企业和销售商。但在激烈的竞争背后，有一个值得关注的事实：虽然消费者的购买力不断上升，购买的商品越来越多，但消费者的购买行为却越来越复杂。

深度挖掘消费者

想要在跨境电子商务中占得一席之地，重要的是要站在用户思维的角度上。品牌商、经销商要认识到——你的客户是谁？每个客户背后都隐藏着一个角色，他的性格特点是什么？如何适应现在和未来的客户类型？如何预测他们行为的变化？他们究竟期待什么？想要什么？如果没有花费时间了解客户，那么所有的营销策略都可能落空。

在消费者的新购买行为下，卖家若是能够准确找到潜在客户，并满足他们的需求，则距离成功将更近一步。雨果网海外事业中心CMO Guido Ghedin受邀出席此次Lengow Day峰会，将做"关于客户需求"的主题分享。与此同时，脸书、阿里巴巴和谷歌代表也将从电子商务领域不断演变的进程中透析消费者行为，并传授卖家如何回应世界各地买家的新购买行为。

智慧营销，如何制定正确的营销手段？

"酒香也怕巷子深"，卖家在充分了解消费者需求后，要思考如何让消费者知道他的产品，也就是所谓的推广。如今，社交媒体越来越火爆并在营销上扮演着一个关键的角色，众多企业因而纷纷投身社交营销。可以说任何企业想要有好的推广效果,也需要在各大社交媒体上宣传它们的品牌或产品。而在内容形式上,因消费者浏览喜好高度视觉化的趋势,视频正在取代绝大多数其他形式。

资料来源:汤幼玉.全球跨境电商峰会 Lengow Day 重磅来袭,带你了解客户、了解营销、了解未来[EB/OL].(2018-09-25)[2021-03-10].https://www.cifnews.com/article/38108.

跨境电子商务被热捧,跨境电子商务的作用也被放大。跨境电子商务并非一副万能药,仅依靠这一新业态还远远不够。除了跨境电子商务模式本身,企业要做好市场,还需要注重营销活动,匹配消费者需求,为消费者提供便利的、可信的、增值的商业服务。

6.1 跨境电子商务营销的内涵

6.1.1 国际营销的概念

跨越国界的贸易行为古已有之,随着人们对地理的不断探索和交通方式的更加便利,国际贸易也更加普遍。可以说,国际市场营销是伴随着国际贸易发展而来的。国际营销通常是指公司跨越国界的经营与销售活动,即投资公司在其所在的市场中为获取利益所从事的一切相关活动。美国学者菲利普·凯特奥拉(Philip Cateora)在《国际市场营销学》一书中指出:"国际市场营销是指在一国以上把企业生产的商品或提供的服务引导到消费者或用户的经营活动。"

国际营销经历了三个发展阶段:我们将20世纪60年代之前的阶段归结为出口营销阶段,在这一阶段企业单纯追求向外出售商品;70年代,企业尤其是跨国公司开始从整体上通盘运营国内市场和国外市场,这个阶段被称为跨国国际营销阶段;进入80年代后,企业开始立足全局,从全球化的角度对资金、技术、资产、人才进行比较,优化资源配置,从全球用户范围去生产完整的产品线以满足不同国家不同用户的需要,比如宝洁公司,这个阶段被称为全球营销阶段。

随着互联网和电子商务等新技术的发展,跨境电子商务成为国际贸易的一种创新模式,它极大地降低了信息收集、传递和交流的成本,改善了贸易双方的交易方式,并对物流、供应链、营销方式等各方面产生了深远影响。

6.1.2 跨境电子商务营销的概念

跨境电子商务营销目前还没有权威的定义,通常来说,是指公司为实现通过跨境电子商务方式销售产品或服务的目标,综合运用产品策略、定价策略、分销策略和促销策略而进行的一切经营与销售活动,以下简称跨境营销。

市场营销组合指的是企业在选定的目标市场上,综合考虑环境、能力、竞争状况及自身可以控制的因素,加以最佳组合和运用,以完成企业的目的与任务。跨境营销组合策略区别于传统的国际营销策略,在制定跨境营销的产品、定价、分销、促销等策略时,要充分考虑跨境电子商务的特殊性,充分利用电子商务与互联网的技术便利性,结合企业自身的能力、跨境营销的竞争环境,实现跨境营销的目标。跨境营销组合策略是跨境营销战略的基础，是企业立足于跨境电子商务竞争，利用自身可控的营销因素，应对外部动态的市场机会和威胁的强有力手段。

6.2 跨境营销的产品策略

跨境营销需要以产品为载体，营销学意义上的产品是指能提供给市场，用于满足人们某种欲望和需要的任何事物，包括实物、服务、场所、组织、思想、主意等。在电子商务出现之前，要做好国际营销，产品策略关乎营销的成败。一款产品在打入国际市场前，需要经过周密的国际市场调研，针对目标国家和地区，选择合适的产品，制定完善的产品推广方案。新产品的开发和设计则更为复杂。

不同于传统的国际营销，跨境营销借助于发达的电子商务平台和互联网营销手段，在产品选择方面可以利用数据化的手段科学地选品。对选择出来的产品可以通过跨境电子商务平台或社交媒体等互联网营销手段先进行小范围测试，一旦测试效果较为理想，就可以扩大范围进行跨境营销。另外，还可以借助跨境营销获取的市场需求、用户群等数据进行精准的新产品开发。

6.2.1 跨境营销产品策略的内涵

跨境营销的产品策略是企业跨境营销组合策略的基础，也是4P营销组合策略中最为关键、影响最大的策略。产品策略是指企业在营销组合中，为了赢得竞争优势，在产品的生产和销售过程中，针对产品本身所采取的一系列具体实施策略，包括跨境营销产品的定位、产品的品牌策略、标准化策略、差异化策略、新产品开发策略、选品策略等。

区别于传统意义上的国际营销，跨境营销首先是伴随着跨境电子商务的蓬勃发展而创新发展的一种市场营销方式。跨境电子商务的迅猛发展为跨境营销带来了营销方式上的根本变革，跨境营销能够更好地利用互联网和电子商务技术进步带来的红利，突破传统国际营销在地域、信息的传递和获取、营销手段、对消费者心智/消费决策的影响等方面的限制。相比于传统的国际营销，跨境营销的产品策略优势有以下四个方面：

1. 跨境营销极大地缩短了产品的营销周期

传统的国际营销，在产品选择前，需要进行前期的国际市场需求调查，这本身是有时间成本的；在产品选定后，要针对目标国家和地区，制定产品推广策略，包括媒体选择等，然后要对产品的商标、包装进行本土化设计；在产品推出后，还要综合评价目标国家和地区的市场反馈情况。整个过程会导致国际营销周期较长。

跨境营销借助于互联网、电子商务技术的发展，可以极大地缩短营销周期。无论是产品选择，还是产品推广、收集目标国家和地区的市场反馈等，都可以通过网络数据快速地进行数据化决策。

2. 跨境营销降低了产品的营销成本

跨境营销在目标国家和地区市场和用户数据获取上具有先天优势，获取速度快，成本低，借助于跨境电子商务平台和互联网营销媒介，可以通过低成本的内容营销策略对产品进行市场测试。

3. 跨境营销降低了企业进行国际营销的门槛

对于传统的国际营销来说,企业将一款产品推向国际市场,需要足够的资金实力和品牌实力作为依托。对于小微企业来说这是不可想象的。而跨境电子商务平台和互联网营销平台极大地降低了企业进行国际营销的门槛。在亚马逊、速卖通等平台上,一个名不见经传的、无品牌的产品突然之间成为爆款已经不再是新鲜事。

不同用户群有不同的需求,尤其是当前,用户越来越追求个性化,就拿手机壳来说,用户对品牌的关注度降低,而产品的创意和个性成为用户购买决策的首选,只要手机壳在设计上凸显个性,就会有国际用户买单,而这恰恰是小微企业的长处。

4. 跨境营销可以快速收集市场反馈,及时进行产品策略调整

相比于传统的国际营销,跨境营销使得企业可以通过网络问卷、现有数据分析、用户网络评价分析等手段,快速收集市场反馈,并根据市场反馈情况,对产品策略及时进行调整。这就给产品提供了低成本、快速市场试错的机会,这是传统国际营销所无法做到的。

6.2.2 跨境营销产品的分类

1. 跨境营销产品的内涵

产品策略围绕产品制定,对于产品,营销学大师菲利普·科特勒(Philip Kotler)提出了核心产品、有形产品和附加产品这三个产品的基本层面;美国市场营销学专家理查德·海斯(Richard Hise)进一步发展了科特勒的理论,认为除了这三个基本层面,产品还应包括期望产品和潜在产品。

核心产品是指消费者在购买产品时最看重的产品的核心功能或价值。在跨境营销中,即使同一款产品,在推向不同国家和地区时,消费者所关注的产品的核心功能也会发生变化。例如对于同一款智能手机,在跨境营销时,面向非洲等经济落后地区,消费者可能最看重手机的实用功能,性价比;而面向新加坡等经济较为发达的国家,娱乐功能可能才是消费者关注的重点,例如是否具备强大的自拍功能。

有形产品是指消费者在购买产品时能够看得到的产品的外观、形状、包装、品牌、颜色、材质等有形物。在国际营销中,产品可以通过购物商场、超市等线下门店触达消费者,消费者对于有形产品的感受更为直观。比如消费者在购买一件礼服时,不仅可以观察样式,还可以触摸布料、上身试穿,全方位地了解产品效果。受限于地域条件,跨境营销更多的是在线上完成和用户的接触,通过电子商务平台和社交媒体平台将产品传递给不同国家和地区的消费者,消费者对于有形物的感受不再那么直观,主要通过图片来体现产品的细节,甚至通过真人使用场景的图片或视频将一些有形信息传递给消费者。

附加产品是指该产品所附加的无形服务。跨境营销中,附加产品通常包括产品的运费政策(如是否免运费)、退换货政策(是否支持以及支持多长时间内无理由退换货)、产品使用培训、安装服务、产品保修政策、延长保修政策等。值得注意的是,在欧美等发达国家和地区,用户还会关注产品在保护用户隐私方面的一些政策。

期望产品是指消费者在使用产品前的期望内容,即能够引起消费者意外惊喜的内容。跨境营销中,企业通常通过在产品之外附加赠品,通过社交媒体在产品到达用户之前的一些营销活动等方式来为消费者制造惊喜。

潜在产品是指消费者在购买并使用产品后可能产生的新的需求。例如，用户在购买某品牌的智能手机后，可能会激发用户购买该手机专业版（非标配版）耳机配件的需求，或者为手机购买一个个性化手机壳的需求。

2. 跨境营销产品的定位

跨境营销产品的定位是指在跨境营销过程中，企业根据不同国家和地区消费者需求的不同，生产或选择相应的产品来满足消费者的需求，并通过各种营销手段在消费者心中确立一个具体的形象。通俗来讲，就是在跨境营销中，企业给不同国家和地区用户一个购买产品的理由。

由于跨境电子商务平台或其他跨境销售渠道的产品极大丰富，对于跨境消费者来说，具有足够的产品选择空间，因此针对不同国家和地区的消费者，对产品进行精准的定位，并将这种定位通过文字描述、图片、视频等方式传达给消费者是非常关键的。定位的核心在于与同类产品的比较，通常可采用以下几种方法：

（1）价格比较定位法，对价格敏感性用户强调价格更为便宜。

（2）产品差异比较定位法，同类产品之间强调产品的不同之处。

（3）核心功能强化定位法，对消费者强调产品的核心功能更为突出。

（4）价值传递定位法，对消费者强调能够为其带来什么样的使用价值。

（5）特征细分定位法，对产品的某一特征进行细分定位，突出其不同。

（6）竞争定位法，强调优于主要竞争对手的特点。

3. 跨境营销产品的标准化与差异化策略

产品标准化是指在跨境营销中，对不同国家和地区的用户提供相同标准的产品，即产品的性能、规格、材质等采用一致的标准。1983年，哈佛教授西奥多·李维特（Theodore Leritt）在《哈佛商业评论》上发表了一篇文章，明确提出"市场全球化"的概念，即企业要具备全球化视野，企业的资本、技术、信息等生产要素要在全球市场进行流动和配置。

产品标准化策略在快消品领域是比较常见的，比如最常见的可口可乐，在全世界使用同一个配方。在跨境营销中，产品标准化策略也是非常常见的，尤其对于中小企业来说，产品标准化能够大大降低研发成本和生产成本。产品标准化策略具有如下优点：①规模化生产，降低生产成本；②在不同国家和地区树立统一的品牌形象，有利于品牌的建立和推广；③降低产品研发成本；④降低市场营销成本。产品标准化策略的缺点也是显而易见的，就是不能针对不同国家和地区的消费者，满足他们的不同需求。

产品差异化策略是指企业在跨境营销中，对不同国家和地区的消费者，提供不同的产品，以满足这些消费者不同的需求。产品差异化策略无疑提高了企业的生产成本和营销成本，针对不同国家和地区要生产不同的产品，并采取不同的营销策略。通常在一些个性化产品的跨境营销中，产品差异化策略比较常见。比如手机壳这个品类，企业可以通过在手机壳上印制不同的图案、颜色、外观来满足不同国家和地区消费者的个性化审美需求，从而实现差异化生产。

企业在跨境营销中选择产品标准化策略还是产品差异化策略，不仅要考虑企业自身产品特性及经营状况，进行成本—收入分析，还要考虑不同国家和地区的市场差异、消费者需求特点、使用条件限制、目标市场的竞争环境等各种因素。

4. 产品的品牌策略

产品品牌是指用来识别产品的名称、术语、记号、图案或象征的特征,也包括这些特征的组合。通常包括产品的品牌名称和品牌标识。产品品牌策略的目的是将产品与竞争产品区分开,能够在消费者心里占据一席之地,从而降低发展新客户的营销成本。

构建产品品牌能达到识别、增值、装饰和促销等作用,就拿增值作用来说,典型的例子是可口可乐的品牌价值。2023 年 6 月 14 日,2023 年凯度 BrandZ 最具价值全球品牌排行榜出炉,可口可乐品牌价值为 1061.09 亿美元,排在全球第 10 位。

跨境营销企业通常采取以下产品品牌策略:

(1) 多品牌策略,即同时经营两种或两种以上互相竞争的产品品牌,典型例子如保洁公司的潘婷和飘柔洗发水。

(2) 统一品牌策略,即一个品牌囊括企业旗下所有产品,如宝马汽车,统一使用 BMW 字样及其图案的品牌标志。

(3) 家族品牌策略,即不同系列的产品分别使用不同品牌,但都带有家族品牌标记,如苹果公司的产品,手机系列使用 iPhone 品牌名称,pad 系列使用 iPad 品牌名称,但统一使用苹果的品牌图案。

(4) 品牌重建策略,这种情况多发生于消费者偏好发生根本性变化或竞争对手推出强有力的品牌,也就是市场环境发生巨大变化时,企业主动或被动地采取产品品牌重建策略。

(5) 品牌国际化策略,可以根据具体情况采取不同国家和地区使用统一品牌、使用部分改变的品牌或使用完全不同的品牌三种策略。

值得中国所有跨境营销企业关注的是,中国的跨境营销经过多年的发展,已经从卖货思维转变为品牌出海思维。在卖货思维阶段,企业的品牌意识淡薄,多次发生类似于亚马逊平台上热卖的中国产品的企业品牌、产品品牌或店铺品牌被国外同行恶意抢注的问题。随着中国产业升级战略的推进,中国的优质产品以科技、品牌驱动进行跨境营销成为趋势,比如大疆无人机成为科技、品牌驱动的跨境营销的典范。未来几年,品牌出海将成为中国企业跨境营销的红利期。

6.2.3 产品策略的选择

在跨境营销初期,企业要对境外消费者需求进行充分分析,从而正确选择产品的定位策略;对于跨境贸易商(区别于生产厂商)来说,选品策略直接决定了跨境营销的成败;在跨境营销过程中,要合理采取产品标准化策略或产品差异化策略,以将产品推向不同国家和地区;若在跨境营销过程中发现新的需求,则需采取正确的新品开发策略;贯穿整个跨境营销的,还有产品的品牌策略。

1. 新产品开发

在跨境营销中,由于面向不同国家和地区的消费者,且消费者个体差异较大,当现有产品难以满足消费者需求,或者在现有产品的市场推广过程中发现了目标市场新的需求时,企业就需要进行新产品开发。

新闻摘录

防水假发成为畅销品!

美国消费者对假发需求量较大,在亚马逊、阿里速卖通等平台上,假发都属于热销品类。美国一名黑人女孩在速卖通上购买了一款假发,她在戴着假发游泳的过程中因假发的胶水不防水导致假发脱落,于是这个女孩在速卖通上投诉了这款产品。中国厂商对此立刻做出反应,仅仅用了一周时间,就完成了产品改进,生产出全球第一款防水假发。

需求造就市场,在跨境营销中,由于面向不同国家和地区的消费者,消费者的需求也因个体差异而不同,当现有产品难以满足消费者需求时,就需要进行新产品开发,以消费者的需求为出发点,实时实事实地地改进,不断创新。

思考题:如何开发跨境电子商务平台的畅销产品?

需要注意的是,这里所说的新产品开发是指生产企业的新产品开发,在跨境营销领域,对贸易商(区别于生产厂商)来说,新产品开发实际是指选品。所谓新产品开发,在跨境营销环境中,是指生产企业改变了产品的功能或形状,使其有别于原有产品,或者生产企业对产品进行了革命性创新,生产出市场上所没有的产品。开发新产品的目的是满足消费者需求,为消费者提供新的利益或价值。

通常新产品包括以下几类:①创新性的全新产品,比如第一款数码相机就是对传统胶卷相机进行的革命性创新;②原产品的更新换代,比如华为手机的 P8、P9、P10 系列;③原产品的改进型产品,对产品进行了局部改进,但没到更新换代的程度;④竞品的仿制产品,这是企业为应对市场竞争常采取的做法,比如可口可乐和百事可乐的低糖可乐;⑤由于产品定位上的失误而重新开发的产品。

在传统国际营销中,新产品开发通常需要经历较长的开发过程和市场验证过程,从新产品的需求发现开始,经过目标市场的需求调查、新产品的创意构思、构思征集论证、形成概念产品、针对概念产品制定营销战略计划、对目标市场进行商业分析,才能进入新产品的实质开发阶段。

而在跨境营销中,由于跨境电子商务平台和社交媒体平台的便利性,以及互联网营销环境的敏捷性,很多商机稍纵即逝。一旦错过最佳推出时机,企业往往就会失去先机,在跨境电子商务平台这种充分竞争的环境下,失去先机往往就意味着失败。例如 2016 年 12 月,在谷歌搜索 Fidget Spinner,几乎没有任何结果,而到了 2017 年 4 月,短短几个月时间,这个小小的解压玩具指尖陀螺就已风靡全美。当时亚马逊的 Best Seller 几乎全是指尖陀螺,事实上,从无人问津到几乎人手一个仅仅用了一个月的时间,这就是互联网的速度。显然,传统国际营销的新产品开发模式已经无法跟上互联网速度,会使企业错失很多机会,严重到企业会被市场无情淘汰的程度。

跨境营销新产品开发流程相比传统国际营销的新产品开发流程发生了巨大的变化,跨境营销的新产品开发流程一般如下所示:

(1) 分析市场环境数据和用户需求数据。跨境电子商务平台和社交媒体平台为我们快速收集目标市场环境数据和用户需求数据提供了可能。在传统的国际营销中,仅收集数据就需要一个较长的周期。我们可以通过研究跨境电子商务平台的产品品类,同品类下的产品在目标国家和地区的销量、用户评论来挖掘用户未被满足的需求点。例如,某款女式办公套装,在用户评论区域存在大量负面评论,则通过收集分析这些评论,我们可以找到用户需求的痛点,从而有针对性地进行新产品开发。

在这个阶段,我们需要收集的市场环境和用户需求数据包括:①目标用户群的属性数据,如年龄段、收入水平(消费能力)、性别比例、职业特征等;②消费行为数据,如消费偏好、个人风格、消费周期、消费决策路径等;③地域特性,如气候、宗教、文化、禁忌、经济发展程度、人口密度等;④竞品分析,包括市场上同类产品的品牌数量、品牌影响力、同品牌的热卖产品及其卖点等;⑤行业数据,包括该产品所属行业的生命周期、市场竞争情况、市场商家数量、头部商家特征、市场饱和度、市场结构、产品类目结构、成长空间等;⑥用户需求痛点分析,用户有哪些痛点没有被满足,可以重点分析用户评论。企业在收集足够的数据后,对数据进行清洗、分析,归纳总结出核心的市场环境和用户需求数据集,从而辅助决策。

(2)进行新产品创意构思,或者对市场上已有产品进行改进型的仿制。对于目标市场上还没有、需要完全创新生产的产品,需要进行产品创意构思、创意征集,最终确定产品设计稿;对于目标市场上还没有而企业已有的产品,则需要根据市场环境数据和用户需求数据的分析结果,做出适应性新产品开发;对于目标市场上已有的产品,并且处于可考虑新加入的产品生命周期阶段,则可以采取仿制的新产品开发策略。

(3)生产出概念产品,并小范围投入市场测试市场反应。跨境营销和社交媒体营销环境提供了小范围测试新产品的极佳实践,生产者可以有针对性地向电商平台或社交媒体平台投放小范围概念产品,甚至先只投放到社交媒体的粉丝群中,收集测试用户的反馈。

(4)根据收集到的用户反馈进行概念产品的改进。根据收集到的小范围用户的反馈,对概念产品不足之处进行改进。如果用户反馈产品颜色单一,那么可以通过生产多种颜色产品(采用哪几种颜色同样可以征集用户意见)来满足用户需求。

(5)扩大测试范围,定型概念产品。在小范围测试或改进后,如果取得比较理想的用户反馈,那么可以扩大测试范围,比如在跨境电子商务平台或社交媒体平台扩大产品推广范围,收集更大样本量的用户意见,根据用户意见进行快速改进,最终定型概念产品。

(6)批量生产,进行大范围的市场推广。在概念产品定型后,企业进入量产阶段,即批量生产产品,并对产品进行大范围的市场推介和推广。

虽然上述步骤较多,但借助互联网与用户沟通的便利性和互联网反馈的敏捷性,企业可以实现新产品的快速迭代开发。医学上有个名词叫循证,也就是循环论证的意思,网络平台的存在使得对市场和用户需求的循环论证具备了技术上的可行性。

2. 选品策略

选品策略关乎跨境营销的成败,在各大跨境电子商务平台的用户交流版块上,选品永远是热门版块。打造一个爆款产品是多数卖家的梦想。那么,跨境营销中,正确的选品策略是什么呢?

(1)选品策略宏观上需要考虑的因素。对跨境营销来说,选品从宏观上首先要考虑该产品适合跨境销售,需要考虑的内容有:①市场潜力是否足够大?②利润率是否足够高?③是否需要提供现场安装等售后服务?④是否能够体现差异化,尤其是设计上的差异化?⑤国际物流的不利因素,如周期长(生鲜类需要冷链物流的)、易碎、非常重(重量大意味着运费高)?⑥是否适合目标市场的宗教和文化因素?⑦是否违反目标市场的法律法规(有没有可能存在知识产权侵权问题)?⑧是否违反平台规则(这可能导致产品被快速下架甚至店铺被封禁)?

当然以上因素并不是绝对的,比如现在工业品的跨境营销方兴未艾,有些工业品就需要现场提供安装服务,这并不意味着工业品就不能做跨境电子商务。这只是一个宏观上常规的考虑因素。

(2)选品策略需要收集的数据。跨境营销区别于传统营销的一个显著优势就是可以通过数据进行科学选品。在选品过程中,我们需要收集以下几方面数据:①产品的潜在用户数据,包括潜在用户基础数据(如用户的年龄、性别、收入水平、所在地区、职业等),以及潜在用户消费特征数据(如用户的消费偏好、消费决策路径、接触媒体等);②产品所属行业的数据,包括产品所处的生命周期阶段(处于衰退期的产品是没有前途的)、产品的销售周期(计划推向市场的时间是淡季还是旺季)、市场饱和度(该产品市场中是否已经有足够多的卖家,很难再进入);③产品竞争环境数据,包括同行业中的TOP商家数据(如销售额、销量、客单价、产品定价、产品结构等)、热销产品数据(如同行业中热销产品及其销量、主要购买用户的特征、营销方式等),以及竞争对手数据(如主要的目标竞争对手有哪些?这些竞争对手采取了哪些跨境营销策略?其优劣势有哪些?);④产品所属类目属性的数据,如类目销售总额、类目商家数量、类目成交总量、类目客单价、细分类目数量、各细分类目的销售额、销量、商家数量等,类目成长空间,类目平均推广费用;⑤产品及竞品的关键属性数据,包括外观(款式、颜色)、包装、功能、价格区间、气质定位、消费者感受、复购率、销售组合等;⑥行业TOP卖家店铺数据,包括店铺装修风格,店铺品牌,品牌知名度,社交媒体曝光度,店铺销售额、销量、热销产品,店铺文案风格,店铺定位,店铺差异化经营策略,店铺营销策略;⑦产品供应商、竞争对手供应商调查,目标供应商能力评估,包括生产能力、品质管理能力、新产品研发能力、仓储物流能力。

(3)选品策略。跨境营销选品策略的核心是对跨境电子商务平台的店铺和产品进行差异化定位,或者在社交媒体平台上通过内容营销对产品进行差异化定位,以避免同质化价格竞争。主要体现在以下方面:

第一,店铺定位差异化策略。在前述竞争对手店铺分析的基础上,对店铺进行差异化定位,突出店铺不同于竞争对手店铺的特色,在店铺装修、文案风格、品类规划上做足差异化。

第二,数据化选品策略。利用选品的数据化工具,收集上述产品信息,科学选品,打造爆款。

第三,用户痛点选品策略。通过社交媒体平台收集产品的用户痛点,分类整理用户痛点,针对用户未被满足的痛点进行选品。

第四,产品组合策略。以某一爆款产品为核心拓展相关产品,以产品组合销售的策略打造产品矩阵。

(4)选品工具。

第一,使用Google Trends(https://trends.google.com/trends/)。Google Trends是非常好

的一个选品工具,可通过输入产品关键词,查看产品在一定时段内的用户搜索数据,从而判断这款产品的市场前景。比如,搜索 DIY 工具——Chalk Paint(粉笔漆),可以看出其在美国市场近几年是上升趋势。

第二,使用产品分类或跟踪工具。Jungle Scout 是亚马逊 Listing 跟踪工具,可以在选品时帮助我们对平台上的产品进行分类、快速的定位。这款产品不仅适用于亚马逊平台,还适用于其他电子商务平台。

第三,订阅国外一些关于市场趋势的内容。例如,The Cool Hunter 提供全球性的创意产品推荐,在跨境营销中具有较高权威度;Trend Watching 提供全球范围内的消费趋势情报。

第四,查看不同的 B2B 平台或竞争对手的社交媒体账号。

6.2.4 产品策略的管理

在跨境营销产品策略的制定和实施过程中,什么时期采取什么样的产品策略,如何确保产品策略能得到较好的执行,尤其是跨境营销面临多个跨境电子商务平台或多个社交媒体平台矩阵,如何更好地管理产品策略就成为产品策略能否得到贯彻落实的关键。

在产品策略管理中,跨境营销的多平台产品管理和产品生命周期管理是其中比较容易出现问题的环节,下面重点论述在跨境营销中如何做好多平台产品管理以及产品生命周期管理。

1. 多平台产品管理

跨境电子商务平台是指为买家和卖家提供跨境电子商务交易服务的电子商务系统。我国跨境电子商务行业在近几年得到了长足的发展,进口和出口跨境电子商务都已经成型,涌现了很多优秀平台,例如进口端有自营型 B2C 模式的网易考拉、服务型 B2C 模式的天猫国际、服务型 C2C 模式的淘宝全球购等。另外,洋码头创新采用了 C2C 买手直播的形式,小红书为社区进口电商。

当然,对于卖家来说,出口跨境电子商务平台更为重要一些。目前,国际上比较受欢迎的平台包括亚马逊、阿里速卖通、Wish 和 eBay 等。出口卖家在销售时,可能会存在多平台同时经营的情况,此处仅针对这四大跨境电子商务平台讲解多平台产品管理。

(1) 多平台产品管理的范围,包括:①产品管理,如产品的选品、上新、上下架、违规处理等;②订单管理,如产品的订单信息、订单执行情况等;③物流管理,如产品发货、退换货、运费管理等;④进销存管理,如库存管理、进货管理、进销存操作等;⑤客户关系管理,如客户关系维护、投诉处理;⑥供应链管理,如供应商关系管理、渠道管理;⑦多平台管理,如多平台联动、多平台联合节日促销等。

(2) 多平台管理的作用,具体为提升单个平台管理的专业度、提升管理效率、明确分工提高团队沟通效率、提升客户满意度。

(3) 多平台管理细节,包括:第一,产品信息管理,具体内容有:多平台产品信息同步更新;不同仓库、不同批次产品的管理;不同仓库、不同渠道的产品运费政策管理;产品基础信息维护;产品多语种、多币种管理;产品的促销管理;产品价格管理,价格的实时调整与同步。

第二，订单信息管理，具体包括：不同平台订单的收集、汇总；不同平台订单处理；不同平台订单状态管理，比如遇到用户取消订单时的处理；不同平台订单处理与物流处理对接，防止漏单、错单；订单统计与结算。

第三，物流管理，具体包括：订单不同品类产品的拆分与物流配送；不同销售渠道的物流管理；不同平台不同产品的物流配送管理；不同国家（地区）的货物分拣与物流信息匹配；退换货的物流处理。

第四，进销存管理，具体包括库存管理、统计库存信息，及时补货；商品订单预测，根据预测的订单量提前备货。

第五，供应链管理，具体包括供应商管理、供应商激励、供应商拓展、供应商沟通。

第六，客户关系管理，包括客户关系维护、客户投诉处理、社交媒体负面信息处理、VIP客户关系管理。

第七，多平台联动管理，包括节日大促联动管理、多平台日常联动管理。

2. 产品生命周期管理

任何一款产品都具有生命周期属性，在合理的生命周期阶段进入市场非常重要。同时，一款在售产品也存在生命周期管理的问题。

通常所说的产品生命周期是指一款产品从投入市场到最终退出的时间周期。产品生命周期分为导入期、成长期、成熟期、衰退期四个阶段，这也是国际营销中较为常见的一种划分方式。

6.3 跨境营销的定价策略

定价策略是企业营销组合中非常关键的策略。狭义的价格是指人们为获取某种产品或服务而付出的货币数量；广义的价格则不仅包括消费者付出的货币支出，还包括其他付出，诸如时间、精力等。产品价格往往成为交易成功的关键因素，而定价策略由于其高度的灵活性与多样化，成为产品营销组合策略中的难点。企业在制定定价策略时，不仅要考虑企业的成本、利润，还要考虑消费者的接受能力，跨境营销中还要考虑不同国家和地区的消费者对价格的接受能力及货币汇率问题。

互联网和电子商务技术的发展，使得定价策略更为灵活。相比于传统的国际营销，跨境营销中的定价策略更具即时性（比如促销时价格修改需要即时完成），也更具透明度（电子商务平台上的产品价格一目了然）。由于跨境电子商务平台上产品的价格可以随时修改，因此其定价策略的灵活性也更高。

6.3.1 定价策略的内涵

定价策略是指跨境电子商务企业为实现跨境营销目标，根据对成本、需求和竞争状况的分析研究，运用价格决策方法，科学合理地确定产品价格的策略。

企业希望通过产品价格手段来实现营销目标，这种营销目标虽然最终指向盈利，但并非单一以当前盈利为目标，还隐含了企业希望通过合理定价实现产品持续营销的内容。

1. 影响定价策略的因素

在跨境营销中,影响定价策略的因素主要有以下几个方面:

(1) 成本因素,主要包括产品的生产成本、管理成本、跨境营销中间环节成本(如物流成本、分销成本等)、关税、货币汇率波动及通货膨胀造成的成本上升。成本决定了产品的最低定价。

(2) 营销推广因素,主要包括节日促销打折、参与电子商务平台活动的营销费用、付费推广、会员运营等日常促销打折及平台价格政策变动。

(3) 市场需求因素,决定了产品的最高定价。若供不应求,则可高定价;若供过于求,则宜低定价。

(4) 市场竞争因素,体现了定价的灵活性,如竞争对手调整了竞品价格、有新的竞争者加入或竞争对手退出竞争,则企业应相应调整产品价格。

(5) 跨境营销目标国家(地区)的政府调控行为,包括税收政策、关税政策、利率、所采取的反倾销措施等。

2. 通过数据分析科学定价

跨境电子商务平台和社交媒体平台等为跨境营销提供了便利、全面的营销环境,但也由于信息的立体化传递、与消费者全天候的沟通(消费者全天候可以评论)等特点,定价策略变得更加灵活,从而提高了合理制定定价策略的难度。

跨境电子商务平台和社交媒体平台的立体化传递、全天候沟通等特点虽然增加了定价的难度,但其透明、开放的平台特点也为企业快速获取公开数据提供了便利。因此,数据分析就成了企业科学定价的利器。

在跨境营销的日常管理中,企业需要动态收集跨境电子商务平台和社交媒体平台上与价格相关的数据,这些数据通常包括:

(1) 竞争对手及竞品的数据,具体包括:同行业中 TOP 商家的销售额、销量、客单价、产品定价等;竞品中的热销产品数据,如销量、定价、客单价等;竞品的定价区间;竞品的包装及包装费用预估;竞争对手营销推广活动及活动费用估算;竞争对手的组合营销策略,哪些产品参与组合销售及各自的定价;产品所属类目属性的数据,类目销售总额、商家数量、客单价;细分类目数量,各细分类目的销售额、销量、商家数量,类目平均推广费用等;电子商务平台和社交媒体平台中消费者对竞争对手产品定价的反馈。

(2) 消费者对价格相关的反馈,具体包括:电子商务平台中消费者对定价、运费的反馈;电子商务平台中消费者对促销折扣价格的反馈;社交媒体平台中消费者对定价相关的反馈;专业评论网站上消费者对定价相关的反馈。

跨境营销企业通过收集以上数据,在甄别保留可信度比较高的数据后,对数据进行分析。数据收集工作长期进行下来,就可以形成一条竞争对手价格曲线,便于监测竞争对手及竞品的价格波动,而且可以根据历史价格来预测竞争对手或市场上竞品的价格走势,从而提前调整定价策略。

更进一步地,跨境营销企业可以综合以上数据曲线和影响因素数据,推理出一个价格预测公式,这个公式还可以把每天的汇率波动等因素综合考虑进去,使得定价策略更加科学、合理和可控。

6.3.2 定价策略的选择

1. 定价策略方法

在国际营销中,影响价格的核心因素有三个,即成本、需求和竞争。在跨境营销中,除了这三个因素,还有一个重要的因素,即电子商务和社交媒体等互联网环境的营销推广因素,所以在定价方法的选择上,也往往从这四个因素出发进行灵活选择。定价策略则是定价方法在不同条件下的应用。

(1) 成本导向定价法,包括综合成本定价法、成本加成定价法及目标利润定价法三种。

综合成本定价法是指企业在产品定价时,不仅要考虑企业自身的生产成本,还要考虑消费者的使用成本和维护成本,将这些因素综合考虑后进行定价。

成本加成定价法是一种广为人知的定价方式,它是以产品的单位成本为基础、以产品预期利润为附加来制定价格。产品的单位成本综合了多项成本,在生产成本之外,还有运营成本,如销售费用、管理费用、推广费用、运输费用、税收等。单个产品的定价公式为:

$$产品定价 = 产品成本 \times (1 + 成本加成率)$$

其中,成本加成率为预期利润加成。例如,预期35%的利润,则单个产品的价格为成本×1.35。

目标利润定价法是根据企业的总成本和一定测算周期内的总销量及目标总利润推算出来的单位产品的销售价格。计算公式为:

$$单位产品的销售价格 = (总成本 + 目标总利润) / 总销量$$

(2) 需求导向定价法,是指从市场需求出发,根据市场需求进行定价的方法,包括差别定价法和倒推定价法两种。

差别定价法是指根据实际目标市场、目标用户群、产品及消费时间上的差别所引起的需求的不同而制定的价格。比如,在指尖陀螺已经风靡美国而亚洲一些地区才刚刚知道指尖陀螺为何物时,面向美国国内和美国之外的市场,就需要进行差别定价。

倒推定价法是指根据目标市场上同类产品的价格,估算产品的零售价格,然后减去电子商务平台的佣金、关税、运费等,倒推出产品的价格。

(3) 竞争导向定价法,是指参考竞争对手的价格来定价,包括随行就市定价法和竞争性定价法。

随行就市定价法是指根据产品在目标市场的一个平均价格来定价,这种定价方法能够有效避免引发恶性价格竞争。

竞争性定价法是指企业综合考虑自身实力和竞争对手实力的情况,当可以与竞争对手正面竞争时,采取的价格低于竞争对手价格从而在价格上击败竞争对手的定价策略。

(4) 营销导向定价法。由于跨境电子商务平台或社交媒体平台上节日大促、日常促销活动比比皆是,因此应制定有别于传统国际营销的营销导向定价法。具体包括节日大促定价法、活动打折定价法和产品组合营销定价法三种。

节日大促定价法是指在跨境电子商务平台主导的节日大促活动上,企业通常以远低于非大促期间的日常售价但略高于成本的价格对产品进行定价的方法。目标是短期冲销量,以及积累和提升店铺级别。节日大促定价法是一种薄利多销的策略,甚至企业参与一次大促的销量就可以完成年度销量目标。

活动打折定价法是指企业通过参与或发起电子商务平台或社交媒体平台的活动来带动产品销量,同时伴随一些打折让利促销的定价方法。

产品组合营销定价法是指以店铺内的热销产品和滞销产品进行组合销售的方式带动滞销产品的销售,从而对热销产品做出一定让利的组合定价法。

2. 新产品定价策略

新产品由于其刚投入市场,有待市场验证,因此在定价上不能简单地比照其他成熟产品的定价策略。新产品定价策略包括撇脂定价策略、渗透定价策略和温和定价策略三种。

(1) 撇脂定价策略是指把新产品的价格定得远高于成本,以求短期内攫取最大利润,尽早收回投资。

撇脂定价策略的优点是便于快速收回投资,当产品销售进入新的阶段时,能拥有足够的降价空间,同时也便于通过高价格控制市场需求。通常,对于大众型的消费品而言,市场容量足够大,即使定价较高,也仍有足够的用户买单。另一种情况是,企业有足够的技术壁垒,比如专利保护,即使价格定得很高,竞争对手也很难在短时间内介入。这两种情况都适合采用撇脂定价策略。很多数码产品(如苹果手机)比较喜欢采用撇脂定价策略,当新产品上市时会制定一个较高的价格,销售一段时间后回落至正常价格,当下一代新产品推出时价格进一步降低。

撇脂定价策略的缺点也比较明显,高价格意味着高利润,这势必会刺激和鼓励新的竞争对手加入从而加剧竞争,同时不利于企业快速占领市场、扩大市场范围。

(2) 渗透定价策略通常适用于资金实力雄厚又有足够品牌知名度的企业。企业在新产品面市时,可以通过较低的定价策略迅速打开市场,扩大市场范围,提高市场占有率,从而形成市场壁垒以阻止或延缓竞争者加入。

渗透定价策略的优点是能够快速打开和占领市场,提高市场占有率,在消费者心中提前占位。消费者选择产品是有选择成本的,一旦产品在消费者心中成功占位,就会大大提高消费者购买的概率。这种定价策略在消费者价格敏感的快消品或日用品领域较为常用。

渗透定价策略的缺点是回收成本速度慢(由于一开始就低定价,日后涨价比较困难),以及有可能在消费者心中留下质量低的印象。

(3) 温和定价策略,顾名思义就是相对中庸的一种定价方式。相比前两种激进的定价方式,温和定价策略不易引起市场的剧烈反应,更具稳定性。

实力和品牌知名度相对较低的企业在推出新产品时,为了避免刺激竞争者和出于成本考虑,通常采用温和定价策略。

3. 其他定价策略

(1) 心理定价策略。消费者在购物时会有一些相似的心理,总结消费者心理并有针对性地对产品进行定价就是心理定价策略。心理定价策略包括声望定价策略、尾数定价策略和招徕定价策略三种。

声望定价策略就是在跨境营销中,根据消费者仰慕国际名牌、行业名牌的心理,制定远高于市场同类产品的价格。这种定价策略的前提是企业品牌知名度极高,常见于奢侈品或礼品行业,如爱马仕包、派克钢笔等。

尾数定价策略就是通过对产品价格做形式上的修饰来迎合消费者对低价实惠的消费渴求,常见的是整数位加小数位及以 9 为尾数的定价方式,如 9.99 元。这种定价策略在线下超市、商场服饰的打折活动中较为常见,目前也被跨境营销卖家所采用。

招徕定价策略是指将一款产品的价格定的远低于市场价格,以此来吸引消费者,让消费者以为同类产品价格都低于市场价格的一种定价策略。实际上其他商品中的某些商品价格是高于市场价格的,以此来弥补低价商品的损失。这种定价策略线下的沃尔玛等大型超市经常采用。

(2) 折扣与折让定价策略。在跨境营销中经常使用折扣与折让定价策略,例如节日大促或活动促销等。折扣促销的方式多种多样,如现金折扣、数量折扣、季节折扣、换新折扣等。

现金折扣即卖家在原价的基础上给予一定的折扣。随着跨境促销方式的变化,在跨境平台的大促活动中,卖家在原价基础上给予折扣后往往还要参与平台的品类促销,这就存在双重或多重折扣,因此卖家在定价时要把这些因素一并考虑进去。现金折扣的表现形式除了直接打折,还有满减打折,比如满 200 减 50,以鼓励消费者多购买。

数量折扣在跨境营销中也较为常见,表现为买赠活动,如买 5 赠 1,即消费者购买 5 件商品可获赠 1 件商品。

季节折扣常见于季节性比较明显的服装上,比如夏季时对冬季穿的羽绒服打折。跨境营销中季节折扣较常见的有错季打折和换季打折两种。错季打折就是前面所说的夏季时对只有冬季才穿的服装进行打折;换季打折是指在季节变换时进行打折,比如春季时对冬季商品打折,秋季时对夏季商品打折。跨境营销需要注意不同目标市场的季节和气候变化往往是不一样的,典型的例子是非洲热带地区对冬季服装的需求量较小。

换新折扣是指商家对已经售出的商品折算成低价,消费者在购买商家新产品时以旧换新从而获得一定折扣的定价策略。

除了以上定价策略,还有地理位置定价策略、转移价格策略等。跨境营销不能不考虑的一个因素就是运费和递送时长,国际运费往往成为跨境营销成本中较大的一部分,尤其对于重量较大的商品来说。现在越来越多的企业为了降低运费和缩短送达消费者的时间,建立了海外仓。建立海外仓的商家在定价时就要考虑地理位置因素。而转移价格策略则是基于合理避税等的考量而采用的一种定价策略。

6.3.3 定价策略的管理

跨境营销中,由于跨境电子商务平台价格的透明性,同类产品之间的竞争越来越趋于短平快,这对价格变化的时效性要求越来越高。同时,跨境电子商务平台越来越多样化、越来越频繁的促销活动也要求企业的定价策略具有足够的灵活性,这就迫使企业必须有一套行之有效的定价策略管理机制。定价策略的管理通常体现在价格调整策略和跨境营销多平台价格管理两个方面。

1. 价格调整策略

传统的国际营销中,价格调整是一项系统工程,受各种因素变化的影响,比如原材料价格上涨、劳动力工资上涨导致的生产成本上涨,以及通货膨胀或供需关系发生变化。企业对于价格调整是很谨慎的,因为这会带来市场和消费者的一系列变化,错误的价格调整策略甚至会给企业带来毁灭性打击。

跨境电子商务平台使得产品价格透明化,竞争对手竞品的价格也一目了然。跨境电子商务平台经常会进行全平台的促销活动,因此价格调整策略就成为跨境营销中非常常见的一种定价策略。

(1) 价格调整策略的影响因素。跨境营销与传统国际营销既有相似之处又存在差异。

第一,企业生产成本发生变化。企业所处的宏观经济环境变化导致企业的生产成本发生变化,例如原材料涨价、劳动力工资上涨、通货膨胀等因素都会导致企业生产成本上涨。在这种情况下,企业为了维持利润或维持经营被迫涨价。在跨境营销环境中,由于不同国家和地区的卖家在同一电子商务平台上销售同种产品,不同国家和地区的宏观经济情况是不一样的,企业所在国家和地区的劳动力工资上涨并不意味着其他竞争者所在国家和地区的劳动力工资也上涨,因此,涨价往往意味着处于竞争劣势。

第二,产品的供求关系发生变化。传统国际营销中,当某种产品供不应求时涨价往往是最佳选择,但跨境营销中,由于跨境电子商务平台使得价格透明化,即使产品供不应求,企业也要先看竞争对手是否采取了涨价策略。不过,由于跨境营销价格策略的灵活性,即使企业错误地选择了涨价策略,也可以快速地修正。

跨境营销中更多时候是产品供过于求,由于同一种产品存在多个竞争者,因此即便产品供过于求,也并不意味着需要降价销售。这与传统国际营销有着明显区别。但是当整个市场的产品明显供应过剩时,降价就成为一种趋势。

第三,促销因素。跨境营销中,促销是极为常见的营销手段,无论是跨境电子商务平台全平台性质的大促,还是平台上卖家自己发起的促销活动,都会伴随着价格的调整,通常是让利促销。价格调整方式多种多样,比如满减、买赠等,本质上都是出让一定的利润来拉升销量。

在促销过程中,价格调整极为灵活,这需要企业提前制定好促销活动的价格调整规则,以免价格调整过于随意而导致亏损发生。企业可以根据活动形式制定价格调整规则,比如平台大促活动制定一种规则,周期性促销(比如周末促销)活动采取另一种规则,活动类促销则需要制定更为灵活的规则。

(2) 价格调整策略的管理。跨境电子商务平台价格的透明化使我们自动监测竞品价格成为可能,通过人工或爬虫自动抓取的方式,将竞品价格用直观的价格曲线呈现出来,就可以做到根据竞争对手的价格策略动态调整自身产品的价格。

企业需要将价格调整策略的管理纳入企业的日常管理中,设置专人甚至专岗进行专业化的价格管理,制定不同场景下的价格调整规则和计算公式,同时参考监测到的竞品的价格变化进行科学而又不失灵活的价格调整。

2. 跨境营销多平台价格管理

多平台销售策略在卖家跨境营销中较为常见,不同平台有不同的佣金结算制度,也有不同的平台促销活动,这都增加了价格管理的复杂度。

当卖家在多个平台销售商品时,不同平台的佣金结算制度不同,导致卖家不能采用统一的定价策略。显然,卖家针对不同平台制定不同的定价策略,以及制定不同的价格调整策略是非常有必要的。由于跨境电子商务平台价格的透明化,监测竞品价格变动也是日常管理的一部分,根据竞品价格波动进行价格调整是非常必要的。因此,多平台销售商品的价格管理通常需要制定以下价格管理规则或制度:①各个平台的定价规则/制度;②各个平台竞品日常监测制度;③各个平台根据竞品价格调整自身价格的规则/制度;④各个平台参与大促定价的指导规则/制度;⑤各个平台的店铺活动定价规则/制度。

6.4 跨境营销的分销策略

在分销渠道中,可以将生产商看作起点、用户看作终点,处于两者之间的是中间商和代理中间商,跨境营销也不例外。近年来,随着全球贸易的发展和互联网的普及,各种互联网销售网站成为跨境分销渠道架构中不可缺少的一环,如我们熟知的阿里巴巴、亚马逊等跨境电子商务平台。

与线下分销策略中常见的长渠道不同,以互联网为依托的分销策略被认为能够极大限度地降低分销渠道的长度,甚至是支持企业建立直接分销渠道,将商品直接销售给消费者。另外,互联网分销不需要开设实体门店,能在很大程度上降低销售成本,这使得跨境电子商务平台成为跨境分销中的宠儿。

6.4.1 分销策略的内涵

在西方经济学中,分销是建立销售渠道的意思,根据著名的营销大师科特勒的定义,分销渠道(Distribution Channel)又称营销渠道(Marketing Channel),是指在某种商品(Commodity)或服务(Service)从生产者(Producer)向消费者(Consumer)转移的过程中,取得这种商品、服务的所有权并帮助将该所有权转移至消费者的所有企业和个人。

跨境分销渠道是指通过交易将产品或服务从一个国家(地区)的制造商转移到目标地消费者手中所经过的途径及与此有关的一系列机构和个人。国际分销渠道通常包括生产商、境内中间商、境外中间商、经销商、代理商、批发商和零售商等类型。

境内中间商与企业同处在一个国家和地区,包括出口(经销)商和出口代理商。境外中间商与产品消费者处于同一个国家和地区,包括进口(经销)商和进口代理商。经销商是在指定区域内销售产品的中间商,特点是拥有产品的所有权。代理商和经销商的区别在于,代理商没有商品的所有权,仅是受生产者委托,从事商品交易业务。批发商顾名思义就是批量进出货物的中间商,通常不会和最终用户直接产生联系。零售商则是将产品出售给最终消费者的销售单位。

6.4.2 分销策略的选择

跨境分销渠道通常按照间接程度、长度和宽度进行分类。跨境分销渠道按照间接程度划分为直接渠道和间接渠道,在分销过程中是否存在中间商是划分两者的依据。跨境直接分销是指产品在从生产者流向境外最终消费者或用户的过程中,不经过任何中间商,直达境外消费者或用户的一种分销形式;跨境间接分销是指产品经由境外中间商销售给境外市场最终用户或消费者的一种分销形式。

境外分销渠道按长度划分为一级渠道、二级渠道、三级渠道等,划分依据是产品或服务从生产者到最终消费者所经过的渠道层级。

境外分销渠道的宽度是指产品或服务从生产者到最终消费者所经过的渠道在某一层次上的中间商数量,当处于同一层次的中间商越多时,渠道就越宽。

1. 分销渠道的选择

任何分销渠道的建立和维护都需要时间和成本,所以在制定分销策略、选择分销渠道前应当对产品进行分析,例如产品的价格、体积、重量等基本因素,以及产品是否易损、易腐,是否定制化,等等,同时还要考虑市场对同类产品的接受程度、潜在顾客的数量和购买习惯等。

分销渠道的选择是企业销售策略中非常重要的一部分,企业要决定分销渠道的间接程度、长度和宽度,以适应目标销售市场的需求。选择正确的分销渠道能帮助企业更好、更快、更高效地将产品传递到用户手中。

(1)间接程度。直接渠道和间接渠道通常是根据生产商的实力和产品的特性来进行选择。特别是在跨境销售中,需要考虑文化差异、地理位置差异带来的种种变数,更要慎重决策。一般来说,大型设备、专有工具、专有技术、虚拟产品及部分生鲜商品等,更适宜建立直接渠道。

(2)长度选择。在线上销售占比越来越多的今天,很多企业提倡减少中间商环节,毕竟渠道越短、层次越少,越有利于压缩成本,为产品赢得更多利润空间或价格优势。但要注意的是,销售渠道也不是越短越好,中间商的存在显然不是毫无意义,适当的增加中间商环节有可能提升产品的宣传力度、加强本地化服务并让生产企业集中精力专注于生产。

综合来说,生产企业应全面考虑各项因素,诸如产品特点、外贸条件、目标市场容量、中间商业务能力、生产企业本身状况、用户消费习惯等,再决定分销渠道长度。通常情况下,当生产企业在市场上处于强势地位或能力出众(例如在营销、宣传等方面实力出众,具备良好的物流、仓储能力)时,在符合利益的前提下,企业可以相应减少分销渠道的层级。

(3)宽度选择。制造商在同一层次选择较多的同类型中间商(如批发商或零售商)分销其产品的策略,称为宽渠道策略;反之,则称为窄渠道策略。常见的宽度选择策略包括广泛分销策略、选择分销策略和独家分销策略。

广泛分销策略是指在同一渠道层次使用尽可能多的中间商分销其产品,企业对每一中间商所负责的地区范围不做明确规定,对其资格条件也不做严格要求。广泛分销策略能最大限度地让产品尽可能接触到用户,常用于一些高标准化、消费频率高的商品。广泛分销策略的缺点是难以控制分销渠道,可能出现渠道之间的价格竞争。

选择分销策略是指企业在一定时期、特定的市场区域内精选少数中间商来分销其产品。毫无疑问,选择分销策略会减少企业和用户之间的接触机会,但企业对渠道的控制能力提升,适用于专业化产品或用户相对固定的产品。在跨境分销中,选择分销策略也通常和广泛分销策略配合使用,新产品拓展市场时采用广泛分销策略,尽可能让用户了解和接受产品,在产品销售趋于稳定后采用选择分销策略,有目的地减少一些低质量中间商,以方便维护和管理分销渠道。

独家分销策略是指企业在某一时期、特定的市场区域内,只选择一家中间商来分销其产品。采用这种分销策略能加强企业和中间商之间的联系,为产品品牌的构建提供保障,并能加强用户服务。缺点是用户接触产品的机会少,不利于新产品推广。希望构建良好品牌形象的消费品或部分特殊消费品适合独家分销策略。

2. 线上分销与线下分销

在跨境电子商务得到长足发展的今天,线上分销已经是企业销售中举足轻重的一环,越来越多的企业选择同时进行线上分销和线下分销,甚至有些企业已经专注于互联网分销,不再花费成本维护线下的销售渠道。

线上分销和线下分销本质相同但在层级和结构上往往存在一定的差异。相对来说,线上分销更容易建立少层级的短渠道,减少中间环节,让产品销售更为简单、快捷,也给生产企业带来更大的价格优势。线下分销则更容易建立多层级的长渠道,增加的中间环节固然会分薄产品利润,但如果能发挥多层级的服务优势,与用户构建稳定的交易关系,树立生产企业品牌形象,也同样有利于加强生产企业的市场竞争力。

总体上,生产者需要根据其产品特点、企业实力来对线上、线下分销进行选择,是单一的线上或线下销售,还是有侧重地兼顾线上和线下销售,都是企业分销决策的一部分。标准化、数字化的快销产品适合侧重线上销售,而周期长、定价高的专有产品、大型设备等更适合侧重线下销售。

6.4.3 分销策略的管理

分销渠道并非建立之后就一劳永逸,对分销渠道的管理和维护是生产企业不可忽视的工作。生产企业应当经常检查分销渠道是否畅通、高效、稳定、可控,同时也要协调和平衡各个分销渠道之间的关系,并适时地增减分销渠道以调节产品销售覆盖面积,发挥分销渠道的最大作用。

跨境分销通常比境内分销略微复杂一些,例如它涉及更多的运输、仓储环节而可能造成库存积压,难以确定生产规模和商品交付时间等。特别在线上销售环节中,一个信息爆点可能意味着数以亿计的利润,而物流时间和应对速度则直接决定了生产者能否赶上市场热点,能否分享互联网高速信息传播的红利,所以在现今的市场环境下,对分销渠道的管理更应引起生产企业的重视。

1. 分销渠道的整合

跨境分销渠道有很多,电子商务平台只是最常见的一种而非唯一的一种,生产企业可以根据产品、市场情况选择恰当的、多元化的渠道组合。多渠道的分销方式让消费者有更多的途径可以接触到产品,更有利于迎合消费者和目标市场对渠道的多样性偏好,增加产品的展现机会。

多渠道的分销方式在带来更多产品竞争优势的同时也存在天然的缺陷,例如各个渠道的用户消费体验可能存在差异、渠道之间存在竞争等问题,需要生产企业进行整合和管理,这样才能平衡渠道之间的关系,架构理想的渠道结构。

在多渠道的整合中,线上渠道和线下渠道的关系被认为是较难协调的,特别是线上渠道和线下渠道之间常常存在的线上销售、线下服务的矛盾,很容易引起渠道商之间的竞争和对抗,如果不能正确处理渠道之间的横向竞争,可能会加剧渠道冲突,最后反而影响产品的销售。

目前,如何协调线上渠道和线下渠道的关系,也是很多企业研究和尝试的课题。一般认为,扬长避短,促进线上、线下渠道相结合是比较理想的方式。例如,构建线上、线下合作伙伴式的渠道关系,线上招徕用户、收集用户信息,线下提供用户服务、顾客培训以建立品牌忠诚,达到多渠道的利益共赢。

2. 分销渠道管理

渠道管理是指制造商为实现企业分销的目标而对现有渠道进行管理,以确保渠道成员间、企业和渠道成员间相互协调和通力合作的一切活动,其意义在于共同谋求最大化的长远利益。简而言之,减少冲突、加深合作、保持各个渠道成员之间的良性关系是渠道管理的重点,这就要求生产者拥有与渠道规模相匹配的控制能力和协调能力。

渠道管理中容易出现的问题有渠道成员之间恶性竞争、渠道过于庞大管理困难、随意选择中间商及缺乏后续管理等。

(1) 渠道成员之间恶性竞争,这在跨境营销中是常见的管理问题之一。跨境企业为了能迅速打入本地市场选择多重分销渠道,造成渠道之间的价格竞争,结果是消费者虽然有多个接触产品的途径,却因价格混乱、服务混乱而未能形成购买。对此,生产企业应构建合理的渠道关系,建立奖惩措施和巡查机制,通过人性化和制度化的管理,培育出理想的渠道关系。

(2) 渠道过于庞大,管理困难。分销渠道过深或过宽都会使生产商的管理出现困难并增加管理成本。例如,分销渠道层级过多会造成产品损耗增加、渠道成本上升,这就需要企业适当地减少分销层级、缩短渠道链条。过宽的分销渠道容易让问题回到渠道成员之间的恶性竞争上,造成渠道成员之间的内耗,损害产品形象,降低消费者好感度。

(3) 随意选择中间商。中间商是连接生产企业与消费者的中介环节,是渠道功能的重要承担者,可以全部或部分参与分销渠道的实物流、促销流和信息流。由于中间商的合作目标和意愿各不相同,客观上存在资源和能力的差异,只有选择那些具有较强合作意愿的中间商,才能减少摩擦和降低风险。因此,企业应当以慎重的态度制定一套选择中间商的整体、完备的标准,例如财力和绩效、市场覆盖率、信誉、合作态度等。

(4) 缺乏后续管理。很多企业认为渠道建立是一劳永逸的事,这是个错误的想法。已经建成的分销渠道需要管理和维护,因为产品、市场和消费者都不是一成不变的,甚至可以说分销渠道中的每个影响因素都在随时改变。生产商要定期和渠道成员进行沟通,根据实际情况对渠道进行管理,保证分销渠道适应市场的要求。

6.5 跨境营销的促销策略

在信息爆炸的今天,人们的注意力被无限分散,加上层出不穷的新创意、新产品,商家不得不想尽办法来赢得用户关注。即便知名品牌和成熟产品也需要促销来吸引用户眼球,而新企业、新产品就更需要通过促销来打开市场。

促销的本质是建立生产者和消费者之间的信息渠道,加强双方的联系,生产者和销售者通过广告、宣传、推销等种种手段,增进消费者对产品的了解并促进消费者的购买欲望。促销的手段多种多样,广告就是最常见的一种促销方式,此外陈列、捆绑销售、免费赠送、口碑宣传等也都是有效的促销手段。

6.5.1 跨境促销的内涵

促销就是促进销售,是指企业将本企业及企业产品的信息通过各种方式传递给消费者,促使其了解、信赖并购买本企业的产品,以达到扩大产品销售的目的。促销的作用体现在四个方面:

(1) 缩短入市进程:在新产品上市时,合理的促销手段能在短时间内让消费者了解新产品的信息,建立起消费者对新产品的初步印象,缩短其接受新产品的过程。

(2) 激励消费者购买:当消费者购买产品的意愿不够明确时,促销活动可以激发消费者去购买,例如在新产品推广时常使用低价促销策略,通过降低价格的方式来鼓励消费者尝试新产品。在面对成熟产品时,持续性的促销计划也有助于维持消费者的长期购买意愿。

(3) 提高销售业绩:长期的促销计划能帮助企业和消费者之间建立稳定的关系,也就是提高品牌知名度和消费者忠诚度,持续性地促进消费者购买。

(4) 巩固产品市场地位:消费者在促销信息的反复提示下会对产品产生长期的品牌印象,在合理的引导下即可建立良好的品牌形象,稳固产品的市场地位,在同类型产品的市场竞争中处于更有利的位置。

1. 促销的目标

在创意无限的今天,促销的方式五花八门,但万变不离其宗,不管制订多么复杂、多么新颖的促销计划,都不能背离促销的目标,也就是和受众之间的信息沟通。我们将促销目标归结为以下三点:

(1) 告知目标受众:告知信息是促销任务的第一个目的,它负责向消费者传达与企业、产品有关的内容。例如,一个新产品广告促销详细表达产品的用途、性能、原理和卖点,这就是告知产品存在并将产品信息传递给消费者。除了告知和传递产品信息之外,促销还能向消费者建议产品的新用途、宣传企业形象、提高产品认知度。通常,新企业、新产品在进行促销时,应当以告知目标受众为重点,让消费者更快地知道和了解相关信息,缩短产品进入市场的进程。

(2) 提醒目标受众:提醒受众是促销任务的第二个目的。在产品成熟期的促销中,我们常会将这一目的作为主要任务,它负责向消费者提示产品的存在和价值、维持消费者的认知度。在买方市场中,产品极大丰富,消费者每天都面对多种选择,长期得不到消费者关注的产品就可能被淡化甚至遗忘,这时就需要持续性的促销活动来增加产品的存在感。在提醒目标受众环节中,我们还要注意竞争对手的促销活动,用自己的促销活动抵消对方的促销效果,以保持己方产品在同类产品中的市场地位。

(3) 劝说目标受众:劝说受众是促销任务的第三个目的。在产品成长期和成熟期中,都可以劝说作为促销重点,往往着重影响消费者购买决策,或改善消费者对产品的认知、鼓励品牌的转换。劝说目标受众需要很多技巧,如果操作不当,可能会引起消费者的逆反心理,造成反向的营销结果。例如,饥饿营销可以看作一种劝说式的促销手段,通过向消费者宣传产品的稀有度来促进消费者购买,而消费者在"害怕失去"的心理推动下就可能立刻完成购买行为,但如果过度饥饿营销也可能让消费者产生厌烦情绪,影响消费者对产品甚至是品牌的好感度。

2. 促销的方法

有了促销目标和策略的指导,还需要有行之有效的促销方法。广告就是极为常见的一种促销方式,它的形式灵活多变,可以达成告知、提醒和劝说这三种促销目的。当然,促销的方法显然不只局限在广告上,在思维创意无限的今天,促销的方式方法也可以说是无限的,甚至每天都可能有新的促销方法被发明出来,这里我们只简单介绍一些已有的、常见的促销方式。

(1) 指定促销:指定产品,例如某款产品买 A 送 B,或是低价加购指定商品;指定消费者对象,例如新消费者专享优惠、老消费者专享优惠、儿童节 12 岁以下儿童专享优惠等。指定促销非常有利于销售特定的产品,在新产品投放或清理积压库存方面都有很好的效果。

(2) 赠送类促销:买赠是深受消费者喜爱的促销方式,买 N 件赠 N 件、买商品赠会员积分、买够指定数额送礼品等都属于这一范围。赠送类促销迎合消费者对性价比的追求,有利于提升产品的销量和好评度,保持甚至提升产品的市场占有率。

(3) 回报式促销:回报式促销和赠送类促销异曲同工,买产品赠试用品、买满即减、买满返现、买够 N 件享折扣价等都在此列。满减和返现可以称得上是消费者最喜欢的促销方式,也是生产企业让利最直接的促销方式,它能极大地激发消费者的购买欲望,但也会让生产企业损失一部分利润,所以生产企业在进行回报式促销时要仔细设计,确保利润达到预期。

(4) 借力促销:在博取消费者有限关注时,借力是非常好的办法。各种时下热点事件、热门活动、名人明星都可以成为借力的对象。借力促销中,明星代言、知名赛事赞助比较常见,例如网红同款、明星同款在服装饰品、美妆护肤领域有着极强的号召力,一条推荐微博能带来数以万计的销量。近年来随着互联网传播能力的提升,热点事件营销也成为借力促销中的佼佼者,跟随热点事件可以用极低的成本博取极大的关注,如果操作得宜还能促进从关注到购买的转化。这一促销方式要求生产企业有热点捕捉能力、较快的反应能力和相应的宣传能力,并不是简单的策划就能达到的。

(5) 主题促销:主题促销在具体操作中和借力促销有一定的相似之处,当生产企业选择一个热门主题时,也会形成借力效果,如公益主题广告、配合销售平台的主题广告等。主题广告通常通过一个名目来吸引消费者,只要能形成统一内容和关注热点就可以尝试作为主题,如全球首发、本地首发等。

(6) 时令促销:所有具备时令特点的产品都可以进行时令促销,如羽绒服冬季促销、水果蔬菜的当季促销及各类产品的反季节促销。季节促销有利于匹配生产企业的产品和消费者的需求,消费者在处于购买决策犹豫期时得到促销鼓励从而决定购买。反季节促销和时令促销的本质并不相同,它是利用反季节的特异之处来吸引消费者,再通过价格优势来降低过季商品的库存。

（7）特殊日期促销：特殊日期促销和时令促销一样，都是通过给消费者一个购买理由来缩短对方的决策犹豫期、促进购买行为的发生。节日促销是最典型的特殊日期促销，但生产企业显然希望在更多的时间里都采用这种促销方式，因此有了"双十一""双十二""618"等购物节。另外，生产企业指定一些会员特价日来吸引用户。

（8）附加式促销：为产品额外附加性能引起消费者注意进而促进购买也是一种行之有效的促销方式。电器促销中以旧换新、只换不修，互联网销售中的包邮、7天无理由退换等属于服务性质的附加式促销。产品赢得某种荣誉后进行重点促销也属于附加式促销，如××大奖第一名、××榜单推荐等。另外，还有一种附加式促销是给产品增加文化内容，如特殊的广告语、产品故事、品牌故事等。

（9）榜样式促销：在宣传过程中树立一个榜样能增加消费者的真实感和参与感，例如在推荐产品性能时，将产品宣传为"同事都在用的××款产品""朋友用了都说好"，相当于树立一个使用榜样而拉近和消费者之间的距离。很多生产企业在线上销售时，在展示页面贴出用户评论截图，也有同样的促销效果。榜样式促销的重点是让消费者跟随榜样做出购买决策。

（10）另类促销：在促销中有很多我们意想不到或是难以复制的方式，例如很多奢侈品牌的不打折策略就属于另类促销，其他还有饥饿营销、绝版促销等，这种促销方式很难应用在普通商品上。

6.5.2 跨境促销的策略

促销策略可以根据执行方式的不同划分为广告促销策略、销售促进策略、人员促销策略和公共关系促销策略。

广告促销策略通常以告知和提醒目标为主，兼顾劝说消费者购买的目标。广告促销策略的即时性强，能以极快的速度让消费者对广告和产品产生兴趣。想要获得理想的广告促销结果，企业要对产品、消费者进行详细分析，在预算费用内选择合适的宣传渠道、传播范围。同时，创意在广告促销策略中的作用不可忽视，优秀的广告创意能极大提高促销效果。

销售促进策略是从销售层面对产品进行推广的一种直观促销策略。在策划销售促进活动时，要考虑促销的目标：是增加产品的接受度、提升消费者好感度，还是清理产品库存？如果是以宣传、推广为主的促销活动，可以适当放宽支出预算，用较低的价格刺激消费者购买，令消费者更深入地了解产品优势、形成良好的品牌印象。如果促销的目标是清理现有产品库存，那么不妨考虑通过捆绑销售、赠送促销等方式，让成熟产品带动新产品销售，发挥促销的最大价值。

在人员促销策略中，促销中"人"的价值永远不能忽略，好的销售团队才能保证最佳的促销效果。对产品了解及具有较好的语言能力、沟通能力和亲善力等，都是销售人员的优秀品质。可以说，人员是所有促销策略能成功实现的基础，生产企业要制定严格的销售团队选拔机制，促进人员能力提升。销售团队要保持敏感度，把握市场动向、洞察消费者需求、抓住促销时机，并协助反馈消费者意见、保持与消费者的关系。

公共关系促销策略是一个长周期的促销策略，该策略立足长远、见效慢，但非常有利于企业形象、产品品牌的塑造。企业可以借助新闻宣传、网络宣传、公益宣传、榜单宣传、获奖宣传等渠道，提高自身的知名度和美誉度。另外，在公开场合举办演讲和展会等方式也能达到宣传和扩大影响的效果。

6.5.3 跨境促销的管理

促销管理是以提高销售额为目的，吸引、刺激消费者消费的一系列计划、组织、领导、控制和协调管理的工作。也就是说，管理者要制定促销目标、拟定促销计划，最终衡量促销计划执行的效果。

制定促销目标：从大的角度来说，促销目标要在告知、提醒和劝说中选择侧重点；从小的目标来说，可以从提高营收、提高流水、提高用户数、提高客单价、提高品牌影响力等方向中选择。如果暂时没有明确的促销目标，生产企业可以针对产品周期、市场规模、消费者数量等因素进行分析，找到目前最紧迫的需求，以此来指导促销目标的制定。制定目标后，生产企业要分析目标的合理性，方便下一步拟定切实可行的促销计划。

拟定促销计划：根据促销目标和促销规模，选择相应的促销手段，如果促销规模较大，可以采用多种促销方式结合的全面促销计划。影响促销计划的因素有很多，如活动能力、资金能力、生产能力、技术能力、危机处理能力等。在制订促销计划时，要明确促销的渠道、方式、时间和行动方案，编制促销预算，最后由执行人员安排具体执行流程。

衡量促销计划执行效果：在促销计划落实后，生产企业要衡量促销效果。根据之前设定的促销目标，对比促销后的数据表现，如是否完成了预定的销售目标、是否吸引了更多的新消费者等。由于促销计划通常兼顾多个目标，在衡量效果时也要综合考虑多方面的因素。

本章要点

- 国际市场营销是指在一国以上把企业生产的商品或劳务引向消费者或用户的经营活动。
- 市场营销组合指的是企业在选定的目标市场上，综合考虑环境、能力、竞争状况及自身可以控制的因素，进行最佳组合并加以运用，从而完成企业的目的与任务。
- 产品策略围绕产品制定，除核心产品、有形产品和附加产品这三个产品的基本层面外，还包括期望产品和潜在产品。
- 产品标准化是指企业在跨境营销中，对不同国家和地区的消费者提供相同标准的产品，即产品的性能、规格、材质等采用一致的标准。
- 产品差异化策略即企业在跨境营销中，对不同国家和地区的消费者提供不同的产品，以满足消费者不同的需求。
- 定价策略是指企业为实现跨境营销目标，根据对成本、需求和竞争状况的分析研究，运用价格决策方法，科学合理地确定产品价格的策略。
- 定价策略的管理通常体现在价格调整策略和跨境营销多平台价格管理两个方面。
- 跨境分销渠道通常按照间接程度、长度和宽度进行分类，任何分销渠道的建立和维护都需要时间和成本，所以在制定分销策略、选择分销渠道前都应当对产品进行分析。生产企业还需要根据其产品特点、企业实力来对线上、线下渠道进行选择。

- 促销的作用包括缩短入市进程、激励消费者购买、提高销售业绩、巩固产品市场定位等。

重要术语

跨境电子商务营销(Cross-border E-commerce Marketing)

跨境营销组合策略(Cross-border Marketing Mix Strategy)

跨境营销产品策略(Cross-border Marketing Product Strategy)

跨境营销定价策略(Cross-border Marketing Pricing Strategy)

跨境营销分销策略(Cross-border Marketing Distribution Strategy)

产品差异化(Product Differentiation)

生命周期管理(Life Cycle Management)

撇脂定价策略(Skimming Pricing Strategy)

思考题

1. 为了赢得竞争优势,在产品的生产和销售过程中针对产品本身所采取的一系列具体实施策略有哪些?
2. 不同定价策略的定价方法在不同条件下如何应用?
3. 通过交易将产品或服务从一个国家(地区)的制造商受众转移到目标地的消费者手中所经过的途径,以及与此有关的一系列机构和个人通常包括哪些类型?
4. 促销的目的、作用和方法有哪些?

案例分析题

不仅年销千万,还接到亚马逊 VC 邀请

珠海市吉大华普仪器有限公司成立于 1998 年,是一家集研发、生产、销售服务为一体的高科技企业。2010—2015 年,公司英文名"HoldPeak"在欧盟和美国成功注册商标认证。

公司在欧洲、美洲、澳大利亚已逐步建立完善的售后服务点,拥有稳定的客户群;同时,将逐步执行 B2C 在线平台交易的商业计划,并在世界各地建立品牌在线商店。该公司致力于为全世界的客户提供更准确、方便和安全的数字测量仪器及相应的服务支持。目前,公司拥有许多外观专利和发明专利。然而,近年来,公司在跨境电子商务转型中,库存和推广面临严峻挑战。

与传统的外贸订单生产不同,跨境电子商务主要基于库存销售模式。B2B 客户下订单后,公司根据需求生产,准备什么类型的商品?库存多少?储存在境内,还是境外?货物在境内存储,从境内发货物流周期相对较长且没有竞争力;货物备在境外风险过高,滞销时亚马逊平台要收取高额仓储费,若是店铺遇到问题停业,则面临钱货两空的风险。针对此问题,公司已调整解决方案,新产品将在初始阶段以较少的量上市,如果销售情况良好,就以空运形式补货,同时及时跟进后续海运的补给;在进货的地点选择中,一部分货物在境内工厂准备,然后与境外第三方合作,将货物放入海外仓,再根据销售情况分入 FBA 仓。

除了备货问题,公司在跨境电子商务大促中也栽过跟头。在电商平台大促中,参与企

业消费类产品销量都是成倍增长,公司在不了解市场行情的情况下,在2016年也参加了平台大促,调发大批货物到境外,结果销量只比平时多一点,导致库存积压,最后只得亏本清仓。仪表仪器类产品不同于日常消费品,消费者在需要时就会直接下单,不会等到大促,此后企业转变了促销方式。

从市场需求的角度来看,在欧、美等国家和地区,仪器仪表产品属于家庭用品,市场较大;在新兴市场,俄罗斯和巴西的发展潜力较大,但物流是最致命的问题。

如今公司已接到亚马逊VC邀请,未来将在亚马逊上投入更多精力,同时紧抓速卖通的发展空间,追随跨境电子商务发展的大趋势。

思考题:在跨境电子商务营销中,企业应如何根据自身能力制定产品、定价、分销、促销策略?

资料来源:张毅.转型跨境电商成功案例:他不仅年销千万还接到亚马逊VC邀请[EB/OL].(2018-04-27)[2020-03-10].https://www.sohu.com/a/229664573_115514.

参考文献

[1] 凯特奥拉,格雷厄姆.国际市场营销学:原书第12版[M].周祖成,赵银德,张璘,译.北京:机械工业出版社,2005.

[2] 波特.国家竞争优势[M].李明轩,邱如美,译.北京:华夏出版社,2002.

[3] 贾殷.国际市场营销:第6版[M].吕一林,雷丽华,译.北京:中国人民大学出版社,2004.

[4] 郝比格.跨文化市场营销[M].芮建伟,李磊,孙淑芳,译.北京:机械工业出版社,2000.

[5] 丁晖,等.跨境电商多平台运营[M].北京:电子工业出版社,2015.

第 7 章　跨境物流

第7章　排泄物流

第7章 跨境物流

[学习目标]
- 掌握跨境物流的内涵与特征；
- 掌握传统跨境物流模式；
- 掌握新型跨境物流模式；
- 了解跨境物流模式的对比分析；
- 掌握跨境物流的运作流程。

[素养目标]

在跨境电子商务飞速发展的同时，跨境物流行业同样经历了野蛮生长的过程。由于跨境物流直面国家（地区）间的差异，在输出国（地区）物流、国际货运、输入国（地区）物流等环节的衔接性和透明性方面都比较差，引导学生回忆自己的海淘购物经历，并运用所学解决跨境物流中的痛点；通过分析各种跨境物流模式在时效性、成本、适用性及使用率方面的表征，增强学生对物流行业的认识。

[引导案例]

紧随跨境物流三大趋势 跨境电子商务新升级

跨境电子商务行业刚兴起时，像物流、支付、税务这些跨境周边服务尚未成熟。作为中国第一批使用外邮和专线的用户，却受制于市面上仅有的几种邮政物流方式，周婷婷深感当时境内跨境物流及供应链解决方案的匮乏，而这正阻碍了跨境电子商务业务的发展。

境内市场上没有很好的选择，便尝试去境外开发相关资源，那时跨境出口卖家大都练就一些"特殊本事"傍身。于是周婷婷顺势抓住这个创业契机，创办了万邦速达有限公司（以下简称"万邦速达"）。

1. 行业繁荣催生物流商"十八般武艺"

过去，中国没有专门提供跨境专线、海外仓这样的物流服务公司，有的只是中国邮政、和新加坡邮政这些以"代理"身份解决跨境业务的物流商。

周婷婷是独立站运营出身，十分擅长供应链管理，而她第一次投身跨境电子商务创业大军却选择跨境物流领域，是因为看似八竿子打不着关系的供应链与物流，对她而言其实是相通的。她基于对供应链这个业务场景的熟知，再通过技术和资源的整合，形成了一套跨境物流专线的解决方案，而这个服务板块在当时还没有太多人参与，算是颇具创新的一次大胆尝试。

在此之后，随着跨境电子商务贸易往来频繁，电子商务平台数量和卖家类型快速增长,电子商务销售品类也日益多样化,让整个跨境电子商务行业业务更加丰富,继而也对跨境服务提出更具挑战性的要求。跨境物流服务更多元化,物流公司分类也更加细化,为卖家出口提供更专业的服务。

2. 跨境物流未来三大方向:合规、智能和整合

从曾经的邮政代理市场到如今衍生出的多元丰富的跨境物流服务市场,在行业大洗牌之下,跨境物流未来又该何去何从呢?基于多年的从业经验及行业预测,周婷婷道出"合规、智能和整合"三大关键词。

过去三四年,在跨境电子商务飞速发展的同时,跨境物流行业也不免经历一段野蛮生长的时期。从大量卖家涌入跨境圈随即刮起一阵"龙卷风"到风渐小,各国(地区)政府和平台才看清其中"面目",于是平台政策变动、各国(地区)海关严查,合规化成为必经之路。

如今,行业正经历一场"大洗牌",这对服务商的综合能力提出了越来越高的要求。过去,不需要太多技术内容和管理的邮政代理服务将不可避免地被淘汰,取而代之的是更加智能化和数字化的软件系统集成解决方案。整个物流行业也在升级设备,如机器人、自动输送带、rfid(射频识别技术)系统等,万邦速达也投入大量资金建立了分拣系统。此外,周婷婷还表示,未来资源整合将是一个大方向,整合产业链中的不同节点和合作伙伴,有序开展工作。为了给客户提供更多的增值服务,万邦速达还将在欧洲建立不同的客户服务中心和售后管理中心,促进逆向物流的发展。

3. 直邮 or 海外仓,谁将主宰未来物流的大趋势?

一直以来,海外仓被认为在跨境电子商务中有着得天独厚的优势,可以成为跨境电子商务的新革命。但随着海外仓/FBA模式(亚马逊提供仓储、代发货服务)面临的风险和运营成本越来越高,直邮服务逐渐被平台和卖家青睐,到底两者有什么差别呢?在周婷婷看来,两者各有利弊,卖家要综合考虑自身的匹配性,而不是一味地跟随市场风向。不是从当地仓发货就一定快,若是做好供应链管理、中途转运畅通,也可达到很好的时效性,因此事事都不是绝对的。

首先,直邮适用于中国卖家灵活快速的供应链需求;供应链需要根据市场需求快速反应,快速开发新品并完成前期测评,而这些直邮都可以很好地配合。

其次,直邮可以缓解资金周转压力,便于供应链的沉淀和资金积累;亚马逊仓储成本不断提升,一方面是由于仓库面积远远无法满足中国卖家巨量的SKU(库存保有单位);另一方面是亚马逊平台一直倡导少量SKU、做精品的运营思维。

最后,海外仓毕竟落地境外,对于进口货物在税务、清关方面的合规要求严苛,而直邮目前对此有比较大的宽容度。与此同时,直邮在技术、供应链管理、资金周转及与航空公司关系、处理地面转运方面都有很大改进,可以说已经达到经济且有一定控制力度的模式。

资料来源:董小玲.紧随跨境物流三大趋势,旺季供应链布局赢在"计划销售"[EB/OL].(2018-09-06)[2020-03-10].https://www.cifnews.com/article/37672.

作为一种新兴起的跨境物流模式,海外仓在跨境电子商务交易活动中越发重要,不管对跨境电子商务出口业务还是对跨境电子商务进口业务,海外仓都能够有效降低物流成

本、缩短物流周期。由于跨境电子商务不断发展演变,跨境物流也需要与之相适应,海外仓也会产生一些新的跨境物流模式,抑或出现一些新的跨境物流特征。

7.1 跨境物流的内涵

跨境物流是指在两个或两个以上国家(地区)之间进行的物流服务。跨境物流是物流服务发展到高级阶段的一种表现形式。由于跨境电子商务的交易双方分属不同国家(地区),商品需要从供应方通过跨境物流方式实现空间位置转移,在需求方境内实现最后的物流与配送。根据商品的空间位移轨迹,跨境物流分为输出国(地区)物流、国际物流与输入国(地区)物流与配送三块。与境内物流相比,跨境物流涉及输出国(地区)海关和输入国(地区)海关,需要进行清关与商检,工作内容较为复杂,且很少有企业依靠自身能力单独办理并完成这部分业务。

跨境物流市场伴随着跨境电子商务的发展而异常火热起来。跨境物流不同于传统境内物流及国际货运,其流程更为复杂,影响因素更多。跨境物流在物流资源的硬件与软件环境方面,都无法回避国家(地区)间的差异,以及不同物流环节的衔接。现有的跨境物流仍停留在传统模式上,物流资源与物流水平偏低。以中国为例,跨境物流停留在传统的货物运输及货代层面,物流增值服务缺失,物流系统集成性不足,供应链整合与优化方案匮乏,大数据物流、云计算信息平台、跨境物流金融、境外及时配送等能力不足。除此之外,跨境物流在输出国(地区)物流、国际货运、输入国(地区)物流等环节的衔接性、协同性、透明性与可追溯性表现较差。

与传统商务模式相比,电子商务的优势在于对物流、资金流、信息流的利用与整合,使之更具有高效性与便捷性。作为整个产业链的线上与线下两个环节,线上商品交易与线下商品物流及配送的发展紧密相关,如淘宝网、天猫商城、京东商城、亚马逊、当当网、唯品会等电子商务模式的产生与发展推动了境内电子商务物流的发展与变革,顺丰、圆通、申通、中通、百世汇通、韵达等一大批民营快递公司逐渐兴起并发展壮大,包括京东商城、阿里巴巴在内的电子商务企业也在自建物流体系,促使境内电子商务交易的便捷性得到极大的保障与提升。与之相比,目前跨境电子商务的快速发展却使原有的物流运输渠道无法承受,以中国邮政、新加坡邮政为例,作为跨境电子商务最常选用的跨境物流方式,也曾多次因为业务需求量增长过快,迅速达到其业务承受能力的上限,造成商品积压严重,甚至出现多次爆仓现象,严重降低了物流时效,降低了消费者满意度,也促使很多依赖于国际邮政包裹的跨境电子商务卖家不得不寻求其他物流资源,甚至是转向价格更高的跨境物流资源。对于跨境物流企业而言,重要的竞争优势除了具有价格吸引力,还应该包括服务品质与服务内容。在跨境电子商务各环节中,物流配送的时效性与安全性是购买者消费满意度的重要衡量标准之一,直接关系到卖家获得的评价水平,进而影响到卖家的商品销售。

因跨境电子商务而产生的跨境物流成为现代物流行业中的新生事物,已经呈现出蓬勃发展的态势。伴随着跨境电子商务市场的发展与进一步成熟,跨境物流企业还将存在巨大的上升空间与市场,也将面临巨大的挑战与危机。在未来的跨境电子商务市场中,跨境物流企业应更加聚焦全球供应链集成商角色,通过高效处理库存、仓储、分拣、订单处理、物流线路优化、物流资源调配、物流配送等相关环节,为跨境电子商务提供综合性的全球跨境供应链解决方案。

7.2 跨境物流的特征

依附于跨境电子商务的发展,跨境物流既具有与境内物流相同的一些特征,也受到跨境电子商务的影响而产生一些不同于境内物流的特征。

7.2.1 物流环节多

与境内物流相比,跨境物流因其跨境属性,流程更加复杂,操作更加烦琐。从商品流通的空间范畴看,跨境物流由输出国(地区)物流、国际货运与输入国(地区)物流三部分构成。跨境物流既包含输出国(地区)物流、国际货运,也包含输入国(地区)物流,以及输出国(地区)海关与商检、输入国(地区)海关与商检、汇率、国际金融等,如图7-1所示。

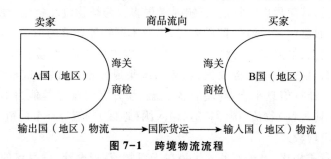

图 7-1 跨境物流流程

不仅如此,跨境物流在输出国(地区)物流环节又会细分为诸多环节,包括集货、包装、分拣、运输、仓储、商检、通关等环节。国际货运包括提货、口岸交接、单证、保险、运输等环节。输入国(地区)物流包括入关、商检、装运、入库、仓储、分拣、物流、配送等环节。

7.2.2 参与主体杂

受到跨境物流多环节特征的影响,各环节涉及不同的参与主体,这些参与主体又涉及不同领域、不同行业、不同企业,具备不同的体量与属性。从涉及跨境物流业务的主体类型来看,包括:

(1) 传统零售企业通过发展跨境电子商务业务,自有的业务量足以支撑跨境物流的需求,纷纷成立跨境物流网络,代表企业有沃尔玛、家得宝等。

(2) 传统交通运输业、邮政业的企业顺应跨境电子商务市场需求,纷纷增加跨境物流业务,代表企业有中远、中集、马士基、万国邮政联盟等。

(3) 大型制造企业或传统行业的大型企业凭借原有的物流资源(一般隶属于集团的物流公司或物流职能部门),伴随自身跨境电子商务市场的扩张,开始涉入跨境物流业务,代表有海尔物流、安得物流等。

(4) 传统电子商务企业随着跨境电子商务业务的扩张,受跨境物流需求的刺激,在境内市场自建了物流体系,并尝到自建物流带来的好处,随之将其扩散到跨境物流市场,自建跨境物流网络,代表有京东物流、阿里巴巴的菜鸟物流、兰亭集势的兰亭智通等。

（5）传统快递企业不愿错失跨境物流市场，纷纷切入跨境物流业务，代表企业有 UPS（联合包裹）、FedEx（联邦快递）、顺丰、申通、Pony Express（小马快递）等。

（6）新兴的跨境物流企业成立之初就专注于跨境物流市场，代表企业有俄速通、SPSR（中俄快递）、Intelipost（巴西物流领头羊）、Axado、Loggi（一家巴西物流公司）、递四方、出口易等。

7.2.3　物流周期久

根据 FocalPrice（一个针对境外客户的外贸 B2C 网站）的客户满意度调查，发现客户对跨境电子商务最大的抱怨集中在物流方面，而物流周期长又是客户抱怨的重点。跨境贸易本身所具备的特性使得物流全流程被各环节拉长，其产业链和流程环节更加复杂，加之出入境检验环节多，致使跨境物流运输时长远高于境内物流运输时长。跨境物流的运输与配送时间问题突出。如果商品始发地与目的地的距离较近，运输与配送周期则相对较短；如果商品运输需要跨越大洲，运输与配送周期少则一个月，长则数个月。此外，在跨境物流运输旺季，物流周期会更长。在长周期的跨境物流运输配送现状下，许多从事电子商务的中小型企业对跨境电子商务业务望而却步，不敢轻易涉足，这在一定程度上制约着中国跨境电子商务的发展。

7.2.4　物流风险高

跨境电子商务涉及跨国（地区）交易，无法回避当地的政治、知识产权、区域习惯、政策变化等因素。乌克兰政变、越南政局动荡、巴西高赋税高福利、伊斯兰国家宗教信仰、东南亚排外政策和地方保护主义等诸多因素，对中国跨境电子商务物流都会产生较大的影响。单以汇率风险为例，当一国货币贬值或升值时，税率就会发生变化，从而间接导致跨境电子商务利润的缩减。以卢布为例，自 2013 年起，卢布对美元和人民币的汇率下降，货币持续贬值。中国跨境电子商务在网上交易时用卢布结算，回款却是人民币，因为卢布的持续贬值，导致从事对俄业务的中国跨境电子商务利润下滑。

7.3　跨境物流的运作模式

伴随着"海淘"或"代购"模式逐渐向跨境电子商务模式转变，跨境物流也逐渐趋于正规化、合法化、多样化。在跨境电子商务的发展过程中，国际邮政包裹（尤其是国际邮政小包）与国际快递发挥着重要作用，在众多跨境物流模式中这两种的使用比例最大。在跨境电子商务发展与演进的进程中，市场需求刺激了多种物流模式的出现，跨境物流模式也不再拘泥于国际邮政包裹与国际快递，以海外仓为首的新型跨境物流模式逐渐受到关注，并开始应用于跨境电子商务市场。根据跨境物流模式的出现及发展过程，我们将国际邮政包裹与国际快递视为传统跨境物流模式，将海外仓等近两年涌现的跨境物流模式视作新型跨境物流模式。目前对跨境物流模式的研究较少，现有成果多集中在传统跨境物流模式上。虽有个别学者提出了海外仓、第四方物流等新型跨境物流模式，但是这些模式出现较晚，尚缺乏系统的针对性研究。

7.3.1 传统跨境物流运作模式

1. 国际邮政包裹

在介绍邮政具体渠道之前,跨境电子商务经营者需先了解一个组织,即万国邮政联盟(Universal Postal Union,UPU),简称万国邮联,是商定国际邮政事务的政府间国际组织,宗旨是组织和改善国际邮政业务,发展邮政方面的国际合作,以及在力所能及的范围内给予会员所要求的邮政技术援助。万国邮联规定了国际邮件转运自由的原则,统一了国际邮件运输程序和收费标准,简化了国际邮政账务结算办法,确立了各国邮政部门争议的仲裁程序。截至2020年12月,万国邮联共有192个成员。正是由于这个组织的存在,我们可以将一个包裹或信件从中国寄送到其他国家及地区。

国际邮政包裹是指利用万国邮联体系实现各类货物的跨境流通,多采用个人邮包形式进行发货,以邮政体系为商品实现跨境物流的载体。在跨境电子商务市场中,国际邮政包裹方式包括大包、小包,其中邮政小包因其时效快、价格低的综合特质而使用最为广泛。在现今的跨境电子商务模式中,商家或个人使用国际邮政小包最为频繁,此方式也是海淘与境外代购最常用的跨境物流模式。以中国为例,据不完全统计,目前跨境电子商务中有超过60%的商品是通过国际邮政小包运输的。在万国邮联中,跨境电子商务使用较多的有中国邮政、新加坡邮政、英皇邮政、比利时邮政、俄罗斯邮政、德国邮政、瑞士邮政等。

国际邮政小包的优点明显,即运输价格较低,模式操作方便;但是缺点也较为显著,主要有递送周期长、包裹丢失率高、非挂号件难以追溯进度等。在时效性方面,国际邮政小包虽然绝大部分宣称15~30天递送,但几乎超过80%的包裹递送都超过30天,如果赶上圣诞节等旺季或特殊节假日,物流周期会更长。在丢包率方面,经常使用国际邮政包裹的消费者都会有很大概率遇到包裹丢失的情况,一个包裹发出后,虽然海关出关信息有,但是后续的信息就消失了,直到最后才发现商品根本没有送达。如果需要跟踪物流轨迹,则需要通过挂号件方式。挂号件需要在原有价格基础上增加挂号费用,这也是一笔不小的成本开支。国际邮政包裹的主要运输对象为轻便、小型货物,在货物体积、重量、形状等方面限制性较高,如含电、粉末、液体等特殊商品无法通过正常方式在邮政渠道实现通关。在一些国家(地区)通关政策变化的影响下,国际邮政小包的优势受到挑战,如俄罗斯宣布从2015年1月15日起停收平邮小包,美国从2014年11月起逐渐停止扫描国际邮政小包。

2. 国际快递

跨境电子商务常用的另一种跨境物流模式为国际快递。国际快递是指货物通过国际快递公司实现在多个国家(地区)之间的物流与配送活动。全球性国际快递公司主要有UPS、FedEx、DHL、TNT、ARAMEX等,中国知名的快递公司也扩展了国际快递业务,包括EMS、顺丰、申通、韵达等。国际快递在对货物计费时一般分为重量计算与体积计算,常以两者中费用较大的一项为最终计费方式,并在货物包装方面要求较高。国际快递可以根据消费者的多样化消费需求(如目的地、商品类别、商品体积、商品轻重等)选择合适的运输方式和渠道把货物运输到指定地区并完成递送任务。

国际快递与国际邮政小包具有一定的互补性,国际邮政小包的优势是国际快递的劣势,国际邮政小包的劣势一般是国际快递的优势。国际快递具有速递时效性高、丢包率低、可追溯查询等优点,国际快递全球网络较完善,能够实现报关、报检、保险等服务,提供货物运输过程中的二次包装及异地仓储等便捷服务,实现送货上门及货物运输追溯服务。但是,国际快递的费用标准偏高,尤其在一些国家或偏远地区收取的附加费更是惊人。国际快递也会遭遇一些国家(地区)的限制,尤其是某些种类货物在一些国家(地区)会成为禁运品或限运品。在美国,一些货物被列入国际快递的禁运目录,如罐装的肉类与肉制品、植物种子、新鲜蔬菜及水果,非罐装或腌熏的鱼类及鱼子等。

为顺应跨境电子商务快速发展的需求,一些国际快递企业推出特色服务产品,如中国邮政速递与阿里巴巴旗下的全球速卖通联合推出了 e 邮宝(ePacket),该产品针对 2 千克以下跨境寄送的包裹收取的费用远低于普通 EMS 的价格,并且投递时效依旧与 EMS 保持一致。

7.3.2 新型跨境物流运作模式

1. 海外仓

海外仓俗称海外仓储,是近年来业内逐渐流行的跨境物流模式,是指跨境电子商务企业为提升订单交付能力而在国外接近买家的地区设立仓储物流节点,其后通过国际货运方式,预先将企业产品运送至该仓储物流节点进行储存并通过跨境电子商务平台进行商品展示与销售,境外消费者下单后,商品从该仓储物流节点完成出仓、物流、配送及售后等一系列活动。跨境电子商务的发展与需求创新推动了海外仓的出现,海外仓的兴起也直接促使跨境电子商务物流诸多困境得以进一步妥善解决,该模式的出现对跨境物流的发展具有一定的推动作用。海外仓模式出现后便备受关注,越来越多从事跨境电子商务业务的企业纷纷建立海外仓,用于解决所面临的跨境物流难题。亚马逊与 eBay 在全球各地通过不同模式组建海外仓,具体包括与政府合作模式、与企业合作模式、租赁模式、自建模式,在澳大利亚、拉美、中国、西欧等国家和地区快速密布海外仓;大龙网、FocalPrice 等投入巨资自建海外仓,顺丰与韵达等快递企业也试水海外仓模式。

海外仓能够实现大批量商品统一运输,解决时效性问题,降低物流成本。海外仓的使用可以有效规避国际邮政小包与国际快递运输的缺点与不足,如跨境物流周期长、物流费用高、清关程序繁杂、退换货距离远等,还可以适时化解不同国家(地区)政治文化环境差异化所带来的风险。具体来看,海外仓具有以下显著的优点:

(1) 可以大幅降低物流成本。在现代物流中,仓库是连接买卖双方的一个关键节点。通过设立海外仓,跨境电子商务企业将该节点放在境外,不仅能降低物流成本,还利于开拓境外市场。根据市场业务量,中国跨境电子商务企业可以将货品批量运输到海外仓。跨境电子商务具有小批量、多批次等特点,通过批量运输,可以降低运输、通关、商检等频次,大幅降低以上环节的成本,批量规模化也可以有效降低物流各环节中的风险,实现大幅降低跨境电子商务物流成本的目的。俄 E 邮的数据显示海外仓大约能降低 60%的跨境电子商务物流成本。

(2) 有利于缩短运输及配送周期。海外仓为跨境电子商务提供仓储、分拣、包装、配送等一站式服务。通过批量运输,大大缩短商品的整体物流时间。海外仓还可以实现在买家所在地发货,从而缩短订单反应周期。当买家下单时,跨境电子商务企业能够在第一时间做出快速反应,及时通知海外仓进行商品的分拣和包装,提升物流响应时间;通过结合海外仓所在地的物流特点,实现货品准确、及时地配送,进而缩短配送周期。

(3) 能够适时化解汇率、政治、文化等风险。通过建立海外仓,跨境电子商务企业可以实现本地化运作,有利于打破本地保护壁垒。通过海外仓预存商品,在较大程度上可以降低诸如乌克兰政治危机所带来的政治风险。本地仓进行配送,易得到买家信任,降低当地消费习惯和文化所带来的风险。通过建立海外仓,跨境电子商务企业将收到的货币尽可能留在账户上,用于支付海外仓产生的租赁或运营费用,如此操作可以弥补因汇率变化带来的不利影响。

(4) 可以实现退换货。海外仓能够实现本地退换货,当客户需要进行退换货时,商品可以回流到当地的海外仓,进而规避商品返回境内的通关和物流环节,不仅使退换货成为可能,也可以避免二次通关和商检、二次长途运输,节省时间与成本。从海外仓进行配送和发货,可以降低物流时间,提高配送的准确率,降低商品在运输过程中的破损率等,从根本上降低退换货发生的概率。

海外仓也存在一定的风险,需要巨大的投入与精细化管理。首先,租赁、建设与运营仓库需要人力、物力与财力;其次,需要提前将商品批量运入海外仓,对前期的消费预期与商品数量、种类预测要求极高,否则会面临商品送到后因销售不畅而造成库存积压的风险;再次,因市场变化会产生资金积压与商品滞销风险,如果回流到境内,则又成为商品的进口活动,除了国际货运成本,还需缴纳各类进口费用;最后,海外仓会面临该所在国的政治、法律、社会等风险。

2. 边境仓

边境仓是一个衍生于海外仓的概念与跨境物流模式。边境仓与海外仓的区别在于仓库所处的地理位置不同。海外仓是建设在跨境电子商务交易主体卖方所在国家之外的仓库,边境仓则是建设在跨境电子商务交易主体买方所在国家邻国的仓库。边境仓具体指的是在商品输入国的邻国边境,通过租赁或建设仓库,预先将商品送达该仓库,通过跨境电子商务平台进行商品的陈列、浏览、下单、处理、支付及客服等一系列活动,通过线下物流直接从该仓库进行跨境物流运输与配送。

按照仓库所处地理位置的差异,边境仓分为相对边境仓与绝对边境仓两类。绝对边境仓是指跨境电子商务交易主体所在国家接壤,仓库设在交易主体卖方所在国家内,所在地方与交易主体买方所在国家相邻。例如,中国在中俄边境的中国境内邻近城市(如哈尔滨)建立仓库,对接与俄罗斯的跨境电子商务业务。相对边境仓指的是跨境电子商务交易主体所在国家不接壤,仓库设在交易主体买方所在国家的邻国边境城市或地区,用于应对跨境电子商务交易所产生的跨境物流业务需求。例如,中国与巴西的跨境电子商务交易,在与巴西接壤的阿根廷、哥伦比亚、巴拉圭、秘鲁等国家临近巴西的边境城市设立仓库。

相对边境仓是一个相对的概念,相对于交易主体买方所在国而言属于边境仓范畴,相对于交易主体卖方所在国而言又属于海外仓范畴。边境仓可以规避海外仓的一些风险,是针对本国保护主义及跨境电子商务业务发展而产生的一种新型跨境物流模式。一些国家政局不稳定、税收政策苛刻、货币贬值及国内通货膨胀等因素,如乌克兰政治危机、阿富汗国内政局动荡、巴西限制外来企业及其严格的税收政策,刺激了边境仓的出现与发展。边境仓尤其在一些自由贸易区极具优势,如巴西因本土保护主义及苛刻的税收政策而制约了跨境电子商务与跨境物流的发展,但是利用南美自由贸易协定的优势,企业通过在巴西的邻国建立边境仓,能够规避风险,推动南美及巴西跨境电子商务业务的发展。边境仓具有海外仓无法实现的优势,可以利用区域政策(如南美自由贸易协定、北美自由贸易区等)规避输入国的政治、税收、货币、法律等风险。

3. 国际物流专线

国际物流专线也是跨境电子商务发展背景下出现的一种新型跨境物流模式。国际物流专线具体指在两个及以上国家(地区)形成的跨境物流模式,运输线路、运输时间、物流起点与终点、运输工具都是固定的,尤其针对固定跨境物流线路而言。国际物流专线对跨境电子商务而言,可以起到长途跨境运输的功能,具有很高的规模化属性。专线物流模式能够起到规模经济效应,对于降低跨境物流成本意义重大,尤其对固定市场的跨境电子商务企业而言是一种行之有效的跨境物流解决方案。依据地域线路的不同,国际物流专线种类非常多,以中国为例,可分为中俄专线、中美专线、中欧专线、中澳专线等。依据运输方式的不同,国际物流专线分为航空专线、港口专线、铁路专线、大陆桥专线及多式联运专线。已经开通的专线主要有中欧班列(郑州)、日本 OCS、欧洲 GLS、渝新欧专线、中欧(武汉)冠捷班列、国际传统亚欧航线等。国际物流专线的时效性优于国际邮政包裹,弱于国际快递;国际物流专线的运输费用低于国际快递,但要高于国际邮政包裹。国际物流专线能够提供便利的清关服务。国际物流专线具有明显的区域局限性,无法适应跨境电子商务所产生的无地域限制性物流需求,这将导致跨境物流专线无法成为跨境物流的主要模式之一。国际物流专线对于针对某一国家和地区的跨境电子商务企业而言是一种比较好的跨境物流解决方案。国际物流专线可以成为挖掘固定市场的跨境电子商务物流解决方案,也可以成为跨境物流的中间环节和周转环节。在业务量能够支撑的情况下,通过开发多条国际物流专线尤其形成国际物流专线网络,能够增加国际物流专线的使用频率与整体价值。

以渝新欧专线为例,此专线是一条连接中国与欧洲国家的铁路专线,是指利用南线欧亚大陆桥这条国际铁路通道,从中国重庆出发,经过西安、兰州、乌鲁木齐,向西经过北疆铁路,到达边境口岸阿拉山口,进入哈萨克斯坦、俄罗斯、白俄罗斯、波兰,最后到达德国杜伊斯堡,全长 11 179 公里。这条国际铁路运输专线是在沿途六个国家的支持下共同协商建立起来的。渝新欧专线的名称由沿线中国、俄罗斯、哈萨克斯坦、白俄罗斯、波兰、德国等国家铁道部共同商定。它既是中欧专线,也是铁路专线,不仅为传统贸易提供了性价比更高的服务,也为跨境电子商务企业提供了缩短中国到欧洲的距离与降低其成本的跨境物流解决方案。

4. 保税区、自贸区物流

在跨境电子商务发展的背景下,保税区与自贸区价值凸显,全球各国纷纷加快自贸区与保税区的建设步伐。依托保税区或自贸区的物流服务,成为跨境电子商务市场中新兴的一种跨境物流模式。保税区或自贸区物流是指通过国际货运预先将商品运至保税区或自贸区仓库,通过跨境电子商务平台进行商品陈列、下单、支付等活动,当处理完网络订单后,通过线下的保税区或自贸区仓库实现商品的分拣、包装、发货,完成终端配送等物流活动。

保税区或自贸区物流模式总体上属于先物流、后订单。保税区或自贸区物流模式集规模化物流、集货物流、本地化物流优势于一身,有利于简化物流手续、提高物流时效、降低运输费用,还有利于享受保税区或自贸区的资源优势。保税区或自贸区物流可以享受保税区或自贸区的优惠政策与综合优势,主要体现在物流、通关、商检、收付汇、退税等方面,也简化了跨境电子商务与跨境物流烦琐的流程与手续。例如,亚马逊在上海自贸区建立自贸区物流仓库,以上海自贸区为跨境电子商务交易入口,引入了全球产品线,预先将商品送至自贸区物流仓库,在消费者下单后,商品由自贸区物流仓库发出,能够实现集中化的国际货运、通关与商检,既降低了跨境物流成本,又缩短了物流时间,提高了物流与配送时效。天猫国际、苏宁全球购等纷纷推出保税区物流模式,通过与郑州、重庆等跨境电子商务试点城市合作,在保税区设立物流保税仓库,预先将商品运至保税仓库,当消费者下单购买后,商品直接从保税区仓库发出。保税区或自贸区物流模式比较适用于母婴、食品、化妆品等日常消耗量较大的商品品类,或者是商品型号较多、具备销量大数据分析能力的巨头电子商务企业。此外,在一些如"双十一""黑色星期五"等大型促销活动周期内,该模式为解决大量商品集中清关的拥堵问题提供了很大的便利性。

5. 集货物流

跨境电子商务隶属于电子商务范畴,基于互联网络的跨时空界限特性,跨境电子商务消费较分散、单笔订单量小、产品种类繁多。在快速发展的跨境电子商务驱使下,集货物流随之出现。集货物流模式的出现是为了降低高额的跨境物流成本。集货物流模式总体上属于先订单、后物流,适用于不同销量的各类商品需求,物流商通过系统响应、库存管理和高效清关,能够最大限度地缩短全程物流时间,性价比也具有显著的竞争优势。

集货物流具体指先将货物运输到所在地区的仓储中心进行储存,当积累到一定数量或达到一定规模后,借助跨境物流企业的运输渠道,通过国际货运模式将商品运至境外的买家手中,或者将从各地区运输来的货物先聚拢再批量配送,或一些商品属性或种类相似的跨境电子商务企业形成战略联盟,协调建立公共跨境物流运营中心,利用规模优化与互补优势等实现降低跨境物流成本的目的。例如,米兰网在广州与成都投资建设仓储中心,运输来的商品在仓储中心达到一定数量规模后,米兰网与国际快递公司合作签署国际货运订单,通过后者将商品运送至境外消费者手中。大龙湾在深圳建立了仓储中心,采取集中发货方式满足跨境物流需求,既提高了跨境物流的整体效率,又降低了跨境物流成本。虽然保税区或自贸区物流模式类似于集货物流模式,大致可以归属于集货物流范畴,但是集货物流又不等同于保税区或自贸区物流模式,集货物流不仅可以集中仓储后再进行跨境电子商务活动,也可以先进行跨境电子商务活动再集中物流与配送。集货仓库不局限在保税区或自贸区内,已经脱离了局限性的地理空间范畴。

6. 第三方物流

第三方物流指的是由交易主体以外的第三方物流企业采取合同委托模式,承担交易产生的商品物流需求。

在境内电子商务交易中,自建物流可视为第一方物流,如中国的京东物流、阿里菜鸟物流、海尔日日顺物流,国外的 Ulmart 自建物流、亚马逊物流、沃尔玛物流等。第二方物流由买家承担物流功能。第三方物流则由专业第三方物流公司来承担,如中国的"四通一达"等。在跨境电子商务中,流程与环境更加复杂,自建物流投入多、要求高、风险大,尽管一些跨境电子商务企业也在采取自建物流模式,如京东商城、洋码头等,但是基于资金、跨境物流全流程的复杂性及诸多风险与阻碍等因素,绝大多数跨境电子商务企业除了使用国际邮政包裹与国际快递,逐渐开始转向第三方物流模式。在跨境物流中,多种模式之间相互合作或多个第三方物流企业相互协作的现象也常有发生;此外,也存在自建物流与第三方物流共存的现象。

兰亭集势不仅自建跨境物流体系,还与跨境物流资源合作,将商品销往全球 170 多个国家和地区。大批海运、航运、陆运、多式联运、国际货代等公司拥有丰富的国际贸易经验、境外运作经验、国际化实践能力及境外业务网点,都是跨境电子商务企业或跨境物流企业合作的潜在对象。顺丰物流与荷兰邮政合作,推出欧洲小包业务,实现了中国境内物流与目的国家和地区物流的衔接,缩短了物流周期,降低了物流成本。在巴西,FedEx 与 UPS 等国际快递公司无法满足全国市场的物流需求,其业务集中于城市区域,偏远地区的物流则依托巴西邮政以及其旗下的 Sedex。

7. 第四方物流

在跨境电子商务发展的刺激下,跨境物流需求驱动了第四方物流应用于跨境电子商务市场,用于解决跨境物流的需求。

第四方物流是独立于交易主体双方及专业第三方物流企业之外的主体承担商品物流与配送业务,具体指为商品交易的买卖双方、第三方提供物流咨询、物流规划、商品运输、物流信息系统、供应链管理等综合性活动的一个供应链集成商,通过管理自身资源及外部可协调资料、能力与技术,提供系统性的供应链优化方案。

第四方物流强调供应链资源整合能力,通过其在整个供应链的主导性与话语权,以解决物流需求为基础,通过整合各类内部及外部资源,实现物流信息共享及社会物流资源利用效率最大化。在跨境电子商务持续发展的同时,跨境物流更加复杂,服务已不再局限于商品跨境空间位移需求,许多增值服务需求产生,随之涌现出一批第四方物流公司,为跨境电子商务市场提供更丰富的跨境物流服务。例如,兰亭集势在 2015 年 1 月 26 日宣布正式启动"兰亭智通"全球跨境物流开放平台,通过整合全球各地物流配送服务资源,提供开放比价竞价、全球智能物流路径优化、多种物流协同配送、自动打单跟单、大数据智能分析等综合性服务内容。速四方和出口易也属于第四方跨境物流公司范畴,整合全球物流服务资源,不仅能够提供专线物流服务,还可以提供购物车建站、货源分销、在线推广、渠道管理软件服务、在线收付、全球物流与仓储等一站式综合服务项目,并逐渐涉足大数据、信息技术及金融增值服务等。

7.3.3 跨境物流对比分析

通过分析各跨境物流模式在时效性、成本、适用性及目前的使用率等方面的表征,能够对各类跨境物流模式有较为清晰的了解,如表 7-1 所示。在主要的跨境物流模式中,国际邮政包裹与国际快递使用较早,是主要的跨境物流模式。国际邮政包裹得益于万国邮联的物流网络体系,在全球范围内网络最密集,能够辐射全球近两百个国家和地区。在跨境物流模式中,国际邮政包裹的成本最低,相应的时效性也最慢,跨境物流周期基本在一个月以上,有时甚至几个月,还容易出现丢包等问题。国际快递基于成熟的全球性国际快递公司(如 UPS、DHL、FedEx、EMS 等),在跨境电子商务市场中使用率也很高,主要得益于物流速度与时效性。

表 7-1 跨境物流模式对比

模式	时效性	成本	适用性	目前使用率
国际邮政包裹	慢	低	广	高
国际快递	快	高	广	高
海外仓	较快	较低	广	较高
边境仓	较快	较低	局限性显著	低
国际物流专线	较快	较低	局限性显著	低
保税区、自贸区物流	较快	较低	局限性显著	较高
集货物流	一般	较低	局限性显著	低
第三方物流	不确定	不确定	广	较高
第四方物流	不确定	不确定	广	较高

海外仓出现后发展极快,已成为诸多跨境电子商务企业极佳的物流解决方案,它还可以有效解决本地化及退换货需求,其使用率正处于快速上升趋势。第三方物流与第四方物流得益于专业性优势,在同一国家(地区)内应用范围较广,具有较高的发展前景,其物流时效性与成本视不同情况、企业与商品需求而不同。以规模性优势显著的保税区或自贸区物流、国际物流专线、集货物流等模式,在物流时效性与成本方面具有一定的优势,但是在适用性上具有显著的局限性,不仅体现在地理局限性、时间局限性等方面,还体现在企业局限性与商品局限性方面。不同的跨境物流模式并不存在绝对的优势或劣势,需要根据不同需求确定,不同跨境物流模式也有其最佳的适用范围。

7.4 跨境物流的运作流程

跨境物流通过各种运输方式,实现了商品从卖家流向买家的跨境空间位移,也包括最后一个环节,即配送。跨境物流是跨境电子商务生态系统的一个重要环节与要素,也是跨境电子商务交易实现的重要保障。不同的跨境电子商务模式又产生了不同的跨境物流运作流程。从整体上看,跨境物流的运作流程表现为卖家在接到订单后,会安排相应的物流企业,进行输出国(地区)海关与商检、国际货运、输入国(地区)海关与商检等活动,随后进入输入国(地区)物流,直到商品配送到消费者手中,至此跨境物流活动才结束。

无论跨境电子商务出口业务,还是跨境电子商务进口业务,按照商品流动方向,都会涉及输出、国际运输与输入环节。根据跨境物流的三大主要环节划分,跨境物流运作流程又细分为输出国(地区)物流运作流程、国际段物流运作流程和输入国(地区)物流运作流程。各物流环节都具有各自的运作流程与核心节点。

7.4.1 输出国(地区)物流运作流程

根据跨境物流商品流动方向,首先涉及输出国(地区)物流环节。根据跨境物流涉及的关键活动,输出国(地区)物流运作流程如图7-2所示。在输出国(地区)阶段的物流运作多为从供应商到跨境电子商务企业再到海关组织,商品经历多个物流节点。其中,关键节点表现为供应商的仓储环节、商品从供应商到跨境电子商务企业的物流运输环节、跨境电子商务企业所属的仓储与分拣环节、商品从跨境电子商务企业到海关分拣中心的物流运输环节、商品在海关的报关报检环节,以及商品在海关分拣中心的分拣环节。根据不同业务内容,物流环节会增多,物流运作流程会更加复杂。

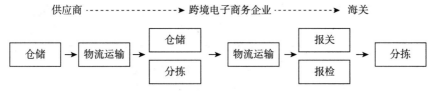

图7-2 输出国(地区)物流运作流程

跨境物流运作流程有别于境内物流,而且有着本质上的区别。跨境物流与境内一般物流最显著的不同点在于跨境,运输的货物需要经过海关出入境,此特性直接决定着跨境物流的运作方式和复杂程度。在输出(地区)物流环节,跨境物流虽然也包括传统的境内电子商务物流运作流程,但更聚焦于物流在海关环节的运作,包括报关与报检及海关分拣中心的商品分拣运作内容。

7.4.2 国际段物流运作流程

商品在完成输出国(地区)物流后,会通过空运或陆运口岸出境,然后进入国际段物流运作环节。根据跨境商品交易涉及国家(地区)的不同,国际段物流运作会涉及不同的运输方式,主要有航空运输、航海运输、公路运输、铁路运输,抑或国际多式联运等。当商品通过国际运输抵达输入国(地区)海关时,跨境电子商务企业还需要进行商品的报关与报检工作,以便商品能够通过输入国(地区)海关,进入商品输入国(地区)境内。国际段物流运作流程如图7-3所示。

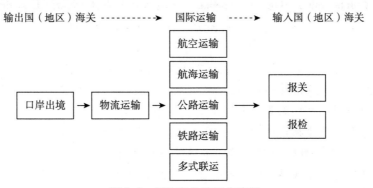

图7-3 国际段物流运作流程

7.4.3 输入国(地区)物流运作流程

商品在通过输入国(地区)海关后,会在海关分拣中心进行商品分拣。商品分拣完毕,通过物流运输到输入国(地区)物流承运企业的仓储中心,再根据购买商品的消费者具体所在地进行分拣、物流运输等运作环节。与境内电子商务物流运作流程相似,跨境物流也需要通过配送环节将商品运送到消费者手中,从而最终完成跨境物流的所有运作流程。这些物流运作均在消费者所在国(地区)境内实现并完成,相对于跨境电子商务企业所在国(地区)而言,该部分也称为输入国(地区)物流,输入国(地区)物流运作流程如图7-4所示。

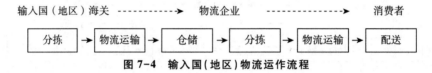

图 7-4 输入国(地区)物流运作流程

本章要点

- 跨境物流是指在两个或多个国家(地区)之间进行的物流服务。
- 跨境物流分为输出国(地区)物流、国际段物流与输入国(地区)物流三段。
- 跨境物流特征表现为物流环节多、参与主体杂、物流周期久、物流风险高。
- 跨境物流除了传统的国际邮政包裹和国际快递,还有海外仓、边境仓、国际物流专线、保税区或自贸区物流、集货物流、第三方物流和第四方物流。

重要术语

跨境物流(Cross-border Logistics)
国际邮政包裹(International Postal Parcels)
国际快递(International Express Service)
海外仓(Overseas Warehouse)
边境仓(Border Warehouse)
国际物流专线(International Logistics Special Line)
保税区/自贸区物流(Bonded Area/Free Trade Zone Logistics)
集货物流(Collect Cargo Flow)
输出国(地区)物流(Logistics in Exporting Countries/Areas)
输入国(地区)物流(Logistics in Importing Countries/Areas)

思考题

1. 试论述跨境物流的基本特征。
2. 举例简述跨境物流企业类型。
3. 试论述有哪些跨境物流模式。
4. 比较分析不同的跨境物流模式。
5. 试论述海外仓与边境仓的异同。
6. 简述跨境物流运作流程。

案例分析题

跨境物流新亮点——海外仓配和国际运输

2017年中国出口跨境电子商务取得长足发展,在传统外贸转型升级的过程中发挥着越来越重要的作用,跨境电子商务在进出口总值中的比例逐步提高。其中,出口跨境电子商务网上零售市场交易规模为1.2亿元,比上年同期增长21.2%。随着出口跨境网络零售市场的持续快速发展,行业规模越大,对产品供应链和物流的需求就越强。能够更快地提供种类丰富的商品,满足消费者的个性化需求,同时降低物流成本,是优秀出口跨境电子商务的核心竞争力。选择合适的海外仓和国际物流已经成为跨境电子商务必须考虑的问题。

跨境物流一直是困扰卖家的一大痛点,不同于境内电子商务,跨境电子商务连客户退货问题都要头疼很久;还有送货时效问题,现在不少电子商务平台对卖家的送货时效规定越来越严苛,例如Wish规定卖家必须在五个工作日内送达货物;若还是从境内发货,则明显竞争不过本土卖家,因此不少跨境电子商务卖家都会寻找海外仓合作,把货物运到当地仓库,再由当地仓库进行配送,这样不仅可以节约时间成本,也可以增强买家体验。

美仓互联的海外仓配服务就是如此,目前美仓互联在美国的达拉斯、菲尼克斯和列克星敦建成了适合B2B/B2C业务形态的仓配中心。仓储面积共计38 000余平方米,日处理订单达5万单,可以帮助跨境卖家在美国当地备货、配送,还提供FBA退货、换标、转运、分销等多元化增值服务。

为了达到更优质的售后服务体验,美仓互联还会在美国、加拿大和墨西哥投建5～7个仓库,帮助北美市场的卖家选择多方备货的方式,节省物流成本。由于美仓互联是以数据系统支撑跨境仓储物流供应链服务客户,智能选仓、配送、订单数据API传输,无形中为客户最大限度地节省物流成本、提高工作效率、提高订单的稳定性。

海外仓可以帮助不少跨境电子商务卖家节约物流成本,可这还远远不够,它也只是跨境物流领域中的一环。

货物如何从国内运到海外仓或者亚马逊的FBA仓库,头程物流是一道难题。现在国内货代参差不齐,想从中找到适合自己的物流方案无异于大浪淘沙。尤其是对eBay、Wish、亚马逊和速卖通等平台上的新手卖家和小批量出货卖家而言,发哪种国际小包划算也是非常头疼的问题。

美仓互联利用多年从事跨境物流的经验,整合国际运输、口岸清关等优势资源,建成以"海外仓配"和"国际运输"为业务基础、以"IT信息技术"为核心的跨境物流仓配一体化运营平台,为客户提供一站式全程服务。客户只需把要求告诉美仓互联,比如要运多少货、出发港和目的地、希望在多少天内送达,美仓互联就会为客户量身打造专属的物流解决方案。例如跨境小包业务,美仓互联为客户定制最优的头程物流方案,尾程通过美国邮政服务的First Class Mail运输方式派送,1～3个工作日就可以完成投递。

美仓互联提供海运拼箱、整柜、空运、快递等多种物流模式供客户选择。

美仓自由拼业务:对于需要补货、货量又不足整柜的跨境电子商务卖家而言,美仓自由拼是很好的选择。美仓互联在国内各大港口开设海运散货拼箱业务,密集稳定的船期、迅速最佳的航线帮助货物通达全球。

海运直订业务：针对货量大、需要走整柜的客户，美仓互联提供中国各大港口发往美国东、西海岸及内陆点多式联运的海运整柜服务。这一业务免去物流中间环节，有效降低物流成本，提供一站式优质物流服务，可以跨境联运到自营海外仓或是亚马逊FBA仓库。

美仓快递业务：当需要运送高价值、时效要求高的货物时，美仓快递业务可以很好地满足客户需求。美仓互联通过整合中美速递资源，将货物在国内（如上海、义乌、宁波、深圳、广州等地）集中分拣，配载上海或广州直飞航班（时效2～3天完成），在当地完成清关服务，本地派送3天内100%完成并有签收记录可查。整个流程在线即可操作下单。

思考题：
1. 试分析为何会选择海外仓实现跨境物流功能。
2. 以"美仓互联"为例，试论述海外仓与国际快递的差异。

资料来源：佚名.海外仓配和国际运输你了解多少[EB/OL].(2018-06-07)[2020-03-10].https://www.cifnews.com/article/35699.

参考文献

[1] JIAO Z. Modes and development characteristics of china's cross-border e-commerce logistics[M]//Contemporary logistics in China. Springer Berlin Heidelberg, 2016: 211-232.
[2] 鄂立彬,刘智勇.跨境电子商务阳光化通关问题研究[J].国际贸易,2014(9):32-34.
[3] 郭春荣,郑秉秀.浅析我国海关便捷通关模式[J].对外经贸实务,2006(5):61-62.
[4] 冀芳,张夏恒.跨境电子商务物流模式及其演进方向[J].西部论坛,2015(4):102-108.
[5] 柯颖.我国B2C跨境电子商务物流模式选择[J].中国流通经济,2015(8):63-69.
[6] 李金龙.义乌跨境电商保税物流平台的探索[J].中国流通经济,2015(7):30-34.
[7] 李向阳.促进跨境电子商务物流发展的路径[J].中国流通经济,2014(10):107-112.
[8] 李旭东,安立仁.跨境电商物流企业综合服务体系及其实证研究[J].中国流通经济,2015(11):49-57.
[9] 吕红.跨境电子商务零售物流问题探析[J].对外经贸实务,2014(5):87-89.
[10] 庞燕.跨境电商环境下国际物流模式研究[J].中国流通经济,2015(10):15-20.
[11] 赵广华.破解跨境电子商务物流难的新思路：第四方物流[J].中国经贸导刊,2014(26):16-20.
[12] 张夏恒,马天山.中国跨境电商物流困境及对策建议[J].当代经济管理,2015(5):41-45.
[13] 张夏恒,郭海玲.跨境电商与跨境物流协同：机理与路径[J].中国流通经济,2016(11):83-92.

第 8 章　跨境电子商务金融

[学习目标]
- 掌握跨境电子商务金融概念、主要内容及其特征；
- 掌握跨境电子商务支付概念、第三方支付概念与特点；
- 了解主要跨境电子商务支付方式的运作模式；
- 掌握跨境结汇与退税；
- 了解跨境电子商务支付的风险与防范措施；
- 掌握跨境电子商务融资内涵；
- 掌握跨境电子商务保险内涵；
- 了解B2B跨境电子商务保险运作模式。

[素养目标]

互联网金融服务的出现迎合了跨境电子商务的业务需求，同时跨境电子商务积累的海量交易数据也促使跨境电子商务金融服务不断推陈出新。在了解跨境电子商务金融发展转变的过程中，使学生认识跨境电子商务供应链融资与政府引导融资平台的重要作用；从分析个人消费融资和保险的事例中，加强学生对融资手段和信用工具的认识。

[引导案例]

打造智慧化跨境电子商务金融方案——"跨境e点通"

跨境电子商务的飞速发展带动了一批辅助业务的兴起，非银行金融机构借助迅猛发展的跨境电子商务新业态迅速进行金融创新，占领了"互联网+跨境金融"市场。然而传统银行依托雄厚实力也开始了金融创新之路，江苏银行深圳分行依靠自身丰富的金融产品和智慧交互生态，创新智慧化跨境金融服务，打造"跨境e点通"，为跨境金融交易顾客提供7×24小时的服务。

就国际业务而言，江苏银行"跨境e点通"提供快速、高效、平安的全球化的跨境服务平台，为全球顾客提供点对点、无时差、7×24小时的不间断服务。面对日新月异的跨境电子商务市场，"跨境e点通"做实智能化、便捷化等优点，为顾客提供全面跨境金融服务。其中，面对跨境电子商务企业交易频率高、交易分散的特殊性质，"跨境e点通"采用智能化的大数据管理方案，自动匹配和归集信息，降低了跨境电子商务企业的线下工作量和运营成本，提高了其管理效率和经济效益。

江苏银行"跨境e点通"积极引入工商、税务、电力、海关、统计、社保、法院、反洗钱、公积金、房价、金融等43个部门或机构数据，进一步扩大外部信息源，依托互联网和云计算平台，实现关联大数据高效交互共享，从而为包括跨境电子商务企业在内的各类型企业提供智能与便捷的定制金融服务。

江苏银行"跨境e点通"引入"互联网+跨境金融"理念,依靠多层次的产品体系,联合政府公共服务平台、各类第三方数据平台,引入顺丰物流、跨境电子商务企业和第三方支付机构,共同搭建起生态化的银行交易平台。通过该平台,可以为客户提供7×24小时全天候多币种线上收付汇、结售汇、信息报送、款项清分等"一条龙"的跨境金融综合服务。

自推广以来,"跨境e点通"得到社会各界的认可与肯定,也荣获诸多殊荣:入选前海管理局2017年度金融创新优秀案例,亮相深圳"一带一路"跨境金融服务论坛,参展深圳市第十一届金融博览会。

资料来源:章俊,裴晓峒,卢亮.江苏银行深圳分行亮剑"跨境 e 点通"打造智慧化跨境金融综合方案[EB/OL].(2018-01-15)[2019-03-10].https://www.sohu.com/a/216698064_161795.

商业活动离不开金融要素,跨境电子商务交易也需要包括支付在内的金融业务。为了适应与满足跨境电子商务业务所需,跨境金融业务应运而生。跨境电子商务金融满足了跨境电子商务活动所需的资金流,助力跨境电子商务更好地发展。除了依托平台提供基本的支付业务,跨境电子商务金融内涵还很大,需要对其进行详细的梳理。

8.1 跨境电子商务金融及其特征

8.1.1 跨境电子商务金融的内涵

电子商务金融是电子商务业与金融业根据各自发展需要逐渐结合产生的业态,包括电子商务运营全过程所涉及的各种金融服务,如融资服务、账户预存款服务、互联网支付服务、货币兑换服务及各类中间业务。

电子商务金融的主要特征包括:第一,金融服务基于互联网媒介,使得金融服务透明度更高;第二,金融服务基于电子商务活动,参与者普遍更加理解互联网经济,使得金融服务协作性更好、普惠性更强、运作成本更低、服务更便捷;第三,电子商务金融更容易有效利用社会小额资金或闲散资金,这也为个体或小微企业拓展了融资渠道。

跨境电子商务作为新兴业态逐渐兴起,其发展同样离不开金融服务的支持,因此跨境电子商务金融也日渐形成。"互联网+"引发了时代巨变,过去的金融服务已经不能适应跨境电子商务这样的新兴行业的金融需求,金融业需要提供适应于跨境新业态发展的金融产品,包括贸易融资服务、跨境支付服务、外汇管理服务及保险服务等金融活动,这对金融业提出了新的要求。

狭义上,跨境金融即跨境电子商务金融,是指在电子商务金融基础上围绕跨境电子商务活动进一步产生的跨境支付服务、贸易融资服务、外汇管理服务及保险服务等金融活动。根据跨境电子商务金融的定义,其涉及的主要内容包括跨境电子商务支付、跨境电子商务融资、跨境电子商务保险等。广义上,跨境金融也常常被用于指代跨越关境的各类型金融活动,远远超过跨境电子商务范畴。

1. 跨境电子商务支付

跨境电子商务支付是由于国际贸易与投资及其他原因所形成的国际债权债务,债权人与债务人分属两个以上的国家和地区,因此要求合适的支付媒介或手段实现资金跨国家或地区的转移,跨境电子商务支付往往涉及国家或地区之间的汇率换算与货币兑换等相关事宜。比如,当中国买家从跨境电子商务平台上购买境外商家产品,或者境外买家购买境内卖家产品时,由于使用货币不同,需要合适的支付媒介或手段实现资金跨国家或地区的转移,使得资金从购买者流向销售者,最终完成跨境交易。跨境电子商务支付多应用于传统国际贸易中,多以线下支付为主,金额较大,涉及主体多为组织形式,一般可包括电汇(T/T)、信用证(L/C)、托收(D/P,D/A)、西联汇款等支付方式。

跨境电子商务支付方式分为两大类:一类是线下支付,主要是通过国际性商业银行及各类专业汇款公司来承担,一般适合于金额较大的跨境 B2B 交易;另一类是线上支付,主要是通过境内外第三方支付机构、国际性商业银行信用卡及其他线上支付方式支付。一般而言,线上支付设有交易额限制,因此比较适合 B2C 和 C2C 这两类小额的跨境零售。

线下支付是相对于线上支付而言的,具体支付工具有信用证、托收、电汇、西联汇款、速汇金、香港离岸账户等。线上支付则是基于互联网的各类新兴支付方式,主要支付工具有国际信用卡、PayPal、Secure Payment、Cashrun Cashpay、Payoneer、Moneybookers、WorldFirst、Paysafecard、Sofortbanking、MOLPay、Onecard、CashU、NETeller 等。线上支付工具除了国际信用卡,大部分具有第三方支付的特征。

2. 跨境电子商务融资

跨境电子商务融资的主体一般可包括各类型跨境电子商务综合服务平台或专业服务平台,从事跨境电子商务交易的个体工商户和企业,以及从事跨境购物的消费者等。

(1) 针对跨境电子商务买家的小额消费金融。针对跨境电子商务买家的小额消费信贷主要有两种方式:一是跨境电子商务平台提供的小额个人信贷业务,跨境电子商务企业单独或与银行合作筹建消费金融股份有限公司,提供个人消费信贷;二是类信用卡业务,大多商业银行网上商城都支持消费分期付款业务,部分商业银行还推出支持商城消费的个人权利质押贷款、个人小额信用贷款等小额消费金融产品。

(2) 针对跨境电子商务卖家的融资业务主要有以下三种方式:

一是在线融资。跨境电子商务通过互联网信息系统完成订单、支付、物流信息等流程,各类商务信息严格匹配、可查询追溯。跨境电子商务卖家通过线上操作即可完成融资申请材料报送及还款等流程;金融机构则通过对接互联网信息系统获取跨境电子商务卖家的交易数据,根据在线数据分析建立科学授信模型,进而进行授信审查、审批、放款及贷后检查等流程。上述流程既可降低电子商务企业的融资成本,又可高效满足跨境电子商务卖家对金融服务的要求。

二是供应链融资。跨境电子商务供应链融资是指在跨境电子商务的整个交易链条中,以信用高、实力雄厚的跨境电子商务平台企业为中心,为平台相关企业提供金融产品和金融服务的模式。跨境电子商务平台企业积累了大量跨境卖家与买家的交易信息和资金数据,也掌握着物流企业和产品(及服务)提供商等相关企业的关键信息。跨境电子商务平台企业根据上述在线数据分析建立授信模型,进而提供供应链融资服务。

三是信用担保。这主要是指跨境电子商务平台企业为用户提供担保的跨境电子商务金融服务形态。具体包括两种类型:一种是交易担保,为了确保平台交易双方的资金安全,平台企业在跨境电子商务交易中提供交易双方的信用担保;另一种是融资担保,平台企业与商业银行合作,利用平台企业上用户的信用数据,商业银行向跨境电子商务平台的用户授信。

(3) 针对跨境电子商务平台的融资业务。大中型跨境电子商务服务平台企业所需融资量级较大,传统模式是通过商业银行实现大规模信贷融资,但这种间接融资方式的利率水平较高,会提升企业的债务水平,因此现代企业的大规模融资更倾向于采取直接融资方式,例如通过股票上市方式在不提升债务水平的前提下优化资本结构,或者借助债券市场发行企业债券来降低融资成本。鉴于直接融资的明显优势,该类型金融服务的需求大幅增加。随着跨境电子商务行业的超常规发展,跨境电子商务大中型平台企业逐渐成为天使投资、风险投资和私募股权投资所重点关注的领域,股权融资将成为跨境电子商务平台企业重要的融资渠道。同时,随着跨境电子商务寡头平台企业的逐渐出现,预期将有越来越多的跨境电子商务平台企业寻求境内外上市融资。

3. 跨境电子商务保险

跨境电子商务流程相对境内电子商务而言更为繁杂,保险的必要性更加突出。B2B 跨境电子商务已经存在相对成熟的以国际货物运输保险为核心的涉外经济保险。但目前,对于跨境电子商务 B2C 和 C2C 的跨境电子商务保险还处于发展初期。近年来,一些针对个人买家的跨境电子商务保险开始出现。例如,针对跨境物流可能存在的丢失包裹现象,产生了跨境电子商务保险产品需求;有的专业公司推出"跨境电子商务生态保险",形成了海关报关清关、检验检疫、跨境运输、海外仓储、采购分销等五大类产品体系;有的跨境电子商务平台为卖家推出"跨境电子商务物流险",这在一定程度上降低了卖家风险。

8.1.2 跨境电子商务金融发展现状

1. 跨境电子商务外汇收支日益便捷

(1) 境内主要跨境电子商务的外汇收支渠道已经打通。第一种情形,具有进出口资质的跨境电子商务企业,在外汇管理局有名录登记,可以自行在相关金融机构办理外汇收支业务;第二种情形,参与跨境贸易并纳入"支付机构跨境电子商务外汇支付业务试点"管理的中小经营主体,外汇相关业务由支付机构集中为中小经营主体办理;第三种情形,跨境个体工商户,既可开立个人账户,参照个人外汇结算方式在银行办理相关外汇业务,也可由支付机构集中为中小经营主体办理相关外汇业务。自然人往往借由支付机构办理付汇相关业务。

(2) 跨境电子商务外汇支付限制日益下降。跨境电子商务外汇支付金额限制大幅提升,跨境电子商务外汇支付获批机构数量也增加了。2015 年以来,国家外汇管理局调整支付机构单笔交易的支付上限,经调整后的单笔支付限额从 10 000 美元提升到了 50 000 美元。

(3) 跨境电子商务人民币跨境结算得到推广。2013 年,国家试点人民币跨境结算业务,通过金融机构与支付平台业务扩展与合作,不断丰富人民币跨境结算的业务类型与适用市场主体,推动人民币跨境贸易收付及海淘支付等业务。跨境贸易人民币结算业务给跨境电子商务企业提供了良好的跨境收付渠道。

2. 传统银行涉足跨境电子商务金融业务

跨境电子商务企业，尤其是小额交易居多的跨境 B2C 电子商务企业，对于个性化金融产品和服务的需求越来越迫切。跨境电子商务通过信息平台将信息流、货物流及资金流等整合在一起。商业银行面临前所未有的大数据，如何筛选、识别、审核数据，并针对大数据提供新的个性化的金融产品和服务，是其面临的新问题。

针对跨境电子商务的金融产品和服务，商业银行开始通过与第三方支付机构合作，提供国际收支申报和结售汇业务。当前商业银行逐渐与跨境电子商务平台企业和数据科技公司合作，构建大数据金融体系，从而推出更加符合当前 B2B、B2C 模式的跨境电子商务支付、融资等服务。商业银行通过参与各地区自贸区（港）建设，推出了跨境电子商务金融产品和服务方案。

但同时，商业银行相对于互联网企业而言，信息技术储备尚不充分、客户体验欠佳；跨境电子商务业务多样化、用户金融需求个性化，导致当前商业银行所提供的金融产品和服务跟不上形势所需。从跨境用户来看，由于商业银行的跨境电子商务金融发展时间较短、技术储备不足、服务理念有待加强，商业银行所提供的跨境电子商务金融产品和服务影响力相对较小。

3. 互联网金融与跨境电子商务融合加剧

随着互联网技术的成熟，跨境电子商务企业与互联网金融融合日益紧密。作为新兴行业的跨境电子商务深深植根于互联网，更加需要匹配的互联网金融而非传统金融。得益于互联网和金融行业的创新发展，第三方支付等新兴金融企业积极拥抱"互联网+"，服务于跨境电子商务企业的个性需求，实现了金融行业的新发展。第三方支付平台的跨境电子商务交易服务和海量数据信息，往往将银行等传统金融机构排除在外。在此背景下，银行等金融机构也逐步运用互联网技术和互联网思维，推出适用于跨境电子商务交易的互联网金融新模式。互联网和跨境电子商务的发展，正深刻地改变着整个金融行业。

4. 大数据引领跨境电子商务金融创新

首先，通过互联网海量大数据实现精准信用评估，大幅降低信贷成本和信贷风险，进一步扩大消费金融市场，促进跨境交易和消费；其次，通过互联网大数据创新金融产品或者优化已有金融产品，跨境电子商务交易所产生各类数据的结合使金融服务不断推陈出新；再次，利用大数据细致划分跨境电子商务金融市场，为客户提供个性且精准的金融服务，实现客户智能化管理；最后，通过互联网海量大数据全过程精准分析财务情况，为跨境电子商务企业提供有效财务决策信息和依据，从而提升企业经营效率、控制经营成本。

大数据金融、第三方支付、消费金融、供应链金融等互联网金融与跨境电子商务都有较为密切的联系。互联网巨头借助大数据技术的迅猛发展，凭借平台海量的资金流、客户流及信息流，快速发展其金融事业板块，对以商业银行为代表的传统金融机构形成显著冲击，迫使其加快变革。各大传统商业银行加大对大数据技术的研发、创新、应用力度，开始立足于电子商务平台和跨境电子商务平台进行专业的金融服务。通过利用互联网和大数据技术的优势，传统商业银行显著优化了金融服务流程和模式，提高了业务处理效率，增强了客户体验感。

8.1.3 跨境电子商务金融的主要特征

1. 互联网技术是跨境电子商务金融产生的基本条件

随着互联网技术的提升与普及,信息可以更快速地被传递,信息处理的速度也得到明显提高。通过运用互联网技术,传统商业活动实现了网络化操作,跨境电子商务得以迅速崛起,并且发展迅速。金融服务也实现了电子化运作,在不断提升技术、拓宽服务渠道的过程中,出现了新的经营模式,随之互联网金融得到飞速发展。互联网具有诸多良好特质,例如开放、共享、平等与合作,这些特质可以有效连接电子商务与互联网金融,传统金融也在不断发生变化,形成跨境电子商务金融模式。基于跨境电子商务平台,金融需求不断扩大,金融服务也在快速提升,不断向新的层级迈进。

2. 互联网金融是跨境电子商务金融的主要表现形式

随着互联网、大数据、云计算等技术的日益发展和相互交叉,互联网金融业态逐渐丰富和成熟,发展出我们熟悉的第三方支付、消费金融、P2P、众筹、供应链金融等。互联网金融通过线上服务促进跨境电子商务企业提高交易效率、控制交易成本,同时通过丰富的应用场景有效提升其他各类型实体经济的交易效率和经营效益。与此同时,传统金融业务整合新兴技术形成的新金融业态演化之后进一步走向普惠金融。在传统商务与互联网结合后,跨境电子商务企业对金融服务的需求变得更加多样化,而互联网金融的出现在很大程度上满足了金融服务的多样化需求。

跨境电子商务覆盖面非常广,加上没有过高的门槛,深受中小微企业的青睐,为个体工商户带来了诸多创新机会,它们利用跨境电子商务平台开始从事跨境贸易。但是,进入门槛只是第一步,并不意味着这类群体可以成功开拓跨境贸易。这类群体最大的劣势在于缺乏足够的经济实力,以致在经营过程中承担着更大的风险,一旦出现资金周转困难,就很难从银行获得贷款,而互联网金融的出现无疑为这类群体带来了新的机遇。互联网金融公司掌握的信息更加透明,贷款程序简单而高效,覆盖的客户范围更广,真正实现了普惠金融。如今,互联网金融公司和商业银行都将发展目光放到境外,希望快速拓展跨境电子商务金融业务,两者在拓展业务的过程中各具优势。商业银行一直以来为客户提供结算服务,因而在资金结算方面拥有丰富的经验,技术上也存在突出优势。商业银行完全可以凭借其优势,结合互联网思维,为客户提供快速、便捷的资金结算服务,并以此为切入点,进入跨境电子商务生态圈,开发跨境电子商务金融支持平台,推出创新金融服务,满足跨境电子商务的需求。互联网金融公司同样具备发展优势,它们可以打破传统金融行业的经营常规,实施更加灵活的创新活动,为跨境电子商务企业提供个性化金融服务。以铜掌柜为例,该机构是一家互联网金融平台,其业务专注于跨境电子商务金融服务,主要凭借自身强大的数据分析能力,为跨境电子商务企业提供供应链金融服务,在该类服务的基础上设计出完整的交易闭环,并且不断挖掘衍生金融服务,走金融创新之路。

在线支付尤其是第三方支付,是互联网金融为跨境电子商务提供的基本服务之一。跨境电子商务平台的发展经历了几个阶段,在最初的发展阶段,跨境电子商务平台主要是为商品买卖双方提供交易场所,通过该平台,双方不仅可以达成交易,还可以随时沟通。但是,网络平台上的交易与传统线下交易最大的不同在于难以实现一手交钱一手交货。

由于存在信息不对称,交易双方都面临较大风险,以至于很难达成交易。这就要求有一种新的支付方式,也就是第三方支付服务,即买家先将货款交给电子商务服务中介平台,等到买家收到卖家发的货后,中介平台再将货款交给卖家。这样,交易双方的风险都在一定程度上得到了规避。第三方支付也成为电子商务平台开展金融业务的第一步,在业务不断增加、规模不断扩大之后,电子商务平台不仅拥有了足够强大的经济实力,还拥有了大量客户资源,不仅对它们的经营情况了如指掌,还非常清楚它们的资金流,以及可能存在的风险。在大数据和云计算技术的帮助下,电子商务平台通过有效路径,成功步入金融领域。基于第三方支付服务,电子商务平台开始为客户提供包括小额贷款在内的各项互联网金融服务,并且不断向金融领域挺进,等到一定阶段后,它们也为客户提供理财等增值服务。

3. 信用风险可控是跨境电子商务金融产生的重要保障

跨境电子商务要想实现长久发展,最关键的是其交易双方要做到诚信。相对于境内电子商务,跨境电子商务中的交易双方存在更难把控的风险。跨境物流存在较大风险,在经过海关时,还存在诸多不确定因素。交易双方在不同的国家和地区,难以面对面交流,远程交互方式虽然能够解决基本交流,但无法有效增进双方互信。参与者的信用问题成为阻碍跨境电子商务行业发展的难题,信用风险可控就是说跨境电子商务交易对象总体上能够按照约定履行承诺。跨境电子商务中交易双方无论是在地域、文化方面,还是在交易习惯方面都存在较大差异,而网络交易中货物和资金的不同步,常常出现付款之后货物没有收到,或者货物已经发出但是没有收到货款等情况。金融机构或者跨境电子商务服务平台在提供第三方支付服务的过程中,缺乏对跨境交易者的了解,对他们的信誉和信用没有足够的认识,以至于无法对交易中的实际情况予以确定。不同的国家存在不同的信用状况,因此,建立跨境信用保障体系非常必要。

总体而言,当前国际政治形势保持和平稳定的趋势,国际经济形势也基本处于增长态势,这决定了全球主要国家和地区之间的关系整体上处于友好或克制状态。便捷而具有公信力的国际信用卡、第三方支付方式的出现进一步降低了跨境电子商务信用风险。在这种情形下,跨境电子商务发展所依赖的国际信用风险总体可控。虽然跨境电子商务面临着较为严峻的信用风险,然而没有信用风险可控就没有如今跨境电子商务的大发展。这为中国跨境电子商务卖家拓展国际业务提供了一个最基本的经营准则:谨慎对待信用风险不可控国家的买家。

8.2 跨境电子商务支付及其风险防范

8.2.1 跨境电子商务支付的内涵

1. 跨境电子商务支付产生的背景

随着跨境电子商务的发展,跨境电子商务平台上的用户数量不断攀升,跨境电子商务的总体交易额呈现快速上升的趋势。因此,对资金结算服务的需求不断扩大,这就为提供跨境电子商务支付的金融机构带来了巨大的发展机遇。目前,全球经济一体化,各国之间的经济往来频繁,跨境电子商务支付越来越不容忽视,在整个支付体系中的地位也在不断提高,成为现代金融体系的重要组成部分。

传统国际贸易中所使用的结算方式难以满足跨境电子商务的交易需求。这主要是因为跨境电子商务交易单票金额较小、批次多,每批的结算量较小。传统结算大多采用电汇、汇付、信用证和托收等结算方式。这些结算方式主要基于商业信用,以至于应用于跨境交易时,出口商往往承受较大的风险,一方面大量资金被占用,另一方面很难获得贸易融资。在结算方式中,信用证依托于银行信用,风险较低,同时可以为出口商提供融资服务,但是其手续繁杂、费用较高。而跨境电子商务每笔交易的金额非常有限,无法承担传统贸易结算中高昂的手续费,因此,要求出现一种针对小额国际贸易的第三方支付。随着跨境电子商务的发展,无论是传统商业银行,还是互联网金融机构,都将发展目光投向跨境第三方支付业务。传统贸易支付方式与新兴的第三方支付方式就基本构成了如今的跨境电子商务支付。

2. 跨境电子商务支付的概念

跨境电子商务支付是指涉及至少两个国家或地区,交易双方开展国际贸易、投资或者其他交易,产生跨境债权债务,需要进行资金的跨国家或者跨地区移动,运用支付和结算工具的过程。

跨境电子商务支付主要采取线下支付和线上支付的方式,除 B2B 大额交易保留线下支付方式,其他跨境电子商务模式基本采取线上支付方式,尤以第三方支付方式为主。

第三方支付是指有一定实力和信誉保障的机构,通过互联网技术提供使商家和银行建立有效连接的服务,从而促成买卖双方完成交易的网络支付模式。提供第三方支付业务的机构必须满足一定的条件,该机构必须拥有足够的实力和良好的信誉,作为业务开展的重要保障,同时需要与境内外各大银行签约,以此增强交易双方的信用。这样就等于在银行结算环节增加一个中介,在跨境交易过程中,买方将货款付给中介之后,中介通知卖家发货,等到买家收到货物之后,中介再将货款付给卖方。在交易中,双方都受到中介的约束。为了确保网络交易安全,交易双方都愿意寻找可信赖的第三方中介,为他们提供公平交易的服务保障。实际上,中介机构成为交易双方资金支付的过渡账户,资金实现可控性停顿。而中介机构虽然起监督作用,承担保管职责,但是并不需要承担相应的风险,仅仅提供支付托管服务。

第三方支付存在诸多特点,具体如下:

第一,功能整合,交易便捷。第三方支付平台存在多个应用程序接口,在同一界面上存在多种支付方式;在结算中,第三方支付平台会与银行对接,不仅保证网上交易更加安全,而且为交易双方提供了便利。

第二,认证简便,成本更低。由于第三方支付平台的出现,网络交易变得更加简单而便利,交易双方更容易接受。在交易过程中,电子商务认证授权机构不再需要对双方进行认证,双方在交易过程中的交涉都可以通过第三方来达成,这样不仅简化了交易过程,还大大降低了交易成本。

第三,降低交易信用风险。第三方支付平台的背后是实力强大的门户网站,并且与银行建立合作关系,拥有足够的信用作为依托。通常情况下,第三方支付平台拥有良好的信用保障,交易双方都对其足够信赖。因此,第三方支付平台的出现,有效解决了网络交易中存在的信用问题,使得电子商务得以突破发展阻碍。

从商家角度来看,因为出现了第三方支付平台,商家就可以避免发货之后得不到货款的情况发生,而且客户通过第三方支付平台可以选择多种支付工具,商家不需要在多个银行开设账户,营运成本得以降低。过去,中小企业无法与银行网关建立接口,而如今,在第三方支付平台的帮助下,中小企业可以获得便捷的支付服务。

从客户角度来看,因为出现了第三方支付平台,客户就可以避免付款之后得不到货物的情况发生,而且还可以在一定程度上保障货物质量。此外,客户不需要按照商家的要求在指定银行开设账户,大大节省了网络购物的成本。

从银行角度来看,因为出现了第三方支付平台,银行不仅扩展了业务范围,而且不需要维护大量的企业网关接口,营运成本得到明显降低。

由此可见,第三方支付模式的出现,对于网络交易中的各方主体都是有利的,因而可以有效推动网络交易快速发展。

8.2.2　跨境电子商务支付的主要方式

目前,在跨境电子商务支付方面,多种支付方式并行发展,支撑着跨境电子商务的迅速发展。跨境电子商务支付可以分为传统支付方式、电子支付方式和移动支付方式。其中,电子支付方式和移动支付方式一般不直接进入卖家银行账户,大多是第三方支付方式或依赖于第三方支付方式。在支付方式的选择上,B2B跨境电子商务较为依赖传统支付方式,B2C和C2C这两类跨境电子商务采取的主要是电子支付方式,即通过境内外第三方支付机构、国际商业银行信用卡、境内外支付机构及其他线上支付方式支付。此外,智能手机已经在全球范围内得到普及,电子支付方式越来越多地演化为移动支付方式。

1. 传统支付方式

传统支付方式主要有信用证、托收、电汇、香港离岸账户等方式。国际贸易中比较常用还有西联汇款、速汇金等业务,由于交易双方必须到线下柜台完成操作,交易模式过于传统,因此这两种支付方式已不适用于跨境电子商务支付。

2. 电子支付方式

当前B2C和C2C这两类跨境电子商务采取的支付方式主要是电子支付方式。全球性电子支付方式主要有国际信用卡、Secure Payment、PayPal、Cashrun Cashpay、Moneybookers、Payoneer、WorldFirst、NETeller等。此外,一些区域性电子支付方式,在涉及特定地域范围时也会被使用,比如欧洲的Paysafecard和Sofortbanking、中东的CashU和Onecard、东南亚的MOLPay。

(1) 国际信用卡支付。国际信用卡消费在当前非常流行,特别是在欧美发达国家。国际信用卡一般使用的结算货币是美元,可以进行透支消费。目前,比较常见的国际信用卡有Visa和Master Card等,这些信用卡在国内银行可以办理。

(2) Secure Payment。Secure Payment是阿里巴巴针对国际贸易资金安全提供的支付服务。Secure Payment与第三支付平台Alipay建立合作关系,相当于国际支付宝服务,为在线交易提供资金支付的安全保障,同时保护买卖双方进行在线交易,以及解决交易中出现的资金纠纷问题。

（3）PayPal。PayPal是目前跨境电子商务平台线上的重要支付方式。只有完成注册，成为其用户，并且绑定信用卡，使用信用进行充值，才能使用PayPal支付。支付过程不需要经过银行网关，买家如果需要拒付，可以直接在线操作，对其信用没有任何影响。通过PayPal，卖家不仅可以在外贸交易活动中完成收款，还可以对交易进行跟踪、完成提现等各种操作。

（4）Cashrun Cashpay。Cashrun Cashpay即恺世宝，其产品分为现金盾和现金付。现金盾是一个反欺诈的风险控制系统，通过对大量订单进行快速、有效的审核，识别欺诈性订单并做出合适的反应。现金付使得商家能够接受PayPal、Moneybookers等支付渠道的交易，并在三天之内把款项偿还给商家。

（5）Moneybookers。Moneybookers是知名网络电子银行。Moneybookers以邮件名作为账户名，注册完后就可以收付款，这对于没有信用卡的用户来说非常方便，账户激活后，便可以取现到国家（地区）内银行。

（6）Payoneer。Payoneer是具有万事达卡发卡资格的机构，其主要业务是为支付人群提供简单、安全、快捷的转款服务。Payoneer预付万事达卡可在全球任何接受万事达卡的POS机刷卡、在线购物或者在自动取款机取出当地货币，帮助用户将资金转移到全球各地，以及为用户提供美欧银行的收款账户，适用于交易频繁且资金额度小的跨境卖家。

（7）WorldFirst。WorldFirst是世界知名衍生品交易平台之一，提供外汇、期货及贵金属等品种的便捷交易服务，在主要国际金融中心设有分支机构，可以为客户提供24小时的中文电话服务。WorldFirst接受个人或公司申请，提现时WorldFirst会自行转款到卖家绑定的法人账户、私人账户或者对公银行卡里。

（8）NETeller。NETeller是在线支付解决方案平台，该平台既可以视为一个电子钱包，也可以视为一种支付工具。客户开通NETeller账户后将资金汇入该账户，凡是接受NETeller付款方式的互联网平台，客户交易时均可以不再输入银行卡账号等敏感信息，这大大增强了资金的安全性。

3.移动支付方式

随着智能手机的日益普及，电子支付方式逐步向移动支付方式发展。电子支付方式与移动支付方式并没有本质区别，但移动支付方式显著受到智能手机操作系统兼容性的影响。跨境电子商务移动支付App主要包括iPayment MobilePay、Square、PayPal Here、Google Wallet、Intuit GoPayment、LevelUp、ISIS、Boku、PayAnywhere、mPowa、MCX等。其中，LevelUp、ISIS、PayAnywhere、MCX等需要通过读卡、扫描或近场通信的方式完成支付，在各类跨境贸易活动中应用有限。

（1）iPayment MobilePay。iPayment MobilePay能够接受主流支付卡并记载相关支付数据，还能够以便捷的方式帮助使用者建立顾客资料数据库，帮助使用者更好地服务客户。

（2）Square。Square是一款便捷信用卡支付App，适用于苹果系统。该App能够帮助用户跟踪销售额、税金等数据，同时也能够记载相关交易数据。

（3）PayPal Here。PayPal Here可以接纳多类型支付方式，包括PayPal、主流信用卡、支票等。该 App 能够明晰地记载交易数据，便利地计算税金，显示和提供折扣信息，管理支付邮件通知单。该 App 可以兼容苹果系统和安卓系统。

（4）Google Wallet。Google Wallet 即谷歌钱包，是一种虚拟钱包。谷歌钱包通过销售终端的 NFC 读卡机，实现买家在实体店进行手机支付。通过谷歌钱包，商家可以展示优惠商品；使用谷歌钱包的 Instant Buy 功能，买家可以在商家的移动网站上快速地完成结算。

（5）Intuit GoPayment。Intuit GoPayment 接受信用卡、支票等支付工具，可与 QuickBook 和 Intuit 公司的其他销售终端产品同步使用，兼容安卓系统和苹果系统。

（6）Boku。Boku 是全球最大的运营商支付公司，其用户通过 Boku 访问手机号码，能够从手机话费中扣除他们购买商品的金额，而无须提供信用卡号码、银行账号等信息，也无须注册。

（7）mPowa。mPowa 是一家银行卡移动支付服务公司。通过 mPowa，用户可以使用信用卡、借记卡和支票进行支付。

8.2.3 跨境电子商务结汇与退税

随着参与者的不断增加以及市场的不断挖掘，跨境电子商务企业的利润开始出现下降趋势。其实出口退税"被忽视"，也是跨境电子商务企业利润下降的重要原因。

1. 跨境电子商务结汇

B2C 跨境电子商务企业由于交易频次高、金额小的特点，大多直接依托跨境电子商务平台（如阿里巴巴一达通平台）进行结汇，或是依托跨境电子商务平台相关的第三方支付平台进行结汇。B2B 跨境电子商务企业结汇则与传统出口贸易结汇的方式一样。

（1）B2B 跨境电子商务企业结汇。

出口结汇是指收款人收到外汇后，将其卖给银行，兑换成等值的人民币。通常情况下，经常项目下的外汇收入都需要兑换成人民币，除非有特殊规定或者经过特殊核准；而资本项目下的外汇收入，如果没有特殊规定或者核准结汇，就不能办理结汇。由于规定不同，因此对于外汇收入所属的项目需要进行严格区分。银行在办理结汇或者入账手续前，首先要对外汇收入的性质予以确认。如果外汇收入的性质无法准确区分，则按照资本项目外汇收入处理。出口结汇主要有以下三种方式：

一是收妥结汇。简单来说就是先收后付，是指议付行对出口企业的各项单据进行审查，确定无误后将单据寄出，并索要货款，等到付款行将货款拨入议付行后，按照当日汇率将外汇货款折算成人民币，支付给出口企业。目前，我国主要使用这种结汇方式，特别是对于电汇索汇业务，因为通过电汇这种方式索汇时间较短。

二是定期结汇。定期结汇是指议付行计算境外付款行完成货款索要的时间，留出充足的结汇时间，到结汇期限后主动将票款金额按照当日外汇牌价折算成人民币，支付给出口企业。

三是出口押汇。出口押汇也称买单结汇，是指议付行对出口企业的单据进行审核，如果没有发现问题，就会按照信用证条款将这些单据买下，并且扣除议付日到收款日之间的利息，将余下款项折算成人民币支付给出口企业。在这种结汇方式下，议付行为出口企业垫付资金,将单据和汇票买入,再凭借这些单据和汇票向付款行索要货款。银行提供出口押汇服务,实际上是为出口企业提供资金融通服务。

(2) B2C 跨境电子商务企业结汇。

由于 B2C 跨境电子商务企业的交易分散、交易金额小,因此传统出口贸易的结汇方式并不适用于该类。目前 B2C 跨境电子商务企业常见的结汇方式有以下几种:

一是集中报关结汇。这种方式把小额跨境交易集中结汇,适用于部分大型跨境电子商务平台。这样既可以按一般的贸易方式进行结汇,也可以按照常规实现退税。目前阿里巴巴的速卖通平台推出了面向国内 B2C 卖家的集中结汇业务。该平台可以将订单合并进行报关结汇,同时可以为卖家办理退税业务。

二是依托第三方支付平台结汇。在境外 B2C 跨境电子商务平台交易后进行结汇往往要依托第三方支付平台。第三方支付平台能够汇总和集中办理 B2C 交易结汇业务,并为其节约结算费用。境外主流跨境电子商务 B2C 平台均有合作的第三方支付平台,但是由于不同国家(地区)有不同的外汇监管要求,第三方支付平台关于跨境电子商务平台的结算方式和结算货币存在差异。需要注意的是,并不是所有第三方支付平台都支持境内提现,部分支付平台需要使用境外账户收汇。

三是境外账户结汇。一些跨境电子商务平台需要买家开立美国账户或中国香港账户,境外账户收款后再转款至境内账户并进行货币兑换。但是境外账户收款脱离境内外汇监管,会造成监管中断,外汇汇入时由于缺少相应结汇业务操作而无法完成出口退税。需要注意,在出现 B2C 交易纠纷时,跨境电子商务企业境外账户可能会被境外法院冻结。另外,企业注册境外账户时往往手续烦琐,费用较高。

2. 跨境电子商务退税

对于大宗跨境电子商务和"海外仓"而言,出口退税会带来巨大利润,但以"零售"为主的跨境电子商务出口企业往往以小包或快递直发到目的地,基本无法退税。国家为鼓励跨境电子商务出口,陆续进行了政策创新,出台跨境电子商务出口退税相关政策,并且基于跨境电子商务批次多、批量小的特点,出台"免征不退"的政策。上述政策启动后,大量跨境电子商务出口企业可以选择跨境电子商务模式通关并能顺利结汇及享受出口退税,也可以享受"免征不退"政策。

(1) 跨境电子商务出口退税。

第一,出口环节税收征退的形式具体如下:①出口免税和退税,主要是指免去出口过程中存在的增值税,并且退还出口之前承担的税负;②出口免税不退税,指在出口环节没有对货物征税,因此也不需要退税;③出口不免税也不退税,出口不免税主要针对某些限制出口的货物,这些货物即便出口也将其视为内销,并按照正常流程征收相应的税收,不退税是指对于限制出口的货物在出口之前承担的税负并不会退还。

第二,出口退税货物应具备的条件如下:①必须在消费税和增值税范围内;②必须是已经报关离境的货物;③必须是财务已做销售处理的货物;④必须是出口收汇并已核销的货物。

第三,出口货物退税的方法有免、抵、退。"免"指生产企业直接参与到出口活动中,出口自产货物,货物在生产销售环节存在的增值税将不予征收。"抵"指出口企业自产货物在生产环节所消耗的各种原材料等存在的进项税额应予以抵扣。"退"指出口企业自产货物,如果当月需要缴纳的税额小于可以抵扣的税额,那么超出部分税额应予以退回。

第四,出口退税的流程以及需要准备的材料。

出口退税的流程:与供应商确认出口商品的发票名称、数量;与供应商确认开具发票的到位时间;准备出口货物的资料;报关出口;出口退税的备案申报;审核;税款退付、退税清算。

出口货物报关需要准备的资料:报关合同、商业发票、装单箱资料、电子报关单,委托报关的还需要一份委托报关书。

出口退税需要准备的资料:采购合同、采购增值税专用发票、装箱单、代理报关委托书、报关单、销售合同、出口发票、形式发票、物流提运单及结汇水单或收汇通知书;如果产品需要商检,还需要提供产品的商检单。

有资格办理出口退税的企业:有工商登记(营业执照)、税务登记、对外贸易经营者备案的外贸企业或者生产企业,或者有工商登记(营业执照)、税务登记、无外贸经营者备案的生产企业。

跨境电子商务从业者基本是小型公司,退税面临诸多问题,它们可以将退税业务外包给专业服务平台,提高退税操作效率,同时不必配置和培养专门的办理退税人员。

对于跨境电子商务,即便出口的货物并不符合出口退税的条件,只要符合以下三个条件,小规模纳税人也可以享受免税政策:①跨境电子商务已经按照要求在税务部门完成登记;②在出口过程中已经在海关处获得报关单;③出口购进的货物拥有合法进货凭证。

第五,出口退税率。出口退税的实际金额根据实际退税率计算,不同的货物享有不同的退税率,退税率是国家规定的。

(2)综试区 B2C 跨境电子商务"免征不退"。

许多卖家在 B2C 跨境电子商务平台销售的是尚未取得进货凭证的商品,难以正常办理退税。为解决该难题,2018 年国家针对跨境电子商务综合试验区(以下简称综试区)的 B2C 出口制定了"免征不退"政策。综试区对于上述尚未取得进货凭证的商品,如符合下列三项条件的,试行免征消费税、增值税政策:①综试区注册的企业,在跨境电子商务综合服务平台登记交易货物名称、数量、单价、金额、计量单位、出口日期;②B2C 交易商品通过综试区当地海关办理出口申报手续;③B2C 交易商品不属于国家明确取消出口退(免)税的货物。

8.2.4 跨境电子商务支付风险与防范

1. 跨境电子商务支付风险

跨境电子商务与互联网金融紧密合作,是互联网与实体经济融合的重要体现。这种融合也使得风险叠加,从而对风险管理提出更高要求。近年来,跨境电子商务取得飞速发展,但是相关技术跟不上发展需求,监管方面也相对滞后;同时,经营主体数量众多、结构复杂,存在经营不规范的情况,缺乏相关市场经营的经验。在此基础上发展起来的跨境电子商务支付也就自然面临诸多风险。

(1) 网络技术安全风险。网络技术的使用与创新,是跨境电子商务和金融融合的前提,也是跨境电子商务金融的优势所在。跨境电子商务发展迅速,交易模式也在不断发生变化,相关的服务支持也需要相应发展,如信用支付、移动支付等业务。作为跨境电子商务交易流程中的关键一环,跨境电子商务支付涉及交易双方资金的转账安全。跨境电子商务支付是通过互联网渠道来进行款项收付的,在交易转账的过程中可能产生诸多网络安全问题,比如计算机信息在传输过程中是否存在丢失问题,特别是支付信息是否会受到黑客的攻击,导致支付信息泄漏、个人信息泄露和资金流失等,这些问题都会成为跨境电子商务发展过程中的重大阻碍。另外,跨境电子商务支付对支付信息的审核要求更高、时间更长、难度更大,因而相应的跨境电子商务支付需要更长的时间,这进一步加大了跨境电子商务支付的风险。因此,网络安全问题应引起高度重视。

(2) 跨境电子商务交易的信用风险。跨境电子商务金融具有网络的虚拟性与开放性。在开展跨境电子商务业务的过程中,由于交易双方来自不同国家,缺乏信用协调系统,因此对交易双方信用的审核和交易内容真实性的审核变得异常困难,不论是传统商业银行,还是第三方支付平台,都难以对境外交易者的真实情况进行充分了解。首先,在第三方支付平台上存在大量交易者,平台难以对每个交易者的情况进行详细审核,更不可能对时刻都在发生的交易进行严格审核,因此,在交易过程中,第三方支付平台给予的保障是有限的,双方都承担一定的风险。其次,第三方支付平台在处理境外贸易纠纷时,往往会对买家有意偏袒,而使境内卖家处于被动地位,以至于卖家难以控制信用风险。再次,在跨境电子商务交易的过程中,卖家随时有可能被平台冻结账户,一旦无法及时解除冻结,账户里的资金就可能被清零。最后,我国企业对于跨境电子商务平台没有足够的认识,缺乏懂得国际法的人才,自身抵御风险的能力有限。

(3) 跨境电子商务支付的法律风险。跨境电子商务支付涉及多个国家,面临严峻的法律风险,具体包括以下三点:第一,不同国家和地区的法律法规是不同的,一旦双方在交易中出现纠纷,应该适用于哪国(地区)法律;第二,电子商务发展迅速,现有的法律已经相对滞后,在解决此类问题时难以依靠法律;第三,电子支付中存在洗钱风险,一些不法分子借助互联网完成洗钱活动。在开展网络交易的过程中存在诸多风险,因此,在开展业务时,必须明确可能存在的风险,并找出有效的应对之策。

(4) 跨境电子商务支付的监管风险。互联网金融和跨境电子商务都是近年来迅速发展的事物,对它们的监管明显滞后。它们的发展离不开互联网,是创新的结果。但是业务创新不断加速,而监管又明显滞后,导致问题层出不穷。

第一,交易真实性问题难以监管。跨境电子商务交易是在第三方支付平台上进行的,其间并没有纸质单证,也没有相关信息留存,信息流和资金流出现分离,难以准确判断交易的真实性,给监管带来难题。

第二,在外汇管理方面存在监测风险。第三方支付平台不区分用户类型是个人还是企业,这给国家外汇监管增加了难度。一些跨境电子商务企业开设香港离岸账户,以实现对账户资金更为自由的管控。第三方支付平台出于自身商业信誉考虑会保护买卖双方信息,尤其是对重要信息进行保护,并且会对资金的流向和来源予以屏蔽,这些都会在一定程度上影响跨境电子商务企业的外汇收支申报及国家相关部门对外汇的监管。

2. 跨境电子商务支付风险控制

(1) 网络技术安全风险控制。

网络技术是跨境电子商务金融发展的基本条件。但网络技术是一把锋利的双刃剑,跨境电子商务相关企业在处理日常业务时会运用网络信息技术提高效率,但诸如钓鱼网站盗号的网络安全隐患时刻都存在,并且威胁着正常的网络交易。因此,网络安全技术对于跨境电子商务金融的发展至关重要,必须提升技术,采取安全防范措施,如建立防火墙、实施更高层次的加密技术等。

支付机构是跨境电子商务交易参与者的关键媒介。为保障交易和资金的安全,支付机构应加大技术研发力度,提升跨境电子商务支付的安全可靠性,如开发能够精准验证交易者身份的系统,开发高强度信息加密系统,划分用户信用等级,对于信用等级较低的用户平台予以一定的限制,以确保其他用户的安全,从而创造一个良好的网购环境,赢得更多参与者的信赖。对于网络风险,卖家可以加强交易系统的维护、强化安全配置、采取更高的技术手段保障交易安全。此外,监管机构也要通过制度化机制确保网络环境安全,加大对妨碍支付安全行为的处罚力度,为跨境电子商务的发展提供良好的网络环境。

(2) 跨境电子商务交易信用风险控制。

跨境电子商务平台方面

第一,对于网购环境中可能存在的风险,平台需要向用户做出及时提示,并以公告的方式告知网络不法分子可能采取的各种作案手法,强化安全宣传和教育,强化用户的安全防范意识。

第二,平台应构建有效的交易审查机制。平台应对交易主体的信息进行严格审查,包括企业信息、个人信息、商品信息、订单以及物流等,如果出现虚假信息,一律冻结账户,强行停止交易,并予以相应的惩罚;应杜绝网络上包括刷单在内的各种欺诈行为。在用户管理方面,平台应采取实名登记,向买家提供真实、可靠的卖家信息,鼓励卖家诚信经营;应与诚信评估机构加强合作,对网站用户的诚信进行认证。还要与保险机构建立合作关系,为货物运输提供保险服务,如拒付货物损失险等网络购物类保险和个人消费信用类保险。

第三,有关信息壁垒的问题,平台可以利用大数据来解决。利用大数据,可以对交易双方身份进行核实;通过与专业机构合作,对用户的诚信做出评价;与保险机构合作,为用户提供各类保险服务。互联网技术的发展为行业消除了信息壁垒,信息得以共享;同时,利用大数据可以有效进行风险管理,建立量化模型,对用户进行准确识别、科学分析,甚至可以做出完善的营销决策。在运营过程中,通过优化客服、网络安全技术等,不断改善跨境电子商务交易环境,推动整个行业的健康发展。

跨境电子商务卖家方面

第一,卖家紧密监测和核实收货地址处于高欺诈风险国家(地区)的订单、付款后提出变更收货地址要求的订单、邮寄至同一地址的多个订单、由于超额支付而提出电汇退款申请的订单,以及有其他可疑行为的订单。对于敦煌网和速卖通等小额外贸批发平台,除了信息、支付和物流服务,还可以充分利用平台提示风险。

第二,加强对买家信用的鉴别。在跨境电子商务交易中,买家也存在一定的信用风险,卖家可以采取一些措施鉴别是否是因信用卡被盗或账户被盗而产生了欺诈交易,如通过搜索引擎的 IP 地理定位服务跟踪并核实买家的送货地址。保留交易存根、建立买家黑名单、限制买家购买条件和电话核对买家信息也是有效的防范手段。

第三,在跨境电子商务交易中,卖家应遵守诚信原则,杜绝弄虚作假行为,不刷单,不杜撰虚假信息。此外,卖家可以建立信用机制,如果出现新的买家欺诈交易,则马上将相关用户纳入买家黑名单,强行停止其交易行为。

政府层面

第一,建立跨境电子商务信用体系。在跨境电子商务平台建立良好的交易环境,让卖家可以在公平的环境下展开竞争,实现良性循环,给买家提供一个诚信的服务平台,让其拥有良好的用户体验。搭建共享信息服务平台,建立信息库,收入卖家的各方面信息,用于身份识别和信息查询,对外提供专业的咨询服务,包括法律咨询、商务咨询等,以此防范可能存在的信用风险。

第二,引入专业的第三方认证机构,对卖家的信誉进行安全认证。凭借数据库信息,对跨境电子商务交易平台上的所有用户进行资质审查,并做出信用评价。

(3) 应对跨境电子商务支付的法律风险。

第一,完善立法,努力强化跨境电子商务支付服务的相关立法。目前,境内电子支付已经形成了较为完善的立法,明确了交易各方主体的权利和义务。在此基础上,结合跨境电子商务交易实际,对相关法律进行修改,使之得以完善。通过立法强调国家外汇管理局在跨境电子商务交易中的监管职责,明确第三方支付机构拥有的法律地位。事实上,在跨境电子商务交易中,第三方支付机构承担了银行的部分职责,成为外汇管理政策的实际执行者。但是,第三方支付机构并不等同于银行,严格意义上说它并不属于金融机构,因此必须从法律上赋予其履行政策的权利,承认其应有的法律地位。只有做到权责明晰,才能实现有效监管。

第二,由于跨境电子商务的交易主体处于不同的国家(地区),因此,在制定法律时需要考虑到与其他国家(地区)的协调性。协调的内容包括诸多方面:一是法律内容上的协调,如风险责任的认定、监管标准等;二是监管主体之间的协调。在跨境电子商务交易中,各国(地区)都设有监管部门,相互之间需要进行分工协调,明确各方责任,充分合作,共同致力于解决跨境电子商务支付结算中产生的纠纷。另外,境内法律在制定时需要考虑与国际接轨,努力降低国家(地区)之间协调的阻力,认识到国际监管规则对跨境电子商务业务发展的影响。

(4) 跨境电子商务支付监管风险控制。

第一,完善跨境电子商务支付的外汇统计制度。这就要求提供跨境金融服务的第三方支付平台通过技术手段或管理手段,区分货物和服务等不同商品的管理机制,对不同类别交易的信息进行分类和协同管理,并定期向国家外汇管理局或人民银行等监管机构汇报情况。

第二，简化外汇监管政策。放宽支付机构的外汇结算额度，优化传统的结汇方式。充分认识互联网金融存在的作用，鼓励其充分发挥优势，弥补传统银行的不足，改善跨境电子商务交易中的融资结算服务。当前跨境电子商务 B2B 交易大多采取线上成交、线下付款的方式，付款方式始终难以突破。今后跨境电子商务 B2B 交易各环节将更多移至"线上"，因此要按照"线上便利于线下、B2B 便利于 B2C"的原则，重新设计业务流程，改变传统监管方式，为跨境电子商务企业贸易收付汇提供足够支持。在个人交易方面，个人创业者更多地通过跨境电子商务平台创业，但我国个人自行收结汇渠道还不是很顺畅，例如个人创业者只能依托储蓄账户收汇，每年仅有 50 000 美元结售汇额度等，因此还需要不断完善个人跨境外汇管理政策，使跨境电子商务个人收付汇更加便利。

8.3 跨境电子商务融资及其基本现状

8.3.1 跨境电子商务融资的内涵

跨境电子商务融资是跨境电子商务金融服务的核心内容，是指综合性或专业性跨境电子商务平台、从事跨境电子商务的企业和个体工商户以及从事跨境购物的个体消费者等跨境电子商务主体，围绕着跨境电子商务交易产生的融资需求和融资行为。

1. 以消费者金融为代表的买家小额信贷

在跨境电子商务交易中，交易主体常常需要向银行申请小额信贷。通常情况下，银行选择两种方式参与其中：一是类信用卡业务。个人在银行网上商城中购物都可以享受银行提供的分期付款服务；为了促进消费，银行还会为个人提供用于日常购物的小额信贷以及权利质押服务等。二是与支付机构建立合作关系，通过支付机构为交易主体提供小额信贷服务。由于跨境电子商务的交易风险显著大于境内电子商务，因此目前银行和信贷机构对于跨境买家小额信贷业务的支持力度远不如境内个人消费信贷。

2. 跨境电子商务在线融资业务

跨境电子商务交易存在订单数量多，但是每笔订单金额非常有限的特点，卖家为了降低成本，往往选择邮政小包的运送方式。交易流程主要通过信息系统完成，各类信息严格匹配。通过交易系统，可以查询往期交易信息，进行信息追溯，交易背景的真假并不难区分。银行在设计金融产品时需要充分考虑跨境电子商务交易的特点，通过与交易系统对接来获得完整的信息数据，并借助这些信息对贷款申请人进行全年审核，完成放款，从而银行提供金融服务的效率得到明显提高。跨境电子商务的交易数据都留存在平台中，通过与平台对接，政府部门可以完成监管工作。在完成线上交易之后，货物还会按照要求存放于专用仓库中，所有交易流程都可以通过查询系统予以追踪，做到准确把控。银行在提供在线融资的过程中，可以借助客户的 ERP 系统，获取客户的全方位数据，包括业务经营的具体数据，借助这些数据可以构建出完整的授信模型，通过量化分析，充分了解客户的资信情况，并快速完成授信，有效降低运作成本，而平台也可以花费少量的融资成本及时满足融资需求。

3. 基于真实交易数据的综合金融服务

交易数据必须是客观的,同时为了满足交互验证的需求,对接系统非常必要。一是为跨境电子商务提供综合服务的第三方平台,如世贸通、义乌通等;二是为跨境电子商务提供公共服务的平台,如上海跨境通、宁波跨境购等;三是为跨境电子商务提供物流服务或者代理服务的企业,如正正电商、巨航物流等;四是为跨境电子商务提供开放式交易平台的商家,分为进口和出口两类,进口的如天猫国际商城、1号海购等,出口的如亚马逊、速卖通等。通过API(应用程序编程接口),与商家的ERP(企业资源计划)系统对接,就可以获得平台上用户的全方位数据。与上述各类平台进行数据对接,实现数据共享,通过数据查询,就可以全方位了解融资申请者的综合情况。在为客户提供融资服务后,银行可以借助数据对接,对商家的交易进行实时跟踪,全面把控风险,在此基础上快速做出各种决策。电子商务企业可以在线向银行提出融资申请,银行可以在线审批,完成放款,并进行在线追踪。同时,银行可以为用户提供在线理财服务。由于跨境电子商务的门槛较低,大量中小微企业和个人参与其中,他们的资金实力有限,经常出现没有足够的资金用于备货等情况,需要提前获取退税款,或者提前回笼资金。银行可以根据这一情况,有针对性地开发金融产品,为这类用户提供短期小额贷款。目前,已有部分银行采取了这种模式,而一些实力强大的综合服务平台也开始为用户提供信贷服务。平台上的中小微企业可以从平台得到包括短期融资、出口押汇、退税账户质押融资等金融服务。

4. 基于供应链金融的质押融资

供应链金融的存在基于一定的前提,即供应链上的交易必须是真实的,主要是将应收账款、货权作为质押物,为供应链上下游企业提供融资服务。银行对供应链金融的把控主要通过资金流。电子商务平台与银行合作,可以为银行提供相关物流信息。一些规模较大、功能齐全的电子商务平台,不仅对商家的信息了如指掌,还非常清楚与商家合作的企业及所在供应链的上下游企业信息。根据这些信息,银行可以为商家提供供应链金融服务,商家可以通过质押应收账款等凭证获得融资。例如,在"双十一"来临前,平台上的商家都会积极备货,而备货的资金往往通过质押融资获得,等到消费者支付货款时商家再赎回质押物。跨境电子商务平台的货品常常比较畅销,在支付上游货款时往往采用T/T结算方式,而下游企业提货则要求采取付款提货的方式,如果实力较强,还可以采用固定账期支付的方式。银行可以借鉴这种操作模式,为商家提供质押融资服务。

5. 以交易融资担保为代表的信用担保

在跨境电子商务得到飞速发展的同时,金融服务的形态也在不断丰富。目前,为电子商务提供融资担保的方式主要有两种:一种是交易担保,即电子商务平台为交易双方提供担保,确保双方在交易中不存在资金安全问题。另一种是融资担保。电子商务平台在提供这类担保时需要与银行建立合作关系,由其提供数据,由银行提供融资。

8.3.2 跨境电子商务融资的基本现状

1. 直接融资服务需求持续增长

随着跨境电子商务企业的规模不断扩大,电子商务服务平台与银行建立合作为其提供小额融资已经无法满足其资金需求,它们希望通过上市来获得直接融资。跨境电子商务企业可以通过资本市场调整内部资金结构,也可以借助债券市场降低融资成本。对于跨境电子商务企业来说,直接融资需求越来越大。2013年,兰亭集市在纽交所上市,为跨境电子商务上市融资做出了榜样,今后将会有越来越多的跨境电子商务企业走上市融资之路。此外,在国家"一带一路"倡议下,跨境电子商务拥有更多的发展机遇,企业可以选择风投公司,也可以选择私募股权基金,或者获得天使投资等;在平台方面,企业也会拥有更多的选择,与更专业的平台开展合作,通过市场细分走专业化经营之路。

2. 跨境贸易融资产品需求旺盛

B2B跨境电子商务实质上就是国际贸易,国际贸易项下的各种融资方式,包括银行与监管、物流、仓储等合作的应付账款融资方式等传统贸易融资产品,在跨境电子商务的发展条件下仍然有着较大的需求,只是需要根据新的发展形势进行必要的改革和创新,如阿里巴巴针对跨境电子商务贸易融资推出了旗下各种融资产品。此外,跨境电子商务对出口信用保险保单融资、出口退税账户托管贷款、外汇储备委托贷款等外贸特色融资产品的需求也比较强烈。

3. 跨境电子商务供应链融资服务日益重要

伴随着跨境电子商务行业的迅速发展,行业分工不断细化。不同类型的企业、个体工商户、自然人在跨境电子商务服务平台上开展跨境电子商务相关联的业务。这些跨境电子商务平台积累了大量的业务交易、小额贷款、实地认证、旺铺操作、商圈活动、网规行为等数据,成为互联网金融大数据的主要来源,以及平台进行信用评价的重要数据基础,从而可以为供应链金融提供强有力的服务支撑。目前,银行将目光投向电子商务企业的交易记录,关注它们的信用实力,对它们未来可能产生的收益及货物流通价值做出预估,并为整个供应链上下游企业提供融资服务。银行针对供应链融资开发出来的金融产品种类繁多,除了网商贷,还有电子仓单质押融资、电子订单融资等。

4. 政府引导的融资平台日益发挥作用

在一些经济较发达地区,政府引导设立的各类融资平台日益发挥着重要作用。首先是成立地方跨境电子商务产业发展基金。实质性鼓励天使引导基金、创业引导基金等,与跨境电子商务创业企业建立良好的互动关系,提高创业企业的长期融资能力,降低融资成本。其次是构建地方产融平台,完善跨境电子商务资本运营服务链。建设多层次跨境电子商务"众创空间",选择与综合实力较强的科技类、金融类、平台类企业合作创设专业的跨境电子商务孵化基地。大力吸引国内外知名VC/PE团队与跨境电子商务企业互动交流,引导跨境电子商务优势企业在境内外上市。整合资产评估机构、律师事务所、会计师事务所等机构,形成功能较为强大的跨境电子商务产融平台。最后是借鉴上海自贸区等的经验,尝试针对跨境电子商务设立双币产业投资基金。这种基金是一种拥有本币和外币的投资基金,对境内产业投资使用本币,对境外产业投资使用外币,使得双币共同作用、双管齐下,为争取更多中央资金、政策支撑等打好基础。上级政府对地方跨境电子商务项目的谋划和申报,要与地方政府的土地、资金等指标下达相结合,与地方政府的绩效考核相结合。

8.4 跨境电子商务保险及其运作模式

8.4.1 跨境电子商务保险的内涵

1. 跨境电子商务保险的概念

目前跨境电子商务保险主要是基于 B2B 业务的保险模型。基于 B2C 和 C2C 业务的跨境电子商务保险还处于探索初期，仅有个别跨境电子商务企业或新兴保险企业开辟了跨境电子商务生态保险和跨境电子商务物流保险业务。

B2B 跨境电子商务保险主要是针对货物运输过程中可能存在的损失而提供的一种补偿方式。在航海事业兴起后，国际贸易得到发展，货运保险业也随之得到发展。正是货运保险业的发展在很大程度上再次推动了国际贸易的发展。最早的海上保险形成于 5 世纪。当时，罗马、希腊还处于奴隶制社会，它们在海上开展贩运贸易。因为存在航海运输，便出现了原始的海洋运输保险。随着国际贸易的发展，海洋运输保险条款也在不断完善，为现代国际贸易保险奠定了基础。

2. B2B 跨境电子商务保险的主要类型

在对外贸易中存在多种运输方式，因而对外贸易货运险也有多种分类，如邮包运输保险、陆上运输保险、海洋运输保险和航空运输保险等，其中最常见的是海洋运输保险。由于运输方式存在差异，保险种类各不相同，承保的范围也不尽相同。

（1）海洋运输保险。海洋运输保险可以根据保险责任范围大致分成三类：一是一切险；二是水渍险；三是平安险。一切险的责任范围最广，除了战争、罢工等危险因素，只要是外来原因造成的损失，都在一切险的责任范围内。水渍险和平安险的责任范围大致相当。相对于平安险，水渍险的责任范围更大。除了平安险提供的承包范围，对于海上出现的意外事故或者自然灾害造成的部分损失，水渍险也承担责任。三种保险都提及了自然灾害和意外事故。自然灾害在海上主要是指海啸、雷电及恶劣气候引发的狂风巨浪，在陆地上主要指洪水、地震等。意外事故主要是指船只在海上航行过程中出现触礁、沉没、搁浅或者互相碰撞等，也包括爆炸、失火等。三种保险的责任范围存在差异，用户需要根据实际情况，选择投保适合的保险。

伦敦保险协会对于运输保险的责任区间进行了明确的划分。按照规定，保险单上会载明货物的起始地点，货物离开起始地点就意味着运输真正开始，保险也随之生效。在货物运输过程中，保险始终处于生效状态，而保险效力终止则需要根据具体情况进行分析：①货物运达保险单中约定的最终地址，或者到达最终仓库，保险效力终止；②货物虽然没有到达约定的最终地址或者最终仓库，但是在此之前已经被分配，用于其他用途，不再按照约定进行正常运输，保险效力终止；③货物从海轮卸下后超过 60 天，保险效力终止。

海洋运输保险的具体险别如下：

第一，平安险（free from particular average，简称 f.p.a.）。在我国保险业中，平安险是一直沿用的名称。按照英文名称直接翻译，则是指不负责赔偿单独海损。在国际保险领域，对于单独海损有特定的解释，即部分损失。也就是说，平安险只对全部损失予以赔偿。但是在不断发展中，平安险的责任范围不断发生变化。目前，平安险早已突破原来的责任范围,具体包括以下责任:①在货物运输过程中,因运输工具出现意外,或者因自然灾害而带来的保险标的全损(既包括实际全损,也包括推定全损);②在运输过程中,运输工具相互碰撞、沉没,或者发生触礁、遭遇搁浅等,或者因发生火灾等意外事故导致保险标的出现部分损失;③无论出现意外事故前后是否遭遇自然灾害,只要在运输过程中出现意外事故,导致保险货物发生部分损失;④货物在装卸过程中掉入海中,导致部分损失或者全部损失;⑤在运输过程中出现意外事故或者自然灾害,不得不转移到避难港卸货,在卸货过程中,保险标的遭到部分损失或者全部损失;⑥运输工具发生意外,或者在运输过程中遭遇自然灾害,不得不在避难港停靠,在装卸、运送和存仓过程中产生的费用;⑦出现共同海损,造成人员伤亡,出现救助费和公摊费;⑧出现危险事件后,被保险人为了防止损失扩大,采取种种施救措施,由此产生的施救费用,保险公司也会在限额内予以承担。

第二,水渍险(with particular average,简称 w.p.a.)。水渍险的责任范围与平安险大致相当,除了平安险的责任范围,水渍险的责任范围还包括货物运输过程中因遭遇自然灾害而产生的部分损失。

第三,一切险(all risks)。一切险的责任范围最大,囊括了上述保险责任。此外,对于货物运输中因外来因素而造成的货物损失,无论遭受的损失是全部损失还是部分损失,都属于一切险的责任范围。一切险并不意味着对所有损失都会给予赔付。在货物运输中必然存在一定的损耗,如果损耗没有超过保单上规定的免赔率,保险公司就不会给予赔付。

上述三种保险都属于货物运输中的基本险,投保人可以根据自己的需要进行选择。在基本保险条款之外,投保人还可以根据自己的需要提出个性化要求,如延长保险期限。例如,在货物运输过程中,除了海洋运输,还存在陆路运输,如果只投保了海洋运输保险,就无法保障陆路运输部分,因此,投保人可以要求对保险期限进行扩展。保险公司会因此收取额外的保险费。无论是哪种类型的保险,都会存在除外责任,对于这部分内容,保险公司必须在保单上明确标注。除外责任就是指保险公司不予承担的损失或者费用。

第四,附加险,具体包括 11 项。①偷窃提货不着险:在保险期间内,保险标的遭到偷窃,以至于货物被运送到目的地后出现缺损,这一损失由保险公司承担。②淡水雨淋险:货物在运输途中被雨水淋湿,或者雪水融化导致货物出现损失。另外,因运输货物的船舱出现漏水、水管爆裂,导致船上货物被淡水、海水污染,造成部分损失或者全部损失,都由保险公司承担。③短量险:在货物运输前,保险公司需要对货物的数量进行清点,检查货物的包装是否完好,如是否出现裂缝、口袋破裂等情形。如果是散装货物,需要对货物的重量进行称量。如果货物到达目的地后出现短量的情况,需要由保险公司承担损失。④混杂、沾污险:在运输过程中,货物内部混入了其他物质,如混入泥土、砂石或者草屑等,导致货物原本的品质下降,以至于价格降低。此外,货物在运输过程中,还可能和其他污染物发生接触,遭到污染,导致失去经济价值。例如,布匹与其他染料接触,食物与其他油料接触等。对于此类情形造成的经济损失由保险公司承担。⑤渗漏险:如果货物以液体形式呈现,在运输过程中装运液体的包装物发生损坏,导致液体相互之间出现渗漏,一方面造成液体不纯,另一方面液体发生变质,从而原本的液体无法正常使用,这种损失由保险公司予以补偿。⑥碰损、破碎险:碰撞主要针对的是木质或者金属货物,一旦发生碰撞,就会因为颠簸、震动或者出现挤压造成裂痕,或者出现变形,导致原本的形状发生改变,造成损失。破碎针对的主要是瓷器或者玻璃制品,这类物品容易发生碎裂。如果运输中没有做到轻拿轻放,很容易造成损失。⑦串味险:主要是货物与一些气味较为浓烈的物品在一个集装箱内运输,因出现串味而导致货物品质下降引发的损失。例如,将樟脑和食品放在一起,食品吸收了樟脑的味道,失去原本的味道,品质被彻底破坏。⑧受热、受潮险:在航运过程中,因为运输工具的功能出现问题,加之温差大,导致船舱内部水汽凝结,引发货物受潮,导致品质下降,造成损失;或者气温骤然升高,船舱内部没有良好的通风、排热设置,造成损失。⑨钩损险:在货物装卸过程中会使用一些钩状工具,如果货物包装袋被钩破,货物洒落,就会出现损失。若投保了钩损险,保险公司就需要对这一损失承担赔偿责任。⑩包装破裂险:由于包装在运输过程中出现破裂,导致货物受到污染或者洒落,都会给商家带来损失。此外,为了防止损失扩大,在运输中途需要更换包装,从而产生一定的费用。如果投保了包装破裂险,保险公司就需承担赔偿责任。⑪锈损险:在保险期间内,运输货物出现生锈的情况,导致品质下降,经济价值受损,保险公司需要承担责任。但是,如果生锈发生在保险期间之外,那么保险公司就不必承担责任。

上述11种保险都属于附加险,不能单独投保。投保人必须首先购买基本险,然后才能根据需要投保附加险。如果投保人选择购买一切险,则不需要另外购买上述附加险。

第五,特别附加险。特别附加险承担的保险责任并不在一切险责任范围之内。目前,中国人民财产保险股份有限公司推出的特别附加险承保的范围主要包括交货不到、黄曲霉素、进口关税等。此外,如果运输途中遭遇战争或者罢工情况,导致货运受阻或者货物遭到破坏,也属于特别附加险保障的范围。

(2)陆上运输保险。陆上运输保险大致可以分成两类:①陆运险。这类保险的责任范围为:保险标的在运输过程中遭遇自然灾害,如暴雨、洪水、地震等,或者运输工具出现故障,因为倾覆、与其他运输工具相互碰撞,导致货物遭受损害。如果存在驳运过程,那么货物卸下60天后保险期间结束。但在此期间内,如果驳运工具出现意外,无论是遭遇火灾还是塌陷,或者爆炸等意外事故,出现的部分损失或者全部损失都由保险公司承担赔偿责任。②陆运综合险。该类保险不仅对陆路运输给予保障,还对水上驳运给予保障。它的责任范围与陆运险相比更大,除了上述责任,对于外来因素造成的部分或者全部损失都给予赔偿,如串味、破碎、雨淋等。

陆上运输保险存在除外责任,主要包括三个方面:①投保人故意做出不当行为,使得保险标的出现损失。即便是投保人过失造成的损失,保险公司也不承担责任。②在运输过程中,货物正常损耗导致的损失;或者在保险期间开始前,由于发货人的失误给货物带来的损失。③运输过程中遭遇战争,或者发生工人罢工行为,导致运输耽搁,给交易者带来的经济损失。

陆上运输保险保险期间的确定与海洋运输保险大致相同。在保险单上,对货物运输的起点有详细说明,一旦货物离开起始点,开始运输,保险就生效。保险期间包括陆地运输期间和水上驳运期间,直到货物安全送到最终目的地。当然,如果货物在运输过程中计划发生改变,不再运往最终目的地,而是运送到某个仓库后进行分配,不再进行正常运输,那么保险期间也随之终止。如果保险货物没有达到最终目的地,也没有按照计划在某个仓库进行分配,只是完成了卸货,那么在卸货60天后,保险责任自然终止。如果投保人购买了陆运综合险,并在此基础上购买了战争附加险,一旦在货物运输过程中遇到战争,货物被扣押,或者在战争中损毁,按照保险条款,保险公司就要对这种损失承担赔偿责任。

(3)航空运输保险。航空运输保险大致可以分成两类:①航空运输险。保险标的在航空运输过程中遭遇恶劣天气,或者飞机遭遇意外事故,导致坠落、碰撞或者倾覆,以至于货物出现部分损失或者全部损失,由保险公司承担责任。②航空运输综合险。相对于航空运输险,航空运输综合险的保险责任范围更大。在运输途中,如果存在外来原因,导致货物出现部分损失或者全部损失,都由保险公司承担。当然,保险公司也拥有除外责任,如在运输中因遭遇工人罢工而导致运输耽搁,或因遇到战争而致使货物遭受炸弹破坏或者被扣押,以致运输被耽搁等情况,保险公司都不承担赔付责任。

航空运输保险的生效时间与其他运输保险不同。当货物被航空公司收讫,且投保人获得由航空公司签发的货运单时,保险即开始生效。通常情况下,只有当货物完成运输,正常到达最终目的地,交给收货人,保险期间才结束。但是保险标的运送到目的地后,由航空公司保管时仍处于保险期间内。从航空公司通知收货人取货的当天午夜算起,直到30天后,保险期间才结束。

(4)邮包运输保险。邮包运输保险也可以分成两种:①邮包险。如果投保这种保险,当保险标的在运输过程中遭受各种自然灾害,导致运输工具发生意外,或者出现意外事故,造成保险标的受损时,无论是部分损失,还是全部损失,保险公司都要承担相应的责任。如果在事故发生后,存在施救费用,保险公司需要在限额内予以适当补偿。②邮包综合险。同样,这类综合险也有更大的责任范围,即在运输过程中因出现外来因素而导致保险标的遭受损失,保险公司都有责任予以赔偿。同时,这类保险也存在除外责任,即如果运输中出现战争、罢工等情况,导致货物被扣押、灭失,或者耽搁运输日程,给交易者带来的损失不在保险公司赔付范围内。

保险期间从保险标的物被邮局收讫、邮局签发相关单据时开始,通常情况下,到货物运送到最终目的地时结束。当邮局将货物运送到收货人所在地邮局时,会对货物进行保管,这一期间也属于保险期间。从邮局向收货人发出通知的当日午夜算起,超过15天,保险终止。

8.4.2 B2B跨境电子商务保险的运作模式

1. 办理货物运输保险的一般程序

在跨境电子商务交易中存在两方交易主体,那么货物运输保险应该由哪一方负责购买呢?在办理保险的过程中,保费的高低该由谁和保险公司进行商定呢?这与成交条件存在一定的关系。如果双方按照FOB条件或者CFR条件达成交易,那么应由买方购买保险;如果双方按照CIF条件达成交易,那么购买保险就成为卖家的义务。办理货运保险有一定的程序,具体如下:

第一,确定投保金额。通常情况下,保费是根据投保金额计算得来的。此外,如果货物在运输过程中出现损失,则在计算赔偿金时,也需要将保险金额作为依据。通常情况下,投保金额的计算与CIF的预期利润挂钩,但是从实践来看,不同国家(地区)存在不同的情形,在外贸管理上也不尽相同。以中国人民财产保险股份有限公司为例,在办理外贸货物运输保险时存在两种办法:一种是根据签订的预约保险合同办理,另一种是逐笔投保。

第二,填写投保单。在投保过程中,首先由投保人填写投保单,详细填写与货物运输相关的基本信息(如运输时间、地点、货物数量、保险金额等),填写完成后,需要选择适合的险种予以投保,并标明投保时间。投保单是投保人提交的申请书。

第三,支付保险费,取得保险单。在计算保险费时,需要综合考虑投保人选择的险种、运送的货物、选择的运输方式和需要送达的地点,以及国际保险费水平。保险费率大致可以分成两种:一种是一般货物费率,这类费率针对的是一般商品;另一种是指明货物加费费率,这类费率针对的是特殊商品,如易碎商品。后者的费率水平比前者要高。交完保险费后,投保人会从保险公司获得保险单。保险单实际上是保险投保人和保险公司之间签订的合同,可以为投保人提供承保证明。如果在保险期间内,货物出现损失,投保人可以凭借保险单要求保险公司给予相应的赔偿。

第四,提出索赔手续。在运输过程中,保险标的遭遇损失,并且在保险公司承担的责任范围内,那么投保人可以凭借保险单要求保险公司予以赔偿。由于贸易成交条件存在差异,因此办理索赔事务的主体有所不同。当货物运送到目的地后,如果收货人发现货物出现明显短少或者明显损伤,则必须要求承运人开立相关证明,并及时与保险公司取得联系,要求其尽快检验货物,确定货物损失,并形成检验报告。收货人有权向相关责任人提出索赔。如果索赔属于保险责任,需要按照要求填写索赔单据,并提供相关凭证,包括保险单、提单、第三方责任方的签证、索赔往来信函等。办理索赔事务应及时,必须在保险期间内向保险公司提出;如果不及时提出,保险公司可拒赔。

2. B2B 跨境电子商务保险涉及的损失

海洋货物运输出现的损失可以简称为海损,它是货物在海上运输过程中出现意外造成的损失。按照损失程度的不同,海损大致可以分成全部损失和部分损失两种。

全部损失主要是指货物在运输过程中遭遇意外,全部遭受损失。全部损失还可以分成以下两类:一是实际全损,就是在运输过程中全部货物灭失,或者受到污染,完全失去经济价值;二是推定全损,是指货物在遭受风险时,没有完全遭受损失,但是出现完全损失的情况已经成为不可避免的事实,即便进行施救,所需费用也会超出货物本身的价值,以至于不得不放弃施救行为。

不属于实际全损和推定全损的损失,为部分损失。按照造成损失的原因可分为共同海损和单独海损。

3. B2B 跨境电子商务保险合同

(1)国际货物运输保险合同的订立。签订国际货物运输保险合同需要一定的流程。投保人首先按照要求仔细填写投保单,作为购买货物运输保险的要约;随后,保险人会按照流程进行审核,达成协议后,即实现承诺;双方达成协议后会正式签订保险合同。在投保过程中,需要详细注明运输的货物和工具,以及与货物相关的基本事项。保险人应对投保人的要约及时做出回应,并在保险单中明确双方的权利和义务,并对保险期间的起始时间和终止时间做出明确说明。

（2）国际货物运输保险合同具体包括以下几方面内容：

一是国际货物运输保险合同的当事人。当事人包括保险人和被保险人。双方签订合同，根据合同约定，保险人从中收取保险费。如果在货物运输过程中出现事故，导致保险标的发生损失，那么保险人需要按照合同约定给予被保险人一定的补偿。被保险人需要缴纳保险费，在发生损失时及时与保险人取得联系，索取赔偿。

二是国际货物运输保险合同的保险标的。保险标的主要指货物，既可以是外贸活动中的商品，也可以是其他货物。

三是保险价值，是指保险标的的实际价值。通常情况下，在保险合同签订前，当事人双方需要对保险标的的价值进行估算，而这一价值很难准确估算，通常是在双方协商的基础上予以确定。由于保险价值是通过估算得到的，因此既可能与保险标的的实际价值相符，也可能与保险标的的实际价值存在差距。

四是保险金额。保险金额通常会在保险合同中确定，是指被保险人在运输过程中一旦遭遇损失，可以从保险公司获得的最大补偿金额。如果是足额保险，那么保险金额应该与保险价值相等；如果是不足额保险，那么保险价值要高于保险金额。通常情况下，保险金额不可能高于保险价值。在财产保险中，不允许出现超额保险，被保险人不可能因出现损失而在保险补偿中获得盈利，如果出现此种情形，就违背了保险的补偿性原则。

五是保险责任和除外责任。保险责任是指当事人双方在合同中约定，一旦出现保险责任范围内的危险事故，给被保险人造成货物上的损失，保险人必须按照合同约定予以赔偿。除外责任就是保险人不需要承担赔偿义务的风险。保险人经营的是风险，风险是一种不确定性，如果货物遭受的损失是必然的，就不在保险人承保的范围内。例如，在货物运输过程中必然存在自然损耗的情况，因此，对于在正常范围内发生的自然损耗，保险人是不会承担责任的。另外，保险人承担的损失都是直接损失，间接损失属于除外责任。例如，因市场价格变化引发的损失就是一种间接损失，属于除外责任。

六是保险期间。保险期间是指保险人承担赔付责任的时间。通常情况下，有三种确定保险期间的方法：一是通过时间来确定，例如约定从某日开始进入保险期间，并且规定保险期间的长度，等到某日保险期间结束；二是通过空间来确定，即保险标的到达目的地后，保险期间结束；三是时间和空间两种方法相结合进行确定。例如在货物运输保险中，如果货物从海轮上卸下，并没继续运输，也没有到达目的地，那么从卸下货物的当日起60日后保险期间结束。

七是保险费和保险费率。保险费率是用来计算保险费的，通常以百分率表示。按照计算方式不同，保险费率可以分成两种：一种是逐个计算法，用于船舶保险的保险费计算；另一种是同类计算，即将同类货物的保险费率予以统一。

（3）国际货物运输保险合同的变更。通常情况下，保险合同的主体不会发生变化，只是合同内容发生变化。如果需要变更保险合同，需要提交申请并说明变更的原因，保险人审核完成后出具批单，在此情况下，双方的约定以批单为准。

（4）国际货物运输保险合同的终止。保险合同终止的原因可以归结为以下五种：①自然终止，即超出保险单中规定的保险期间；②义务已履行而终止，保险人已经履行赔偿责任;③违约终止,被保险人出现违约行为,导致保险人终止合同;④因危险发生变动而终止;⑤保险标的遭到灭失,但是灭失的原因并不在保险人承担的责任范围内。

(5)委付与代位求偿。如果保险标的遭遇损失,出现推定全损的情形,被保险人可以有两种选择:一是要求保险人赔付部分损失,二是要求保险人按照全损的情况进行赔偿。如果被保险人选择了第二种索赔方式,那么保险标的权利会转让到保险人手中,同时保险人按照全损的情况予以赔偿。委付就是转让保险标的权利。被保险人选择委付,并不意味着保险人必须接受,保险人也可以选择不予接受。

在货物运输过程中,如果因为第三者导致保险标的灭失,那么保险人在向被保险人支付补偿款后可以向第三者进行追偿。这种向第三者索赔的权利称为代为求偿权。按照我国法律规定,当保险人行使代位求偿权时,被保险人有义务予以配合,提供相关材料,给予适当帮助,并且不能妨碍保险人行使代为求偿权。

4. B2B 跨境电子商务保险金额的计算

投保人可以选择两种投保方式,一种是逐笔投保,另一种是签订预约保险合同。通常情况下,保险公司按照 CIF 价格加上 10%的保险加成计算保险金额,即保险金额为 CIF 价格乘以 110%。在计算保险费时,直接用保险金额的数值乘以保险费率。

保险费率的确定通常与货物的性质有关。如果货物在运输过程中容易遭到损坏,或者容易丢失,保险费率就会较高,否则会相对较低。

在计算保险金额和保险费时,都会认定以 CIF 的交易条件完成交易。因此,会按照 CIF 的价格进行计算,在此价格的基础上予以加成。

(1)以离岸价格。如果按照 FOB 条件成交,那么在计算保险金额时,需要加上运费和保险费,即保险金额=FOB 价格×(1+平均运费率+平均保险费率);保险费=保险金额×平均保险费率。

(2)以成本加运费。如果按照 CFR 条件成交,在计算保险金额时只需在价格基础上加上保险费,即保险金额=CFR 价格×(1+平均保险费率);保险费=保险金额×平均保险费率。

本章要点

- 跨境电子商务支付是跨境电子商务金融的核心,目前已经发展形成了竞争激烈的各类第三方支付平台,但跨境电子商务交易双方处于不同国家(地区)、不同文化背景、不同法律环境之中,因此带来了诸多跨境电子商务支付风险。
- 跨境电子商务支付风险虽然总体上可控,但是必须引起各类跨境电子商务主体的充分重视,政府在其中应发挥更为重要的作用。
- 跨境电子商务融资是一种新兴的融资形态,其中主要还是从传统贸易演化而来的贸易融资或担保融资,个人消费融资和卖家信用融资发展相对滞后。
- 由于跨境电子商务小额交易占比较大,因此跨境电子商务保险还处于探索初期,目前并未形成较为成熟的模式。

重要术语

跨境电子商务金融(Cross-border E-commerce Finance)

跨境电子商务支付(Cross-border E-commerce Payment)

第三方支付(Third Party Payment)

跨境电子商务保险(Cross-border E-commerce Insurance)

思考题

1. 简述跨境电子商务金融与电子商务金融的主要区别。
2. 简述 B2B 跨境电子商务金融与 B2C 跨境电子商务金融的主要区别。
3. 跨境电子商务支付与境内电子商务支付有哪些主要区别?
4. 跨境电子商务金融发展面临哪些困境?
5. 跨境电子商务金融需克服哪些薄弱环节?

案例分析题

俄罗斯网购中国产品的支付方式

Yandex. Money 研究数据显示,2017 年夏天,俄罗斯人在中国的采购订单数量是上年同期的 3.5 倍,而通过 Yandex. Money 收款的中国网上零售商在 2017 年营收增长了 3.3 倍。这一年来,中国网上商店的俄罗斯顾客增加了 2.8 倍,单人采购数量增加 20%,全部采购数量增加 3.5 倍,中国网上商店客单价基本没变,仍为 579 卢布(折合为 10 美元)。

值得注意的是,俄罗斯用户网购最多的月份是 7 月,网购用户最多的地方是俄罗斯中央区、伏尔加河流域区及联邦南方区。多数俄罗斯人愿意使用银行卡、现金以及电子钱包支付中国网上商店的购物。

从 Yandex. Money 的分析家们对俄罗斯人在中国网上商店购买产品的研究结果来看,2017 年夏天最火的产品是"手柄"。分析师们发现,夏末这股热劲儿下去了,8 月这个产品的订单频率较 7 月下降了 70%。第二热销产品为小米手机,其智能手机在整个夏天受到俄罗斯顾客青睐;6 月用户热衷 Mi-5,7 月则改为 Note 4。分析家们认为人们热捧小米的原因是恢复了俄罗斯供货。第三热销产品是耳机,对类似产品的需求热度一直居高不下,不受季节影响。

Yandex. Money 是俄罗斯最普及的支付解决方案商,为在线商店提供通用支付解决方案,支持银行卡、电子钱包、Sberbank 和 Alfa-Bank 手机银行、网上银行等各种支付方法,在俄罗斯拥有超过 17 万的付款终端(包括 SST、移动电话商店和 ATM 机)。

Yandex. Money 还可以帮助公司通过网站上的二维码、手机应用或者线下进行收款,目前用户总数已逾 7.6 万家。2017 年年初该服务器只有 3 000 万个用户,现在每天开启的新钱包达 1.5 万个。Yandex. Money 向用户推出自己的万事卡,到 2017 年春季,该服务器的用户已经拥有 60 万张银行卡及 1 100 万个虚拟卡。

思考题：

1. 为什么通过 Yandex. Money 收款的中国网上零售商在 2017 年营收实现了快速增长？

2. 关于跨境电子商务卖家如何选择第三方支付方式，你有什么样的建议？

资料来源：佚名.俄罗斯网购中国产品订单翻 3.5 倍　小米受欢迎[EB/OL].(2017-08-22)[2020-03-10].http://www.ebrun.com/20170822/243578.shtml.

参考文献

[1] 邹天娇.基于大数据视角的商业银行跨境电商金融服务转型研究[J].经贸实践,2016(23):141-144.

[2] 赵理想,叶欢,陈莉莉.跨境电子商务与互联网金融的融合与监管研究[J].华北金融,2016(8):54-57.

[3] 许嘉扬,郭福春.互联网金融支持跨境电子商务发展机制研究:以杭州市综合试验区为例[J].浙江社会科学,2018(5):24-32.

[4] 翟敏.杭州跨境电子商务发展的金融支持研究[J].浙江金融,2015(12):24-29.

[5] 马述忠,卢传胜,丁红朝,等.跨境电商理论与实务[M].杭州:浙江大学出版社,2018.

[6] 张夏恒.跨境电子商务生态系统研究[M].北京:经济科学出版社,2017.

[7] 张夏恒.跨境电子商务支付表征、模式与影响因素[J].企业经济,2017(7):53-58.

第 9 章　跨境电子商务经营风险

[学习目标]
- 理解跨境电子商务经营风险的概念；
- 了解跨境电子商务经营风险的来源；
- 掌握跨境电子商务经营风险的主要类型；
- 理解跨境电子商务经营风险造成的影响；
- 了解政府监管部门在防范跨境电子商务经营风险方面的主要举措；
- 了解跨境电子商务企业在防范跨境电子商务经营风险方面的主要举措。

[素养目标]

跨境电子商务企业在跨境经营过程中不可避免地会面临许多经营风险。在分析跨境电子商务的各种经营风险时，培养学生的随机应变能力和风险控制意识；在跨境电子商务产品侵犯知识产权的事例中，树立学生依法办事、依法律己和依法维护知识产权的意识；比较跨境电子商务与传统贸易模式的风险时，让学生认识到事物的两面性，以及应对信息安全风险的能力。

[引导案例]

跨境电子商务平台 Wish 和中国卖家再起争端，部分店铺被封

北美最大的跨境电子商务平台 Wish 是一家新兴的移动电子商务企业，其 App 上销售的产品走价廉路线，包括非品牌服装、智能手机和淋浴喷头等，大部分产品直接从中国发货，其成功诀窍就是以"中国制造"的低价商品来吸引顾客。但如今，Wish 平台上的一些中国卖家却因账户上的资金（即销售商品所得货款）被"强退"而与其反目，引发矛盾的主角是因涉及安全和知识产权问题被亚马逊平台一度封杀的平衡车。

卖家吴先生来自深圳，其所在公司是一家工贸一体的企业，主要生产智能设备及平衡车等，销售渠道之一就是 Wish 平台。因为 Wish 平台单方面认定卖家在物流配送上存在问题，于是冻结了吴先生在该平台上销售平衡车的资金账户，此后账上钱款被退，至今不知是退给了 Wish 平台还是退给了买家。此外，一些销售平衡车包以及手表等智能产品的卖家也牵涉其中，涉及金额达数百万元。

当亚马逊平台下架平衡车时，Wish 平台相关负责人一直鼓励卖家继续售卖平衡车，因为卖出产品他们就能拿到 15% 的返点。可是没过几天卖家的账户就被冻结了，之后账户里面的钱又都没了，卖家也不知道这些钱是退到了 Wish 平台还是退给了买家。关于吴先生公司账户被冻结乃至资金被退，Wish 平台并未及时给出理由，也未出具告知书。

吴先生多次联系 Wish 平台，一开始平台相关人士承诺美国总部会给出回复，后又表示账户遭遇冻结以及账户资金被退的原因是物流存在问题。吴先生有 300 多份订单是有

客户签收的,其中 100 多份显示有签字,Wish 平台告诉吴先生,其中 21 份订单是客户没有收到货但是物流显示已经妥投了。Wish 平台以前的说法是妥投就可以给钱,但现在又说卖家存在欺诈行为。另外,Wish 平台还把卖家卖平衡车以外产品的款项也退了。

之后,包括吴先生在内的多名卖家代表来到 Wish 平台中国上海总部。和他情况一样,其他几名卖家也未得到 Wish 平台提供的确凿证据。这并不是 Wish 平台首次发生这样的事件。2014 年年底,因为涉及知识产权等问题,部分平台卖家被封店扣款。彼时,Wish 平台曾表示扣留的销售额在 180~240 天后就可退还。然而,8 个月后,卖家仍旧没有等来消息,只好前往 Wish 平台上海总部讨要说法。至于为何卖家当初会选择在现在看来存在诸多问题的 Wish 平台开店,是因为卖家认为在 Wish 平台开店流程简单便利。针对卖家要走法律途径的表态,Wish 平台表示,平台是美国公司,如果想走法律途径要去美国起诉。

资料来源:王敏杰.跨境电商 Wish 和中国卖家再起争端,部分店铺被封[EB/OL].(2016-02-25)[2020-03-10].https://tech.huanqin.com/article/qCakrnJU5nX.

作为一项复杂的系统工程,跨境电子商务需要对跨境贸易、跨境电子支付、跨境物流、海关报关报检、法律、外语、互联网信息技术等多种服务进行整合。由于我国外贸相关法律法规的制约以及税收、物流环节监管的不健全等,我国跨境电子商务占外贸的份额较低,并且始终存在诸如基础设施和物流体系不完善、交易过于烦琐、支付结算违约率高、人才缺乏、企业信息化水平较低等问题,导致我国跨境电子商务企业缺乏竞争力。跨境电子商务交易常常在通关环节遭遇各类困难与挑战,与此同时,企业自身的限制性因素和支付结算环节的障碍极大地阻碍了跨境电子商务在我国的长远发展。

涉足跨境电子商务的企业在其经营过程中面临越来越多新型、隐蔽而不容小觑的经营风险挑战,包括信息风险、信用风险、物流风险等内生风险,以及法律风险、政治风险、自然风险、基础设施风险等外生风险。其中,信息风险包括供应链中信息不确定性和网络安全隐患造成的风险;信用风险主要指参与实体的信用不确定性,包括跨境电子支付中的信用风险以及产品流通过程中产生的信用风险;物流风险主要包括跨境物流本身的风险以及在通关环节面临的风险。同时,由于跨境电子商务的主体和经营模式具有特殊性,传统管理机制与跨境电子商务发展存在脱节现象,监管部门在日常工作中可能面临税务环节的出口退税风险,具体表现为企业虚构可抵扣税额、虚构出口业务、中间代理商违规操作、虚假报关出口等风险事件。此外,中国跨境电子商务企业在跨境经营过程中也诱发了人力资源风险、基础设施风险、产业链低端锁定风险以及消费者法律纠纷风险等。跨境电子商务企业的跨国经营同样诱发了政府部门的数据采集和监管失效风险。

9.1 跨境电子商务经营风险的来源

9.1.1 外部来源

1. 监管政策、贸易规则与法律法规不统一、不完善

自《联合国国际贸易法委员会国际商事仲裁示范法》颁布以来,一般贸易的商事纠纷均有判例准绳可依,但跨境电子商务的贸易模式与传统贸易模式差异颇大。跨境电子商

务企业需要与来自各地的消费者打交道并与多地政策制定者交锋,应对形形色色的法律法规体系,面临国际贸易规则、主要经济体之间的贸易规则以及各经济体内部的贸易规则、各平台之间的贸易规则等共同形成的多层次约束。在出现跨境纠纷时,司法管辖权往往认定困难。同时,国际商品进出口业务与检验检疫、产品标准等模块紧密相关,这些相关标准在全球范围内具有较强的差异性与时效性,上述显著特征往往也会使得跨境电子商务企业在进出口环节蒙受损失。以支付规则为例,2010年9月,美国向WTO争端解决机构提出指控,认为中国对于电子支付服务的监管举措与WTO相关规则相悖。在这一案件中,WTO相关规则的适用是争端焦点。在跨境电子商务业务对国际支付规则提出新要求的情况下,短期内难以消弭相关国际支付规则的适用和变动所带来的风险。

从进口国(地区)层面来看,制度环境和商业环境的不断变化也会给企业带来较大的经营风险。跨境电子商务遵守出口国(地区)溯源法律的同时,也有必要遵循进口国(地区)的溯源规范。未能遵守本土法规的跨境电子商务企业更易卷入国际商事纠纷和国际仲裁,尤其表现在售后、追责环节,国际商事纠纷不利于跨境电子商务企业的正常经营和风险防控。当目标市场国际贸易责任追溯主体相关规范加速整饬或与跨境电子商务企业所在国(地区)规定存在矛盾时,跨境电子商务企业将难以实现责任主体的快速确定和精准追责,追责机制这一短板也将影响跨境电子商务企业经营收益的实现和服务质量的保障。

对于中国跨境电子商务企业来说,为了扶植跨境电子商务的发展,国内政策持续利好。跨境电子商务在短短几年内兴起,发展势头迅猛。就目前来看,配套的法律法规体系还没有完全成型,相关立法在知识产权保护等议题上还存在大量分歧。同时,政策红利也不会长久保持,更新变化中的政策环境会对商检、税务、外汇、海关等环节产生不确定影响。

新闻摘录

中美电子支付案结案,执行方案待协商

始于两年前的中美电子支付争端终于结案,而执行方案则将再次成为双方谈判的重点。商务部负责该案的相关人士表示,中美电子支付争端案件已经了结,美国方面没有上诉,中国方面也没有再次上诉。WTO争端解决机构已经审议通过了裁决报告,接下来裁决报告将由中国人民银行具体执行。

2010年9月15日,美国贸易代表办公室曾向WTO申诉中国,指责中国歧视美国信用卡公司。当年7月,WTO发布专家组调查报告,初步裁定在以人民币计价的支付卡清算交易中,中国银联存在垄断行为。按照专家组报告,中国要求所有在境内发行的支付卡与中国银联进行网络合作并附带其标识以及强迫所有支付终端使用银联网络的做法,违反了WTO的相关规定。专家组提出,对于在中国境内建立分支机构并开展服务业务的电子支付提供商,中国应当履行WTO成员的应尽义务,向相应主体开放市场。

相关人士表示,中国人民银行目前正在技术层面着手制定标准,最终经过征求意见并经国务院通过,至少需要半年时间。

思考题：

1. 试分析在支付环节跨境电子商务会存在哪些风险。
2. 试分析不同国家的政策规定会给跨境电子商务带来哪些风险。

资料来源：郭丽琴.中美电子支付案结案 执行方案待协商[EB/OL].(2012-09-05)[2021-03-10]. http://roll.sohu.com/20120905/n352425588.shtml.

---

2. 跨境电子商务平台制度规则存在差异

不同跨境电子商务平台的制度规则存在差异。例如，敦煌网采用佣金制、免注册费与EDM（电子邮件营销）模式，成本较低；速卖通坚持"价格为王"，卖家一定要价格低才能有优势；eBay对卖家的要求更严格些，形成了质量与价格并重的策略；对卖家要求最高的是亚马逊，它以产品为驱动，产品质量有优势的同时必须建设品牌。企业需要同时在不同平台的规则体系中周旋，容易导致产品销售方案等决策的复杂程度上升，也会给平台管理团队带来巨大的压力。在不了解规则体系或难以适应不同国家和地区平台规则的情况下，风险事件更容易发生，导致运营成本上升。

3. 物流基础设施不完善

在物流渠道欠发达的国家和地区，跨境电子商务企业开展跨境经营时时常遭受物流风险的困扰。业务涉足这些国家和地区的跨境电子商务企业既不得不支付昂贵的物流费用，也时常因时效性与安全性方面存在的痼弊而蒙受损失。

4. 区域知识产权壁垒

当前全球范围内知识产权保护及相关规章制度存在较大差异，一定程度上阻碍了商品的跨境流动。同时，各大电子商务平台上也存在抢注专利的"专利流氓"问题：抢注者利用中国卖家对美国专利制度的认知缺失，将卖家自主打造的"热销商品品类"的全部或部分细节进行专利抢注，随后向各大销售平台（如亚马逊）进行卖家侵权投诉。由于事发突然，平台与卖家并不清楚投诉的来龙去脉，被投诉的卖家只能按照平台侵权的操作流程予以调整，下架"侵权"商品。

5. 文化差异

跨境电子商务制造商与消费者往往存在文化差异。出于进军中国市场的需要，一批欧美知名品牌近年来屡屡策划推出"贺岁纪念版"商品并在电子商务平台上贩售，但却并未收获良好口碑。例如，阿玛尼等美妆品牌围绕鸡年主题设计的粉底产品，而耐克的Air Foamposite One Tianjin及Air Force 1 Chinese New Year 2016被网友戏称为"天津喷"和"祝你发福鞋"。

6. 不可控事件

重大自然灾害难以预测，且破坏性强，当这种灾害波及商品质量时，跨境电子商务企业将面临销售困境。例如，日本"3·11大地震"及其引发的福岛核电站的核泄漏和核爆炸危机，使得日本生产的食材、乳制品乃至汽车、化妆品等在华销售受到影响。时至今日，从日本进口的商品仍需要放射性物质检测合格证明。由于无法证明原产地，卡乐比麦片以及三得利、欧力喜乐（Orihiro）、乐天（Rakuten）等品牌的食品和保健品在跨境电子商务平台旗舰店中均被下架。

除了重大自然灾害，政治与舆情风波也会影响商品销量，从而给跨境电子商务造成损失。例如，因为"萨德"事件，韩国乐天百货遭到了抵制，在多家实体门店关闭的同时，2015年9月拿下乐天网购中国唯一战略合作伙伴的京东关闭了韩国乐天旗舰店，天猫国际、1号店、网易考拉、聚美优品等跨境电子商务平台也均下架了韩国乐天的全部商品。

9.1.2 内部来源

1. 内部信息不对称

跨境电子商务企业内部各个平台团队之间如果信息不对称，就容易出现产品质量把控不一致、财务管控不及时等问题，从而降低企业整体效率，增加管理运营成本。

2. 知识产权意识薄弱

由于当前上架销售的商品存在知识产权方面的争议，跨境电子商务企业可能遭遇商品下架、链接被删除、库存积压或诉讼索赔等困境。上述困境出现的主要原因是企业在知识产权保护方面的意识不强，不熟悉境外知识产权保护政策措施，认为其知识产权侵权行为不会受到查处，或是遭遇境外竞争对手发起的恶意诉讼后不知所措。

3. 维权应诉能力不足

跨境电子商务企业在国际维权方面的能力不足。部分企业对境外法律缺少了解，当出现侵权问题时无力承担高昂的诉讼费用，难以进行维权。特别是跨境电子商务中小企业资金少，组织结构不够完善，不具备创设法务部门的条件，或是无力聘请专业律师，因此在遭遇法律诉讼时，难以及时获取支持并在线下加以应对，进而使得企业有可能同时在其开展业务的多家平台上陷入困境。

4. 市场分析能力不足

当前，大多数中国跨境电子商务企业欠缺产品研发与市场分析能力，对于仿款、抄款形成了路径依赖，创新意识不强，对于蓝海市场的嗅觉也较为迟钝，鲜有跨境电子商务出口企业能够估算目标市场的消费需求潜力，进而有针对性地进行研发与选品资源的战略布局。因此，欧美等当前主流的跨境电子商务市场中，中国卖家商品同质化竞争现象较为突出，企业销售受阻引发囤货滞销与资金链断裂的现象比比皆是。总的来说，跨境电子商务企业遭遇囤货滞销风险，主要源于选品过程中欠缺对目标市场需求潜力的精准分析，引发产品研发资源错配，在仓储环节进行不合理且同质化程度过高的海外仓囤货。

5. 经营平台选择不当

跨境电子商务企业必然面临入驻平台选择的问题。各平台主要面向的国家和地区不相同，甚至主营的产业也不相同。比如，速卖通主打俄罗斯、中东等新兴市场，eBay、亚马逊与Wish主攻欧美市场，并且eBay在澳大利亚的市场份额也较大。除了面向地域不同，平台也出现了细分市场的趋势，诸多专营平台开始占领市场。跨境电子商务中小企业在入驻第三方平台时，常常难以对自身进行精准定位，对于自身为何要进军第三方平台市场也仅仅有一个模糊的概念认知。平台选择不当有可能导致企业选择入驻平台后面临平台转型、信息安全、滞销等不同的风险,最终使企业蒙受巨大的损失。

6. 运营人员实务能力欠缺或操作不慎

跨境电子商务企业的一部分具体运营岗位需要运营人员具有较强的文化素质,特别是对其外语能力提出了一定的需求,企业一般会直接招聘高校毕业生任职这类岗位。对于跨境电子商务企业来说,此类一线运营人员能够在多大程度上认识、理解并防范跨境电子商务经营风险至关重要。在经历经营风险事件(如汇率结算突发事件)时,运营人员应对不慎或进行了不恰当的操作,往往会使处于困境中的企业雪上加霜,遭受更大程度的损失。

7. 供应链协调失衡

在跨境电子商务经营尤其是多平台经营的情境下,企业所面临的是复杂环境下的平台模型。企业在协调各平台物流与库存平衡的过程中容易失衡,导致物流速度慢、某一平台爆单、资金流转不灵甚至资金链断裂等不利情况的出现。

8. 品牌代理关系地位不平等

跨境品牌代理电子商务企业因为合同中的不公平条款,在遭遇"中途换马"、利益严重受损时往往无法有效维权。如果被代理品牌不能够提供产品方面的支持,如该品牌产品风格定位、完整产品线、产品系列化的支持,提供公司经营团队及经营理念的支持,提供品牌管理方面的支持等,跨境品牌代理电子商务企业在经营上就会面临较大的风险,导致营销定位失误、产品种类过少、功能过于单一、经营理念存在偏差等。

9.2 跨境电子商务经营风险的类型

9.2.1 信用信息风险

1. 企业信用风险

与传统意义上的市场交易相比,跨境电子商务交易的买卖双方往往分属不同的国家和地区,彼此之间在语言、购物习惯、作息等方面都存在较大程度的差异。跨境电子商务自身虚拟性的特征,往往也会凸显跨境电子商务交易中的信息不对称。如何识别交易双方的身份并进行责任追溯,成为一大难题。信用制度的缺位使得市场中的逆向选择与道德风险问题愈发突出,最终导致交易成本高企、市场效率难以提升。中国电子商务投诉与维权公共服务平台的数据显示,仅2015年的一年时间内,上海市消费者权益保护委员会就受理跨境电子商务投诉1 059件,同比上涨了368.60%。2015年我国涉及电子商务的投诉事件较2014年增长了3.27%,其中投诉增长最快的一类即为跨境网购(增速为7.53%),所涉及的投诉问题包括网络售假、网络诈骗、虚假发货、订单取消、霸王条款、账户冻结、退换货难、售后服务差等。

2. 知识产权风险

由于正在上架销售的商品遭遇投诉,疑似侵犯他人知识产权,跨境电子商务企业可能遭遇知识产品风险事件,导致产品下架或是购物链接被删除。后续带来的影响可能包括库存积压,以及一系列有关知识产品索赔的诉讼案件。在跨境电子商务实践中常见的知识产权侵权类型有商标权侵权(如仿品)、外观专利或实用新型专利侵权、产品图片盗用侵权等。

理论上讲,构成知识产权侵权的跨境电子商务产品需要平台和卖家共同承担侵权责任。但从近年来诸多判例来看,平台并不会为此承担责任。这就意味着卖家需独立承担侵权后果,这导致平台利益和卖家利益的分离。因此,跨境电子商务企业入驻的平台越多,面临侵权的风险越大,在规模较大的平台遭遇知识产权纠纷往往也会波及其他平台相关产品的销售。

新闻摘录

美国国际贸易委员会 337 调查面面观

2018 年 3 月 26 日,美国国际贸易委员会(ITC)决定对墨盒及其组件发起 337 调查,被诉中国企业包括广东珠海纳思达股份有限公司、江西新余亿铂电子科技有限公司等九家。

2018 年 4 月 4 日,ITC 决定对 LED 照明设备和组件(俗称演出用蜂眼摇头灯)发起 337 调查,被诉中国企业包括广州市浩洋电子股份有限公司、无锡市畅盛特种光源电器厂等六家。

2018 年 4 月 13 日,ITC 决定对苏州凌卓健身用品有限公司的跳绳系列产品发起 337 调查。

随着近年来越来越多的中国企业成为 ITC 337 调查的座上客,"337"这个数字已为越来越多的国内公众所熟知。自 2010 年以来,ITC 针对中国企业的 337 调查数量每年都占其对全球企业调查总数的三成左右。

337 调查是指 ITC 根据美国《1930 年关税法》(*Tariff Act of 1930*)第 337 节,调查疑似存在不公平现象的进口行为,并在查实后采取对应的制裁措施。在当前的司法实践中,337 调查主要将进口产品中疑似存在侵犯美国知识产权的商品列为目标对象。一项知识产权的权利人,无论是否为美国企业,只要认为某件进口产品疑似侵犯了其在美国申请的知识产权专利,就可以向 ITC 申请开展 337 调查,并要求其采取与之相对应的救济措施。

中国企业作为被申请人首次涉及 337 调查是在发起于 1986 年 12 月 29 日的编号为"337-TA-260"的案件中。中国加入 WTO 后在更大程度上融入了世界贸易体制,中国对美国的贸易量节节攀升,出口到美国的货物总量越多,涉及 337 调查的概率越大。同时随着中国近年来科技水平的不断提高,出口至美国的技术密集型产品所占比例不断增加,导致出口至美国的产品可能侵犯美国专利权的概率增大。在美国以贸易逆差为由引发贸易摩擦的背景下,337 调查无疑是其实行贸易保护主义的利器之一。

思考题:分析跨境电子商务在知识产权方面会存在哪些风险。

资料来源:同立钧成知识产权.美国国际贸易委员会 337 调查面面观(一):它从哪里来[EB/OL].(2018-05-08)[2021-03-10].https://zhuanlan.zhihu.com/p/36595298.

3. 信息安全风险

区别于传统的国际贸易模式,跨境电子商务是基于国际互联网、电子商务平台等先进电子信息技术而生存和发展的。电子信息技术成为跨境电子商务基础服务的同时,计算机和互联网的信息安全也成为参与跨境电子商务的外贸企业面临的重要风险。

信息安全风险主要来自计算机和互联网系统软硬件的兼容性与稳定性。由于计算机和网络软硬件更新换代周期短、升级频繁,包括互联网服务、电子商务平台、网络支付结算系统以及企业本地操作环境等在内的整个跨境电子商务运行的软硬件都存在品牌、型号、版本混杂共存的情况,各种兼容性问题、设计漏洞甚至是系统崩溃很难完全避免,从而导致企业跨境电子商务业务的中断,甚至是交易信息和支付信息的丢失和泄露。

4. 信息不对称风险

在委托代理关系中,跨境品牌代理电子商务企业对于被代理的品牌货源具有相当强的依赖性。由于商品的制造、检验等环节均由境外品牌企业直接负责,而大多数的跨境品牌代理电子商务企业仅仅是从品牌企业处签订合同并直接进货,对于商品的质量等属性并没有把控与质疑的权利,因此即便心中对于货物的合规性存在疑虑,它们也只能硬着头皮将商品上线贩售。

9.2.2 运营管理风险

1. 物流风险

随着跨境电子商务的发展,国际物流模式逐渐从大批量、低频次进化为小包裹、小批量、高频次,如国际邮政、海外仓、边境物流专线、国际快递等。跨境电子商务物流揽件特殊,常伴随丢包率高、运输时间长等运输风险。将跨境电子商务出口企业的一条完整的供应链作为视角切入,此时首当其冲、最频繁发生的运营管理风险就是物流风险。当前跨境电子商务物流风险主要为跨境物流妥投失败造成的"财货两空"损失,其背后的原因主要是物流企业管理不善引起包裹丢失、目的地海关扣关、派送过程中包裹丢失等。

从国际物流政策变动的角度来看,国际物流模式和相关货运政策变化往往滞后于跨境电子商务产业本身的发展,因此政策的更新与修订通常也无法与产业发展方向完全兼容。《国际货物运输法》规定责任主体限于承运人、进出口收发货人、货运代理人,但从消费者角度出发,丢包的直接责任主体是跨境电子商务企业,现有的相关国际法缺乏对于跨境电子商务监管责任的认定,丢包责任难以定位,各主体互相推诿,跨境电子商务企业运输隐患难消。例如,《鹿特丹规则》使用完全过失责任裁定方案,对当前业内实行的"航海过失"免责和"火灾过失"免责条款进行了更新迭代,将承运人的责任期间修为自承运人或履约方为运输而接收货物时开始至货物交付时终止;《海牙规则》和《汉堡规则》则分别提高了对于货物遭受损失的最高赔偿上限,《海牙规则》规定承运人的责任期间是"……自货物装上船舶开始至卸离船舶止的一段时间……"。上述国际物流规则大多基于传统贸易的物流规则进行修订,沿用了承运人负主要责任的方案。然而,跨境电子商务物流运输体系自身就涵盖境外跨境电子商务企业与境内服务商等商事实体,这些独立个体均承担一定的物流风险。我国《海商法》则规定承运人的责任期间是"港到港"。

2. 滞销风险

在将货物妥善运送到目的地的海外仓后,跨境电子商务企业并不一定总是能保证如期完成销售目标,往往也会遭遇囤货滞销的窘境。随着囤货滞销风险事件的发生,企业资金链断裂的现象并不鲜见。自从跨境电子商务行业飞速发展以来,每当销售旺季临近,囤货滞销风险事件就会频繁出现在业内人士的视野里。

3. 支付风险

电子支付领域有一批现行的国际规范,主要包括《服务贸易总协定》(GATS)、巴塞尔相关协议、示范法(非约束性法律文献)等。上述现行的国际规范不可避免地存在一些盲点和缺陷,突出地体现在全球互联网金融制度与秩序的重塑上,特别是在国际电子支付这一维度上。譬如,当前不少跨境电子商务支付机构并非登记注册为银行身份,因此它们在法理上并不能被列为现行国际规范(例如《巴塞尔协议 III》)中与核心资本充足率、控制杠杆比率及强化流动性监管等方面相关的部分新规则的监管对象。另外,虽然国际支付政策时有变动,但跨境电子商务新型贸易模式与传统贸易中的汇付、托收、信用证支付方式相应监管政策之间并不完全契合。当前跨境电子商务支付方式主要依赖境外第三方支付机构完成,因此常常受制于人,陷入被动。例如,美国电子商务平台 eBay 旗下的全资子公司 PayPal,在多年发展历程中形成了较为偏向跨境电子商务买家的支付政策,一旦交易环节出现争议,PayPal 系统就会自动全额退款给买家,这一政策偏向使得跨境电子商务卖家常常陷入钱货两空的困境。

在应对境内外与支付相关的法律法规条款方面,我国跨境第三方支付机构的起步是比较晚的,国际支付方式近年来发生了较为剧烈的结构性变革,国际支付、金融规则也产生了一些变动,使得我国跨境电子商务主要面临三类支付风险:①进口电子商务支付风险。我国进口电子商务支付主要依赖支付宝、银联,在"无现金化"和移动支付方面已走在世界前列,但"中美电子支付争端案"绝非个案,进口电子商务支付体系与国际支付规则仍未全面契合。②出口电子商务支付风险。世界市场正在逐渐由卖方市场转变为买方市场,与此同时,我国出口电子商务在本土化支付方面还未能形成完整体系,境外支付机构仍然垄断了消费者与进口商结算和支付中的很大一部分,这一现状导致货款回收、资金沉淀、即期收益等环节仍然存在普遍的低效、延期现象。例如,PayPal 针对新开设的收款账户设立了以 21 天为期的资金临时冻结规定,这使得跨境电子商务卖家陷入资金周转困境,客观上给其日常运营带来了不小的风险隐患。③由互联网支付平台带来的安全风险。国家互联网应急中心(CNCERT)的数据显示,当前在我国境内进行互联网钓鱼欺诈的网站中,96%网站的主服务器位于境外。与此同时,我国电子商务网站越来越频繁地遭受来自境外的网络攻击,跨境电子商务支付效率持续走低,网络安全问题日益凸显。在信息安全、网络安全未得到完全保障的情况下,第三方支付平台的运行势必会伴随一定的风险和隐患。

4. 汇率风险

汇率对于跨境贸易来说至关重要。在跨境电子商务交易的结算环节,中国跨境电子商务企业也时常暴露在汇率风险之下。汇率变动将不可避免地对跨境电子商务企业的利润、成本、资金等方面造成影响。例如,境内某电子商务平台的年交易额为300亿元人民币,假设汇率波动幅度在8%左右,则其承受的汇率风险总额就有约24亿元人民币,风险隐患巨大。在极端情况下,汇率波动造成的损失可能使得企业在过去一年里的盈利化为泡影,甚至可能会造成巨额亏损,使得企业入不敷出。2014年,人民币汇率双向波动正式开启,人民币汇率波动幅度加大。根据艾瑞咨询报告的数据,2008—2014年,人民币汇率每年上涨3%,而2015年、2016年人民币汇率整体波动在8%左右,这意味着跨境电子商务汇率风险持续走高。随着跨境电子商务经营规模的扩大,汇率变动带来的风险日益凸显,从而制约跨境电子商务企业的发展。据统计,目前有40%的跨境电子商务企业对汇率风险仍没有充分认识,20%~30%的跨境电子商务企业已对汇率风险有所认识并开始逐步了解汇率风险,已经在做汇率避险的跨境电子商务企业仅有10%~20%。可见,整个行业当前还未能充分地认识和理解汇率风险的潜在危害性,遑论采取有针对性的防范措施。

新闻摘录

英国"脱欧",跨境电子商务企业几家欢喜几家愁

2016年6月24日,英国就是否继续留在欧盟的全民公投结果终于尘埃落定,最终"脱欧派"胜出。受到英国"脱欧派"胜出的影响,英镑在中午逼近1.32美元,一度跌逾11%,为30年来新低,而欧元兑美元也下跌超过3%。瑞士法郎、日元的汇率则是飙升,引发全球市场震荡。

英国"脱欧"之后英镑贬值,相对而言,人民币的购买力增强。据推算,一件巴宝莉的风衣能便宜1 200元人民币。英镑贬值一定程度上利好中国消费者的海外购物行为,不少在英国和欧洲从事代购服务的跨境电子商务企业也借此机会纷纷让利酬宾。欧洲上品跨境直邮平台表示,上周末的平台成交情况堪比上年"双十一"。

由此可见,预期英镑和欧元发生贬值,能够增加跨境电子商务进口企业的利润,但对于跨境电子商务出口企业来说却不是一个好消息,它们可能不得不承受利润缩水的苦果。英国长期以来都是中国跨境电子商务出口企业的重要目的国,英国"脱欧"客观上对中国跨境电子商务出口企业形成了比较剧烈的冲击,货币缩水直接挤出了原本较为可观的利润空间。当然,中国企业可以拟定并实行一定的对策(如调整价格等),但这些对策从实施到生效需要一定的等待时间,客户对于这些变动的接受程度也有待观察。受英国"脱欧"影响,英镑、欧元汇率暴跌,这一变动会直接反映在我国跨境电子商务出口企业的产品价格上。以英镑为例,受此影响跨境电子商务出口企业的利润空间直接缩水了大约10%,价格的调整也必然会导致销售额和市场需求的下滑。可以预见,跨境电子商务出口企业在欧洲市场的经营将经历"寒冬"并持续一段时间。

对于跨境电子商务出口企业来说,英国"脱欧"无疑属于不可抗力,但政策调整变动与汇率波动对企业来说其实并不鲜见。打铁还需自身硬,加强跨境电子商务出口企业产品的核心竞争力才是重中之重。所幸,目前不少跨境电子商务出口企业已经逐步探索并确

立了自身的核心竞争力,在未来激烈的市场竞争中只要能够积极迅速地应对汇率波动,并努力进行相应的价格调整,完全有希望无缝过渡、平稳着陆。

思考题:请分析汇率变动会给跨境电子商务企业带来哪些风险。

资料来源:李婷.英国"脱欧"英镑贬值 跨境电商几家欢乐几家愁[EB/OL].(2016-06-27)[2021-03-10].https://tech.sina.cn/i/gn/2016-06-27/detail-ifxtmweh2556542.d.html.

9.2.3 网络结构风险

1. 入驻平台风险

对于同时进行多平台销售的跨境电子商务企业来说,能否在一开始就制订一个协调、高效的平台选择和团队管理方案,以及做好后续的跟进工作,是决定企业经营成败的关键所在。对于逐步增加平台数的企业来说,每增加一个平台就意味着企业要打破一次原有的平衡模式,是对企业内部运营、产品销售的一次重新洗牌,企业需要进行适度的调整使其运转重新回归平衡状态。若企业缺乏充分准备就盲目入驻新的电子商务平台,可能会导致资金流转不畅、团队管理混乱等情况的出现,对企业内部的平衡造成巨大破坏。

2. 代理关系风险

信息不对称现象普遍存在,一些劣质甚至虚假的境外品牌抱着侥幸心理鱼目混珠,以次充好。例如,仅在中国香港一地,就存在60多家企业与法国"梦特娇"(Montagut)重名或者名称相似,2016年也涌现出"美素丽儿"等一批仿照海外知名品牌的假洋品牌。另外,一些拥有号召力、口碑佳、在全球众多国家和地区开展运营的品牌,出于种种原因并没有围绕中国内地市场进行长期的战略规划,对中国内地市场需求潜力缺乏认真、细致的了解,境内电子商务企业在与这类品牌建立代理关系时应当谨慎,否则很可能使投建旗舰店的成本成为"沉没成本"。

案例分析

Coach 二退天猫:二线伪奢侈品的傲慢与偏见

以"唾手可得的奢侈品"为自身定位的美国品牌 Coach 又一次关掉了在天猫的旗舰店。早在 2011 年年末,Coach 为配合庆祝公司成立 70 周年而入驻淘宝商城(现为天猫),建立首个在华奢侈品在线旗舰店。按照当时淘宝的定位,这一合作算是一次"破冰"。可惜,Coach 旗舰店只上线一个多月便不再运营。三年后,奢侈品做电子商务已成为趋势。2014 年 Burberry 在天猫率先开设旗舰店,2015 年 9 月初 Coach 回归天猫。但不到一年时间,Coach 旗舰店又"悄然"下线。

两次进驻天猫又两次退出,Coach 的这种举动并不令人意外。近年来 Coach 的品牌战略摇摆不定,尤其是在中国市场,可以说,Coach 对电子商务的态度只是其战略摇摆的一个反映。实际上,在中国市场上的外国奢侈品品牌中,Coach 一直是比较"有脾气"的一家,甚至对中国市场抱有"傲慢与偏见",集中反映在定价策略上。有评论指出,Coach 的中美价差约40%以上,这一价差更多的是由Coach在华的高定价策略而非中间成本造成的。

退出天猫旗舰店反映了Coach的诸多尴尬。2014年,Coach陷入全球关店潮;2015年,Coach更是关闭了在中国香港最大的旗舰店,并惹来议论;2016年以来,Coach高层出现频繁的人事变动,首席财务官于8月离职,在中国区,中美管理层也出现销售策略上的冲突,在如此混乱的局面下,退出天猫只能是一次仓促的决定。Coach的经营状况不佳也反映在股价上,2011年Coach第一次在天猫开店并迅速退出,巧合的是,自2012年年初以来,Coach的股价就开始持续下跌,并在2015年年末创下了2012年以来的新低。

思考题:试分析Coach在经营中存在哪些风险。

资料来源:杨国英.Coach二退天猫:二线伪奢侈品的傲慢与偏见[EB/OL].(2016-09-12)[2021-03-10].https://www.sohu.com/a/114160410_389570.

从事跨境品牌代理业务的电子商务企业,最典型的模式是从零开始搭建体系开展相应的销售与支持业务,并进行产品策划、人员培训等。显而易见的是,这些前期开拓活动需要巨大的资源投入。在这种情况下,能够保障前期投入取得相应的劳动成果成为代理电子商务企业工作的重中之重,这一环节也与资金回笼紧密相关。在代理电子商务企业业务领域,"为他人作嫁衣""中途换马"等现象并不鲜见,引人担忧。例如,2017年年初,花王"展翅高飞",与上海家化五年的战略合作走到尽头,这一代理关系的结束使得上海家化面临10亿美元的空缺,引起了市场对上海家化业绩预期的波动。

9.2.4 政策监管风险

产品标准与检验检疫等环节对于国际商品的进出口交易来说不可或缺、至关重要。然而,全球范围内与产品标准和检验检疫相关的政策措施在严格程度上存在较大的差异,且时常发生较大幅度的变动。开展跨境电子商务业务的企业常常成为上述差异和变化的受害者。另外,各国对于国际贸易通关环节的政策规制也往往是该国海关出于协调国际利益诉求、维护本国产业发展等目的而进行权衡的结果。例如,2012年9月28日,新西兰初级产业部与新西兰海关在其官方网站发表声明,将联合对非法输出婴儿配方奶粉的行为实施严打,限制包括网购及亲友赠送等渠道的乳制品输出,对非法输出婴儿配方奶粉的公司与个人分别处以最高30万与5万新西兰元的罚款,并酌情决定是否对其提出指控。在新西兰政府相关法律生效后,我国跨境电子商务进口企业均出现奶粉缺货、断货情况,一些规模较小的企业经营无以为继,只能关门歇业。

国际贸易法规政策造成的跨境电子商务经营风险主要集中在以下三个方面:

(1)各国贸易法规的差异。据报道,一段时间以来,部分商户经常接到自称来自美国的买家的咨询,询问能否以高价购买仿冒品,并借机套取商户PayPal账户的相关信息。在这种钓鱼访谈结束后,相关品牌商就能以和中国商户之间的聊天记录向美国法院提起诉讼。PayPal随后通常会冻结这些中国商户的账户及账户内的资金,甚至有可能直接对资金做清零处理。PayPal的政策偏向买家,这与我国《商法》《经济法》及相关惯例略有不同。因此,跨境电子商务出口企业在未熟悉目标市场相关法律法规之前,从事跨境经营存在较大风险和隐患。

（2）产品质量追溯主体的认定。跨境电子商务生态系统作为经济转型的新引擎，本身运作存在诸多薄弱环节，不同国家和地区的相关法律和管理参差不齐，而跨境业务又涉及多方主体，产品质量追溯存在较大困难和不确定性。

（3）代码和条码机制的固有缺陷。根据跨境电子商务平台相关管理层的介绍，输入条码和代码的物流记录方式极易被复制，违法者只需在某个终端输入复制的完整条码和代码，就能形成全部的物流信息，给合法经营的跨境电子商务企业和平台带来巨大的维权隐患。此外，《海牙规则》较多地维护承运人利益，风险分担很不均衡，因此在新的航运秩序建立前，跨境电子商务企业要应对较高的物流追责风险。

当前我国政策监管造成的跨境电子商务经营风险主要集中在以下三个方面：

（1）税率。"四八新政"将跨境电子商务零售进口商品的单笔交易和个人年度交易限值分别设定为人民币2 000元和20 000元。暂时对在限值以内的进口跨境电子商务零售商品按照零税率征税；进口环节产生的增值税与消费税税额则暂定为法定应纳税额的70%。"四八新政"要求跨境电子商务进口产品按一般贸易商品进行通关，给跨境电子商务企业的经营带来较大风险。

（2）检验检疫。2016年，我国消费者网购的保税进口商品总额为256亿元，近三分之一是食品。原国家质检总局监管政策出台较为滞后，为保税进口模式下的跨境电子商务检验检疫工作带来难度，给跨境电子商务企业经营收益带来不确定性和风险。例如，跨境网购产品属于"个人行邮物品"，其清关检验检疫的责任主体不是平台，导致难以消除质量溯源风险。

（3）跨境电子商务经营正面清单。正面清单出台后，跨境电子商务企业在经营品类和清关对策方面必将倍受掣肘，例如牛肉等牲畜类食品被排除在正面清单之外，进出口商和生产制造商的进入门槛再次提高，这给跨境电子商务平台、企业和潜在进入者均带来一定程度的不确定性和风险。

9.3 跨境电子商务经营风险的影响

9.3.1 微观影响

对于跨境电子商务企业来说，跨境电子商务经营风险造成的微观企业层面的影响主要包括以下几方面：

（1）不了解规则体系或难以适应不同国家（地区）平台的规则，容易导致风险事件更加频繁地发生，致使运营成本上升。

（2）重大自然灾害通常不可预测，且危害极大，当商品质量因自然灾害而受损时，跨境电子商务企业的销售无疑也将遭遇危机。与此同时，市场竞争水平仍然较高，受危害的企业将在长期内遭受市场占有率下滑的损失。

（3）内部信息不对称容易导致产品质量把控不一致、财务管控不及时等问题，降低企业整体效率，增加其管理运营成本。

（4）错误的入驻平台决策，可能会造成企业内部人力资源缺乏、资金流转不畅及团队管理混乱等，对企业内部的平衡造成巨大破坏。

（5）多平台经营容易导致产品销售方案等决策的复杂程度上升，也会使平台管理团队产生巨大的压力。

（6）选择代理品牌不慎，很可能使得构建旗舰店的投资成为"沉没成本"。

（7）企业难以如期实现预定的销售金额时，将会引发囤货滞销，进一步导致资金链发生断裂。

（8）市场潜在需求发生短期高频波动时，代理商需要先把这一需求波动转达给品牌商，品牌商再决定是否进行针对性的补货。这一漫长的流程无疑将使得跨境品牌代理商在等待中错失良机，导致其开拓的市场不能完全"变现"。

（9）在协调各平台物流及库存的过程中容易发生失衡，导致物流速度慢、某一平台爆单、资金流转不畅甚至资金链断裂等不利情况的出现。

（10）上架销售的商品遭遇知识产权方面的法律诉讼，往往会导致产品下架、链接被删除、账号被关闭、库存积压、企业背上"仿品侵权"的恶名并成为知识产权权利人诉讼索赔的对象。与知识产权相关的专利纠纷与诉讼往往所涉繁杂，旷日持久，企业常常因此背上沉重的财务负担，经营风险隐患难消。虽然企业通过与平台交涉可以减少损失，但货物"被下架"造成的销售损失、流量与曝光度的损失均不容小觑。

（11）入驻的平台越多，面临侵权的风险越大，在规模较大的平台遭遇知识产权纠纷往往也会波及其他平台相关产品的销售，企业甚至可能同时在多家平台上面临挑战并陷入困境。商品在其中一个平台被下架或者在多个平台被禁止售卖都会导致巨大损失，引发库存积压与管理成本的上升。例如，在亚马逊平衡车事件后，一批卖家在Wish等其他平台的买卖仍在进行，平台甚至鼓励卖家销售。然而几天后，相关平台就冻结了卖家的资金账户，卖家损失达上百万元。可见，在多个跨境平台销售中，其中一个平台受到限制并不意味着企业可以轻松转战其他平台，实际上企业可能已经陷入了更大的危机。

9.3.2 中观影响

跨境电子商务物流风险造成的影响主要体现为中观行业层面的影响。国际货运政策变动滞后、方向偏差与衔接断层导致跨境电子商务国际物流模式存在多个风险源，制约着跨境电子商务物流的成长成熟。具体来说，主要包括以下几点：

（1）丢包率高。据报道，义乌某跨境电子商务客户反映，2014年圣诞期间寄往境外的包裹丢包率高达70%。2017年以来，丢包率有所下降，但仍未达到消除消费者担忧的程度，丢包问题成为跨境电子商务物流痼疾。跨境电子商务小包裹、多层分流的模式不利于跨境物流统筹协调，大大增加了丢包风险。

（2）运输时间长。2013年起，阿里巴巴速卖通将销往俄罗斯的商品的最长承诺运达时间由60天延长至90天。在可能长达3个月的跨境运输时间内，速卖通境外物流环节风险将更加难以控制，时至今日，这一短板仍未补齐。

（3）运输成本高。近年来地方政府大力支持跨境电子商务物流建设，为公共海外仓建设名单内的跨境电子商务企业提供一定的资金扶持，但大多属于鼓励性政策，难以解决成本高昂的痼疾。边境仓、海外仓等昂贵的跨境物流服务对于我国跨境电子商务中小出口企业来说，是其实现经营收益的瓶颈。

（4）揽收范围有限。顺丰国际与中国邮政国际快递是境内主要的跨境第三方物流平台,揽收范围主要包括日本、韩国、蒙古、俄罗斯、东南亚、美国、澳大利亚等国家和地区。我国跨境电子商务出口企业将产品销往全球其他地区,将物流外包给境外第三方物流机构时在对接和协调上存在断层风险,大大降低了物流、资金流、信息流之间的协调性。

9.3.3 宏观影响

跨境电子商务汇率风险造成的影响主要体现为宏观国家层面的影响。突发的汇率风险事件将极大地削弱我国跨境电子商务出口企业货物的价格竞争力,引发利润下滑与销售缩水。从需求侧角度分析,结算货币对人民币汇率的波动无疑也将为跨境电子商务企业的经营增添不确定性。通常在一段时期内,如果国际货币市场上的汇率发生剧烈波动,境外消费者就会纷纷采取观望态度,改变原先的跨境消费计划。另外,当结算货币的贬值趋势愈演愈烈时,境外消费者的实际购买力无疑也会缩水,进而其会减少对中国商品的消费需求。具体来说,主要包括以下几方面:

1. 对成本波动的影响

成本是跨境电子商务企业在经营环节中考量的一个重要因素,汇率的变化会导致跨境电子商务企业产品采购成本的变化,从而对产品的利润产生一定的影响。

人民币贬值意味着人民币的购买力减弱,对于跨境电子商务进口企业而言,在使用外币进行结算的交易中,人民币贬值将使产品或者原材料的采购成本增加,利润减少。目前,中国跨境电子商务进口企业多以保税进口和境外直邮两种经营模式为主,天猫国际采用品牌方官方入驻、保税进口的模式,考拉海购采用境外直邮为主、保税进口为辅的模式。在境外直邮模式下,由于商品销售价格灵活浮动,汇率风险对利润的影响不太显著。但在保税进口模式下,需提前将商品运送到国内,汇率风险会导致这些商品在保持原价时利润减少,进口备货成本增加,成本波动较大。随着商品库存量的增加,汇率风险将加剧,从而制约跨境电子商务企业的发展。

对于跨境电子商务出口企业而言,如果原材料从境内购买,其采购成本不会受到影响;如果原材料从境外进口,则将面临与跨境电子商务进口企业相似的采购成本波动。例如,2016—2017年,受美元汇率和手机零配件供应的影响,国产手机可能会全面提价,厂商面临的主要压力就是汇率风险,由于手机的主要零部件均从境外采购,美元汇率的上涨导致成本大幅上升。上游供应链吃紧,原材料价格及汇率上涨的压力使得国产手机厂商纷纷对产品提价,以减少汇率风险对企业利润产生的影响。

2. 对价格波动的影响

由于汇率风险会引起产品采购成本的变化,因此跨境电子商务企业会选择调整价格来进行应对,从而降低成本变化对利润产生的影响。对于我国而言,跨境电子商务进出口企业的产品结构不一致,价格变动风险对其造成的影响也有所差别。例如,2016年,英国"脱欧"公投结果引起了全球汇市变化,英镑、欧元、澳元等货币汇率急剧下跌,英镑更是跌至30年新低。受英镑汇率剧烈跌幅影响,人民币购买力在一定程度上走高,英国品牌的母婴产品相对于以前价格大幅降低,国内对于英国母婴产品的需求急剧增加。由此可见,预期英镑和欧元发生贬值,能够增加跨境电子商务进口企业的利润,但对于跨境电子商务出口企业来说却不是一个好消息,它们可能不得不承受利润缩水的苦果。当然,中国企业可以拟定并实行一定的策略(如价格调整等),但这些策略从实施到生效需要一定的等待时间,客户对于这些策略的接受程度也有待观察。

跨境电子商务进口企业由于经营模式的差异面临不同程度的价格波动影响。保税进口模式受价格波动的影响与一般进口贸易相似,当进口量较大时,汇率风险会成倍放大对单个商品价格的影响,最终体现为商品价格的变动,这一变动传导到供应端时上游议价权会有所减弱,因此汇率风险对保税进口模式的影响较大。而境外直邮为主的电子商务平台更侧重于少量多样、品类丰富、弹性供应,在汇率波动的情况下会根据汇率实时调整价格。

我国跨境电子商务中小型出口企业多出口电子产品、服装、小商品等,较为依赖产品的价格优势,一旦人民币升值,这些企业的产品价格优势将荡然无存。如果企业继续保持原有价格以维持竞争优势,则会降低企业的获利能力,从而影响企业的长远发展。相反,人民币贬值对于跨境电子商务出口企业来说则是利好消息。业内人士表示,纺织服装类出口企业在人民币贬值、国外采购价不上调的情况下,能够获得更多汇兑收益,直接导致外商的采购成本降低,有利于提高产品竞争力,外贸工厂和跨境电子商务出口企业将接到更多订单,总体利润在短期内将获得上升。

3. 对销量波动的影响

汇率风险不仅会影响商品价格,也会影响商品销量,汇率变化对不同商品销量的影响也有所差异。

目前我国跨境电子商务进口企业集中在境外母婴、食品、美妆及服饰箱包等品类,由于境外价格与境内价格差异较为明显,人民币贬值并没有导致销量的大幅降低。此外,中国进口商品的受众主要集中在中产阶层,他们对商品价格的变动不是特别敏感,因此汇率风险并不会对商品销量带来较大影响。尽管如此,一些跨境电子商务进口平台也采取积极手段应对汇率变化,以维持汇率变动时销量的稳定。例如,亚马逊中国通过与全球多个站点的对接,让中国消费者根据汇率情况选择相应的购物站点,从而降低某一货币汇率风险带来的影响。2016年英镑汇率下跌期间原本小众的"英淘"变得热门,围绕英国母婴品类及知名品牌进行的搜索与交易频率都出现了上涨趋势。

中国出口企业多以劳动密集型产业为主,基于我国制造业的综合成本优势,劳动密集型产业在全球市场占有相对竞争优势。虽然跨境电子商务渠道能够降低商品的流通成本,但劳动密集型产业的利润率相比技术密集型产业要低,在出现汇率风险时,这类产业的利润率通常会严重下滑。因此,对于我国跨境电子商务出口企业而言,受其自身利润率较低现状的制约,汇率风险会带来较大的销量变动,造成的损失有时远远超过产品利润。

此外,在出现知识产权纠纷时,只有少数跨境电子商务企业会积极应诉备战。这一消极态度带来的长期后果是企业自身品牌信誉与我国企业整体形象的受损。

案例分析

厦门外贸业"出口转内销",带洋标签闯国内市场

2009年,由于看好扫地机在国外的市场,黎先生借鉴一家美国品牌,开始自主研发扫地机品牌。因为扫地机在国外市场属于家庭必备品,而当时国内生产扫地机的只有一两

家企业,所以市场销量一直很好。

然而近几年,外需疲软、成本高涨、汇率上升,特别是欧债危机之后,国外市场一蹶不振,黎先生的扫地机由于定位为高端市场产品,基本销往欧洲,随着国外市场逐渐萎缩,其销量也急速下滑。很多外贸企业即便有订单也是微利,甚至无法抵消汇率变化带来的损失。

看到国际市场低迷的状况,黎先生开始筹谋国内市场,厦门则是第一站。他认为相比一些传统产品,扫地机还算有一些商机。在开实体店之前,黎先生也尝试过开网店,但现在淘宝有很多厂商在卖类似产品,由于单价高、市场小,很多销量都是刷出来的,根本卖不出去几台。黎先生实体店卖出去的产品,大多都是作为礼品送人的,自己用的很少。

许多外贸企业对国内市场没有概念,经营思路还是做外贸的那一套,对于国内市场,它们仍然处于摸石头过河的阶段,祈求在外需低迷时抓住国内市场这棵救命稻草。

思考题:以"扫地机"为例,试分析外贸企业所面临的经营风险。

资料来源:巫菁.厦门外贸业"出口转内销"带洋标签闯国内市场[EB/OL].(2013-07-02)[2021-03-10].http://fj.sohu.com/20130702/n380430064.shtml.

9.4 跨境电子商务经营风险的防范

9.4.1 外生风险的防范

1. 政策监管风险的防范

跨境电子商务企业可能同时收到多个国家(地区)发来的订单需求,因此必须事先做好充足万全的准备。例如,增进对目标国家(地区)市场的了解,能够帮助企业更加深入、全面地分析消费者偏好,拟定相应的营销策略,规避潜在的经营风险。相关国家(地区)的知识产权、关税、外汇等政策举措也是企业需要认真学习的必修课。短期内,国际贸易通关政策在不同国家(地区)具有较大的差异性,其突然变动往往难以预料或干涉,只能积极主动应对变化,寻求通关、检验检疫、正面清单等方面的解决方案。

一方面,跨境电子商务企业应当努力制定新型动态通关战略,以缓和政策监管风险带来的负面影响,具体举措包括:

(1)组建战略合作联盟。跨境电子商务中小企业应当在进出口通关协作互助方面组建具有一定层级结构的一体化战略合作联盟,实现资源的整合,在一定程度上共同承担风险,最终实现通关效率与安全性的提升。跨境电子商务出口企业与目标市场国家(地区)的本土服务商也可以形成本土化战略合作联盟。跨境电子商务企业有必要与跨国公司组建全球化战略合作联盟,充分利用跨国公司的资源与全球影响力,降低政策监管风险。

(2)成立本土化品检小组。出口目的国家(地区)在跨境电子商务通关政策方面存在较大的差异性,检验检疫环节体现得尤为明显。例如,在食品产品的生产和检验检疫过程中,就需要特别留意各地品检相关法规的差异。不同关区对部分化学成分含量上限的规定也有所不同。因此,鉴于目标市场标准迥异,跨境电子商务企业有必要形成灵活、可调整的产品质检制度,积极主动适应不同国家(地区)检验检疫规则的差异,降低通关环节风险。

（3）实时跟进最新版本的正面清单。选择发布正面清单举措的国家（地区），通常也会严格遵照执行这些正面清单，因此企业在制订扩展目标市场或扩展经营品类的计划时，有必要实时跟进最新版本的正面清单。

当然，跨境电子商务企业也需要通过强化相应的跨境权责意识来增强自身及时响应政策变动与预防风险的能力，降低跨境电子商务中的政策监管风险，具体举措包括：

（1）强化权利意识。企业需要对自身享有的权益进行充分的了解与掌握，这样才能够在质量溯源等环节发生追责冲突时果断积极地依法维权，从而显著地降低跨境追责的难度，一定程度上降低跨境追责风险。

（2）强化义务意识。跨境电子商务企业应当积极主动承担国际贸易法律法规中明文规定的相关义务，从源头上杜绝发生应尽未尽义务和不作为行为，降低跨境运营风险。

（3）强化责任意识。当前全球范围内国际贸易法规的责任主体不尽相同，而跨境电子商务企业应承担的责任范围相对来说较广。因此，跨境电子商务企业需要将承担法定责任确立为经营发展的首要原则，进一步强化跨境责任意识，并在此基础上拟定管理经营策略，最终降低跨境追责风险。

2. 平台规则风险的防范

企业在经营前应先分别熟悉各个平台的后台操作与基本守则，摸透平台之间的异同点及特殊之处，例如亚马逊在美国站点退货只支持美国地址等。跨境电子商务平台的规则有可能一周一变甚至一日一变，企业需要安排专门团队跟进规则变化，从注册、发布、交易、放款、评价、售后等方面入手，吃透相关平台的规则，明确各平台的活动区域和禁区。在清楚不同平台给企业划定的业务范围后，企业再进行系统性的思考总结，建立自身的跨境思维框架，进行战略扩张。

3. 知识产权风险的防范

为了应对知识产权风险，亟须成立以处理知识产权等领域法律事务、给中小企业提供必要的法律援助为主要目的的战略联盟或行业协会。战略联盟或行业协会中规模较大的跨境电子商务企业已经在应对日益增多的知识产权贸易摩擦方面积累了丰富的经验，逐渐获得了话语权，因此在中小企业遭遇知识产权侵权纠纷时，可以协助中小企业寻求最优的解决方案，指导中小企业在积极应诉与寻求和解中做出取舍。同时，在中小企业遭遇法律纠纷引发产品滞留时，大企业可以协助中小企业实施货物转移等紧急应对措施，例如为中小企业提供一段时间的免费仓储或者协助寻找其他销售渠道，共同应对经营风险。此外，战略联盟可以提供平台便于企业交流经营经验，为中小企业和新手卖家提供入门指导和进一步的学习机会。

由此可见，建立战略联盟或行业协会是规避跨平台经营中的知识产权侵权等风险的重要举措，政府监管职能部门应当扶持并引导成立应对跨境知识产权诉讼的专门战略联盟或行业协会组织，实现跨境诉讼的信息共享、"抱团"应诉。如今，上海跨境电子商务行业协会等类似组织已陆续成立，在贸易配对、贸易融资、物流服务、海关通关报检、政策共享、法律援助等方面为中小企业提供信息服务。

4. 物流风险的防范

跨境电子商务企业应熟悉并响应国际物流货运政策变动,有必要将完善跨境物流作为一个大方向,整合供应链最佳资源并兼顾物流成本、时效性和安全性。跨境电子商务企业需要完善供应链上节点企业的管理信息系统,充分实现信息共享,提升自身智能监控与协调能力,增强国际物流服务响应能力,保证信息流和商品流的快速流通,降低跨境电子商务物流风险,具体举措包括:①建立国际物流服务能力评估体系,明确跨境货运责任主体。《鹿特丹规则》的修订警醒跨境电子商务企业,只有建立健全企业对于国际物流服务商的能力评估体系,才能从源头全面定位货运责任主体,降低物流风险。②提高国际物流成本管控能力,降低货物赔偿风险。物流外包协议达成后,应综合交付、风险控制、保险金等各方面因素对承包方进行全面监管,必要时可要求承包方提供完整的备选方案或应急计划,以应对《海牙规则》和《汉堡规则》调整的赔偿金新政,降低货物赔偿成本和经营风险。③提供国际物流差异化服务,增强政策适应能力。跨境电子商务企业应从实际出发,提供差异化的国际物流服务,尤其应注重出口产品在目标市场的物流本土化,提升企业的国际货运政策动态适应能力,降低目标市场物流风险。

就跨境电子商务出口企业而言,企业需要适应各平台不同的物流模式。保税仓模式尽管确保了配送速度与用户体验,却忽略了消费者跨境消费时更多元化的商品需求,而这一点恰恰是境外直邮模式的优势。企业可根据自身产品特征、产品国际市场行情、人民币汇率波动趋势等因素合理地在保税仓与境外直邮两种模式中做出取舍,选择对应不同平台的物流模式,确保自身经营安全。

就跨境电子商务进口企业而言,目前采取的发货模式主要有境外直邮与保税备货两种,其中进口零售保税备货模式在运输成本、税收成本、发货效率、退货成本等方面具有非常大的优势。跨境电子商务进口企业通常不仅需要直接承担境外品牌直销消费者的"B2C"职责,同时也具备掌握地区供货、拓展下线店铺的"B2B"职能。相比"境外直邮"的少量多种、积少成多,跨境电子商务进口企业对于货物体量与供应链弹性的需求显然与保税备货模式更为契合。因此,跨境电子商务进口企业可以尝试利用这一模式进行货品供应的调节。

5. 支付风险的防范

国际支付政策的变动和跨境电子商务的发展相互促进、互相影响,跨境电子商务企业有必要积极应对国际支付政策变动,实现传统支付方式与跨境电子商务支付体系之间的健康转型,完善跨地区、跨文化的电子支付体系,保证复杂交易环境的安全性和资金的顺畅流通,从而防范跨境电子商务支付风险,具体举措包括:

(1)扩展进口支付平台。进口第三方支付平台在扩展国际业务的同时,应全面参考国际规范,以应对汇率波动、支付合法性等国际风险。

(2)创建出口支付体系。目前我国出口至其他国家(地区)的跨境电子商务企业尚未形成本地化的跨境电子商务支付体系,境外消费者以 PayPal 等境外支付平台为主,我国跨境电子商务出口企业的资金流受目标市场消费者选用的第三方支付平台限制,资金沉淀问题日益尖锐,在途资金难以周转。创建出口支付体系有利于跨境电子商务业务一体化的实现和经营风险的降低。

(3) 促进进出口支付平台一体化。跨境电子商务发展至一定阶段后,可以形成第三方支付平台国内业务与国际业务的一体化。例如,支付宝可以将业务分为跨境电子商务进口企业板块和跨境电子商务出口企业板块,分别服务于境内消费者支付和境外消费者支付,有利于统筹协调,并提高跨境支付效率,降低经营风险。

6. 汇率风险的防范

为了防范汇率风险,一方面,跨境电子商务企业应当构建汇率风险管理体系,选择适当的外汇结算方式。在国际金融市场动荡的大环境下,企业管理者必须密切关注国际经济发展趋势,及时把握金融市场动态,通过各种途径获得前沿信息。跨境电子商务企业应积极搭建汇率风险信息平台,建立系统的汇率风险评估预警机制和管理体系,及时进行风险信息的搜集与处理,制定跨境电子商务汇率风险管理战略,对汇率走势进行科学准确的预测,从而有效地规避汇率风险。此外,应当依托跨境电子商务平台或银行机构,建立汇率变动联动机制,实现汇率风险的转嫁,具体实现方式主要有远期外汇交易、外汇期货交易、外汇期权交易、套汇交易和掉期交易等。除以上方式,选择适当的结算方式及结算货币也可以减少汇率风险,例如在办理出口退税手续时选择相同的申报币种与退税币种,使流程更清晰、快捷,从而避免汇率折算带来的损失。改变外汇结算时间同样可以防范汇率风险,企业可以根据汇率变动的情况,更改货币收付日期。跨境电子商务企业也可以考虑增加外汇储备,依托外汇储备进行采购,降低汇率风险对企业经营的影响。

另一方面,跨境电子商务企业应当提高产品附加值,增强产品的国际竞争力。企业必须尽快调整产业结构,由粗放型向集约型转变,提高产品科技含量,增加产品附加值,变价格竞争为质量竞争,从根本上保证我国跨境电子商务企业在国际竞争中的优势。跨境电子商务企业应着力转变经营策略,通过提高商品质量、拓展中高端市场等方式增强其在国际市场上的竞争力;通过积极调整产品结构、实施品牌化战略、增加高附加值商品占比等方式提高商品议价能力,进而实现汇率风险的转嫁;通过多产业、多商品、多市场、多平台经营等方式分散汇率风险;通过流程化、科学化、系统化的管理体系科学管控商品产量与质量,降低商品的间接成本。当汇率小幅下跌时,跨境电子商务出口企业可以相应提高产品价格,由于产品具有高附加值,具备一定的竞争优势,价格的上浮并不会对产品销量产生较大影响,从而保证产品利润率,避免汇率风险给企业经营带来的负面影响。

7. 不可控事件风险的防范

重大自然灾害、政治与舆情风波对于跨境电子商务企业而言,是最严重也最难以避免的风险,一旦"黑天鹅"起飞,跨境品牌代理电子商务企业将会面临极大的困境。考虑到风险的不可控性,跨境电子商务企业应当积极利用保险工具分散风险,同时也应当坚持合规经营,遵守业务所在国家(地区)的法律法规,通过内外兼顾、双管齐下的风险预防措施积极合理"避险"。

9.4.2 内生风险的防范

1. 入驻平台风险的防范

企业在各平台之间应该有所侧重地经营,毕竟企业的资源是有限的,在跨平台经营时不可能做到面面俱到。如何确定自己的主战场及辅助战场是跨境电子商务企业跨平台经营需要关注的核心问题。选择入驻平台涉及两方面的考核,一是从单个平台入手,二是注意各平台之间的配合,即多平台的整体效果。

就单个平台选择而言,首先,企业需要注意对平台进行分析和测评,了解平台模式和定位是否与企业经营目标相符。其次,企业需要关注平台的客户群体及知名度,例如俄罗斯、巴西等新兴国家市场的客户大多属于价格敏感型客户,欧美市场客户则大多对质量及运输时效较为看重。最后,各类跨境电子商务平台的收费模式各不相同,企业还需要考虑平台入驻成本。

在多平台经营中,企业选择入驻平台时最为重要的是应充分结合各平台的优势、地理位置等,根据企业整体发展战略来制订入驻平台的方案。首先,企业需要考虑产品和平台的匹配性,根据自身产品的价格特征、目标消费者群体等筛选合适的平台。例如,当产品较为大众化时,企业可偏向于注重价格优势的平台;而当产品走高端路线时,企业应选择注重品质优势的平台。其次,企业需要根据平台规则、规范等匹配企业定位,选择合适的平台数量及具体平台。最后,企业需要根据已经选定的平台分配管理团队等资源。例如,中小企业可将产品与人力资源集中于主要经营平台,确保其主平台的产品销售。

2. 囤货滞销风险的防范

一方面,针对囤货滞销风险,跨境电子商务企业应当树立可持续发展的品牌观念,主动摒弃不正当竞争,抵制"低价低质"倾销活动。针对供需波动风险,跨境电子商务企业应当重视销售、库存情况的科学统计,在预订拿货环节提高准确度,同时留有合理的弹性供应余地,也可与供应商之间就"快速响应"供应链进行协商,提高货物周转速度。另一方面,跨境电子商务出口企业在销售环节产生囤货滞销风险的相当部分原因是选品阶段对目标市场需求的分析不足,进而导致不匹配的产品开发与同质化严重的海外仓囤货。为此,跨境电子商务企业应重视文化因素,提高产品的针对性,在销售商品之前就对商品精挑细选,评估其文化接受度;重视商品的本地化营销、宣传推广等环节,在营销时注重结合本土文化因素,紧跟消费者习惯变化。例如,网易严选的兴起正是凭借其精准而又别具一格的定位,很好地在普通消费者对日常用品质量与价格的追求之间实现了平衡。

3. 代理关系风险的防范

首先,为了降低代理品牌本身的质量风险,跨境品牌代理电子商务企业应当充分了解品牌的背景、实力、资金状况、信誉等,防止遭受欺诈或者产生侵权,通过品牌调查避免成为"假洋品牌"的代理商。针对线下分销渠道混乱、市场定位模糊的境外品牌,跨境品牌代理电子商务企业也可以通过调查,对于今后将要面临的线上销售状况、可能采取的线上销售策略有所准备。其次,跨境品牌代理电子商务企业应当充分了解被代理品牌对其支持程度,并且对提供支持较少的境外品牌提高警惕,防止接手"烫手山芋"。

针对代理合同中的不合理责任划分条款,跨境品牌代理电子商务企业应当认真审阅合同内容,警惕授权人通过合同设置陷阱。如果企业单独审阅合同具有较大困难,则可考虑向专门的法律机构请求援助。除此之外,跨境品牌代理电子商务企业还应当认真考察品牌授权中的层级代理关系,防范潜在风险。在发生代理终止事件时,跨境品牌代理电子商务企业应当更多地通过委托—代理关系确认合同中的"退出机制"相关条款,争取在退出机制中首先保障自身权利不受损害,并谋求进一步权利。

在确保代理品牌和代理关系"质量过关"的前提下,为了能够获得更大的发展和盈利空间,跨境品牌代理电子商务企业也应主动了解国际品牌在华的"发展蓝图",如品牌代理战略是长期战略还是短期战略,被代理品牌给予自身的发展空间有多大,被代理品牌面向的潜在销售群体规模有多大,自身需要多长时间可以实现盈利目的等。总而言之,只有充分掌握境外品牌的相关信息,尽可能缓解委托—代理关系中的信息不对称状况,跨境品牌代理电子商务企业才可能避免因此而产生的风险与潜在损失。

随着品牌影响力的扩大、市场认可度的提高、客户忠诚度的上升,跨境电子商务企业应当注重自身用户群的培养,在培养消费者的品牌接受度的同时,培养消费者对于自有平台的消费黏性。

5. 供应链协调风险的防范

供应链是跨境电子商务企业在运营中最难协调的一项工作,企业需要思考如何构建管理团队以实现高效率的工作,并根据其发展需求及定位,采取相应的措施降低管理成本及人工成本。在通常情况下,各家平台商城的数据并不支持直接互联,这就需要跨境电子商务企业以自建平台数据库为蓝本,进行灵活处理,在不同平台经营时尽量安排专门团队,保证足够专注、专业,同时尽量保证经营商品品类的高度关联,不要过度开拓 SKU,以免造成管理难题。由于多平台经营的管理难度增加,跨境电子商务企业需要强大的智能系统来支撑整体的运营管理,可以考虑引入多平台经营适用的供应链管理系统,但需要事先权衡利弊。

6. 人力资源风险的防范

跨境电子商务人力资源风险的防范应当从基层的营运人才入手,坚持推动相关领域教学体制的创新改革,探索有效的人才培养机制,鼓励与引导本科院校及高职院校增加实务型人才的培养比例,尽快设立独立的本科及高职教育专业,组织业内专家制定科学、合理的学科建设标准。在专业教学管理体制上,可以适当降低高校实训教学队伍的学历门槛,鼓励在跨境电子商务实战运营领域特别是风险管控防范方面积累了丰富经验的业界精英担任正式编制教师或兼职教师,这将有助于提高相关专业毕业生的风险管控意识与经营风险防范能力。

7. 企业信用风险的防范

跨境电子商务的虚拟性、网络化和非实体化等特点,使得这种交易模式比传统的交易模式更加需要信用的支持。建立并完善信用评估体系,可以在一定程度上降低信息不对称的程度,纾解企业信用风险,进而降低交易双方的风险和交易成本,提高交易的意愿,提高市场效率。具体来说,应当采用合适的信用评估方法,精确、科学地筛选所需指标,高效建立信用评估模型,准确评估企业信用状况并对信用主体进行实时性、动态性的监测,及时反映信用主体的信用变化并提出解决方案,提高企业违约概率测算的准确性从而降低交易活动违约概率,降低跨境交易中各方信用风险管理的成本,提高跨境电子商务信用风险管理的时效性和准确性,有效防范跨境电子商务中的信用风险。

其中,跨境电子商务大数据信用评估体系需要结合互联网、物联网、移动技术、大数据技术,通过准确评估、高效建模、实时监控和降低违约概率等途径构建并进一步完善。首先是大数据挖掘。跨境电子商务作为一种新型贸易方式产生、积累了大量的、形式多样的用户网络行为大数据。应当通过互联网获取数据,弥补传统评估方法的不足,集合社交网络与电子商务行为中产生的海量数据,给评估结果提供侧面支持,实现多源数据融合;实时监测信用主体的信用变化,及时拿出解决方案,避免风险;利用海量数据得到因素之间的强相关性,避免偶然因素造成的影响,实现高效建模。其次是仿真模拟,建立在对企业多项综合指标的收集以及对中观和宏观环境重要指标的大数据挖掘基础上,通过蒙特卡罗算法和机器学习来尽可能准确地还原市场的实际情况,反映相同企业指标在不同外部环境下的违约情况,为企业提供相机抉择的参考,降低违约概率。最后是人工智能模型,通过模仿人脑的信息加工过程,对信息进行智能化处理,实现大数据风控。利用人工智能机器学习平台,通过数据分析、处理、挖掘,构建能更准确地评估企业违约概率的模型。

9.4.3　跨境电子商务经营风险及其防范的跨国(地区)比较

当前我国跨境电子商务企业经营风险防范形势严峻,风险防范意识与策略指导亟待加强。对我国跨境电子商务出口企业而言,业态自身复杂度较高,跨境经营风险防范在不同国家(地区)的市场表现不尽相同,且与具体国家(地区)的跨境网购成熟程度、境内物流网络效率及当地政府的政策态度密切相关。要改善跨境电子商务企业经营风险防范的现状,从风险的国(区)别差异入手进行比较分析并提出针对性的防范对策是一条可行之路。我们有必要转变思维方式、政策体系和企业行为,通过比较跨境电子商务企业在不同国家(地区)经营风险的表现差异来创新预警防范的理论和实践,从而为监管部门完善相关支撑体系和制度设计提供理论依据和建议。

1. 发达经济体易发生的跨境电子商务经营风险及其防范

囤货滞销风险主要发生在美国和欧洲等较为发达的经济体,这些需求潜力大、消费能力强的跨境电子商务市场内部行业竞争日趋白热化,为获得订单配送时间上的优势,中国跨境电子商务出口企业需要将货物先运送到这些国家(地区)的仓库待售,由此容易引发囤货滞销风险及次生的资金链断裂风险。有调查指出,超过30%的中国企业在布局欧美地区海外仓的过程中最为担心的是货物滞销风险,这一比例高于政策税收风险等其他风险类型。

从长远来看,政府监管部门应当建立有效的引导机制,让跨境电子商务企业了解、熟悉供给侧改革优化的思想。一方面,政府部门可以考虑由政府资助成立若干家全国性或区域性的跨境电子商务研究院,为跨境电子商务企业提供公益性的跨境市场数据分析服务和智库服务。此类研究院的研究骨干人员应当由该领域的权威学者与一线实务操作经验丰富的业务精英组成,并在深入调研跨境电子商务主要目标市场的基础上,为出口企业提供产品境外需求的行业趋势解读及相关的咨询服务,针对美国和欧洲等竞争较为激烈的跨境电子商务市场定期发布囤货滞销风险预警提示。另一方面,宣传部门应当广泛报道并推广复制跨境电子商务企业在研发选品方面进行改革创新的成功经验,同时让企业深刻认识到产品供应同质化的潜在风险。

与囤货滞销风险相似,知识产权风险主要发生在知识产权保护意识普遍较高的发达经济体,特别是欧美地区。以美国为例,专利侵权司法诉讼非常普遍且其标的赔偿金额较高,常达几千万美元甚至上亿美元。如果专利权人能够证明被告故意侵犯其专利权,法院就可以在"填平原则"计算的赔偿金额基础上课以三倍的惩罚性赔偿。一旦受理诉讼,地方法院就会立刻颁布临时禁令,涉案商品不仅要下架、撤展,商户的资金账号也会遭到冻结。2016年以来,由美国发起的针对知识产权纠纷的一系列"337调查"中,超过三分之一的调查对象是中国企业,并且发起调查数量同比上升了110%,甚至连钢铁产品这样不存在所谓知识产权纠纷的商品也被列入"337调查"范围,要求中国应诉企业提供大量无关信息,致使企业不能享有公平的抗辩机会。

理论上讲,构成知识产权侵权的跨境电子商务产品需要平台和卖家共同承担责任。但近年来从美国法庭的诸多判例来看,平台并不会承担责任,即卖家需独立承担侵权后果,这导致平台和卖家之间利益的分离。此外,由于同一件产品在不同国家(地区)面临的商业环境和制度环境不同,跨境电子商务企业入驻的平台越多,面临侵权的风险越大,在规模较大的平台遭遇知识产权纠纷往往也会波及其他平台相关产品的销售。

事实表明,为了应对在欧美等发达经济体经营跨境电子商务业务过程中多见的知识产权风险,我国亟须成立以处理知识产权等领域法律事务为主要目的的行业协会。一方面,跨境电子商务中小企业通常没有能力成立法务部门或难以负担获取优质法务资源的高昂成本,且对于境外知识产权保护体制缺乏了解;另一方面,规模较大的跨境电子商务企业已经在应对日益增多的知识产权贸易摩擦方面积累了丰富的经验,逐渐获得了话语权。因此,政府监管部门应当扶持并引导成立行业协会,组织关于知识产权风险与贸易摩擦对策的实务培训,培训既可采用直接购买培训课程产品的形式,也可采取按学费比例提供补贴的形式;同时在协会内部采取措施激励大企业为中小微企业提供相应的国别风险预警、技术咨询与法律援助服务。

2. 发展中经济体易发生的跨境电子商务经营风险及其防范

美国、日本等发达经济体由于物流渠道发达,物流风险较低,而在其他经济体,特别是一些国土面积较大的发展中经济体(如俄罗斯、巴西)中,跨境电子商务企业在经营过程中容易暴露在较高的物流风险下。以俄罗斯为例,世界银行《2016联接以竞争:全球经济中的贸易物流》报告指出,俄罗斯的物流发展水平排在全球第99名,其中通关、装运等环节的评分较低,表明选择开拓俄罗斯市场的跨境电子商务企业不仅需要承担高昂的物流费用,也会遭遇时效性与安全性方面的困扰。

新闻摘录

2016年全球物流绩效排名中国靠前

世界银行《2016联接以竞争:全球经济中的贸易物流》报告出炉,在对160个国家(地区)的贸易物流绩效进行排名的榜单中,德国连续三届蝉联榜首,叙利亚垫底。该报告依据供应链绩效的多项指标,包括基础设施、服务质量、运输可靠性、边境清关效率等进行排名。在过去6年里,物流绩效排名前十的国家保持稳定,这其中就包括在供应链行业占主导的国家。绩效最差的低收入经济体往往是内陆、小岛屿或冲突后国家。该报告首先将国家按收入分为四组,分别为高收入组、中高收入组、中低收入组及低收入组,然后按照收入组别对物流绩效进行分区,对应四组中物流绩效最佳的国家分别是:德国、卢森堡和瑞典;南非、中国和马来西亚;印度、肯尼亚和埃及;乌干达、坦桑尼亚和卢旺达。

物流政策不仅限于交通运输及贸易便利化,还包括众多的辅助组成部分。该报告表明,作为衡量物流绩效的标准之一,各国的物流服务都在改善。不过,无论国家收入高低,物流专业人员最不满意的都是铁路。在边境管理方面,海关得分高于其他有关部门,卫生和动植物检疫部门得分落后。需要注意的是,在过去10年中,物流业议程的优先重点发生了变化,特别是贸易增长放缓加大了物流业网络重组和创新的压力。针对物流绩效的政策范围,由贸易与运输便利化的边境问题转向国内绩效问题。此外,物流业与公共部门必须应对技能与能力水平提升等重大挑战,以适应贸易增长放缓的局面。

由此可见,管理供应链的足迹与可持续性也是当务之急。

思考题:试分析在跨境物流活动中存在哪些风险。

资料来源:佚名.世行:2016年全球物流绩效排名中国靠前[EB/OL].(2016-06-29)[2021-03-10]. https://www.yicai.com/news/5035340.html.

从长远来看,跨境物流环节经营风险的防范有赖于跨境物流基础设施体系的建设与完善。对于每个具体国家(地区)的物流渠道建设而言,只有物流业务量较大,市场较为发达,物流企业才有动力投入大量人力、物力资源完善基础设施建设,形成规模优势,而当前跨境电子商务出口企业的发展规模恰恰又受到物流因素的制约,形成两难困境。在这一背景下,物流企业或保险公司向市场提供的针对"跨境物流妥投失败"的赔付性保险产品成为帮助跨境电子商务出口企业降低物流风险的有效策略。当前少数实力较强的跨境物流企业已向市场推出了此类保险产品,但这类保险产品的保费对于跨境电子商务出口企业来说仍是一笔不小的支出。为此,政府监管部门应当扶持、鼓励跨境物流企业或商业保险公司向市场提供这类保险产品,例如可以考虑设立专项基金补贴承保企业,通过降低价格来提高市场接受度。对于经常在幅员辽阔但物流基础设施较差的俄罗斯、巴西等国家开展业务的跨境电子商务出口企业而言,应当围绕其具体业务为其"量身定制"若干款保险产品,在缓解和防范跨境物流风险的同时促进其出口业务量的增加,最终推动跨境物流体系的完善。

3. 其他跨境电子商务经营风险及其防范的跨国(地区)比较

汇率风险多发生于与汇率变动幅度较大的国家(地区)消费者进行的交易中,包括日本、俄罗斯、英国及一些发展中国家。例如,英国于2016年6月23日就是否退出欧盟进行全民公投,次日英镑对美元汇率即暴跌近10%,欧元也出现贬值情况,这一突发事件直接削弱了中国商品的价格竞争力,导致中国跨境电子商务出口企业的利润缩水与销售额下跌。

为了防范与汇率变动幅度较大的国家进行跨境电子商务交易时可能发生的汇率风险,一方面,政府部门应当加快推动金融制度改革,采用小幅渐进方式管理。应当依托人民币进入特别提款权的优势,加快推动人民币国际化,重点深化基础性金融改革,做好应对人民币国际化的准备。在国家层面,应当推动提升双边本币互换协议在全球范围内的覆盖率,加强与汇率变动幅度较大的国家的双边金融合作,便利对外贸易和投资,共同维护地区金融稳定,激励对外贸易增长。在人民币实现完全自由兑换之前,利用双边本币互换协议的大面积覆盖,为境外人民币交易网络提供必要的基础设施,为中短期内人民币交易的进一步活跃创造更大空间。应当把握"一带一路"倡议带来的人民币国际化新机遇,在打造中国对外开放新格局、推动中国制造"走出去"、消化过剩产能的过程中,争取在一些项目,特别是在与汇率变动幅度较大的国家的交易中使用人民币作为结算货币。在人民币跨境支付系统上线后,应当在"一带一路"沿线加快该系统的覆盖与使用,鼓励使用人民币进行结算,积极推动从美元标价过渡到人民币与美元双币标价。汇率管理方面,建议采用小幅渐进方式对汇率进行管理,增强汇率弹性,稳定市场对人民币的预期,促进我国跨境电子商务企业,尤其是中小微企业提升应对汇率风险的能力,培养相应的风险防范意识。

另一方面,政府部门应当提供信息咨询与金融支持等服务,帮助跨境电子商务企业应对风险。信息的真实性与时效性是在汇率波动情况下跨境电子商务企业应对汇率风险的重要保障。相较于跨境电子商务企业而言,政府在信息的收集、整理与分析方面具有一定的优势。因此,政府可以为跨境电子商务企业提供信息咨询和金融支持等服务,向跨境电子商务企业提供一些及时有效的金融、政策信息,特别是与汇率变动幅度较大的国家有关的金融、政策信息,给予优质跨境电子商务企业政策优惠,促进跨境电子商务行业健康平稳发展。在较差的经济形势下,政府可以向跨境电子商务企业提供有效的融资、保险、汇兑支持,帮助企业渡过难关。此外,政府还可以利用自身优势对国内外贸易政策和经济发展形势进行分析,评估特定国家的一些政策对汇率以及跨境电子商务企业的具体影响,向企业提供相关的汇率风险规避建议,让企业更充分地做好应对汇率风险的准备。最后,政府应继续落实现行跨境电子商务零售出口货物增值税、消费税退税或免税政策,可以根据汇率变动的具体情况对关税进行适当调整。当跨境电子商务企业出口产品价格不占优势,或者受到汇率变动幅度较大国家的不公平待遇时,政府可以通过调整税率来降低跨境电子商务企业的经济损失。

本章要点

- 涉足跨境电子商务的企业在其跨境经营过程中越来越多地面临许多新型、隐蔽而不容小觑的经营风险挑战。
- 跨境电子商务经营风险的主要外部来源包括:监管政策、贸易规则与法律法规不统一、不完善;跨境电子商务平台制度规则存在差异;物流基础设施不完善;区域知识产权壁垒;文化差异;不可控事件。
- 跨境电子商务经营风险的主要内部来源包括:内部信息不对称;知识产权意识薄弱;维权应诉能力不足;市场分析能力不足;经营平台选择不当;运营人员实务能力欠缺或操作不慎;供应链协调失衡;品牌代理关系地位不平等。
- 跨境电子商务经营风险的主要类型包括:信用信息层面的企业信用风险、知识产权风险、信息安全风险、信息不对称风险;运营管理层面的物流风险、滞销风险、支付风险、汇率风险;网络结构层面的入驻平台风险和代理关系风险;政策监管层面的风险。
- 跨境电子商务经营风险造成的影响主要包括微观企业层面的影响、中观行业层面的影响与宏观国家层面的影响。

- 为了防范跨境电子商务经营风险,政府监管部门应当完善跨境电子商务大数据信用评估体系,引导厂商进行选品改革创新,设立行业知识产权互助协会,鼓励扶持跨境物流保险产品,提供信息咨询与金融支持,推进高校专业人才培养改革。
- 为了防范跨境电子商务经营风险,跨境电子商务企业应当把握政策规则导向,提高产品自身附加值,谨慎选择入驻平台,详细制定运营策略,建成新型通关体系,完善跨境物流运作,创新跨境支付方式,构建汇率风险管理体系,坚持合规经营与合理投保。

重要术语

贸易规则(Trade Rules)
商事纠纷(Commercial Disputes)
责任追溯(Liability Traceability)
知识产权壁垒(Intellectual Property Barriers)
信息不对称(Information Asymmetry)

维权应诉(Rights Protection Response)
囤货滞销(Stock up on Unsalable Goods)
品牌代理(Brand Agency)
正面清单(Positive List)
战略联盟(Strategic Alliances)

思考题

1. 跨境电子商务企业在其经营过程中产生知识产权风险的主要外部原因与内部原因分别是什么?会造成怎样的影响?应当如何防范?

2. 跨境电子商务企业应当如何选择并增加其入驻平台?若决策不当可能会产生怎样的风险?

3. 跨境电子商务企业在协调其国际供应链的过程中可能会产生怎样的风险?应当如何防范?

4. 跨境电子商务企业在其代理境外品牌的过程中可能会产生怎样的风险?应当如何防范?

5. 为了防范跨境电子商务物流风险、支付风险与汇率风险,政府监管部门与跨境电子商务企业各应怎么做?

6. 为什么有必要对跨境电子商务经营风险及其防范进行跨国(地区)比较?从跨境电子商务经营风险的国(区)别差异入手,可以提出哪些防范对策?

案例分析题

大量中国商户PayPal账户遭冻结,资金面临清零

国际第三方支付平台PayPal近期被爆出有大量中国商户账户因诉讼被冻结。究其原因发现,美国买家以高价购买仿冒品为由与中国商户聊天,获取其PayPal账户,随后相关品牌商凭借聊天记录在美国提起诉讼。由于在美国打官司费用高昂,大部分商户没有选择积极应诉,随之而来的是,它们的PayPal账户及资金被冻结甚至清零。PayPal公司回应称,商户账户被冻结和清零均是执行当地法院的指令,建议商户通过法律途径进行处理。专业人士就此提醒,中国商户在注册使用国际跨境电子商务平台时应规避经营过程中的法律风险,同时在遭遇国际诉讼时应积极应诉,维护自己的合法权益。

从 2014 年起,从事外贸生意的杨先生存有 70 万元人民币的 PayPal 账户一直处于冻结状态。如今,这些钱何时能取回、是否能取回都是未知数。为便于国际交易,他把五年的全部收入 70 万元存入 PayPal 账户。2014 年 11 月 16 日,一个美国买家联系了同做外贸生意的杨先生弟弟,称看中了一款男士手套。那个买家说他进货量大,让其提供一个 PayPal 账户来付款,杨先生的弟弟没有 PayPal 账户,杨先生就把自己的 PayPal 账户借给他用。12 月 10 日上午,杨先生像往常一样登录自己 PayPal 账户查看交易明细,却发现无法进行操作。随后,他被 PayPal 客服告知,因收到美国法院传票,PayPal 已将其账户冻结。PayPal 邮件通知显示,PayPal 在 12 月 2 日收到美国伊利诺伊州的法院指令,称他可能侵犯了某美国品牌的知识产权,账户必须受到限制。12 月 11 日凌晨,杨先生收到了来自代理原告品牌商的美国 GBC(Greer Burns&Crain)律师事务所的电子律师函,称已对他提起诉讼。那款手套的图片是从网上下载的,上面有一个圆形图案,就是这个图案惹出了麻烦。美国买家没有付款,双方也未形成交易,杨先生曾多次联系 PayPal 希望解冻账户,但对方以"PayPal 为第三方,只能执行法院指令"为由,继续冻结他的账户。

通过各种社交渠道,杨先生结识了很多与他有相同遭遇的商户,其中一部分账户已经被清零。杨先生称,如果选择不应诉,依照美国的法律商户会败诉,随之 PayPal 账户将被清零。所以对于账户被冻结尚未清零的商户,应诉是唯一的救济途径,但这条路并不好走。杨先生结识了一个外贸论坛上的律师,收了杨先生 5 000 元后并未进行应诉准备,而是让他继续交钱。他随后又向美国加州的一家律师事务所支付了 1 000 美元,该律所同样"只收钱不办事",最后他通过朋友介绍,找到了芝加哥的一位华人律师,至此他为找律师已耗费近 1 个月的时间。律师告诉杨先生,如果在一定的期限内不应诉,原告就会向法院申请缺席审判,如果被判败诉且判决生效,PayPal 将执行法院指令将账户内的资金转给原告品牌商,大部分 PayPal 账户中的钱款都可能被清零。1 月 7 日,在 GBC 律师事务所向伊利诺伊州法院申请缺席审判的前一天,杨先生和美国的律师签署了委托协议,开始打官司。迄今为止他请律师的费用已达 3 万多元。即便能打赢官司,高额的诉讼成本也让他这样的小商户难以承受。美国律师都是按小时收费,一般都是一小时 400~500 美元。上法庭也不是三两天就能解决问题的,三个月或半年时间也相当常见,那将会是一笔天价维权费用。长此以往,PayPal 会面临流失中国用户的局面。

思考题:
1. 杨先生的 PayPal 账户被冻结的主要原因是什么?
2. PayPal 账户被冻结会给杨先生的跨境电子商务经营造成哪些损失?为什么会造成这么严重的损失?
3. 面对在美国应诉难度较高的现状,杨先生应当向哪些组织和机构求助?除了积极应诉,还有其他挽回损失的途径吗?为什么?
4. 为了防止再次遭遇类似的风险,杨先生和其他商户应当采取哪些防范对策?

资料来源:何光,王佳慧.品牌商打假 跨国电商 PayPal 账户遭冻结[EB/OL].(2015-01-27)[2020-03-10].http://www.bjnews.com.cn/inside/2015/01/27/351559.html?

参考文献

[1] 陈燕予.跨境电商经营风险及防范策略探析[J].全国流通经济,2021(32):52-54.

[2] 杜勇,孙帆.跨境电子商务企业经营风险的诱因与防范措施研究:基于信息不对称视角[J].财务管理研究,2020(2):35-41.

[3] 韩旭.跨境电商应用企业经营风险及其防范对策分析[J].对外经贸,2018(3):87-89.

[4] 叶紫,柴宇曦,马述忠.应对国际贸易政策变动引发的跨境电商经营风险[J].浙江经济,2017(21):46-47.

[5] 刘歆玥,梁绮慧,柴宇曦,等.应对汇率变动引发的跨境电商经营风险[J].浙江经济,2017(17):50-51.

[6] 段棪,潘钢健,马述忠.信用评估防范跨境电商企业经营风险[J].浙江经济,2017(15):44-45.

[7] 叶潇红,柴宇曦,马述忠.防范跨境电商企业跨平台经营风险[J].浙江经济,2017(11):48-49.

[8] 柴宇曦,黄炫洲,马述忠.跨境电商经营风险的跨国比较及政策建议[J].浙江经济,2017(7):48-49.

第10章 跨境电子商务与智能制造

[学习目标]
- 掌握智能制造的概念、特征与模式；
- 了解跨境电子商务对智能制造发展的推动作用；
- 了解跨境电子商务推动智能制造发展的演进路径；
- 掌握跨境电子商务推动智能制造发展的关键环节。

[素养目标]

跨境电子商务不仅推动传统外贸的转型，也推动传统制造业向智能制造升级。结合智能制造的特征和模式，培养学生崇尚科学，提高科学文化素质；在分析跨境电子商务对智能制造发展的作用时，让学生结合所学和自身体会，树立跨境电子商务推动智能制造发展的理念，引导学生增强创新意识，切实参与社会实践。

[引导案例]

聚贸加码智能制造 推进"制造强国"建设

"工业 4.0"是德国政府于 2013 年汉诺威工业博览会上正式推出的一个国家级战略，它在引发世界范围内新一轮制造业话语权争夺赛的同时，也拉开了智能制造时代的帷幕。在中国制造战略的引领下，《机器人产业发展规划（2016—2020 年）》《装备制造业标准化和质量提升规划》等相关政策，分别从顶层规划、标准、质量等角度全方位助推中国制造迈向智能制造新时代。

在这场以"工业 4.0"为名的第四次工业革命洪流里，中国企业也积极投身其中。作为新经济的重要代表，跨境电子商务也不例外。其中，B2B 跨境电子商务领域的典型代表——聚贸，在助跑智能制造方面的作为值得关注。

聚贸作为一个生态化跨境电子商务平台，一直是服务经济和共享经济的践行者。通过聚贸·国家馆、聚贸·省馆、聚贸·品牌馆等三大线上特色馆，聚贸整合全球优质资源，包括金融、物流、大数据、技术、认证、咨询等，全方位助力中国工业及制造业转型升级，走智能化之路。

除此之外，聚贸还通过三馆引入来自全球各地的优势智能制造产业、优质智能制造项目及优秀制造业企业，来推动中国优秀产业集群与全球优质供应商、服务商、境外市场乃至政府机构进行高效对接，从而帮助线上的中国工业及制造业企业走出去，开拓国际市场，参与国际标准的制定。

据了解，聚贸已与美国、德国、日本、韩国等制造业强国达成了合作意向，引进了包括 TUV NORD、麦肯锡、美国 UL、摩根大通在内的国际知名机构，为中国工业及制造业企业进入智能制造时代保驾护航。

聚贸跨境电子商务,将打造线上智能化产业集群,为中国工业及制造业企业迈向智能化提供全方位的支持与服务。

资料来源:佚名.聚贸加码智能制造,推进"制造强国"建设[EB/OL].(2016-06-04)[2020-03-10].http://biz.ifeng.com/news/detail_2016_05/04/4799414_0.shtml.

党的二十大报告提出,要"建设现代化产业体系,坚持把发展经济的着力点放在实体经济上,推进新型工业化,加快建设制造强国。""推动制造业高端化、智能化、绿色化发展。"传统制造业在互联网冲击下面临转型升级,随着跨境电子商务的发展,制造业依托跨境电子商务实现跨越升级势在必行。制造业集群式发展是中国开放型经济的典型特征,但发展的同时也面临诸多挑战,如自身的技术限制、地域因素、国际市场疲软、欧美再工业化战略等。在境内电子商务体系日趋成熟、传统外贸发展疲软的大环境下,国家为了鼓励跨境电子商务的持续发展,陆续出台支持跨境电子商务发展的配套政策。

跨境电子商务作为营销方式的一种变革,是传统外贸与互联网的融合,一方面推动传统外贸的转型升级,另一方面也推动传统制造业向智能制造的转型升级,同时也倒逼政府的制度创新和管理水平的进步。

10.1 智能制造的内涵

智能制造已成为现代制造业发展的必然趋势,是互联网向制造业渗透的必然结果,是中国制造业实现转型升级的必由之路。何谓智能制造呢?

10.1.1 智能制造的概念

在智能制造之前,全球工业经历了机械化、电子和信息技术的三次工业革命。现代意义上的制造概念产生于18世纪工业革命之后,即工业1.0时代。传统制造技术与迅猛发展的以信息技术为代表的新技术结合,形成先进制造技术(Advanced Manufacturing Technology,AMT)。在先进制造技术发展过程中,以高端装备为主要对象的高端制造是实现制造业转型升级、从价值链低端迈向价值链高端的重点方向。高端制造在技术构成、技术指标、技术经济和价值链等方面处于高端。各国在先进制造发展过程中,越来越聚集于高端制造。为了占领高端产业链,提升制造业整体竞争力,自20世纪90年代以来,各国在智能制造理论、智能制造技术和智能制造系统等方面进行了广泛的探索研究。

智能制造这个词起源于1990年4月日本倡导的智能制造系统国际合作研究项目。许多发达经济体(如美国、欧洲共同体、加拿大、澳大利亚等)参与了这个项目。该项目计划投资总计10亿美元,并对100个项目实施前期研究计划,包括公司集成和全球制造、制造知识系统、分布式智能控制系统、分布式智能系统技术的快速产品实现等。2015年1月,日本政府公布了《机器人新战略》,提出逐步完善机器人相互联网、自律性数据存储和应用等规则及平台安全,并积极申请国际标准,计划在2020年最大限度地分享一些政策和措施,包括政府体制改革、扩大机器人开发投资、推动1000亿日元支持项目的机器人规模。

在美国,1992年新技术政策的实施和总统的支持推动了关键技术的发展,包括信息技术、新制造技术、智能制造技术,政府希望这一举措能够转变传统产业,开创一个新的产业,在2008年金融危机之后,奥巴马政府于2009年年底重新启动产业发展战略,以重振美国制造业;创建15个"美国国家制造业创新网络计划"(NNMI),工业互联网导致传统制造业的颠覆和重建。

加拿大1994—1998年发展战略规划指出,知识密集型产业将会成为推动全球经济和加拿大经济发展的基础,开发和应用智能系统必不可少,具体研究项目有智能计算机、人机界面、机械传感器、机器人控制、动态环境下的新器件和系统集成等。

欧盟在1994年启动的科学研究与试验发展项目中选择了39项核心技术,其中信息技术、分子生物学和先进制造技术三项均突出了智能制造的核心位置。

法国于2013年9月推出了《新工业法国》战略,旨在通过创新重塑其工业实力,并将其带回世界第一工业梯队。2015年5月,法国政府对《新工业法国》战略进行了重大调整。改进后的《新工业法国2》标志着法国再工业化开始全面学习德国的"工业4.0"战略。

德国作为制造业大国,于2013年4月开始实施"工业4.0"战略,希望将互联网技术应用于未来制造业的各个方面,使数字信息与现实社会的关系可视化,全面整合管理过程,建立智能工厂,生产智能产品。

英国在2012年1月推出预测未来制造业的战略研究项目,2013年10月,形成最终报告《未来制造业:一个新时代给英国带来的机遇与挑战》。报告指出,在未来,制造业不是传统意义上的"制造+销售",而是"服务+再制造"。

2014年10月,印度政府发布了物联网战略,旨在到2020年培育价值150亿美元的物联网产业。该战略被认为是印度制造业与数字化印度之间的纽带。

中国自20世纪90年代以来,也在多个渠道的国家科学技术研究计划(如国家自然科学基金、863计划等)的支持下进行智能制造技术和智能制造系统的研究。通过加强产业链合作,构建网络化协同制造新模式,促进智能制造、大规模定制和面向服务的制造,在关键领域创建一定数量的网络化协同制造公共服务平台,加快网络化制造工业生态系统的形成。与此同时,中国工业和信息化部在2015年启动实施"智能制造试点示范专项行动"。

总之,智能制造这一概念的诞生并不是一蹴而就的,而是伴随着互联网技术的发展和应用的普及,以及信息技术在工业领域的应用。最重要的是,德国"工业4.0"战略是以智能制造为核心,中国的制造业发展战略是以智能制造为主要方向,美国的工业互联网计划是以互联网渗入制造业为抓手。总之,智能化是制造自动化的发展方向。

10.1.2 智能制造的特征

根据智能制造的概念,并结合其在各国的产生与发展过程,我们总结出智能制造具有以下特征:

(1)智能制造是一种全新的制造管理系统,是随着市场的变化和制造业的内在发展逻辑逐步演变和融合形成的。它将传统管理技术通过信息化、自动化、网络化植入日常管理中,实现虚拟与现实的统一,形成虚拟现实技术,这也是支持智能制造实现的关键技术之一,实现高级人机一体化。虚拟现实技术(Virtual Reality,VR)是通过计算机的信号处理、动画技术、智能推理、预测、仿真和多媒体技术的集成,借助各种视听和传感器设备,虚拟显示现实生活过程、对象等,从而模拟制造过程和未来产品,从感官和视觉上让人们获得完全真实的体验。它的特点是可以随着人们的主观意愿发生改变,这种新型人机一体的智能界面,是智能制造的一个显著特征。

(2) 智能管理是高度综合性的管理工程技术系统,涉及信息、网络、自动化等技术以及管理学、经济学等学科。在进行研究和设计时,必须先设计其整体架构,再设计详细的子系统,进行各子系统或具体问题的研究。智能管理以适应企业发展的整体功能最优为目标,通过对智能制造系统的综合、系统分析,构建系统模型来指导企业智能制造系统的推进。它具有自组织性和超柔性的特点。智能制造系统的各个组成部分可以根据工作任务的需要形成最优的结构。它的灵活性不仅表现在运行方式上,还表现在结构形式上,因此被称为超柔性。

(3) 智能制造是智能化在企业价值链中的体现,是促进信息化和工业化深度融合和提高的有效手段,用于解决企业的设计、生产、销售、服务等为顾客创造价值的一系列活动、功能与业务流程的衔接问题,能有效汇聚创新资源和要素,通过突破创新主体之间的壁垒,充分释放人才、资源、信息、技术、数据等创新要素的生命力,实现深度合作。智能制造通过核心企业的引导和机制安排,促进价值链中的企业发挥各自的功能;强化优势,整合互补资源,实现优势互补,进行技术创新合作;加速技术应用,并促使技术不断进步。

(4) 智能制造是过程、方法、应用的集中体现。通过数据自动采集、存储、提炼、分析、预警和指令,实现闭环生态系统。较高阶段的智能制造系统可以在实践中不断丰富知识库,具有自我学习和自我补充的功能,在自身的故障诊断运行过程中能自行排除故障,这一功能使智能制造系统能够自我优化和适应复杂环境,独立地开展识别、分析、判断和决策过程,通过闭环生态系统对制造业不断优化升级。

(5) 智能制造以客户需求为中心,其动力在于在质量、成本、效益、服务和环境等方面同时满足市场和社会的需求,在尽可能短的时间内提供高质量的产品,提供具有竞争优势的价格和全方位的服务,从而获得利益最大化。

(6) 企业需建立一个知识技能水平合理的推进组织。要实现智能制造,必须推进组织变革,使组织更具适应性:一是摒弃传统的金字塔式组织,建立扁平化、矩阵式组织;二是根据智能制造各环节、各阶段的知识技能要求,对人员职责进行重新设计,明确岗位标准、职责和报酬体系,进行系统培训,保证每一环节、阶段人力资源的供应。

(7) 智能制造具有人机一体化的特点。智能制造系统不仅是一个人工智能系统,而且是一个人机集成的智能系统。人机一体化凸显了人在智能制造系统中的核心地位;同时,与智能机器协作,可以更好地发挥人的潜能,使人机之间呈现出平等工作、相互理解、相互协作的关系,使其在不同层次上相互补充。因此,在智能制造系统中,高素质、高智能的人才能发挥更好的作用。机器智能和人类智能将真正融为一体,相互配合、相互补充。

10.1.3 智能制造的模式

制造模式是指企业制度、经营、管理、生产组织和技术的形式和运行模式。从广义上说,制造模式是关于制造过程和制造系统建立和运行的哲学和指导思想。虽然现代制造工艺相对复杂,但它必须按照一定的规则操作,是决定制造过程运行规律的重要因素。

制造过程的运行、制造系统的体系结构以及管理和控制的优化都受到制造模式的制约,必须遵循制造模式的规律来确定,因此,深入研究制造模式,对建立先进的制造模式具有重要意义。

1. 离散型制造

离散型制造是在生产过程中没有发生物质变化,只有物料的形状和组合发生变化,即产品由各种物料组装而成,产品和物料之间的数量比例(如一个产品有多少个部件,一个部件有多少个零件)是确定的。按行业划分,属于典型离散型制造行业的有机械制造、汽车制造、家电制造等。

离散型制造目前主要用于机械、航空、航天、汽车、造船、轻工、服装、医疗器械、电子信息等制造领域,集成创新示范应用在智能化车间/工厂领域,通过智能化数字化设计,产品升级、流程优化、精益生产、可视化管理、质量控制与跟踪、物流等智能化先导应用,促进企业整体实现智能化业务流程集成。

离散型制造企业的产品通常由几个部件通过一系列不连续的过程组装而成。这个过程包含许多变化和不确定性,这在一定程度上增加了离散型制造企业的难度和复杂性。面向订单的离散型制造企业具有多品种、小批量的特点,因此,离散型制造企业越来越重视生产的灵活性,专注于构建基于MES(生产过程执行)的智能制造生产线。

在离散型制造企业中实现智能制造的典型代表是三一重工数字车间,生产泵卡车和其他工程机械产品,实现了智能设备、智能物流、智能生产,建立了一个视觉控制中心。

2. 流程型制造

流程型制造是指通过将原料进行混合、分离、粉碎、加热等物理或化学方法,使原料以批量或连续增值的形式制成的制造模式。流程工业处于整个制造业的上游,在制造业其至在整个国民经济中占有举足轻重的地位,其生产水平的高低直接影响我国制造业的实力和国家整体的经济基础。

流程工业是资源密集型、技术密集型、规模化、连续化和复杂化的产业。它要求生产过程控制水平高,批量生产,订单往往与生产没有直接关系。通过持续改进,流程工业实现了生产过程动态优化,制造和管理信息全程可视化。

在流程型制造企业中实现智能制造的典型代表是九江石化。九江石化在生产炼化环节建立了生产管控中心,使生产运行、流程优化、环境监测、分散控制、视频监控等信息系统统一为一个整体,通过内外联动系统,实现生产现场运行与中央控制室的及时互通。流程型制造企业的产品往往因重量、安全等因素,比如各种腐蚀性化学品等,对仓储要求较高。为此,九江石化利用物联网等技术,建成了智能化的立体阀门仓库,显著提升了仓储作业、配货送货的效率。

3. 协同制造

协同制造是21世纪的现代制造模式,也是智能制造的核心内容。开发基于互联网的协同制造新模式,推动关键领域的智能制造、大规模定制和网络化协同,创建多个网络化协同制造公共服务平台,加速制造业网络化生态系统的形成。

在机械、航空、航天、造船、汽车、家用电器、集成电路、信息通信产品等领域,利用互联网技术,通过平台协同网络化制造资源,集成企业间研发系统、信息系统、运营管理系统,促进创新资源、生产能力、市场需求跨越企业集聚与对接,实现设计、供应、制造、服务的并行组织与协调优化。

4. 大规模定制

大规模定制是企业、客户、供应商、员工和环境的集成。大规模定制的基础是产品的模块化设计,零件和组件的标准化。在精确的客户需求信息的指导下,大规模定制是一种需求驱动的生产模式。大规模定制的实施依赖现代信息技术和先进的制造系统。大规模定制是基于竞合供应链管理的。在定制经济中,竞争不是在企业和企业之间展开的,而是在供应链和供应链之间展开的。实施大规模定制的公司必须与供应商建立竞争和合作关系,以整合内部和外部资源,并通过优势互补更好地满足客户的需求。

大规模定制的典型代表是青岛红领集团的个性化服务定制,其智能工厂主要由企业资源计划系统(ERP)、供应链管理系统(SCM)、高级计划排产系统(APS)、制造执行系统(MES)、仓库管理系统(WMS)及智能设备系统组成,实现了订单信息全程由数据驱动。

5. 远程运维服务

在石油化工、钢铁制造、建筑材料、机械、航空、电器、医疗设备、信息和通信产品、数字视听产品等领域,通过集成应用工业数据分析、智能软件、工业互联网、工业互联网 IPv6 地址等技术,构建产品生命周期管理平台,提供智能设备远程控制、运行状况监测、虚拟设备维护等服务。通过建立高效、智能的服务系统,提供与产品形成实时、有效互动的服务,大幅提升嵌入式系统、移动互联网、工业数据分析、智能决策支持系统的集成应用水平。

10.2 跨境电子商务对智能制造发展的推动作用

智能制造不是孤立地存在,而是与经济活动的方方面面都有着千丝万缕的联系,比如前述的智能制造模式中的大规模定制、离散型制造等都可以通过电子商务(包括跨境电子商务)来实现价值。跨境电子商务是消费互联网,是互联网在商业领域中的应用,而智能制造是工业互联网,是互联网在生产领域的应用,生产与销售是社会再生产的有机组成部分,两者的紧密关系也注定了在互联网时代智能制造与跨境电子商务必然相互作用。本节将从理念树立、技术进步、资源整合、供应链构建等方面,阐述跨境电子商务对智能制造发展的推动作用。

10.2.1 跨境电子商务推动智能制造理念树立

智能制造是传统制造业在互联网时代的新面貌。传统制造业获取优势的竞争战略主要有三种:一是成本领先战略,即在同行业中以较低的生产成本提供产品或服务;二是差异化战略,即企业能够提供具有差异性的产品与服务,开拓新市场,填补市场空白;三是专一化战略,即选择一个利基市场,从品控、效率和效益上形成竞争优势。跨境电子商务能够在社会各领域中广泛应用并飞速发展,其中一个关键因素就是其能够降低企业生产、运营、维护等各类成本。跨境电子商务对制造业成本的影响具体表现在生产成本和交易成本两个方面。在一定产量的条件约束下,跨境电子商务减少了生产环节的劳动力投入,增加了信息技术资本的投入,而跨境电子商务系统的运作会从整体上降低企业生产成本。制造业交易成本覆盖的内容众多,如信息成本、谈判成本、监督成本和法律成本等,跨境电子商务可以使制造业企业的众多成本得到系统性的缩减,从而使企业获得更多收益,中小企业的产品也将能走向国际市场,从这一优势来看,中小型制造企业更倾向于开展跨境电子商务。

跨境电子商务的优势注定了其发展的必要性和巨大潜力,同时也决定了其销售的商品以面向消费者的日用消费品为主,如数码产品、服装服饰、鞋帽化妆品等。跨境电子商务的运营企业以满足消费者的多样化、个性化需求为其生存之道,这种需求模式导致其产品品类多、库存大、占用资金多。传统制造业无论从流程、工艺上,还是从原材料采购、生产制造及管理上都适用于大规模生产模式,这种生产模式的结果是大批量生产出单一产品,产品的生产成本较低,但无法满足消费者的多样化需求。跨境电子商务的运营企业以中小卖家为主,因此对运营企业来说消费者的个性化需求与传统制造业的大规模单一生产模式是矛盾的。如何解决这一矛盾呢?

随着信息技术和互联网技术在工业领域的应用,传统的制造业生产模式必将被改变,或者进行颠覆性变革以适应最新的销售理念和模式。中国制造发展规划以信息化推动我国传统制造业向先进制造业转型升级为目标,其主攻方向是智能制造,是我国适应时代发展的必然选择,而跨境电子商务则是信息化的具体应用。跨境电子商务与制造业的融合形成了新的生产模式、制造系统和销售模式,通过信息化使数据渗透到产业链的各个方面,推动制造业向智能制造的方向发展。

大规模定制模式就是跨境电子商务与智能制造的完美结合。基于大规模定制的跨境电子商务可以使相关企业服务更加精准化、便利化和远程化,能够向顾客提供更全面、更专业、更个性化的产品信息,告知用户如何使用和维护产品等。大规模定制既满足了消费者的个性化需求目标,又继承了传统工业的大规模生产优势,企业可以标准化的时间和成本快速满足客户的个性化需求。同时,智能制造不仅改变了生产环节,也改变了整个价值链。传统制造业只是价值链中的一个环节,上下游之间的合作始终以固定而简单的链条为主,随着互联网对制造业的渗透,网络化协同制造已经出现,传统的工业生产周期将被打破。

在智能制造时代,随着社会生活的日益多元化、消费者意识的更加个性化,无论是在研发与设计、生产和制造领域,还是营销和服务领域,都必须以满足消费者需求为出发点,追求良好的消费体验。在互联网时代,新一轮工业革命的背后是智能制造,这对于未来更高效、更精细的制造业是至关重要的。信息技术使得制造业从数字化移动到网络化和智能化,传统工业领域的界限变得越来越模糊,工业和非工业将逐渐变得无法区分。

企业、客户及各利益方通过互联网广泛地参与到价值创造、价值传递、价值分享等环节,消费者通过网络远程参与产品从款式到材料、从功能到规格等的设计和研发,相关数据由物联网传感器采集到云计算数据中心,然后企业通过信息管理系统对大数据进行分析、挖掘,从而进行正确的决策,这些决策传输到智能设备上实现智能生产,并为客户提供个性化产品和定制化服务。企业获取的利润来自闭环网络协同制造,用户、设计师、制造商、供应商、分销商等角色都会发生变化。传统价值链必然会出现破碎和重建,制造问题不再是制造过程本身,而是用户的个性化需求、产品设计方法、资源整合渠道和网络协同生产。智能制造解决了传统生产模式库存高、周期长、同质化、利润低的痛点,智能制造是制造业发展的必然规律。

10.2.2　跨境电子商务推动智能制造技术进步

跨境电子商务是信息技术和互联网技术在商务流通环节的应用。随着跨境电子商务的发展，最初界定在营销环节的商业新模式逐步成为全新价值链和产业链的代名词。跨境电子商务不仅是消费理念的更新和新技术在营销环节的应用，也对全产业链环节的技术进步提出要求，以适应全产业链的创新发展。因此，跨境电子商务必将促进智能制造技术的进步和发展。

1. 跨境电子商务推动智能制造的个性化产品大数据平台的建设

如前所述，跨境电子商务推动了智能制造中的大规模定制模式的应用。大规模定制模式需要一个联系跨境电子商务的营销行为和智能制造的生产行为的平台，这个平台以大规模定制模式的代表——青岛红领集团的 C2M 平台（Customer to Manufactory）最为典型。

青岛红领集团创建于 1995 年，其服装板块中的量体定制业务较为成功。自 2003 年以来，红领集团一直在欧洲和美国市场进行试验，并基于信息化和工业化的深度整合，以及与互联网有效融合，形成了完整的物联网体系，专门设计了通过信息化手段为用户提供一站式服务的定制渠道和平台——C2M 平台，实现了生产和跨境电子商务之间的无缝连接。跨境电子商务业务也是由该订单系统平台来实现，并通过该平台实现整个价值链的资源整合。这个跨境电子商务定制直销平台，从产品定制、交易、支付、设计、制造、工艺、后处理到物流配送、售后服务，实现了数据驱动的全过程跟踪和网络操作。消费者通过电脑、手机等信息终端登录，在线自行设计产品款式、工艺，选择面料及配件搭配，实时订购，不受国界和语言限制，可以享受良好的交互式服务体验，实现跨境电子商务与智能制造的无缝对接。

C2M 平台运行的基础是数据，它利用云计算技术实现定制产品的大规模生产。红领集团独立开发的版型数据库和工艺数据库，可以满足百万亿的设计组合，满足消费者的个性化设计需求。消费者个性化定制需求通过 C2M 平台提交，用户身体数据的输入驱动着系统中近 10 000 个数据的同步变化。运用 CAD（电脑辅助设计）、CAPP（电脑辅助工艺编制）等系统，最大限度地缩短版型制作和个性化工艺设计的时间，满足大规模定制要求。过去由制版师人工打版，每天最多只能打 1~2 版，按每天 1 400 套产量计算，至少需要 700 个版师，人工成本每年耗资数亿元；而大数据系统只需 5 分钟就可以匹配出满足消费者需求的版型，并运用智能排版系统实现排版最优化。

柔性生产是 C2M 平台的实现基础，该平台是建立协作创新和实现信息化和工业化融合的智能制造系统。该平台具有工艺款式组合设计、在线着装咨询服务、产品生产状态跟踪、消费者数据分析查询以及后台支持和管理功能。用户可以通过计算机、手机等信息终端登录网络定制平台直接设计下单，选择款式、面料等个性化信息，个性化选项确定后可进行 3D 可视化展示。目前 C2M 平台已经有数百万的 3D 模型和图片数据，为用户体验及款式研发提供支撑，用户无须受到时间、地点、场合的约束，可随时随地使用 C2M 平台享受各项服务。

2. 跨境电子商务推动数据驱动的智能工厂的建设

红领集团以源点论思想为指导,专注研究与实践"互联网+工业",构筑全新的核心竞争力,打造 C2M 商业生态。红领集团的研究与实践成果对帮助传统工业企业解决经营中的痛点与转型中的难点具有非常重要的意义,其全新商业模式在国内外同行业中属于首创,是智能制造的核心理念与技术在全价值链中的运用典范。数据驱动的智能工厂的建设是其积极构筑的核心竞争力之一。

智能工厂主要由企业资源计划系统、供应链管理系统、高级计划排产系统、制造执行系统、仓库管理系统及智能设备系统组成,其订单信息由数据驱动实现;在信息处理过程中无员工参与、无人工转换、无纸张传递,各类数据实时共享;所有员工在各自岗位上接受指令,按照指令进行定制生产,真正实现在网上工作而非在岗工作。每位员工从互联网云端获取数据,并根据客户的要求进行操作,确保全球订单数据零时差和零差错率的传输。利用互联网技术,实现客户个性化需求与大规模生产的无缝对接,生产过程类似于 3D 打印机的逻辑过程。

(1)高级计划排产系统(Advanced planning and Scheduling,APS)通过与智能版型匹配系统、企业资源计划系统、库存管理系统及制造执行系统的集成,实现了订单自动分派与实时滚动排程。系统通过面辅料、体型特征、客户信息、订单交期、工时平衡等众多规则的优化,实现工序流自平衡、订单自优化、交期自排定,提升了生产效率,缩短了制造周期。

(2)制造执行系统(Manufacturing Execution System,MES)是智能工厂提高生产能力和管理能力的重要手段。制造执行系统实现了工业流水线的数据驱动。每个员工和设备通过制造执行系统的指令在线工作,实现了个性化定制产品全生命周期的单件流管理、整个生产过程的零占压、计划的精细化自主管理和点对点的预警驱动。与源目标系统自动协调,满足驱动资源,实现个性化定制生产。在产品价值链条上进行最大价值管理,提高价值链响应的及时性。

(3)仓库管理系统(Warehouse Management System,WMS)的管理范围为面辅料超市与成品仓库。面辅料超市实现了收货与质检、上架、下架、中转、发料、盘点、退货、补料的自动化,并通过 RFID(射频识别)卡来全面管理物料状态、库区、货位、库位;成品仓库实现了自动分拣、自动配对、自动包装及与快递系统的无缝对接。

10.2.3 跨境电子商务推动智能制造资源整合

跨境电子商务虽然是价值链的实现环节,但因为其借助互联网的优势,在实现价值的同时收集了海量的客户信息,这就为价值链前端的研发、生产环节和后端的物流支付等环节提供了有价值的信息。因此,跨境电子商务不仅实现了自身的发展,也推动了整个智能制造资源的整合。

基于资源观的核心理念认为,企业价值创造的基础和来源是特定资源与能力的有效结合。在传统制造业时代,材料、能源和信息是工厂的三个基本要素。传统制造业发展的历史就是工厂将材料、能源和信息三个要素整合进行物质生产的历史。也可以说,材料、能源和信息领域的任何技术革命,必然导致生产方式的革命和生产力的跨越式发展。而此轮的产业革命就是基于信息技术的不断创新和应用,不仅涉及类似于跨境电子商务等营销领域的局部变革，而且涉及包括生产领域的全领域的变革，是由跨境电子商务驱动的消费互联网向工业互联网的变革，也有助于推动智能制造资源整合。

跨境电子商务能力构筑的基础是资源获取，通过挖掘和整合跨境电子商务资源不仅可以实现资源自身的价值，还可以有效利用资源所创造的附加价值。前者侧重资源获取，后者更侧重资源利用，而参与主体的跨境电子商务能力主要体现在资源利用方面。能力学派认为，参与主体跨境电子商务能力的构筑和学习是一个重要的环节，跨境电子商务能力形成于经济主体自身，能力的培养和形成是一个综合组织内部各方面因素的过程，是通过利用、整合企业内外部各种资源、依托各种条件因素而构筑的复杂体系，绝非通过简单模仿就能掌握。

跨境电子商务能力是经济主体根据组织内部、外部和具体条件的现实情形，利用、整合跨境电子商务相关联的资源，实现对外贸易业务与电子商务模式的有机结合，并对其进行合理运作和管理的能力。以资源为基础的观点主张调用与整合各类资源，而对资源的有效利用并且能为跨境电子商务运营提供有效管理又结合了能力学派的观点。因此，可以从两个方面来分析企业跨境电子商务能力的构筑路径，分别是培养资源整合运作能力和提高跨境电子商务运行管理能力。第一，培养企业内部资源运作和外部资源整合能力。首先，就内部资源运作而言，企业应注重自身经营系统与跨境电子商务系统的融合。如果企业通过第三方交易平台开展跨境业务，则需要关注企业外贸业务与平台功能的适配性。如果企业自建跨境电子商务交易平台，则重点关注平台与企业业务的契合性。其次，从外部资源整合来看，为了确保跨境电子商务的高效运作，必须慎重考虑第三方支付服务商和第三方物流配送服务商的适配性，从而实现企业、支付商、物流方、顾客和交易管理平台等多方资源的有机融合。第二，从内部管理和外部协同方面着手提高企业跨境电子商务运营管理能力。在企业内部运作和管理方面，可以通过调整和优化组织结构的方式，推动跨境电子商务的发展。制造企业有多种业务方式可供选择，如新型电子商务交易模式、与境外批发商或消费者直接对接模式以及O2O模式等；在企业外部协同方面，跨境电子商务交易平台与合作企业之间需要达成价值共识并进行优势互补，实现信息的有效沟通。此外，企业应增强服务能力以提高境外客户的跨境电子商务体验，培养目标顾客对跨境电子商务的兴趣并形成消费习惯，尤其是在O2O模式中更要注重线上和线下产品体验的差异化经营战略。

10.2.4 跨境电子商务推动智能制造供应链构建

在跨境电子商务领域，从由消费者需求引领并参与的研发设计开始，通过采购、生产、物流等环节，到最终将产品销售给消费者，体现了跨境电子商务推动始于消费者终于消费者的全供应链的建设。全供应链建设需要各主体具有共同意向和价值共识，在此基础上建立包括跨境电子商务在内的全供应链管理的智能化系统。在该系统中，为了实现各类有效资源的汲取和整合，制造企业和其他参与主体通过关系的缔结创造价值，借助计算机、互联网等现代化信息处理工具和信息处理技术所形成的网络系统，将各类具有不同价值优势的资源以更高效的方式组合在一起。此外，组织网络之间的优势互补丰富了资源整合的模式和方法，强化了各类经济主体的跨境电子商务能力和价值创造能力。相对于传统国际贸易和境内电子商务交易，跨境电子商务系统的建立过程更为复杂，其复杂性体现在交易环节变化（如通关电子化和商品传输虚拟化等），以及新的第三方平台和服务商的介入上。

为了降低工厂库存风险和生产成本，确保工厂备件库存的合理化，基于智能制造生产和跨境电子商务运营的智能供应链将工厂备件库存和供应商的生产流程统一起来。智能化供应链管理要求企业之间基于事件驱动实时进行信息交换，并且要对彼此做出实时响应，供应链上企业间的运作与企业内的运作同样敏捷，既能满足实时变化的需求，也将为企业带来更大的效益。供应链中各环节经济主体的协同运作也为降低制造成本和物流成本、缩短制造周期、提供更好的服务提供强有力的保障。

跨境电子商务平台将制造企业、境外各类买家、第三方支付服务商及第三方物流服务商组合成一个有机集成系统，且其在供应链管理系统中处于中心枢纽的位置。该系统不仅大幅精简了传统对外贸易供应链条，提高了跨境贸易业务运作的效率和效益，还显著提升了交易双方收益。基于精简的供应链条，跨境电子商务服务行业加快形成并实现价值创造。例如，专业的第三方物流服务商和第三方支付服务商的出现进一步完善了跨境电子商务系统，二者形成相辅相成的关系。此外，通关服务平台和通关管理平台也是跨境电子商务平台的重要环节，通关服务平台能够帮助企业快速办理出口退税等服务项目，并通过海关总署中央电子口岸联网实现与跨境电子商务平台、第三方跨境支付结算系统和物流服务系统等参与主体的数据共享。而电子通关则在跨境电子商务运营的透明度和交易数据统计方面发挥了重要作用，提高了货物通关时效并有效遏制了报检和报关数据不一致等问题。

10.3 跨境电子商务推动智能制造发展的演进路径

10.3.1 推动数据云建设

针对智能制造的数据云平台建设应从数据、平台、应用三方面考虑规划实施。数据是基础，平台是支撑，应用是效益，要打造具有大数据能力基础的应用平台，打造从数据到资产均能实现可视化、智能化的数据云平台。数据云平台是新一代的敏捷数据管理平台，以跨平台、云原生、自主可控为技术内核，提供敏捷的一站式数据开发、数据治理和数据交付，实现企业数据资产化、数据业务化，支撑企业数智化、场景化和个性化的应用，最终帮助智能制造企业有效应对大规模、强敏态、高时效、智能化等愈发明显的数字化趋势。

1. 数据云平台建设之数据

大数据是智能制造业的基础和核心驱动力。大数据可以帮助制造企业提高营销目标，降低物流和库存成本，减少生产资源的风险投资。跨境电子商务平台积累的交易信息为智能制造提供了基础数据，消费者在跨境电子商务平台消费时留下的痕迹，包括浏览历史、订单信息、客服服务、售后评价等海量数据都成为智能制造的数据资源。基于大数据的分析和优化使得智能制造的优化、个性化、智能化成为可能，数据已经成为企业的重要资产。打通和共享各运营平台内部、平台之间以及平台与智能工厂的数据是必需的。纵观产品的整个价值链，除了产品流通环节，还有产品研发、生产制造、供应链等诸多环节。虽然互联网与大数据或多或少地都会给各个环节带来改变，但是目前颠覆的主要还是流通和交易环节,而对价值链中最为关键的制造环节的改变将会有非常大的空间和潜力。

企业的大数据建设是一个长期、复杂的过程,因此围绕企业大数据建设的规范与标准非常重要,主要包括以下几个标准:

一是大数据评估标准。由于企业的各类大数据在非结构化性、稀疏性、产生速度和时效性等特征上差异较大,从而使异构数据的精确性、价值度和可用度也具有较大差异,因此需要建立用于评估数据质量的统一标准(如数据结构化程度、数据稀疏度、数据噪声比、误差率、价值密度函数等)。

二是大数据生命周期标准。企业在管理大数据的过程中,需要追踪大数据的全生命周期,包括数据采集、数据存储、数据挖掘、数据显示与数据安全等。企业需要对上述各生命周期环节分别建立评价标准,例如数据丢失率、数据重复采集率等数据采集标准,数据读写速度、读写开销、数据备份等数据存储标准,准确率、误差率等数据挖掘标准,界面可读性、交互性打分等数据展示标准,数据隐私保密度等数据安全标准。

三是大数据系统互操作标准。企业在大数据接入、预处理、存储、检索、分析、可视化等方面的可选大数据工具众多,因此企业需要建立接口标准来确保大数据工具与企业系统之间的无缝对接,例如评估接口支持多编程语言、接口与工具远程调用的稳定性、接口调用的延迟性和接口调用的错误率等。

四是大数据组织能力评估标准。在使用大数据的过程中,与大数据相关的业务组织和参与方(如数据拥有者、数据服务提供者、数据服务用户等)众多,因此,需要客观地设定评估各组织和参与方处理大数据方面能力的标准,以此选定合适的业务组织和大数据服务提供商。

2. 数据云平台建设之平台

数据云平台在多年的沉淀与发展后,已广泛应用于中国的各类型企业。对企业内部数据库中结构化的数据进行抽取、加工、管理、挖掘与商业智能展示后,数据仓库可提供不同维度、不同层次与不同颗粒度的分析展示结果,为业务层与领导层的决策提供支持。随着传统企业的互联网转型,分析海量的非结构化/半结构化数据(包括来自社交网络、移动终端、设备传感器等的数据)有利于挖掘企业新的利润增长点。传统数据仓库分析建立在关系型数据模型的基础之上,各类主体之间的关系在库内已被创立和建立完毕,因此分析也需要严格在此基础上进行;而非结构化/半结构化数据很难在数据间建立一种正式的映射关系,并且绝大部分数据是基于纵列数据模型的,传统数据仓库无法对其进行挖掘、预测和分析,需要借助基于 Hadoop 为主线的大数据技术来实现。因此,智能制造对数据云平台建设和管理的要求特别高,数据云平台建设必须先行一步。

建设数据云平台,并不意味着要抛弃企业的传统数据仓库,而是要整合数据仓库与 Hadoop 体系平台,充分利用两者处理数据的优势,合力为挖掘企业的数据价值提供支持。在典型的企业数据云平台的总体架构中,数据采集层是大数据分析的基础,企业首先要开发能采集与用户相关的大数据智能产品,同时建立采集运营大数据的能力;其次,企业需要搭建 Hadoop 集群,该集群需含有不同数据处理目的组件,如流计算、数据库、基于内存计算、平台监控系统等,从而形成企业大数据存储与管理的能力;再次,数据仓库与 Hadoop

集群不能成为数据孤岛,企业需整合和梳理企业内外部数据,形成统一和完整的用户大数据与运营大数据;最后,企业需构建基于Hadoop集群的数据挖掘方法、模型与算法,从而提供业务所需的内外大数据应用支持。

建立数据云平台最终是为了服务于跨境电子商务业务的特定数据分析需求。因此,在大数据技术平台建设成熟之际,企业需基于用户大数据与运营大数据建立应用开发平台,开发人员可以使用平台的开发组件快速开发出能够满足业务需求的领先的大数据产品。为了使大数据产品能快速地被应用,从而迅速产生经济和社会效益,实力雄厚的产品运营团队在产品开发完毕之后将扮演重要的角色。一般而言,每个大数据产品都会配备一个特定的运营团队进行专职的产品运营,如此才能将大数据产品真正落地。打造大数据良性的生态圈或成为生态群的领导者,可为企业从各行业获取多维度的海量数据,同时也可吸引和招揽大批大数据技术人才。生态群建立的关键点是整合相关资源形成开放的生态圈平台,企业在该平台上可开放部分处理过/加工过的数据以实现企业间的数据交换,也可将部分大数据产品放在平台上,为用户提供多元化的服务体验,还可建立大数据技术交流论坛,为社会开发者提供技术帮助与指导。

3. 数据云平台建设之应用

成功构建数据云平台的领域是服装行业。目前,国内服装市场的消费呈现出品牌化和个性化的特征。消费者的服装消费选择日益集中于知名品牌。调查发现,在女性服装市场销售排名前十的品牌主要是知名品牌,多年来相对稳定和集中,领先品牌的市场份额逐年增加。与此同时,随着收入水平的不断提高,大众消费者对流行的判断更加理性,越来越多的消费者开始关注可以体现自我魅力的服装风格。调查表明,重视个性的高品质的服装是消费者的主要选择。大规模定制将完全定制和大规模生产的优势结合在一起,全面、准确地满足消费者的个性化需求,以可接受的价格和交付日期为消费者提供个性化的产品,并通过网络与消费者建立永久的伙伴关系。大批量服装定制适应我国国情以及服装企业的先进管理模式和生产模式,它包括产品族设计技术、标准化和规范化的生产工艺、产品配置设计和快速反应系统等,将逐步取代传统的批量生产模式,是服装行业发展的必然趋势。

理想的服装生产方式是让消费者先提出需求,然后企业按照消费者的需求进行设计和生产。于是,服装定制生产(Made to Measure,MTM)应运而生,此后服装的款式增多了,但每一款服装的需求量却减少了。在这种形势下,在不降低产品质量和不增加成本的基础上缩短产品的开发和生产周期是服装企业制胜的关键。传统的大规模标准化服装制造方式为消费者提供了大量质优价廉的产品选择,但在尺寸、款型、颜色等方面却不能满足消费者的个性化需求;手工裁缝、贴身服务的制衣方式可以满足消费者的个性化需求,但是由于成熟技师的生产能力有限,可能会对手工制衣工艺的精细度和稳定性造成影响。MTM模式集成了两者的优势,能够更全面地满足消费者需求,不断占领中高端人群市场。构建巨型的版型数据库系统是实现MTM商业模式的关键。例如,在富友软件公司的支持下,红领集团在服装CAD系统的基础上开发了专业软件,建立了覆盖各种体型的版型数据库,数量超过10亿款。各版型在数据库中按规律排列,并建立了索引系统。红领集团据此基本满足了消费者有关版型设计方面的个性化需求。对于极少数的现有版型数据库无法满足消费者需求的版型,红领集团通过逐个开发、补充、完善版型数据库,最终实现与消费者 100% 匹配的目标。

10.3.2 推动智能化设计

数据云中的海量数据是智能设计系统的基础,为消费者个性化需求的满足提供保障。

前述红领集团通过自主研发设计的 C2M 平台收集了海量的消费者数据,这也是推动智能化设计的基础资源。红领集团通过将传统手工艺与现代信息化技术充分融合,建立起拥有完全自主知识产权的全球西装高级定制平台 RCMTM(红领定制),实现了西装的智能化设计过程。每个消费者都可以在线选择衣服的材质、衬里、缝制工艺等,直接参与整件衣服的设计,与红领集团设计人员协同设计。

在服装产品模块化设计方面,红领集团依据巨型版型数据库对服装产品进行市场预测、功能分析,并根据收集到的消费者需求信息,设计出一系列通用功能模块。根据消费者的要求,对这些模块进行选择和组合,构成不同功能或功能相同但规格不同的产品,供客户进行选择。

在服装 CAD/PDM(产品数据管理)方面,红领集团拥有 30 多个服装 CAD 工作站,CAD 中心接收数据后,自动制版、排版,编写生产工艺、质量标准等要求。以服装 CAD 系统为依托,建立能基本覆盖各种体型的正装版型数据库。

在服装产品配置设计方面,红领集团满足客户对美的追求。红领服装高级定制拥有独特而精致的手工缝制工艺,实现技术美、形式美、体验美的"三美"融合。"美"的设计能使产品受到客户喜爱,并给人以强烈的视觉冲击和视觉印象,提升客户的审美体验。红领集团拥有多样化的工艺选择,拥有全世界各种高端面料,给客户最大的选择空间。从面料、质地、颜色、配饰到交货时间、工艺等,都可以由客户自由选择。

红领集团完全个性化的西装定制,首先从精确量体开始。传统方式下,一个合格的量体师要经过数年的磨砺与锻造,而红领集团以自己独有的全球西装高级定制平台为依托,可以让没有任何从业经历的一个人在经过短短五天的专业化培训后成为一名合格的着装顾问,并能够为客户提供专业级的定制服务。每位着装顾问仅凭一条卷尺,依托 RCMTM 平台,对客户的身材、气质和要求做出明确判断,就能为客户提供独一无二的个性化定制服务。红领集团真正实现了西装定制全过程的平台化运作。借助互联网技术,红领集团的终端能与世界各地的客户进行在线互动。客户可以根据自己的喜好参与服装的款式设计,而不必等到衣服做好后再来评判衣服的好与坏,从定制之初即可进行着装体验。

在众多工序和现代化大规模生产中,红领集团的设计平台通过有线和无线远距离信息传输手段传输数据,工艺师把服装各个部位的信息精确输入计算机,各项数据指令通过计算机传达给纸样裁剪平台,纸样裁剪平台根据数据绘制出符合规格的纸样,裁剪师再根据绘制的个性化纸样手工裁剪面料。在自动化加工生产线上,使用电子标签识别系统,有效解决个性化定制的工艺传递,每道工序根据电子标签识别系统的数据显示要求执行加工指令,让整个制装过程繁而不乱。在大规模加工生产的同时,依然保证每件定制产品的唯一性。

通过建设服装版型数据库、服装工艺数据库、服装款式数据库、服装 BOM 数据库、服装管理数据库与自动匹配规划库,数万种设计元素点能满足超过百万亿种设计组合,实现了先进的个性化产品智能研发系统,产品的裁剪裁片、产品工艺指导书、产品 BOM 都由系统智能生成,减少人工错误,提高产品设计研发速度。企业每年可以节约人工成本上亿元,做到全定制产品和批量产品生产成本相当。

10.3.3　推动智能化生产

制造执行系统是整个执行层的核心,也是智能生产核心,它以工艺为主线、以动作分析为基础。智能工序涵盖控制、设备、操作、识别、诊断等。对工序操作进行动作分解,是智能设备、智能控制、人机配合的设计基础,通过操作系统进行精确操作与控制,在操作和控制过程中实现自我控制、自我判断、警报功能、自我诊断。智能工序与运载装置的集成构成智能产线。智能产线实现自动上下料、加工、装配、运载、搬运、识别等功能,对生产数据实时采集,通过现场显示屏对生产数据进行展示,对产品进行自动检测,不良品自动下线,维修完成自动返回产线,实现工序与工序的识别等。智能产线与计划排产、制造执行、数据采集等系统的集成构成智能车间,智能车间与智能调度、智能物流、智能检测、智能仓储、中央监控等构成智能工厂。

制造执行系统的整体应用流程分为工厂建模、制造标准、生产计划、生产作业管理、人员管理、质量管理、生产追溯、设备管理、服务管理等模块。

工厂建模在制造执行系统中起着至关重要的作用。工厂建模对厂区、人、机、料、仓位、客户供应商资源、工作日历等资源进行管理,将实际业务模型转换为数字模型,快速建立基础数据,对基础数据进行标准化管理;并将资源进行对应关系建设,与厂区布局相结合,形成厂区资源精细化基础管理系统,建立精细化生产的应用标准,为制造管理规划与工艺设计提供参考依据;在生产执行中,被精细化定义的程序成为制造过程需要遵守的标准,使制造过程准确及时,减少信息传递延误造成的误工率,提高厂区派工及调度能力,实现计划的高效排产。工厂建模是实现智能化高效工厂管理的要件之一,具有生产计划性与数据标准化的功能。

制造标准在制造执行系统中包括物料清单(BOM)、工艺流程、生产作业指导书、检验作业指导书、技术图纸、控制计划等。BOM 是物料管制的标准依据,是成本核算的基础,在制造执行系统中一般不单独建立 BOM,而是通过接口从企业资源计划中下载,以保证 BOM 的一致性。工艺是生产的标准,是制造执行系统的主线,工艺在制造执行系统中设定的颗粒度是制造执行系统成败的关键因素。商品化的工艺设定模块必须是平台化、可配置化设计,适用于网状、发散、收敛等工艺流程,用户可针对不同产品、不同工艺进行工艺设定,对工艺进行制作、审核、批准、变更等标准化操作管理。同一产品可设置不同工艺,通过版本进行管理,工单下达后可根据优先级、客户、成本最优等条件进行生产工艺选择。

在制造执行系统中,生产计划往往是将原有手工计划模式转化为电子格式,有部分简单的运算功能与排产策略应用。制造执行系统的计划工单建议以班别下达,通过班组主管将工单分配至工序,也有用户要求将工单计划直接下达至工序,具体如何实施需参考用户要求、工厂的管理水平及厂商技术能力。

在生产作业管理中,为实现生产履历追溯,首先要进行批序管理。批序号是最基本的识别要素,根据交期批量、生产能力、库容状况、容器载具容量、生产经济批量等对工单进行有效切割,并使切割后工单有效链接,避免信息断层。其次要进行生产资料需求管理。工单下达后,物料、工装夹具、刀具等生产资料需求计划由工单计划根据生产工艺衍生而来。物料品类繁多会给管理带来一定的难度,因此在物料收货、入库、库存管理、出库、接收、上机时需要一定的防错,避免发错或用错料的情况发生。由于在制造标准中已经实现将生产作业指导书、检验作业指导书、技术图纸、控制计划等作业标准电子化,因此从现场终端可直接查询相关作业标准。

在人员管理模块中,重点开展工时管理、薪资核算和人员高度管理。①工时管理。记录员工上下岗时间点,记录工单工序开始时间与结束时间,记录中间离岗时间,可以在报表系统设置相关报表,自动实时统计工时状况。②薪资核算。员工薪资核算体系对于制造企业来说比较繁杂,包括计时、计件、计时加计件、班组计件加分配系数等核算方式,还有累加全勤、补贴、绩效等。要实现薪资核算,首先需要有完整、真实的相关数据,制造执行系统可以提供实时、准确、完整、真实的数据流,使员工薪资核算透明化。现在比较普遍的做法有两种:一是通过制造执行系统采集数据,将数据传送至薪资核算系统;二是在制造执行系统完成核算,将薪资数据传至财务系统。具体采用何种方式,企业可根据其实际状况确定。③人员调度管理。在生产执行过程中,人员调度是难免的,在调度时需考虑人员的技术状况及岗位适应能力是否符合调度后的岗位要求。大量案例表明:因缺人或其他原因,将技能等级不符合要求的员工调至新的岗位会发生事故,甚至是工伤事故。所以企业必须设置调度规则,通过规则的管理避免发生事故。在制造执行系统中,调度管理必须规范化,首先建立调度原因数据库,在调度时通过选择调度原因码记录调度原因。

质量管理体系在制造执行系统中是比较容易标准化的模块,可实现产品的全过程质量管理,所有流程需与ISO9001体系文件保持一致。它由质量标准规范管理、来料检验管理、自检首检巡检末检及成品入库检管理、出货检验、统计过程控制分析、质量改善平台等组成,实现闭环管理。

在生产追溯模块中要实现产品追溯。我们谈追溯,首先想到的是生产追溯,其实在智能条件下追溯的内容更加广泛,称为产品追溯。产品追溯包含五部分内容,分别是设计追溯、生产追溯、服务追溯、客户应用追溯、召回追溯。以产品生产为主线,采用识别技术对产品生产进行全过程管理,快速识别产品规格、名称、批序、工序、操作人员、生产设施、生产日期和时间数据等,从人、机、料、管理、测量等角度分析生产过程。通过生产追溯,可改进生产流程,减少人工操作,对于出现质量异常的产品可以进行精确锁定,减少损失,提升效率,降低生产成本,提高产品质量和客户满意度。

在设备管理模块中,设备管理包含设备档案管理、设备参数设定、设备状态设定、工艺选型设定、数据回报设定、状态查询设定、监控分析、设备维修及保养、设备改善等。操作人员进行设备操作须经过相关培训并有相应的上岗资质,在上机生产前须验证其上岗资质,通过刷读或扫码记录上岗时间;当操作人员符合设备操作资质时,设备进入开机点检画面。点检一般由操作人员完成,完成后设备方可开机生产,否则无法浏览相关工单信息。巡检过程一般由生产主管或设备人员完成。故障维修与以往传统维修流程略有不同,传统维修流程是出现故障后进行设备维修申请,经审批后到设备部门,由设备部门主管分配任务,然后维修人员对设备进行判断和维修,完成后由生产人员确认相关事项。在制造执行系统中,设备与维修人员绑定,一旦设备出现异常,维修人员须快速响应并处理,生产正常后维修人员再创建维修工单,这样可以加快故障处理速度,避免停机时间过长。维修工单的日期、维修耗用时间、异常及处理记录、备品备件消耗等需生产人员审核确认。备品备件的耗用实时记录,与标准安全库存实时比对,根据需求生成备品备件增加计划,避免因备品备件库存不足和采购不及时影响生产。针对每台设备特性制定保养及技术改造计划,同时生成备品备件需求计划,创建保养及技术改造工单,系统自动提示作业时间,完成后填写保养及技术改造记录,关闭工单,并将保养及技术改造计划存档。保养及技术改造可在固定日期,或者根据设备运行时数或设备临界点进行。

服务管理模块处理产品和服务的客户投诉及客户退货,良好的服务管理是提升客户满意度的主要途径之一,所记录的数据对产品的设计、生产等环节有着重要的参考依据。在制造执行系统中服务管理规模按客户投诉和客户退货标准作业流程进行设置,以提升服务响应速度,缩短处理周期,提升客户服务水平。相关采集的数据进入追溯数据库,为产品设计、生产、服务改善提供基础数据。

10.3.4 推动智能化供应链建设

1. 供应商管理

建立供应商基础档案,包含公司名称、简称、地址、联系电话、网站、企业法人、联系人、公司基本情况(成立日期、注册资本、营业额、银行账号、人力资源状况、设备状况、主要产品、原材料主要供应商、主要客户等)。企业一般通过下述指标体系对供应商进行考核:

质量考核:针对来料制定完善的质量指标,如退换货次数、退换货 PPM 值、特采次数、样品一次通过率等。通过指标的考核,智能督促供应商提供合格产品。

成本指标:对供应商价格进行管理,给予采购方折扣,在系统中进行自动核算管理。企业可以根据条件设置同一产品不同供应商价格对比。

交期指标:对供应商的按时交货率进行考核,可以按照件数、订单等规则设置,采用百分比进行统计。对于库存管理,设置最低与最高库存、安全库存,并将数据与供应商共享,供应商根据企业库存状况进行智能供货。

服务考核:考核产品质量、供应商交货期和配合程度、合理建议、反应速度等。服务考核由多部门多人参加,以保证其客观性。

技术指标:供应商在同类市场上的产品技术水平、信息技术水平等。

资产管理:对供应商的固定资产、流动资产、负债、现金流量、库存水平、库存周转等总体管理水平进行评估。

2. 采购管理

根据采购申请需求,核算当前库存、采购在途、销售计划,自动生成包括拟采购品的编码、品名、型号规格、数量等信息;完成与供应商企业数据交换,实现从采购订单下达、供应商接收确认交期反馈、物流配送、入库信息到应收应付管理的全程跟踪管理。通过供应链系统,企业实现内部采购、仓库、物流、财务等部门协同工作。建立完善的供应商资料和供应商评估信息,实现对供应商的分类管理和业务分权限管理。支持多种货币、成本管理、运输管理、供应商管理、采购订单管理,可以精确统计采购成本、交期等关键指标。

3. 运输管理

对营运类型进行维护,包括托运单、作业单、班车动力、自提单生成等管理;支持通过系统网络给自有车队、运输商发送运输指令;维护计费模板,可以根据配送方式和运输路线自动生成费用清单;支持对运费的结算。

4. 销售管理

具有客户管理功能和货款管理功能。客户管理功能是对客户进行分类管理,实现自定义业务员分区管理和客户管理授权功能。全面的货款管理功能包括应收账款查询、账款风险提示和分析等功能。

5. 物料需求计划管理

通过系统与供应商进行正反向协同管理,根据生产计划生成物料需求计划和物料采购计划。

6. 仓库管理

智能指定存放和拣货库位,可有效提高运作效率;实现业务流程标准化管理,对收料、入库、出库、发货、盘点、移库、调拨等环节进行规范化管理;提供实时的检索查询功能,以掌握库存实时状况;与软硬件通过接口对接,自动识别、自动采集、自动执行。

7. 财务管理

可以对总账、明细账、现金日记账、银行存款日记账等会计账户进行实时管理,可以生成资产负债表、利润表、现金流量表等财务报表,为供应链决策提供数据参考。

10.3.5 推动精细化管理

很多企业在管理过程中经常会出现"差不多就行"的现象,这是一种较为粗放的管理模式。企业计划多是"月计划、周计划",很少有具体到某个员工的计划。精细化管理,要求每个员工细化工作,把所有生产流程及环节做到极致,最大化地利用资源。管理实现精细化需要依托数据的支持,两者可以说是相辅相成的,如果数据没有做到精细化,收集的大数据就会出现误差;没有数据化的管理,精细化管理也起不到作用。制造业想要提升产品的质量和生产效率、降低总成本,数据化和精细化两者缺一不可。

1. 推动精细化管理的原因

到底什么是由粗放到精细的管理模式?为什么管理模式要由粗放转向精细?所谓精细,从字面上,精指的是精密,细指的是细致,而精细管理是一种理念、一种精神,更是一种有效的管理模式。推进精细化管理,将会改变员工传统的工作思维,提升管理效率,优化管理流程,激活团队内在活力,实现低成本高效率运作。

首先,精细化管理可以有效减少库存,完善企业流程,提高企业经济效益。企业通过精细化管理可以有效减少库存、降低成本,起到优化流程和提高产品品质的作用。企业流程决定了生产绩效,完善企业流程意味着不断提高企业经济效益。如果企业在生产过程中,出现重复过量生产、不合格产品、忽视员工积极性与创造性等环节,那么企业的经济效益将严重受损。尤其是企业的行政流程较实际操作流程繁杂时,企业就会处于低效高成本的状态。精细化管理倡导的是构建一个顺畅、快速应对的流程,一次性把事情做好,把产品做好,避免反复检验、返工,并把产品质量贯彻到各流程当中,构成一个完善的产品品质保障系统,减少浪费和无增值的环节。

其次，根据用户需求计划进行标准化生产。企业通过精细化管理可以实现根据市场需求量确定生产量，让生产和销售同步。简单来说，就是根据销售情况制订生产计划，保证供需平衡，所有不均衡的生产都会给企业造成不必要的损失。

满足客户需求就是要不断地提高顾客满意度，不会为了眼前蝇头小利而牺牲顾客满意度。实施精细化管理的企业在未做好准备时，不盲目扩张，保持稳健发展，以赢得客户的尊敬。

标准化作业并非一种限制和束缚，而是把企业中成熟的做法标准化、规范化。精细化管理继承了标准化的优点，并且在精细化管理下的标准化也并非固定僵化的教条主义，其标准应根据实际情况与时俱进。

最后，精细化管理要求尊重员工，充分发挥员工价值，构建灵活团队。通过精细化管理，企业可以给员工提供充分展现个人能力的舞台，让员工做得更好；实现员工自主管理，员工在职责范围内努力做好自己认为对的事，不必担心因工作失误而受到处罚，出错时只要找到问题所在并给出相应的解决方案，下次就一定不会再出错。因此，实施精细化管理的企业雇用的是有智慧的人，而未进行精细化管理的企业雇用的是机械化操作的人。

当精细化管理得到有效的实施时，灵活的团队就成为企业常见的组织形式，企业中的每个人会同时参与多个团队活动，完成不同的任务。

2. 如何推进精细化管理

精细化管理能够有效降低企业成本、优化产业链条，是未来企业管理运营的发展趋势。那么企业应该如何推进精细化管理呢？

首先，转变思想观念，建立精细化管理思想。要想实施精准化管理，首先要做的是在每个人心中建立精益求精的思想观念，即生产零库存、保证产品高质量、设备运转无停台、极力节省成本、提高生产效率等。

用精益求精的思想优化生产流程，减少库存对流动资金的占用，提升生产组织水平；保证产品高质量，提高质量管理水平，减少不合格产品造成的损失，提高产品生产工艺水平。严格执行产品质量责任制，使每个员工在每个工序环节上精心操作，确保产品达到优质标准；设备运转无停台，在保证设备正常运转的情况下，最大限度地提高设备的使用率，并保证工艺水平，为优质产品的生产提供必要的条件；极力节省成本，追求成本管理无浪费，做到优产低产，且投入少耗能低。把这些精益思想植入每个管理者和员工的心里，提高生产效率。

其次，在生产领域推行精细化生产，提高生产管理水平。要实现生产全过程的精细化，就要实现均衡生产，包括产量、产品种类、生产负荷的全面均衡，保证人员、设备运转始终处于良好状态。采用拉动式生产，坚持以产品的市场需求量为依据制定生产量。做好现场作业的优化，包括调整设备布局、编排合理的工艺流程、缩短周期时间，为推行看板管理打下基础。

再次，通过精细化管理，实现产品、技术严格管理和创新。把精益求精的思想融入产品的研发中，满足用户不断变化的需求，这不仅是企业生存的要求，也是企业不断创新的要求。通过不断的探索，企业寻找到合适的精准发展之路。

严把投产前的质量关，并从质量管理向研发领域延伸。在新产品确定投产前，要先定好产品的质量标准,把新产品发给定向用户进行使用试验,认真听取用户反馈,根据反馈分析产品存在的问题,并把解决问题的方案加入新产品的生产工艺,新产品试制工作全部列入质量管理体系。

最后,企业的精细化管理需要在缩减浪费上下功夫。这就要求我们从产品的材料准备阶段就严格做到开源节流,降低成本,坚决杜绝浪费现象的发生,同时在生产过程中实施严格的管理制度。少一分浪费,对于整个企业来说,就意味着多一分效益。

精细化管理在实际推进的过程中肯定会存在一些问题,需要具体问题具体分析。总之,精细化管理能否推行成功,与企业中的每个人、运营中的每个环节息息相关。当然不仅仅是制造部门的事情,还需要研发部门、采购部门、营销部门等共同协作,团结所有的人员,并坚持不懈地实施。每个实施精细化管理的企业,应根据自身情况找到与之相适应的方法,不要怕失败,成功往往是在失败中获取经验的积累。精细化管理是未来企业管理发展的必然趋势,每家有待转型的企业都应当勇敢前进。

10.4 跨境电子商务推动智能制造发展的关键环节

要正确认识跨境电子商务和智能制造在我国发展过程中所处的地位。比如,对智能制造将带来全球产业竞争格局的深度调整虽已达成共识,但中国制造业尚处于工业2.0和工业3.0并行的发展阶段,必须走工业2.0补课、工业3.0普及和工业4.0示范的并联式发展道路。在传统制造业的转型升级过程中,政府必须积极发挥因势利导的作用,形成有效市场和有为政府协同发力的经济发展模式。一方面,政府应出台相关产业政策加快工业转型升级步伐,比如建立转型升级产业基金,引导社会资本进入,扶持标杆企业深度打造创新模式,发挥引领示范作用;另一方面,政府应借助跨境电子商务的优势,推进由消费互联网向工业互联网的转变。在国家层面出台宏观的引导政策的同时,地方各级政府出台配套的操作性强的实施政策或方案,鼓励跨境电子商务与智能制造协同发展,推进新型工贸一体化甚至是制造业服务化的建设。此外,不同地方具有不同特征,跨境电子商务和智能制造的发展水平也各有差异,政府部门在制定政策的过程中要结合当地的实际情况,确保政策的精准性。各部门在实施过程中要加强对政策的解读和重视,出台具体化和操作性强的配套政策,确保政策的时效性和有效性。在两者协同发展的过程中切记资源共享是前提,制度创新是保障,充分发挥政府在新生事物发展过程中的引导和推动作用。

10.4.1 政府行为的"诺斯悖论"依旧存在

政府在积极发挥引领和引导作用的同时也要"保持清醒的头脑",因为政府行为的"诺斯悖论"在跨境电子商务和智能制造的发展中同样存在。政府行为既能正向促进两者的协同发展和各自发展,也会反向对其产生抑制作用,因此需要通过政府的制度安排和经济均衡加以协调。在经济学领域中,早期的重商主义、幼稚工业保护理论、政府干预理论、战略性贸易理论等都属于政府经济职能的范畴,政府通过关税、航运管制、补贴等手段促进一国(地区)的外贸发展,也通过贸易壁垒等形式约束贸易活动的发生。党的十六大提出,在社会主义市场经济条件下,我国的国家经济职能为"经济调节、市场监管、社会管理、公共服务"。由此,我国政府的经济职能进一步系统化,但仍存在"诺斯悖论",将对经济发展产生双向作用。结合制度经济学理论和我国跨境电子商务及智能制造发展的实际情况,将政府在跨境电子商务领域的行为归纳为资源配置、财政保障、政策法规、市场监管等四个方面,通过积极推动跨境电子商务的发展进而间接影响智能制造。

1. 通过优化资源配置为跨境电子商务搭建发展平台

资源配置是政府经济行为中能够有效引导生产要素流动的行为方式,通过提供公共产品、产业支持和行政干预等对经济活动产生深刻影响。政府通过搭建平台,如设立综试区等,为跨境电子商务的发展引导资源流动,形成资源间的有效传递;如设立国际邮件互换局、交换站,为跨境电子商务提供相匹配的物流形式,实现跨境电子商务企业通关、结汇、退税等一站式服务,完成国际邮件本地通关,缩短国际邮件流通环节;如设立省级公共海外仓试点,以此为纽带在境外构建配送辐射网络,将小批量、高频次的零散国际物流转化为短周期、大规模的输送模式,也弥补境外退换货的物流缺陷,提升远程贸易的客户体验。政府通过合理、有效地配置跨境电子商务发展资源,整合多方需求,形成平台式电子商务服务,促进跨境电子商务发展。

2. 通过财政扶持为跨境电子商务发展提供保障

财政扶持是政府在收入再分配中纠正市场分配不均的行为,通过强制手段对市场缺陷进行弥补,以补助、补贴的形式为跨境电子商务发展提供有力保障。在跨境电子商务发展中,各地政府给予区域性的资金支持、税费减免、财政补贴等,以使其与类似城市的竞争中具备比较优势。例如,为了鼓励跨境电子商务发展势头良好的企业,杭州对满足跨境贸易进出口额超100万美元的企业给予3万元资金扶持;为了吸引和培育跨境电子商务人才,杭州对跨境电子商务企业培养一定量专业人才给予20%的经费补助;同时,杭州对开设国际物流专线且达一定频次的企业给予最高200万元的资金扶持。政府通过鼓励跨境电子商务企业扩大进出口规模、重视人才培养、加快运输频次,来提升其业务能力水平。

3. 通过制定政策法规引领跨境电子商务的发展方向

政策法规是政府提供制度供给、调节社会需求等的具体体现,政府发布的针对跨境电子商务发展的政策、条款、意见等都从不同层面支持和鼓励跨境电子商务发展,如《关于促进跨境电子商务健康快速发展的指导意见》提出,在我国产业集群规模基础上,大力发展制造业优势,促进传统外贸企业转型升级,创新经济增长点;《浙江省跨境电子商务实施方案》把推进跨境电子商务发展作为外贸转型升级的突破口,促进浙江省内各地相应文件、规划出台,推动发展跨境电子商务。但是,政策法规也引发"诺斯悖论",如海关总署公告2014年第56号,本意是通过政策着力实现货物流、发票流、资金流三流合一,规范跨境电子商务市场,结果却造成更为复杂和烦琐的通关流程,使跨境电子商务的交易时间成本增加;同样,2016年出台的《跨境电子商务零售进口商品清单》和《关于跨境电子商务零售进口税收政策的通知》,不仅限制了进口商品品类,还提升了部分商品税费,对跨境电子商务企业而言提高了准入门槛,增强了商品管理要求,大大削弱了跨境电子商务初期的成本优势。因此,政策法规虽然明确了跨境电子商务在地方经济发展中的地位,但是措施不当也会阻碍其发展。

4. 通过实施市场监管为跨境电子商务的发展营造有序环境

市场监管是政府通过制定法规、增强执行力,对市场经济秩序进行维护,从而保障市场正常运行的行为。在跨境电子商务发展中，政府通过对跨境电子商务采取多重措施进行有效监管。例如，国家外汇管理局制定的《支付机构跨境电子商务外汇支付业务试点指导意见》，提高了最低交易限额并实施小金额汇总录入等措施，极大地满足了跨境电子商务发展的个性化结汇需求，通过支付层面的监管，保障跨境电子商务互联网支付安全和防范外汇交易风险；又如无纸化通关，通过电子商务网站数据交互，实现贸易便利化，依托信息平台提高通关效率，为跨境电子商务企业规范报关提供技术支持。这类措施的实施目的是建立跨境电子商务行业规则，规范电子商务市场运作体系，为营造有序的跨境电子商务市场环境。

10.4.2 营商环境是跨境电子商务发展的基础条件

营商环境是经济活动过程中环境条件的总和，从制度经济学的角度来看属于非正式制度安排。营商环境可分为营商硬环境和营商软环境，前者主要是指有形的物质条件、自然地理环境，后者则是指政治、制度、文化、法律等无形的条件和因素。基于跨境电子商务研究的角度，营商硬环境可以是跨境电子商务发展中的电子商务基础设施、物流设施、仓储设备等，软环境可以是地方的经济发展水平、对外开放程度等。因此，根据对营商环境的研究，结合世界银行对营商环境的指标和市场营销学中"营销环境"的概念，本书将营商环境归纳为经济基础、行业规模、支撑设施三个方面并进行深入探讨。

1. 营商环境的经济基础对跨境电子商务产生正向溢出效应

经济基础是经济发展的前提，会对跨境电子商务市场的供给和需求产生差异化影响。《2017中国跨境电子商务出口B2B发展报告》显示，全国经济基础较好的区域，如长三角、珠三角、京津冀等地区，跨境电子商务发展普遍具有相对优势，并已形成一定规模，广东、浙江、上海、江苏、福建五地规模占全国前五；浙江省内杭州、宁波生产总值分别排名第一、第二，跨境电子商务发展也具有相应的领先优势。外贸依存度大的地区，原有传统外贸业务发达，从而有利于外贸新业态跨境电子商务的萌芽和发展，如广东2016年外贸占全国比例超28%，是全国外贸第一大省，广东跨境电子商务进出口总值占全国的46%。人均可支配收入越高的地区，消费能力越强，在跨境电子商务进口商品方面有更强的消费能力，能够促进跨境电子商务进口贸易。因此，经济基础能够带动跨境电子商务发展，产生正向溢出效应。

2. 营商环境的产业集群有利于形成跨境电子商务集群效应

跨境电子商务行业发展需要依托相应的产业，具备制造业基础的地区传统产业能够逐渐转型升级，并为跨境电子商务提供产业基础。通过产业集群效应重点打造品牌建设，扩大我国跨境电子商务品牌的知名度和影响力，加强人才培养，充实跨境电子商务的人才储备，加快产业链构建，实现跨境电子商务产业上下游有效衔接，从而为跨境电子商务发展提供有效依托。例如，温州地区跨境电子商务零售出口额在浙江省内占比逐渐增加，很大程度上得益于其制造业集群的作用。在汽摩配、鞋类、眼镜类等地方制造业基础上形成的跨境电子商务在温州跨境电子商务出口总额中占比近40%。又如广东揭阳，形成塑料拖鞋、纺织服装、工艺玩具等产业集群，通过跨境电子商务与新"海上丝绸之路"沿线国家（地区）进行产业对接。产业集群为跨境电子商务发展提供产业支撑，产业集群原本存在的产业生态圈为形成跨境电子商务生态圈和集群效应提供便利,同时跨境电子商务推动产业集群扩大市场规模,提升集群产业的知名度和竞争力。因此,产业集群助力跨境电子商务产生规模效益,提升行业跨境电子商务的发展活力。

3. 营商环境的产业链支撑跨境电子商务的全产业链建设

产业链是跨境电子商务生态环境有机整体中的一部分,涵盖了技术、人才、资金、设施、物流、组织等方面,为跨境电子商务发展提供全面、完整的衔接。例如,互联网技术是跨境贸易的媒介,也是跨境电子商务在传统贸易方式上的重大突破,信息技术更新外贸方式和手段,同时加强贸易的流程管理;资金是跨境电子商务境外备货、产品升级的重要基础,良好和充足的资金运转有利于跨境电子商务开发新产品、准备库存等,是跨境电子商务产业链中不可或缺的一环;成立地区性的跨境电子商务行业协会是行业规模的一种体现,如杭州跨境电子商务协会多次开展跨境电子商务发展高峰论坛等大型活动,引流跨境电子商务资源,发挥行业协会的作用,加强地方政府与企业、企业与企业等组织之间的沟通,有效整合跨境电子商务企业和政府资源。因此,跨境电子商务行业的稳步发展必须具有完备的产业链,构建完整的生态体系,从而在产业内形成良性循环、实现产业的全面升级。

营商环境是跨境电子商务发展的软实力。因此,发展跨境电子商务要着力打造营商环境,对于浙江省各个城市而言,要牢牢把握浙江在"丝绸之路经济带"和"21世纪海上丝绸之路"中的地域优势,推动跨境电子商务服务"一带一路"建设,通过加强与"一带一路"沿线国家(地区)的贸易往来提升自身营商环境,通过浙江自主品牌建设扩大浙商品牌的影响力和知名度,提高浙江跨境电子商务的整体氛围。此外,营商环境构建也需要政府带动政企协同,将跨境电子商务发展视为一项系统工程,有意识地引导地区营商环境发展和建设,加快跨境电子商务生态圈和产业链的构建,打造浙江"一带一路"建设的枢纽地位,全面提升浙江跨境电子商务的综合实力。

本章要点

- 智能制造是中国制造未来的主攻方向,不仅影响传统制造业的生产模式和管理模式,对商业模式也将产生颠覆性的变革。本节重点从跨境电子商务的角度分析智能制造的相关问题。
- 跨境电子商务对智能制造发展的推动作用主要体现在推动智能制造理念树立、推动智能制造技术进步、推动智能制造资源整合、推动智能制造供应链构建。
- 跨境电子商务推动智能制造发展将遵循推动数据云建设、推动智能化设计、推动智能化生产、推动智能化供应链建设、推动精细化管理的演进路径。

重要术语

中国制造(Made in China)　　　　信息化(Informatization)
智能制造(Intelligent Manufacturing)　　工业化(Industrialization)
精细化管理(Fine Management)

案例分析题

拥抱跨境电子商务搭上智能制造快车 杭州产业转型焕生机

自经济进入新常态以来,杭州企业一直在不断前行:拥抱跨境电子商务,重组贸易链;借助智能制造实施"机器替代";利用信息技术推动精准营销,等等。无论是什么样的产业,加快转型已经成为杭州前进的必由之路。

1. 跨境电子商务交易规模从不足 2 000 万美元快速增至 34.64 亿美元

最初杭州对外零售业内销外贸都难做,企业匍匐在价值链低端。杭州外贸为搬掉拦路虎,早已布好"先手棋":自 2011 年起就开始尝试跨境电子商务,并在制度创新方面做了大量有益探索。杭州跨境电子商务"六体系两平台"的顶层设计已经完成,并得到国务院认可,开始大范围推广。

目前,杭州跨境电子商务在制度创新、管理创新、服务创新上已取得了阶段性成效。依托"智能物流体系",杭州形成了布局合理、衔接顺畅的跨境物流配送和运营体系。2015 年,杭州综试区又启动了"做大做强跨境电商 B2B 专项行动",引导传统外贸和制造企业上线经营,目前已对接走访和培训企业 5 500 家。

杭州天昆化工有限公司是一家纺织染料供应商,借助阿里国际站的询盘,公司发现了更多境外市场,订单雪片般飞来。

依托杭州跨境电子商务,一些中小企业在境外不仅销量大增,运费也大幅下降。作为"互联网+外贸"的新业态,跨境电子商务近年来以 30% 以上的增速迅猛发展。截至 2015 年 12 月底,杭州跨境电子商务交易规模从 2014 年不足 2 000 万美元快速增至 34.64 亿美元。

2. 制造业:传统制造业受到冲击,投入 630 亿元用于技术改造

经济增速放缓,传统制造业率先感受到了冲击,再也不是躺着就能享受增长的时代了。随着中国步入由劳动力过剩转向劳动力短缺的"刘易斯拐点"阶段,以往靠数量累计来获取利润的企业运营模式已很难支撑。通过技术创新提高产品质量、着手从供给侧方面去除产能成为杭州企业的共识,新技术成为制造业重获新生的"金手指"。大型企业有资本和人力,已经建立研发机构,培育自己的创新力量。例如,正泰集团研发出我国首台薄膜太阳能电池关键高端生产设备,一举打破西方垄断。

一些传统产业开始寻求外援,借助智能制造的新引擎。在杭州新松机器人自动化有限公司的生产车间中,一台红色的 6 轴机器人正不断挥舞"臂膀",一旁的激光跟踪仪正对其进行性能稳定性测试。副总经理任海军自信地说:"我们能提供涵盖产品全生命周期的数字化、智能化制造服务。"杭州正重点推动新能源、机器人、增材打印等产业,以推动制造业向高端化迈进。

2015 年,杭州投入 630.6 亿元进行技术改造,实施 675 个"机器换人"项目。物联网等信息技术也为制造业发展增加了新"发动机"。在万向集团的轮毂单元制造二部生产车间,一条长达数十米的生产线上仅有两个员工。每道工序还配备了自动检测设备,发现问题后可自行返工再加工。万向集团负责人说:"因为工厂物联网技术的运用,产品从原材料到成品的过程都能被监控、追溯、在线检测,这为企业进入高端市场奠定了基础。"2015

年,杭州高新技术产业、战略性新兴产业、装备制造业增加值增速分别达到 9.8%、9.4%、13.5%,均高于全部工业平均增速。

杭州产业转型营造了杭州经济的新态势,跨境电子商务为杭州经济的发展注入了新的活力,杭州产业转型焕发了新生机。

思考题:杭州制造业是如何借助跨境电子商务实现产业转型的?

资料来源:王慧敏,方敏.拥抱跨境电商搭上智能制造快车 杭州产业转型焕生机[N].人民日报,2016-04-07(02).

参考文献

[1] 张得红,等.互联网+制造:发现工业 4.0 时代微蓝海[M].北京:人民邮电出版社,2015.
[2] 刘强,丁德宇.智能制造之路:专家智慧 实践路线[M].北京:机械工业出版社,2017.
[3] 张小强.中国智造转型升级之路与全面精细化生产运营实践[M].北京:中华工商联合出版社,2017.
[4] 王晶,贾国柱,张人千,等.制造业服务化案例研究[M].北京:机械工业出版社,2015.
[5] 辛国斌,田世宏.智能制造标准案例集[M].北京:电子工业出版社,2016.
[6] 王喜文.世界机器人未来大格局[M].北京:电子工业出版社,2016.
[7] 王喜文.机器人+:战略行动路线图[M].北京:机械工业出版社,2016.
[8] 王喜文.工业机器人 2.0:智能制造时代的主力军[M].北京:机械工业出版社,2016.
[9] 王喜文.工业互联网:中美德制造业三国演义[M].北京:人民邮电出版社,2015.
[10] 王喜文.工业 4.0:通向未来工业的德国制造 2025:图解版[M].北京:机械工业出版社,2015.
[11] 建设研究院.投资新视野Ⅰ:智能制造[M].北京:社会科学文献出版社,2016.
[12] 张卫,李仁旺,潘晓弘.工业 4.0 环境下的智能制造服务理论与技术[M].北京:科学出版社,2017.

第 11 章 跨境电子商务与自主品牌

第11章　跨境电子商务与自主品牌

[学习目标]
- 掌握自主品牌的内涵；
- 了解跨境电子商务成功塑造品牌的方法；
- 掌握跨境电子商务推动自主品牌培育的具体路径；
- 掌握跨境电子商务推动自主品牌培育的关键环节。

[素养目标]

跨境电子商务为企业打造和推广自主品牌提供了便利的平台和机遇。分析跨境电子商务推动自主品牌培育的路径时，引导学生回顾我国自主品牌发展的历史，从贴牌生产到自主品牌、从无名品牌到知名品牌、从区域品牌到世界名牌，增强学生的民族自尊心、自信心和自豪感；在我国逐步向高端产业和世界智造的进程中，使学生全面了解企业打造自主品牌的重要性。

[引导案例]

深圳千岸如何借助跨境电子商务实现品牌出海

2018年4月20日，在"2018全球跨境电商·成都"大会上，千岸科技创始人何定发表了题为《借助跨境电商实现品牌出海》的演讲。他指出，卖货的黄金时期已经过去，创牌的黄金时期正在到来，跨境电商必须从创牌的思路来做。

从运营角度来看，最核心的三大块是品牌推广、帖子运营及品牌研发和制造，而品质、采购、物流、财务、软件等是支撑。核心这三块一块都不能丢，每块都要做得很好。

怎样才能够在竞争中独树一帜呢？何定的体会是，在亚马逊平台上最重要的是用户评价，因为用户评价基本上就能决定能否成功。那么怎样获得用户评价？怎样在用户评价环节上战胜竞争对手呢？首先，品质要稳定，不良率一定要控制好。所谓的用户评价差，最重要的就是产品差评。比如，用户买到的产品不好用，或者是坏了，肯定要留差评。产品虽好，但如果一百个用户中99个买的都是坏的，那么这99个用户的评价可能都是差评，所以产品品质不稳定是导致差评最重要的原因。其次，用户体验要好。有一些产品过度追求功能，导致产品很难用，尽管可以用，但是用户体验太差，所以一定要站在用户的角度思考问题。最后，定价也很重要，不要明显高于同档次品牌。中国卖家都是从零起步的品牌，价格不要明显高于其他卖家，高一点问题不大，亚马逊买家对价格没有那么敏感，品牌竞争力不够时就要从价格上取胜。

资料来源：佚名.千岸何定：如何借助跨境电商实现品牌出海[EB/OL].(2018-04-20)[2020-03-10].http://www.ebrun.com/20180420/273588.shtml.

跨境电子商务降低了企业进入国际市场的门槛,众多中国跨境电子商务企业在激烈的市场竞争中,通过建立品牌逐渐走出一条"出海"制胜之路。然而,品牌建设并非一朝一夕之功,需要持之以恒地用心打造。

2018年5月8日,阿里研究院发布的《中国消费品牌发展报告》显示,阿里巴巴零售平台消费品共计16个大类,在2017年中国品牌市场占有率超过71%。中国品牌在线上高端市场表现突出,市场占有率同比2016年提升3.6个百分点,高端市场销售额3年复合增长率为51.3%。

目前,关于品牌建设的讨论如火如荼。从中国制造业获取的微薄利润中,中国企业需要深刻总结经验教训:要想在行业中拥有话语权,占有尽可能大的市场份额,企业就必须打造属于自己的品牌。市场竞争,无论是产品质量竞争、技术服务竞争还是价格竞争,最终都将通过品牌竞争得以实现。品牌对于资本和人才的吸引力不言而喻。我国作为世界上最大的发展中国家,要想在世界大舞台上同发达国家的大型跨国公司同台竞技,就必须懂得并能熟练运用国际贸易规则,全面了解东道国法律政策,并深谙自主品牌建设之道。自主品牌是企业的核心竞争力之一,保持并发展自主品牌优势,提高资源配置效率,才能确保企业持久盈利。跨境电子商务企业只有把握品牌建设规律和趋势,才能实现品牌战略制胜。

11.1 自主品牌的内涵

品牌(Brand)一词来源于古挪威文"brandr",意为"烙印"。当时,西方游牧部落在马背上打上不同的烙印,用以区分自己的财产。从现代品牌观的视角来看,品牌需要在消费者的心里打上"烙印",需要占领消费者的心智。美国市场协会将品牌定义为"一种名称、术语、标记或设计,或者是它们的组合,其目的是用于识别某个销售商或某一类销售商的产品或服务,并使之与竞争对手的产品或服务区别开来"。

品牌作为企业资产,是衡量企业价值的重要载体,品牌价值的高低也是企业核心竞争力大小的重要体现。品牌与商标不同,商标是品牌中的标志和名称部分,商标属于法律范畴,品牌属于市场概念。商标所有权归企业所有,更多涉及的是如何合法申请,合法使用和宣传,品牌是消费者头脑中的印象或者印记,由于它能在深层次上传递产品质量等识别信息,能被赋予商业价值,因此可以用于帮助商家更好地销售产品和服务,建立顾客忠诚度。

自主品牌(Self-owned Brand)是指由企业自主开发,拥有自主知识产权的品牌。自主品牌重在强调企业对品牌的所有权、控制权和使用权,且企业能够自由支配品牌产生的经济利益。

自主品牌属于无形资产,其所具有的价值是附加在产品或服务上的,它反映在消费者如何思考、如何感受某一品牌并采取的购买行动中。可以从市场视角、财务视角、消费者行为视角三个层面加以理解。从市场视角看,企业拥有自主品牌能够扩大市场占有率,创造更大的销售额,进而带来持久且具有差异化的竞争优势。从财务视角看,自主品牌能够帮助产品或服务获得更大的价值溢价,赚取更多利润。从消费者行为视角看,自主品牌价值体现在消费者拥有的品牌知识对该品牌营销活动所做出的不同反应上。相较于其他品牌,当自主品牌可识别时,消费者对产品或服务及其营销活动做出的反应更积极,此时该自主品牌拥有更大的品牌价值。

总之,自主品牌价值源于消费者反应的差异。如果不存在差异,自主品牌产品本质上与其他品牌产品无异,产品竞争可能完全以价格为基础。较强势的自主品牌能够带来更高的顾客忠诚度和更大的利润回报,也能够形成更强的竞争优势以及更有效的营销沟通。

自主品牌是企业乃至国家竞争力的综合体现,代表着供给结构和需求结构的升级方向。当前,我国自主品牌发展严重滞后于经济发展,产品质量和创新能力有待进一步提高。纵观我国自主品牌的发展历程,"高质量发展"是一条必由之路。习近平总书记在庆祝中国共产党成立100周年大会上的讲话强调,要"构建新发展格局,推动高质量发展"。中国正不断以科技创新引领产业发展,为"中国制造"这张名片增添闪亮新成色。

新闻摘录

国务院批复国家发改委关于设立"中国品牌日"的申请

根据联合国经济合作与发展组织的统计,目前全球共有8.5万个品牌,其中著名品牌所占比例不到3%,却拥有世界40%以上的市场份额,名牌产品的销售额占了全球销售额的50%;在500多种主要工业品中,中国有220多种产品的产量居世界第一,但在世界百强品牌中,中国只有华为、联想两个品牌入围。随着我国经济持续快速发展,人们的收入也在不断增加,中等收入群体持续扩大,消费结构不断升级,消费者对产品和服务的消费也提出了更高要求。人们开始更加注重品质,讲究品牌消费,呈现出个性化、多样化、高端化、体验式消费的特点。

在此背景下,2015年,"大众创业、万众创新"的"双创"大潮兴起,中国经济改革与工业技术革新又迎来了一个大好时机。2016年,扶植"双创"几乎成为国家级战略,人民网甚至发表言论将"双创"称为中国经济发展转型的新引擎。同期,大疆、华为等企业成功开拓境外市场,不断改变着人们对于"中国制造"的看法。从"中国制造"到"中国质造",从"中国制造"到"中国创造",国货正在逐渐摆脱被污名化的历史。2017年4月24日,国务院正式批复了发改委设立"中国品牌日"的申请,将每年5月10日定为"中国品牌日"。这意味着,扶植国货、扶植中国品牌被提升到了一个新的战略高度。

思考题:我国为何要成立"中国品牌日"?

一个自主品牌从诞生与发展、定位与诉求、产品品质、科技创新、市场开拓,到被市场认同,无不体现它的经济效益优势。与传统贴牌加工相比,自主品牌在经济效益上具有明显优势,详见表11-1。

表11-1 贴牌加工与自主品牌的经济效益比较

类型	贴牌加工	自主品牌
正向效应	简单劳动就业,赚取加工费,提升加工水平	多样劳动就业,产品溢价销售,自主创新良性循环
负向效应	劳动力低廉,原料就地供应,政策优惠透支,牺牲生态环境;被控制	品牌风险

> **新闻摘录**

南京高淳区"慢慢"做强自主品牌

南京高淳区是个"慢城",春季到来,满眼的油菜花和青绿的春茶让这个崇尚"慢生活"的小城显得十分惬意。2012年8月,高淳区政府出台了《关于加快全县服装产业转型升级,打造自有品牌的意见》,每年投入1 000万元专项资金,用于支持服装企业转型升级,打造自有品牌。

服装业是南京高淳区的传统产业,也是富民产业,发展模式从以前的加工、贴牌转向现在的自创品牌,并且以电子商务等经济、快捷的经营模式为主流,做法颇有创意。近日,记者走进高淳区,探访高淳服装的转型升级之道。

南京德维鑫服装有限公司(以下简称"南京德维鑫")在线下与线上都有店铺,其与广州珈珏服装设计公司合作的南京本伊服饰有限公司注册了"BEEG"(本伊)女装品牌,在广州海珠区珠江纺织商场设立了1 700多平方米的设计研发营运中心,并于2013年4月28日在广州增城区举办了"BEEG"秋冬款发布会,当场签约22家,订货额达1 200多万元。2014年,"BEEG"在沈阳、青岛、大连、郑州、长沙、武汉等地开设了专卖店。与此同时,南京德维鑫还开设了量身定制业务,打造"德维鑫"品牌。在网上,南京德维鑫则主推"依达"女装品牌。

多方位出击,经济型模式选择,在高淳服装企业转型中成为主要选择。南京爱沁缘服饰有限公司(以下简称"爱沁缘")注册了与高淳慢城同名的女装品牌"慢城",设计是外包,走的路线是森女风文艺范,由设计工作室操刀。总经理助理陈玲玲被挑选出来专攻品牌,渠道主要是电子商务。她告诉记者,"慢城"夏装将在天猫商城上销售。"我们也会适时开设实体店,比如在高淳就有实体店,但目前主要目标瞄准的是网上销售。"在设计外包的同时,爱沁缘没有放弃自主设计,集多年外贸与加工的经验,它们自主设计的欧美风格简单时尚款"魔可尼"女装品牌也开始在淘宝集市店试水。而"爱沁缘"品牌则主打羽绒服,在秋冬两季进行销售。

思考题:通过品牌建设,南京高淳区的服装企业获得了哪些好处?

资料来源:王翔.南京高淳区"慢慢"做强自主品牌[EB/OL].(2014-04-14)[2019-03-10].http://news.efu.com.cn/newsview-1059954-1.html.

习近平总书记强调,"推动中国制造向中国创造转变、中国速度向中国质量转变、中国产品向中国品牌转变"。由此不难看出,培育自主品牌已是国家发展之要,而提高自主品牌意识需要全民爱国精神的形成。如今,国产的华为、小米等手机从外形、功能到质量都可以和苹果手机相媲美。唤醒国人热爱中国自主品牌,让更多中国人都愿意购买自主品牌,中国才能真正从低端产业走向高端产业,从世界加工厂变成世界智造厂,让中国经济和社会迈入更高的发展阶段。

11.2　跨境电子商务对自主品牌培育的推动作用

近年来,在我国的对外贸易发展中,跨境电子商务起到了巨大的推动作用。随着我国跨境电子商务的迅速发展,成交额逐年增加,跨境电子商务成为促进外贸企业不断创新发展的新兴力量。这为自主品牌的打造创造了良好的外部环境。在外贸高质量发展的背景下,塑造自主品牌是众多外贸企业开展跨境电子商务、实现转型升级的主要目标。作为差异化营销方式之一,打造自主品牌可以有效提升外贸企业竞争力,提高企业的生存率和利润率。为了在国际市场上占据重要地位,跨境电子商务企业需要在保障自身产品质量、确立商品市场地位的基础上,加大自主品牌建设力度。当前,"跨境电子商务+自主品牌"已经成为中国传统外贸企业转型升级的必然方向。相比于传统贸易模式下,销售渠道被外商把控的被动局面,借助跨境电子商务方式开展贸易活动,为众多企业打造和推广自主品牌提供了便利的平台和绝佳的机遇。

新闻摘录

中国自主品牌博览会在上海落下帷幕

2018年5月12日,首届中国自主品牌博览会在上海落下帷幕,但有关自主品牌发展与挑战的话题仍在持续升温。作为自主品牌领域的一次国家盛会,近800家机构及其成果集中亮相,不仅向全球展示了中国自主品牌的独特魅力,也吹响了新时代中国品牌整装待发的号角。

在本次自主品牌博览会上,既有诸如中国建筑、中国海尔、中国中铁等体现国家实力的知名企业参展,也出现了一批具有高成长性的创新型中小企业的身影。正如浙江一家参展企业负责人所言,"一方面在对标先进找差距,另一方面更加坚定了品牌建设的信心和决心"。

目前,中国是全球第二大经济体,经济总量的高速增长难掩以品牌为代表的内涵式增长的动力不足问题,品牌发展已经滞后于经济发展的现实。对此,推动中国品牌"走出去",实施国际化的品牌战略,已成为中国经济转型发展的迫切需要。

2018年是改革开放40周年,也是贯彻落实党的十九大精神的开局之年。党中央、国务院做出了进一步扩大开放的一系列战略部署,为中国品牌"走出去"提供了新的发展机遇。"广大企业要用好'一带一路'国际合作平台,加强互动交流,促进合作共赢。"中国社会科学院学部委员、品牌中国战略规划院院长汪同三表示,品牌建设是一项复杂的系统工程,要深入实施创新驱动战略,汇聚社会各方力量,让更多的中国品牌伴随着中国制造走向世界、享誉世界。

思考题:试分析中国品牌建设取得的成果。

资料来源:顾春娟.首届中国自主品牌博览会在沪闭幕[EB/OL].(2018-05-16)[2021-03-10]. http://finance.jrj.com.cn/2018/05/16074024545722.shtml.

11.2.1 增强自主品牌塑造

品牌塑造(Brand Building),是指给品牌以某种定位,并为此付诸行动的过程。一个好的品牌定位通常包括若干共同点和差异点。品牌塑造是一个系统且长期的工程,是个从视觉吸引到口头相传的过程。品牌有三大核心要素：品牌知名度、美誉度和忠诚度。具有一定规模的企业可以凭借雄厚的财力、物力，采取炒作、广告轰炸、参与公益和赞助等方式来塑造品牌。

每个知名品牌都有其独特性，正是这种独特性造就了各种各样的知名品牌。它们各自的社会资源及独特的成长经历都能转化为自身企业的秘密武器或企业的核心竞争力。全世界有80多亿人口，要找到两个面孔一模一样的人极难，要找到两个面孔和成长经历一模一样的人更是不可能的事情。跨境电子商务企业为了体现自身的产品特色，提高自身的核心竞争力，应更加注重产品质量的提升及其差异化、特色化，更加注重自身产品形象的维护和知识产权的保护，这也为实现中国制造向中国创造及中国智造转变奠定了坚实的基础。

一直保持在某个领域的领先地位，是许多知名品牌成名的法宝。跨境电子商务企业要使自己的产品长久立足于市场，就必须注重差异化、特色化。要在国际市场上赢得并保持领先地位，必须要有前瞻性的眼光，以领先的策略作为支撑，这离不开打造自主品牌，走品牌化路线。对于跨境电子商务企业来说，只有精准定位目标市场，准确细分人群，精耕细作，逐步完成从标品、爆款向非标品、个性化产品的供应结构转变，才能跟上不断变化的国际市场需求节奏，进而借助塑造自主品牌所带来的新竞争优势，不断跨越同质化竞争的"红海"，在新贸易业态中开辟"新蓝海"。

11.2.2 加快自主品牌推广

跨境电子商务的境外销售渠道通常分为两种类型：

一是独立品牌官网。不管是面对国内市场还是面对国外市场，建立独立品牌官网对于自主品牌而言都是不可缺少的。品牌故事讲解、用户聚合、网络营销、商务拓展活动都需要在官网上实施，对于国外品牌来讲这些都是最基本的事情，比如线下的boutique小店都有自己的产品官网。在国内商业业态可能都被淘宝垄断，企业不得不把其自主品牌放在淘宝上，导致企业的客户都成了淘宝的客户。

二是借助第三方渠道（如亚马逊、Wish、Aliexpress、eBay等）。亚马逊是一个较好的零售渠道，亚马逊平台上生活类产品表现不错，而且其对于提高自主品牌在境外的知名度也是一个不错的选择。Aliexpress是阿里巴巴面向国际市场推出的在线跨境电子商务平台，是全球第三大英文在线购物网站。它面向海外买家，通过支付宝国际账户进行担保交易，并使用国际快递发货。Aliexpress是阿里巴巴帮助中小企业接触终端批发零售商，小批量多批次快速销售，拓展利润空间而全力打造的融合订单、支付、物流于一体的外贸在线交易平台。Wish是现在最大的移动端销售平台，eBay是老牌销售平台。后三者的定位基本上就是卖货的通道，运营好的商家都有不错的销量。

基于这两种境外营销渠道，跨境电子商务企业在进行自主品牌营销的过程中，与传统外贸企业相比，可以采用形式多样的方式进行宣传推广。

（1）搜索引擎推广。简单来说，企业利用现有主流的搜索引擎进行企业网站推送。企业会注重选取及优化关键词，以使用户在搜索关键词时能看到企业的相关信息，这是现在企业推广不可缺少的做法。跨境电子商务企业可以直接接触一线的消费者，更了解产品受众，对自身产品领域的资讯更敏感，如在某些国家和地区市场占有率较高、影响力较强,在某类人群中(通过年龄、收入水平、文化程度等因素划分)具有较高的使用率。由此,跨境电子商务企业可以利用搜索引擎广告自主性的特点,根据自己的目标市场及目标受众人群,选择适合自己的搜索引擎。因此,在搜索引擎投放市场、受众及关键词的筛选方面,跨境电子商务企业能够给出更专业的建议,进而提高广告的投入产出比。在投放搜索引擎广告时,跨境电子商务企业可从自身需求和发展阶段出发,结合不同渠道、多个搜索平台,以及发掘社交平台的推广功能与搜索引擎广告组合使用,使广告的覆盖面更广,从而达到有效推广自主品牌的效果。

(2) 竞价和其他广告推广。竞价基于搜索引擎,与搜索引擎一脉相承。以每个关键词的竞争程度设定一个最低展现价格,关键词的价格决定该关键词的排名位置,谁出价高排名就靠前。其他的广告种类有很多,费用也是高低不一,其中视频网站和社交网站是投放的主流选择。借助搜索引擎的优势,跨境电子商务企业可以利用广告积极打造自身的品牌形象,宣传产品特点与企业价值理念,从而实现品牌推广的目的。

(3) 软文推广。跨境电子商务企业在独立品牌官网或者第三方渠道上,编写相关软文,通过自媒体平台、行业网站、论坛、博客、供求信息平台等进行自主品牌宣传推广。

(4) 邮件推广。跨境电子商务企业拥有大量的客户信息与数据,可以利用自身平台的优势,利用数据分析方式,根据活跃度细分用户,了解竞争对手的发送频率,对比活跃度,分别测试不同类型的邮件,逐步提升邮件发送量,根据客户反应快速调整,保持接触,经过长期循环的邮件发送与优化达到良好的品牌推广效果。

11.2.3 提升自主品牌价值

品牌价值(Brand Value)是品牌管理要素中最为核心的部分,也是品牌区别于同类竞争品牌的重要标志。一件商品价值的高低,往往并不取决于该商品的实际物理价值,而取决于这件商品在消费者内心中的认知,它更多的是由消费者的心理因素决定的。跨境电子商务企业通过识别并创建自主品牌定位、规划并实施自主品牌营销、发展和保持自主品牌价值等,对自主品牌进行创建、营销和管理,从而实现自主品牌价值最大化。如果企业无法对商品的物理价值进行更大提升,那么它应重点提升其自主品牌在消费者心目中的价值,使消费者感到物有所值,甚至物超所值。

跨境电子商务对自主品牌价值的提升主要体现在以下三个方面:

1. 跨境电子商务有助于提升自主品牌的差异化价值

跨境电子商务能够为自主品牌创造差异化价值的竞争优势,这种差异化价值主要体现在由特色化服务带来的品牌附加价值的提升上,包括服务的及时性、技术的准确性及服务的全面性。

首先,跨境电子商务能够保证服务的及时性。及时回应顾客诉求,高效解决顾客问题是维持顾客对自主品牌忠诚度的重要保证。顾客在消费产品的过程中经常会存在疑问或者需要协助,需要商家及时回应。跨境电子商务借助现代化通信技术,对顾客存在的疑问和投诉等问题能够快速做出反应并加以解决。

其次,跨境电子商务能够保证技术的准确性。技术的准确性主要是指跨境电子商务企业在为顾客提供支持服务时能够采用合适的措施、手段、策略和方法等。借助跨境电子商务平台,企业可以及时有效地为顾客解决问题。

最后,跨境电子商务能够保证服务的全面性。大部分跨境电子商务企业在提供服务时,都以严守承诺,提供全过程、全方位的贴心服务的理念为指引,特别注重顾客在消费过程中的良好体验,通过调动员工的热情营造全员营销的氛围,使无形服务有形化,这对于提升顾客的价值感知和满意度具有重要意义。

2. 跨境电子商务有助于对自主品牌进行定位

自主品牌定位决定了自主品牌的特性和发展动力。常见的品牌定位有品牌差异性定位、品牌竞争性定位等。通过跨境电子商务业务的开展,企业能够准确定位其自主品牌。境外消费者能够更加方便、快捷、准确地识别自主品牌产品的生产者,根据品牌性能将责任归属于制造商或分销商。根据同类产品不同品牌的表现,境外消费者也可以对产品做出不同评价。因此,自主品牌的定位必须具有深度、广度和关联度,而不能简单用一句广告口号或一个简单的定位说明取而代之。

3. 跨境电子商务有助于对自主品牌进行价值创新

品牌化是赋予产品和服务以品牌力量的过程,包含创造产品之间差异的一切内容。跨境电子商务企业为了成功地实施品牌化战略并创造品牌价值,必须让消费者相信在同类产品不同品牌之间确实存在有意义的差异。要对自主品牌进行价值创新,首先要对品牌历史及当前现状进行审视,包括尽最大可能地发现自主品牌历史上具有里程碑意义的标志事件。同时,还需对当前的品牌做出客观的评价和判断,以了解自主品牌的核心消费者、品牌的联想、品牌的价值及品牌所符合的社会潮流等,还要在"竞争地图"上标出品牌的竞争强项及与竞争者相比的关键差异化因素。跨境电子商务企业若能利用自身平台提高储存、搜索、分析数据的能力,就能明确自己的定位,从而有助于塑造强势品牌,并对自主品牌进行价值创新。

11.2.4 促进自主品牌升级

品牌升级(Brand Updating)是企业在建立和维护品牌资产时所使用的重要品牌战略和战术手段。当前,我国经济进入高质量发展阶段,自主品牌升级势在必行,但绝不是一项简单的任务,更不是一朝一夕就能成功的。跨境电子商务因具有面向全球、流通迅速、成本低廉等诸多优势,在经济全球化、贸易自由化便利化、网络信息化的大背景下,已经成为我国外贸企业重塑国际贸易规则、扩大国际市场占有率的重要载体。跨境电子商务能够通过推动我国企业自主品牌自我适应、自我强化、自我创新,对境外瞬息万变的市场环境和喜新厌旧的消费需求做出灵活调整和应对,比如技术性强、知识含量高的IT产业的硬件升级和软件换代。因此,跨境电子商务企业要想在行业中获得持续发展能力,不断做大做强,必须要有品牌升级意识。

11.3 跨境电子商务推动自主品牌培育的演进路径

自主品牌是质量、技术、信誉和文化的载体,既是我国企业做大做强的核心竞争力,也是实现高质量发展的战略资源。纵观我国自主品牌的发展历史,许多品牌都经历过从贴牌生产转向自主品牌建设,从无名品牌跃升为知名品牌,从区域品牌升级为世界名牌的过程。在推动自主品牌培育的过程中,跨境电子商务发挥着重要作用。跨境电子商务企业通过制定有效的自主品牌营销策略,灵活选取跨境支付平台和跨境物流服务系统,可在一定程度上消除当地网购消费者对跨境电子商务的陌生感和观望态度。同时,企业还可以通过积极寻求与境外有一定经营规模和知名度的电子商务企业合作,引进全球知名品牌经营代理权进行生产,打造自主品牌生产基地。

跨境电子商务企业推动自主品牌培育可采取"四步走"策略,即夯实自主品牌发展基础,促进企业产品质量提升,推进品牌质量文化建设,强化品牌宣传推介工作。鉴于跨境电子商务企业的自主品牌培育是一项长期、系统性工程,需要从产品、服务、推广、团队等方面综合考虑,不断积累经验,逐步发展壮大。

11.3.1 夯实自主品牌发展基础

跨境电子商务企业要想在消费者心目中建立起定位清晰、个性鲜明的自主品牌形象,需要制定以品牌核心价值为中心的自主品牌识别系统,以自主品牌识别系统统领企业的各项营销活动。同时,跨境电子商务企业可以通过优选高效的品牌化战略与品牌架构,不断推进自主品牌资产的增值,最大限度地合理利用自主品牌资产。如果企业想通过跨境电子商务培育自主品牌,做强自主品牌,前提条件是夯实自主品牌发展基础。

一是品牌识别。品牌识别通常是指品牌所有者期待品牌留在消费者心中的联想。企业建立品牌识别的过程是从产品、企业、人、符号等层面定义出能打动消费者并区别于竞争对手的品牌联想,与品牌核心价值共同构成丰富的品牌联想。培育一个强势自主品牌,必然要求品牌具有特色鲜明、清晰的品牌定位。自主品牌的培育通常需要借助互联网信息技术,对一切营销传播活动进行统领,并使每一次营销传播活动都能演绎出品牌的核心价值、品牌的核心精神与追求,确保企业的每一项营销投入都能为品牌创造价值,为品牌资产价值的不断提升积蓄力量。

二是品牌优选。跨境电子商务企业科学、合理地规划品牌发展战略与品牌架构优选至关重要。在单一产品布局下,营销传播活动的主要目的是提升同一品牌资产的价值。品牌发展战略与品牌架构优选可以有效解决企业产品种类增加后,是沿用原有品牌还是采用新品牌等战略选择问题。对于大企业而言,有关品牌发展战略与品牌架构优选的每一个决策都会在企业经营的关键环节中以乘数效应被放大,从而对企业经营效益产生难以估量的影响。

三是品牌延伸。品牌战略的重要内容之一就是进行品牌延伸。跨境电子商务通过数据化决策能够有效提炼具有包容性的品牌核心价值,预埋品牌延伸的管线;抓住时机进行品牌延伸与扩张;有效回避品牌延伸的风险;强化品牌的核心价值与主要联想,并提升品牌资产到品牌延伸中;成功推广新产品,做出具有科学性和前瞻性的品牌延伸规划。跨境电子商务企业创建强势自主品牌是为了持续获取较好的销售与利润。由于无形资产不需要成本就能被重复利用,并且进行品牌延伸并不复杂,因此,只要有科学的方法、严谨的态度与高超的智慧做好品牌延伸战略规划,就能通过理性的品牌延伸与扩张,实现企业的跨越式发展。

11.3.2 促进企业产品质量提升

跨境电子商务为实现国内产业升级提供重要支撑。产业升级的内在含义就是使产品附加值提高，实现生产要素改进、产品结构优化、产品质量升级与生产效率提高等。产品附加值提高的动力机制是同一产业中的企业为提高自己生产产品的边际效率和利润率不断提高产品的附加值，最后使整个产业的产品平均附加值提高。产业升级本身是一个逐渐积累的过程，是一个从量变到质变转化的过程。

企业的信息化建设是产业升级建设中最为重要的部分，是传统企业信息化改造的重中之重。它关系到企业的生死存亡，关系到传统产业能否获得新经济时代的核心竞争力。跨境电子商务作为互联网时代发展最为迅速的贸易方式，借助信息化建设的助推力量，能够突破时空界限，减少中间环节，解决供需双方信息不对称问题，为更多国家、企业、个人提供发展新机遇，这也体现了贸易发展的包容性特征。随着新冠疫情在全球蔓延，传统线下销售渠道受阻，基于信息化的线上采购需求不断增长，跨境电子商务发展潜力巨大。

近年来，我国相继出台鼓励跨境电子商务发展的系列政策文件，将其视为新时期中国经济发展的新引擎、产业转型的新业态和对外开放的新窗口，不断优化出口贸易结构，提升出口产品质量。互联网、电子商务的主要价值之一就是缩减中间环节，拉近生产商与消费者之间的距离，有效降低流通成本。发展跨境电子商务的真正目标就是通过信息化不断提升传统贸易，给传统贸易提供新的营销渠道、新的市场采购渠道以及综合的一体化服务等。围绕跨境电子商务形成的产业链各环节，从供货商、渠道商到物流服务、商品营销、技术创新服务，也会应用于一般贸易领域，最终带动企业产品质量不断提升和产业结构优化升级。

> **新闻摘录**
>
> **从代理到自有品牌　上市后的价之链这样抠利润**
>
> 深圳价之链跨境电子商务有限公司（以下简称"价之链"）是国家级高新技术企业，是以"品牌电商+电商软件+电商社区"为主营业务的跨境电子商务出口企业，是A股上市公司浔兴股份的控股子公司。
>
> 在品牌电商板块，价之链通过亚马逊等平台运营自有品牌产品，通过精品化、品牌化的产品运营路线，将产品销往美国、欧洲、日本等国家和地区；在电商软件板块，价之链向全球的电商卖家销售Amztracker、全球交易助手等多款电商营销服务及管理软件，为其他电商卖家提供选品、数据分析、搜索优化、推广营销、店铺运营管理等全方位、一站式的服务，价之链累计服务全球100多个国家近5万付费电商店铺以及10万以上免费商户；在电商社区板块，价之链利用vipon.com、百佬汇在线（blhpro.com）以及线下社区，将自身跨境电子商务运营经验和全流程软件服务推向全球电商卖家，形成一个拥有广泛用户基础的跨境电子商务服务平台。
>
> **思考题**：为何说品牌能够为跨境电子商务企业带来可观利润？
>
> 资料来源：电子商务研究中心.从代理到自有品牌 上市后的价之链这样抠利润[EB/OL].(2016-08-13)[2020-03-10].http://www.100ec.cn/home/detail--6351287.html.

11.3.3 推进品牌质量文化建设

质量文化是企业文化的重要组成部分之一。良好的企业文化是发展、推动质量文化建设的基础。企业文化是一种认同、一种理念、一种感知,是经过长期有效的发展、革新而产生的一种"历史产物",是经过企业长期的认知、了解,为其奋斗的一种文化氛围。企业质量文化是生产优质名牌产品、塑造企业品牌的核心支撑和保证,能够促进企业的人员素质、管理水平的提高,是企业质量振兴的有力措施,是建设和培育独具特色企业文化的主要切入点和着力点。探讨企业文化如何深入质量工作领域、提高质量管理水平,推动企业管理向文化管理提升,是企业文化建设的一项重要任务。

质量文化是以质量为中心,在企业的长期生产经营过程中,以实现企业经济效益提升为目标,致力于企业质量绩效建设的价值观念和行为规范的总和。要推进企业质量文化建设,首先需要建立、实施、保持和改进质量管理体系。质量文化是多元化的,体现在诸多方面。跨境电子商务推动自主品牌建设,需要首先抓好企业质量文化建设。

(1) 加强跨境电子商务企业之间的合作与交流,树立质量理念,强化质量意识,营造全员重视品牌质量文化建设的良好氛围。增强跨境电子商务品牌质量意识,是建设现代企业质量文化的中心环节。

(2) 通过跨境电子商务引入国家标准和国际标准,积极推行全面质量管理。营造质量文化氛围,增强质量文化意识,必须要求企业在实践中积极推行全面质量管理,强化质量技术基础,建立、健全质量体系,实施卓越绩效模式,走追求卓越的质量经营发展之路,围绕市场变化,自觉运用 PDCA 循环①,争创世界级质量。

(3) 促使跨境电子商务企业中高层管理人员的交流协作更加便利。世界著名的质量管理学家阿曼德·费根鲍姆(Armand Feigenbaum)博士指出:公司领导是质量成功的关键。有力的质量管理领导对形成质量文化十分重要。当今世界的竞争趋势已经不是个人在质量上的努力所能决定的,而是要有一种环境,在公司内建立一种框架,使每个员工都积极投入质量改进活动中去。因此,质量管理领导在公司中的作用愈加重要。企业各级领导,特别是企业高层领导,应高度重视质量文化建设,真正成为建设具有时代特征的质量文化的第一倡导者、推动者。

11.3.4 强化品牌宣传推介工作

自主品牌建立和维护过程中的一个重要环节就是品牌宣传推广,它包括传播计划及执行、品牌跟踪与评估等。品牌创意再优秀,如果缺乏强有力的推广执行也不能成为强势品牌,而且品牌推广强调一致性,在执行过程中(包括在广播、电视、报刊、互联网等各种传播媒体中)各个环节都要统一,最终把企业的自主品牌形象推广出去。在当前电视推广费用高昂的背景下,使用新媒体营销工具对自主品牌进行宣传推广受到越来越多跨境电子商务企业的重视。近年来,新媒体运营不论是在信息传播领域还是在品牌宣传推广领域

---

① PDCA 循环是美国管理学家威廉·戴明(William Deming)首先总结出来的,又称戴明循环。PDCA 循环管理是全面质量管理的工作步骤。PDCA 循环,就是按计划(Plan)、执行(Do)、检查(Check)、处理(Action)四个阶段循环不止地进行全面质量管理的程序。全面质量管理是 20 世纪 60 年代出现的科学管理方法。

都发挥着重要作用,新媒体也由最初的博客、论坛逐渐发展为微博、微信、抖音、短视频等社交媒体运营模式。新媒体运营的意义在于把品牌的文化价值和情感诉求,一遍又一遍地告诉给顾客或潜在顾客。也就是说,新媒体运营的真正价值更多地在于让消费者喜欢上这个品牌,而不只是让消费者去购买它。喜欢只是购买的一个必要条件——甚至有时可能不是必要条件,但是,消费者在一次次认识或者接触到某个品牌之后,会知道它是个什么样的品牌,他可能会转发,可能会向朋友推荐,可能在某一天需要时顺手实现这个消费行为。当越来越多的人知道它,并且其品牌传播服务做得非常专业、非常出色时,无形之中它就在与同性质机构的市场竞争中获得了巨大优势。

此外,跨境电子商务还可以独特的方式促进品牌推广,开展站内推广,实施站外引流,加速品牌传播。

新闻摘录

"一带一路"与跨境电子商务

2015年6月10日召开的国务院常务会议指出,为促进跨境电子商务健康快速发展,加快用"互联网+外贸"实现优进优出,我国将继续大力推动开放型经济发展升级、打造新的经济增长点。

近日,新华网记者郑磊采访了广东电子商务协会会长单位——环球市场集团的董事总经理潘建岳,就跨境电子商务发展趋势、"一带一路"倡议与跨境电子商务,以及跨境电子商务行业发展面临的困难等话题展开对话。潘建岳表示,目前中国的外贸出口增长放缓,靠劳动力加工贴牌企业的利润空间越来越少,这些企业必须转型升级。"一带一路"倡议的提出,就是要帮助中国制造业企业在出口方面通过跨境电子商务,建立自主品牌,把握定价话语权,这样才有更多的研发资金,做出更好的产品,拥有更好的未来。"一带一路"倡议对跨境电子商务影响很大,有很多利好,很多政策不断推出,中国企业要好好把握这次跨境电子商务的风口。

思考题:"一带一路"倡议为中国传统外贸企业带来哪些发展机会?

资料来源:郑磊.对话环球市场集团董事总经理潘建岳:跨境电商 自主品牌的未来.[EB/OL].(2015-06-12)[2020-03-10].https://www.sohu.com/a/18574248_115402.

2018年是"一带一路"倡议提出的第五年,这项倡议覆盖了60多个国家和地区,包含人口超过44亿。五年间,我国与沿线国家(地区)的贸易额不断攀升,中国企业对境外企业的多项投资初见成果,不仅如此,"一带一路"倡议也直接催发了跨境电子商务的爆发式增长。

11.4 跨境电子商务推动自主品牌培育的关键环节

作为差异化营销方式之一,打造自主品牌可以有效提升跨境电子商务企业的核心竞争优势,提高利润率和生存率,解决发展中存在的问题,以实现跨境电子商务的持续健康发展。中国作为世界第二大经济体,在深化改革、扩大开放的道路上遇到了一系列极其复杂的新情况与新问题,面临着全新的历史性挑战。作为我国国民经济"三驾马车"之一的外贸在如今全球疫情蔓延和霸权主义的阴霾下正面临着前所未有的严峻挑战。在此背景下,必须借助跨境电子商务加快发展自主品牌加工制造业,从而推动对外贸易的转型发展。

在全球价值链中,中国企业一直处于最底端,结合"6+1"产业链理论①可知,发达国家(地区)在国际分工中一直处于研发、营销等阶段,而发展中国家(地区)在国际分工中一直处于生产制造阶段,即产业链附加值最低的阶段。目前,我国跨境电子商务已具备基础的法律政策环境、技术支持等,建成了可以服务于中小外贸企业发展的跨境电子商务大平台,且有"一带一路"政策红利加持。借助跨境电子商务平台,可以实现全球制造业产业链的重新洗牌,我国跨境电子商务企业可以通过培育自主品牌,扩大品牌影响力,提高品牌竞争力,最终实现产业升级。

11.4.1 明确自主品牌定位

精准的品牌定位是跨境电子商务企业成功经营的前提。目前,很多外贸企业的自主品牌出现定位模糊、游移或差异性不明显等问题,导致品牌认知度低、品牌辨识度低甚至逐步被市场淘汰等情况频繁发生。目前我国外贸行业自主品牌建设仍存在一些问题,结合自主品牌的作用机制,跨境电子商务企业可采取以下措施以明确品牌定位,制定自主品牌体系,从而更好地发挥自主品牌对外贸行业的正向引导作用:

1. 建立精准的品牌定位

不同跨境电子商务企业可能面向不同的细分市场,其品牌定位应与其市场定位密切相关。在确定品牌定位时,要通过 STP 战略——市场细分、目标市场选择与产品或服务的价值定位来明确相对精确的品牌定位。具体来看,首先,根据地理位置、购买力、行业、人口、行为等特征将市场细分为若干个具有较清晰边界的顾客群体,并勾勒出细分市场的轮廓特征,例如依据地理区位进行划分,国内可以分为华东、华北、东北、西南、西北等区域市场。其次,跨境电子商务企业根据自身情况,通过对不同细分市场吸引力的评估,选择某一个或某几个细分市场作为可以为之服务的目标市场,即为相应的顾客群体服务。最后,跨境电子商务企业要对自己的产品或服务有明确的市场定位,即赋予其在目标市场上的竞争优势地位,也可以称之为"竞争性定位",从而打造企业产品或服务个性化、差异化、充满感染力的鲜明品牌特征,并将其形象生动地传递给消费者。

2. 确立独有的品牌识别标志

建立独具特色的品牌识别标志有助于消费者对企业形成独特认知。因此,在以精确的品牌定位为基础的前提下,跨境电子商务企业要进行品牌实体化的顶层设计,即从符号、产品、企业等层面打造能打动消费者并且明显区别于竞争对手的品牌联想,使消费者

---

① "6+1"产业链理论是由经济学家郎咸平提出的。他把整个产业链分成产品设计、原料采购、生产制造、仓储运输、订单处理、批发经营和终端零售七个部分。处于整个产业利润高端的"6"包括产品设计、原料采购、仓储运输、订单处理、批发经营和终端零售,"1"就是处于产业利润最低端的生产制造。

在需要购买商品时快速选择该企业所属的品牌。首先,从理念识别上,根据产品及服务进行市场定位,针对细分市场准确提炼品牌内涵,创造、设计出能真正触动消费者的品牌 logo 及宣传口号,体现品牌的个性化与差异化。其次,从行为识别上,跨境电子商务企业在加强市场开拓、产品开发的同时,可以通过社会公益文化活动、公共关系、新型促销方式等传达品牌发展的总体理念,加强社会公众对品牌识别的认同度。最后,从视觉识别上,跨境电子商务企业要以企业标志、标准字体、标准色彩为核心,建立完整的视觉传达体系,塑造特色鲜明的品牌形象。

3. 选择正确的品牌经营模式

跨境电子商务企业品牌多元,涉及范围较广,在实施自主品牌战略时,要注重根据自身市场定位和企业实力,选择不同的品牌化实施方案。首先要进行品牌决策,解决品牌属性问题,即选择自创品牌还是加盟品牌等,不同的品牌决策决定了品牌化发展的不同方式。例如,选择"宜家"式品牌意味着产供销一体化,而"肯德基"品牌则意味着特许加盟。其次要选择品牌经营模式,解决品牌结构问题,即选择综合性的单一品牌还是多元化的多品牌,是联合品牌还是主副品牌等。同时,考虑发展零售自有品牌,实施差异化经营策略,通过与制造商直接对接,节约渠道成本,获得价格优势,并在包装规格及商品属性等方面实现差异化,树立自有品牌形象。

4. 制定长远的品牌规划

跨境电子商务企业面向的是境外消费者,尤其是中小型企业的顾客群体多为世界各地不同收入层次和水平的消费者,因此,自主品牌的口碑效应对跨境电子商务企业至关重要。在自主品牌培育过程中,要制定长远规划,包括自主品牌建设的方向、原则、目标与指导策略等。在品牌具有一定知名度后,更要注重长期维护,一旦出现负面事件,将对企业自主品牌形象造成不良影响甚至是毁灭性打击,这也是跨境电子商务企业品牌建设应该特别注意的地方。制定自主品牌发展整体规划,建立并完善推动品牌建设的组织机构与管理机制,制定品牌发展的远景目标,明确品牌发展各阶段的目标及衡量评价指标,同时也要注意品牌发展规划的动态调整,实现目标规划与企业发展阶段协调同步。当品牌发展与企业功能和服务出现不匹配的情况时,企业要及时进行调整,使其品牌形象与服务功能持续呼应,满足消费者对品牌的预期。此外,还需制定品牌延伸发展规划,清晰界定品牌将来可能涉及的业务领域,进一步明确品牌未来适合发展和延伸的行业,保证母品牌与延伸品牌之间具有显著差异,并细分不同收入水平的目标顾客群体,将延伸品牌与细分市场紧密结合,使品牌延伸与企业功能拓展实现有机统一,尽量减少对母品牌可能造成的不利影响。

11.4.2 建立科学的营销体系

在明确自主品牌定位的基础上,跨境电子商务企业要提高自主品牌的营销能力,就需要构建科学的营销体系,从品牌设计、产品技术创新、营销团队组建、物流与支付平台选择、与境外合作及为客户打造满意体验等方面入手,最大限度地传播自主品牌的核心价值,促进自主品牌价值实现与品牌资产提升有机统一。

1. 开展独特的品牌设计

对跨境电子商务企业而言，独特的品牌设计是企业品牌形象的实体展示，能使消费者与企业所售商品和提供的服务形成正向联想，进而给消费者留下深刻印象。因此，跨境电子商务企业应重视将品牌设计作为与消费者沟通的第一节点，将品牌 logo、产品包装、形象广告、企业画册、展示材料等放在一起综合考虑，将包含自主品牌核心价值等抽象语意转换为具体符号，传递品牌代表的品类、品质、品味、品德、品行等信息，以更具技巧性、更具欣赏性、更关注消费者内心感受的方式，将自主品牌核心价值外化于形，使消费者对企业的自主品牌形成深刻的联想记忆。

2. 加强商业模式创新与产品技术创新

跨境电子商务企业的核心竞争力集中在所售商品的品质、价格和服务水平等方面，构建自主品牌的影响力需要依托于此，并通过商业模式进行不断创新，为消费者或企业提供更好的商品和服务，从而不断提高品牌影响力。具体可以从以下三方面入手：

一是加强产品创新，开发不同品类的商品搭配，做实同一品类的商品搭配，以创造更大的顾客价值，包括对已有产品品类的补充、老旧产品的改进升级以及产品的重新定位，达到满足现有市场需求、激发潜在市场需求的目的。

二是创新企业商业模式，运用现代技术进步成果，在产品标准、设计、集成、服务等环节开展商业模式创新，为消费者提供更多增值服务，逐步形成跨境电子商务企业的自主品牌优势，确立在市场竞争中的优势地位。

三是强化产品和服务质量管理，从产品设计、采购、销售及售后服务等各个环节实现全员、全过程、全方位质量管理，确保为顾客提供最优质的产品和服务，逐步培育消费者或企业对自主品牌的忠诚度。

3. 打造优质品牌营销团队

跨境电子商务营销工作的成败很大程度上取决于能否组建一支具备高素养的营销团队。具体操作层面，可以通过专业培训、电商交流会或者借鉴当地已有的电商营销策略等方式，不断提高跨境电子商务企业在自主品牌营销领域方面的综合能力。跨境电子商务企业在主要目标顾客所在地注册后，凭借营销团队的实力开展在线营销活动，打造自主品牌，当积累一定的人气并且初步建立自主品牌形象时可对市场进一步细分，寻求与当地发展较好的电子商务企业进行合作，实现品牌的本土化融合，之后再实施品牌分销策略，从 B2C 模式逐渐发展为 B2B2C 模式。

4. 选择畅通灵活的物流和支付系统

跨境电子商务企业应根据所经营的品牌产品类型和境外买家的分布情况，选择畅通灵活的物流公司进行配送，以更快捷、更安全的方式将货物运送至买家。在保证销售利润的前提下，可以尽可能选择具有一定知名度的国际快递公司，这样不但能使买家在最短的时间内收到货物，而且可以让买家体验到跨境电子商务企业的实力。对于数量相对较多、顾客对收货时间没有很高要求的货物,跨境电子商务企业可以通过马士基航运公司[①]等国际海运公司运送。而对于小包裹,所售货物价值难以支付昂贵国际快递费而买家又急于收到货物的订单,PayPal与北京邮政联合推出的"贝邮宝"、顺丰的"海购丰运"(SFbuy)等物流配送方式不失为相对适宜的选择。这些物流配送方式不但在费用和送货时间上能满足跨境电子商务企业的要求,而且买卖双方均可实时查询包裹的运送状态。在支付方面,在保障收款安全的前提下,跨境电子商务企业可采用银行转账、信用卡、第三方支付等多种支付方式以适应不同买家的付款方式,应优先考虑货币适用范围相对广泛的支付方式,如西联汇款和PayPal。

5. 加强与境外电子商务企业和媒体合作

不同国家(地区)有着不同的风俗文化和语言背景,跨境电子商务平台和本地电子商务平台竞争消费市场的难度比较大,因此寻求与境外当地媒体合作,把自主品牌推广到境外,为当地网购消费者提供本地化的销售服务。本地化的销售服务可以节省很多境外网购的烦琐步骤,换货、退货和支付都更加方便,并且相比境外商户,消费者更愿意相信本地商户,而且本地化的商品销售能够节省相当一部分海关税收成本,进而提高自主品牌产品的盈利能力。跨境电子商务企业也应注重建立并维护与境外社交媒体的合作关系,一是通过对品牌产品的发布、测评、用户讨论等方式实现对其自主品牌产品的推广;二是通过这些社交媒体平台搜集买家对同类产品的设计、性能、缺点等方面的反馈意见,以帮助企业及时改进产品设计,提升产品性能,尽最大可能满足用户需求,加快品牌产品销售的本地化进程,以获取更大的市场份额。

6. 打造更好的平台用户体验

网络为消费者提供了极大的选择空间,因此跨境电子商务企业要为用户提供简单直观的用户体验,重视平台的易用度,用简单易懂的当地语言提供简明的产品宣传手册或宣传页面,配合真实、清晰的图片,避免消费者在收到货物时发现与图片描述不一致导致的不满意和投诉。企业还要在产品包装运输方面下功夫,通过精美的包装让境外消费者感受到企业的用心,同时还要对目标区域消费者群体进行深入的研究分析,了解目标消费群体的网购习惯,完善自身业务流程,不断提高平台的服务质量,从而打造更好的平台用户体验。

11.4.3 强化品牌交流与合作

跨境电子商务企业在品牌营销上可以通过加强与其他品牌的交流及合作来扩大市场需求,品牌合作能带来更大的经济效益,实现双赢。显而易见的经济效益是企业进行品牌交流合作的出发点和落脚点。企业间品牌合作的目的是对品牌资源进行优势互补,实现双赢,达到"1+1>2"的效果。

1. 品牌合作模式

在战略营销背景下,跨境电子商务企业可以通过品牌联盟或品牌合作的方式,强化品

[①] 马士基集团成立于1904年,总部位于丹麦哥本哈根,在全球135个国家(地区)设有办事机构,拥有约89 000名员工,在集装箱运输、物流、码头运营、石油和天然气开采与生产,以及与航运和零售行业相关其他活动中,为客户提供了一流的服务。马士基集团旗下的马士基航运公司是全球最大的集装箱承运公司,服务网络遍及全球。

牌交流与合作。品牌合作的前提条件之一就是目标市场一致,鉴于合作双方的现有消费者群体以及品牌有所不同,品牌合作可以分为品牌互动、品牌拖带、品牌强化三种模式。

(1)品牌互动。品牌互动是指两家或两家以上的企业通过品牌合作,相互利用品牌优势资源,融合双方消费者群体,从而拓宽各自客户服务范畴的一种策略。假设A、B为两家具有相同目标消费者群体的企业,双方进行品牌合作。两家企业首先必须取得目标市场的认同。如果目标市场不同,双方就失去了品牌互动的基础。然后对各自的消费者群体进行分析,也就是考察两个品牌现有消费者群体的关系。如果两个消费者群体处于同一个目标市场,但是重合部分并不多(见图11-1),那么通过品牌互动方式,可以提升各自品牌的影响力,扩大各自品牌的消费者群体。一次成功的品牌合作,不仅能够实现双方品牌曝光与知名度的提升,粉丝人群的精准互补,也为消费者提供了更优质、个性化的产品体验,真正达到用户体验与品牌营销的双赢。

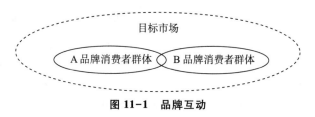

图11-1 品牌互动

(2)品牌拖带。假设有A、B两家企业,其中A企业是具有一定市场影响力的品牌企业,B企业是相对弱势品牌企业,双方具有相同的目标市场,两者进行品牌合作,弱势品牌企业B可以借助强势品牌企业A来提高品牌影响力,强势品牌企业A通过弱势品牌企业B做出的利益让步来强化现有消费者群体的忠诚度。这样一种合作模式或策略通常被称为品牌拖带。

品牌拖带策略通常用于强势品牌拖带弱势品牌、老品牌拖带新品牌的跨行业领域,成功案例众多,例如康佳彩电和手机、TCL彩电和电脑的捆绑销售。弱势品牌或新产品的推广可能会付出较大代价,风险相对较大。弱势品牌如果能与强势品牌联合促销,则可借助后者的知名度提高自己的品牌形象,从而带动销量。美国知名餐饮集团百胜公司和健身领域的倍力公司,曾推出一项联合促销活动——"吃快餐—免费健身",顾客只要在规定时间内光顾百胜集团下属任何一家连锁店,不论消费金额多少,只要凭有效消费收据,就能获得倍力健身公司免费提供的为期四周的健身服务。这项联合促销活动最终使两家企业的利润创新高。可见,企业间的合作营销能产生品牌叠加效应,使双方实现双赢。

(3)品牌强化。品牌强化是指两家或两家以上品牌地位不相上下的企业为扩大消费者群体以及提高现有消费者群体忠诚度和品牌美誉度,以保持各自目前市场地位的一种品牌合作策略。假设E、F两个品牌的消费者群体具有一定程度的重合性,与品牌互动的策略不同,E、F品牌的合作不仅可以扩大消费者群体,更重要的是可以提高品牌地位和消费者的忠诚度。采取品牌强化策略一般都是直接对产品进行捆绑销售,而不是采用赠品的方式,以避免品牌压制的嫌疑。

无论几家企业合作,品牌合作的前提都是确定合作定位,确定合作定位的前提是处理好目标市场的现有消费者群体与品牌地位等之间的关系。企业在选择合适的品牌合作模式时,应对自己的品牌和合作伙伴的品牌进行准确定位。然而在实践中,任何一个品牌联合都有可能是品牌互动、品牌拖带和品牌强化三种模式的综合运用。不管是强势品牌还是弱势品牌，都存在推广和强化的空间。品牌的知名度、美誉度和忠诚度会使不同的顾客对产品产生不同的印象、感受和评价。在品牌合作过程中，跨境电子商务企业通过共享其他企业品牌资源来提高自身品牌知名度、美誉度及忠诚度，从而提高自主品牌的影响力。

2. 品牌合作的经济效应

跨境电子商务企业可以通过强化品牌交流与合作带来经济效益，这是企业进行品牌合作的动机。可观的经济效应是企业进行品牌合作的根本原因，其经济效应具体包括规模经济效应、范围经济效应和知识经济效应。

（1）品牌合作的规模经济效应。它是指随着企业品牌合作规模的扩大而产生的产品销售成本下降、销量扩大、利润增加的现象。该效应主要与以下三个因素有关：

一是品牌资源之间的互补性。任何品牌都有其特定的市场、对应的消费者群体和营销渠道等，这些是品牌的独有资源。品牌之间的合作传播，可以很好地利用合作方的销售资源向对方消费者群体渗透自己品牌的信息。两种或多种品牌资源之间互补，不但可以扩大品牌认知的范围、降低营销推广成本和难度，而且能强化品牌形象、提升品牌价值。

二是消费者群体的一致性。品牌合作成功的决定性因素是双方具备相同的消费者群体，但消费者群体的一致性并不意味着企业必须经营相关产品。实际上，只要存在消费者群体的一致性，非相关产品也能进行品牌的交流与合作。

三是消费者利益。当今，"消费者是上帝"的营销理念占据绝对主导地位，品牌的合作同样要以维护消费者利益为出发点，站在消费者角度对各项策略可能产生的效应加以思考。充分考虑消费者的切实利益，使消费者能以更少的代价获得更大的满足。

（2）品牌合作的范围经济效应。它是指由于扩大企业所经营产品或服务的种类而提高经济效益的现象。范围经济效应意味着对追加新品种的产品或服务进行联合生产要比单独生产某一产品或服务的成本低。企业在追求范围经济效应时，必须充分考虑自己的资源和能力，最好能同时经营与本企业核心产品相关联的其他产品。企业通过品牌合作可以克服进行多样化经营时资源和能力方面存在的限制因素，借助合作伙伴的品牌资源和能力，还可以降低新产品进入市场的不确定性，有目标地向其他新产品和新市场迈进。品牌合作可以为多样化经营企业提供资源、管理和技术上的支持，弥补单个品牌在范围经济经营中品牌资源的不足。具体来说，企业品牌合作的范围经济效应主要表现在以下三个方面：

第一，品牌合作可以实现企业核心竞争力的交流合作，为企业开辟新市场提供根本上的支持。企业必须通过创新不断寻找新机遇，使竞争力紧紧跟随或超越技术创新的跃进曲线，这样才能适应不断变化的市场竞争环境。

第二，品牌合作可以降低企业进入新市场的门槛。通过品牌合作，跨境电子商务企业可充分利用合作成员的力量克服种种自然的和人为的进入障碍，迅速进入新领域、占领新市场。

第三，品牌合作可以有效降低企业进入新市场的风险。随着技术创新的日新月异和市场竞争的日益激烈，单个企业在发展过程中产生的不确定性越来越大，而通过品牌合作，企业可以有效地降低因各种不确定性而带来的风险。

(3) 品牌合作的知识经济效应。知识是一种特殊资源,它不会随着被不断利用而慢慢消耗掉,相反可以在不断使用、学习扩散的过程中进一步增加其价值。品牌合作的目的之一就是获取品牌知识,知识经济效应已然成为企业品牌合作的主要效益源泉。产生知识经济效应的原因如下:

第一,品牌知识含量增加。企业品牌资源的联合,使合作企业的知识含量增加,有助于提高企业对市场前景预测和判断的准确性,提高企业的战略决策水平。实施品牌合作,能有效地凝聚合作伙伴之间的各种智力资源优势,避免盲目跟风,增加决策的科学性,从而提高企业品牌的市场认可度。

第二,品牌能力提升。由于各家企业能力差异较大,通过知识联盟可实现企业能力的扩展和转换,企业间通过取长补短、发展创新,创造新的交叉知识,从而提高自身能力。即使实力雄厚的大型跨国公司也需要通过建立知识联盟来弥补自身技术力量的欠缺,因为任何一家企业都不可能在所有领域拥有绝对的技术优势。

第三,符合科学技术发展趋势。当代的每一项高新科学技术都离不开各学科之间知识的相互交流融合,如自动化技术是信息技术与传统的机械技术相融合产生的,许多新兴产业更是各行各业之间共同协作的智慧结晶。

3. 品牌合作注意事项

跨境电子商务企业不能盲目地进行品牌合作与交流,需特别注意品牌合作与交流具有两面性,既要克服它的负面效应,又要发挥其积极效应。

(1) 谨慎选择合作伙伴。跨境电子商务企业在进行品牌交流与合作时,决定与谁合作至关重要,它直接影响到企业品牌合作目标能否实现。企业选择合作伙伴时考虑的首要问题是合作伙伴能为品牌资源带来多大贡献。合作双方拥有的资源差异性越大,合作实现的双赢就越大。其次,合作关系确立后,双方合作发展目标要与各自企业自身的发展目标保持一致,否则难免会造成资源的浪费与损失。

(2) 消除品牌合作中存在的隔阂,创新与弘扬企业文化。在品牌合作特别是战略合作过程中,由于合作各方文化存在差异,容易产生隔阂与摩擦,若不能对企业文化进行有效沟通与整合,则品牌合作将会受到严重不利影响。在达成企业品牌合作协议后,各企业都应对各自的企业文化做相应调整,以形成新的更符合品牌合作所需要的文化氛围,只有这样才能取长补短、相互依存、共同开发,实现双赢目标。

(3) 营造合作企业之间相互信任的良好氛围。在品牌合作的过程中,企业之间彼此信任是合作顺利开展的关键所在。在品牌开展合作之初,建立并维持企业之间的合作关系,依靠的是相互之间达成的协议及各种约束机制。进行品牌合作的企业之间既存在合作关系又存在竞争关系,企业需要灵活应变,以适应可能存在的变化,这段关系既存在依赖性又存在独立性,企业需要在二者之间找到平衡点。

11.4.4 提升自主品牌价值

中国企业自主品牌通过跨境电子商务走向境外,众多企业尤其是中小企业大多采用薄利多销的销售模式,在行业竞争加剧的情况下,企业难免会打价格战,通过不断压低价格,同时降低成本来获取更多利润,造成出口产品质量不过关,导致中国制造被贴上"低价劣质"的标签。从长远看，打价格战无疑是一种不可持续的盈利模式，2015 年的"扭扭车事件"[①]已然给中国企业敲响了警钟。创建与发展自主品牌、提高品牌形象已成为我国跨境电子商务企业的唯一出路，我国跨境电子商务企业应注重打造自己的品牌，注重自主品牌的价值提升，走高端产品路线，同时还需要重视品牌的有效传播。

1. 打造自主品牌的必要性与可行性

品牌是商品经济发展到一定阶段的产物，品牌最初的目的是便于识别产品，近代和现代商品经济的高度发达带动了品牌的迅猛发展，品牌的使用给商品生产者带来了巨大的经济利益和社会效益。品牌帮助企业在宣传产品时抓住重点，不仅能避免资源浪费，更重要的是还能令消费者印象深刻，有利于消费者熟悉产品，激发其购买欲望。拥有自主品牌能够产生良好的品牌效应，品牌效应是产品经营者因使用品牌而获取的利益。一个跨境电子商务企业要通过自主品牌取得良好的品牌效应，既要从加大品牌的宣传广度、深度入手，又要以提高经营产品质量、完善产品服务为根本手段。通过品牌为企业带来经济效应，是企业价值在商业社会中的延续，在当前"以品牌为王"的商业模式中意味着经营模式、商品定位、消费族群和利润回报。树立企业品牌对企业的资源整合能力提出很高的要求，品牌将企业本质展示给世人。树立企业品牌的方法很多，包括广告、日常行销、售后服务等，这些都会为打造自主品牌产生直接影响。

跨境电子商务经过多年的发展，初期"闷声发大财"的时代已经一去不复返。我国相当一部分企业是为境外大品牌做代理加工，初期因产品物美价廉而受到境外消费者的欢迎，但是随着跨境电子商务企业如雨后春笋般涌现出来，竞争愈发激烈，标准化产品同质性强，致使价格战不可避免，随着成本压力的加大，企业毛利急剧减少，关于侵权和质量问题的投诉也不断增加。在这种境况下，许多企业逐渐意识到创建与发展自主品牌，走专业化道路是其立于不败之地的最佳选择。虽然建立自主品牌难度很大，对企业资源要求也高，但品牌化是各个企业发展的大趋势，毕竟没有自主品牌的企业在跨境电子商务的道路上是走不远的。

在传统媒体时代，品牌传播多采用电视、广播、户外等媒体宣传方式，这类媒体不仅费用高而且缺乏精准性。在新媒体时代，网络上的社交网站、博客、微博、即时通信工具等已经成为企业常用的沟通渠道和工具，这类新媒体工具传播速度快、针对性强，可在短时间内给消费者群体留下良好印象，同时用户既是信息的接收者又是信息的主动传播者，为企业形成良好的品牌口碑大大节省了宣传费用。新媒体的这些特点非常适合中小企业以低成本的方式传播自主品牌。

2. 提高自主品牌国际传播效果的策略

在新媒体时代，跨境电子商务企业要想有效地对自主品牌进行广泛传播，绕不开使用新媒体工具。新媒体工具是由互联网上各种具有社交功能的应用程序组成的媒体，它完全不同于企业传统"做广告"的形式。通过新媒体传播，内容需要有"趣味性"，能引发热议话题。注重"用户创造内容"，通过媒体平台保持与消费者互动、进行高效沟通并及时回应顾客的反馈。因此，如今企业要做好品牌国际传播，就要充分利用新媒体时代提供的便利

---

① 英国某男子低价购买的中国扭扭车，置于家中厨房充电时发生爆炸。

条件，选好平台、选对内容并选定想要沟通的对象，使其成为企业品牌宣传的有力工具。

首先，要选好平台。跨境电子商务业务可以覆盖世界不同国家和地区，其消费者对新媒体有不同的使用习惯。同时，各媒体平台各具特色，其面对的用户需求偏好千差万别，因此传播效果也不尽相同。要提高品牌传播效果，企业必须清楚了解各个媒体平台的所有相关情况，并选出最适合企业自主品牌传播特点的新媒体平台。

其次，要选对内容。选好平台是迈开新媒体传播的第一步，内容选对则可收到事半功倍的效果。新媒体平台要求内容表达直观有趣，采用图片、视频等方式往往比文字更具吸引力。同时，"用户创造内容"也是平台内容非常重要的组成部分，只有吸引用户关注并不断创造内容，企业品牌才可以得到二次或者更多次的传播。

最后，"网红经济"背景下，有必要选准"网络红人"。"网络红人"指的是各个领域的意见领袖（Opinion Leader），他们往往在社交平台上拥有大量粉丝，其发布的内容会得到更多人关注、转发和分享，影响力巨大，对做好自主品牌国际传播意义重大。跨境电子商务企业同这些"网络红人"合作，请他们在社交媒体平台上推荐产品、发表使用心得或者附上产品销售链接从而可以有效获取新用户。这是一种销售转化率很高的方法，重点是要选择合适的"网络红人"。不同产品领域有不同的要求，企业应综合考虑自身产品的特点和"网络红人"发布内容的特点，选择合适的"网络红人"为企业产品做推荐。

创建与发展自主品牌是我国跨境电子商务企业长远发展的必由之路，企业要尽早重视品牌问题，不断总结经验，吸取教训，在竞争日益激烈的市场竞争中站稳脚跟，行稳致远。

本章要点

- 拥有自主品牌是企业开拓市场、占领市场的最强有力的武器之一。从市场角度来看，自主品牌是企业的第一生产力。
- 从产品角度来看，生产的技术、工艺和质量决定产品的价值，而品牌则可以使产品产生更大的附加值，即超价值。
- 塑造自主品牌是外贸企业基于跨境电子商务转型升级的终极目标。
- 跨境电子商务的发展为众多企业打造和推广自主品牌提供了便利的平台和绝佳的机会。
- 发展自主品牌，可以有效提升外贸企业的竞争优势，提高利润率和生存率，解决中国外贸企业发展中的现实问题。
- "跨境电子商务+自主品牌"成为中国传统外贸企业转型升级的必然方向。

重要术语

自主品牌（Independent Brand）　　　品牌识别（Brand Recognition）
品牌延伸（Brand Extension）　　　品牌资产（Brand Equity）
强势品牌（Strong Brand）　　　品牌文化（Brand Culture）
品牌形象（Brand Image）　　　品牌认知（Brand Recognition）
品牌定位（Brand Positioning）

思考题

1. 请阐述自主品牌的内涵。
2. 借助跨境电子商务成功塑造自主品牌的方法有哪些？
3. 试述跨境电子商务推动自主品牌培育的具体路径。
4. 跨境电子商务推动自主品牌培育的关键环节有哪些？

案例分析题

揭秘 Anker 品牌神话

近日，湖南海翼电子商务股份有限公司（以下简称"海翼"）已正式申请在新三板挂牌。或许大家并不熟悉海翼这个名称，但若提及其品牌"Anker"，无论是3C发烧友还是跨境电子商务出口从业者，几乎无人不知，无人不晓。

这个在2015年被亚马逊评为"最受好评品牌"的中国品牌，通过亚马逊、eBay和Lazada等平台已经迅速在境外具有一定影响力，而海翼以线上B2C、线下批发和直销等模式，覆盖欧美、日本、东南亚、韩国等多个国家和地区市场。

在亚马逊平台上，Anker一直作为一个神话存在，成为众多亚马逊卖家膜拜的对象。虽然模仿者甚多，但能够循其门道取得成功的卖家却少之又少。神话虽然美好，但对于普通卖家来说仅仅是一个故事，充其量只能仰望罢了。今天，我们来揭秘这个品牌背后的真相，一家以官网营销切入做到准上市的企业是如何炼成的。

1. 充分发挥站外营销的优势

（1）官网营销：与其他单纯的平台卖家不同，Anker非常重视自己官网和论坛的维护。任何新产品都是官网营销先行，通过ianker.com、anker.com以Anker的客户管理系统，让顾客有较强的归属感和黏度；同时，对于慕名而来的新顾客，Anker官网把产品展示页面的销售链接直接导入亚马逊店铺，既化解了顾客购买时对第三方平台的疑虑和不信任，又把销售转化累积到亚马逊店铺中，提升了销售排名。

（2）宣传广告：通过搜索可以知道，Anker也会因时因势地在谷歌等搜索引擎上投入一定比例的广告，虽然投入不大，但对品牌宣传和流量转化还是起到了一定的作用。

（3）"网络红人"博客和论坛：在发展前期，Anker充分利用"网络红人"的影响力，通过免费送样和网赚联盟，以"网络红人"博客为入口，为官网和平台店铺导入大量流量，为其前期销量立下了汗马功劳。

（4）社交网站：在Facebook或者Youtube上都可以找到Anker的身影，但Anker深刻地认识到，站外流量的转化质量相较站内有相当大差距。因此，Anker并没有在社交平台上做特别的推广，只是做了一些日常的品牌形象营销。

对品质的高要求，对客户意见的重视，对重复购买率的关注，对运营操守的高标准，大概就是Anker品牌传奇背后的真相吧。目前，海翼自有品牌Anker已经拥有一定的知名度，主要产品为智能手机电池、USB设备、移动电源和键盘鼠标等，重点市场目前是北美、欧洲、日本和中国。

2. Anker 各个阶段的发展重点

2010 年 10 月 16 日,注册 Ianker.com 这个域名。

2011 年 10 月,将 Anker 注册为品牌。

2012 年下半年,重点投放"网络红人"博客,流量主要引至官方网站。

3. 与各大在线商城开展广泛合作

Anker 在做平台销售的同时,还与各个区域的在线商城进行合作,比如中国的天猫、阿里巴巴、京东商城,日本的 http://gomadic-corp.shop.rakuten.com/,新加坡的 http://list.qoo10.sg,科威特的 http://kuwait.souq.com,等等。

4. 严把产品质量关

Anker 积极把控质量。Anker 以笔记本电池起家(其前身为 Laptopmate),进而围绕核心产品进行相关拓展,在移动电源类目取得卓有成效的业绩,形成其在 3C 数码配件领域的绝对优势。在发展中,Anker 既不盲目扩张,又不墨守成规而停滞不前。当前,Anker 的产品线以移动电源、充电器、数据线为主,虽然产品有所扩展,但主线明晰。有针对性、有节奏的扩张,既不至于错失商机,又可避免因试错而付出高昂成本。

在数十万的商品评价中,Anker 单品星级基本上都在 4.5 左右,查看具体评价可知,虽然也有差评,但整体来说,客户无论对产品质量还是对包装和服务都比较满意。

5. 认真考究产品标题

以 Anker 销售最好的移动电源为例,在标题的撰写中,Anker 极尽优化其功能,标题既包含核心关键词(Power Bank,External Battery),又包含关联性非常密切的关键词(Portable Charger),还包含品牌名(Anker)、特性词(mini,3350mAh,PowerIQ),为拓展搜索关键词,又加入能形成相关搜索的品牌关键词(iPhone,Samsung,Gopro)。

6. 在运营层面做足功课

(1)精准投放,做好站内广告。作为一个专业大卖家,Anker 深知站内广告可以带来流量和效益。当有新品推出或者要巩固、拉升热销款的排名及销量时,Anker 总会有针对性地推出站内广告。站内广告指向精准,搜索群体的购买意愿高,转化率高,是自然流量之外打造爆款的最重要利器之一。

(2)集中点评,形成良好口碑。每推出一款产品,在产品上线之初,Anker 会通过其客户管理系统向老客户发出大量的新品,邀请老客户进行体验,并引导客户做出有利于品牌的产品评论;同时,在亚马逊站内,Top 1 000 反馈也是 Anker 非常重视的宣传渠道,通过大量试用品投放,Anker 的新品总能在上市之初就获得大量的体验反馈,形成良好的口碑。

思考题

1. 你认为 Anker 是如何通过跨境电子商务把企业做大做强的,它的成功对其他企业有何启示?

2. 假如你是 Anker 的员工,上级要你提出 Anker 的发展策略,根据本章的内容,尝试制定一份 Anker 品牌发展计划。

资料来源:陈景新.揭秘 Anker 品牌神话,一家靠官网营销切入做到准上市的企业[EB/OL].(2016-08-24)[2020-03-10].http://www.egobest.com/show-535.html.

参考文献

[1] SARAFANOV I.金砖国家数字产品贸易壁垒对数据密集型行业全要素生产率及宏观经济影响研究[D].北京:对外经济贸易大学,2020.
[2] 陈环,谢兴伟.浅析跨境电商企业的自主品牌营销策略[J].江苏商论,2015(7):32-34.
[3] 陈琼.我国跨境电子商务的发展和应用研究[D].昆明:云南大学,2015.
[4] 何溢芳.浅谈品牌合作带来的经济效益[J].商场现代化,2011(11):39-39.
[5] 黄玉珊.跨境电商企业的自主品牌营销策略探讨[J].电子商务,2016(5):51-52.
[6] 贾珊.X跨境电子商务公司的发展战略研究[D].北京:北京交通大学,2015.
[7] 姜彩芬.网络环境下传统企业品牌推广之道[J].广州大学学报(社会科学版),2007(12):59-61.
[8] 蒋廉雄,周懿瑾.自主品牌研究的问题与发展探讨:一个营销学的视角[J].中国地质大学学报(社会科学版),2012(2):84-94.
[9] 李航,代宁.电商体验店运营模式研究[J].商场现代化,2015(32):57-58.
[10] 李永锋.企业品牌合作与经济效应[J].企业经济,2008(3):44-46.
[11] 李正权.论企业质量文化建设的几个问题[J].标准科学,2010(2):4-8.
[12] 刘安华.跨境电商企业的自主品牌营销策略研究[J].商场现代化,2015(32):56-57.
[13] 齐昕,刘家树.创新协同度、区域创新绩效与自主品牌竞争力[J].软科学,2015(7):56-59.
[14] 邱国丹.传统产业借助跨境电商实现转型升级途径探究:以温州为例[J].生产力研究,2017(11):43-48.
[15] 邱晓兵.A公司品牌管理存在问题与对策研究[D].广州:华南理工大学,2019.
[16] 舒咏平,杨敏丽.自主品牌:华夏文明的致效媒介[J].现代传播,2014(1):99-103.
[17] 舒咏平,赵荣水.自主品牌故事中的中国形象[J].现代传播,2015(3):106-111.
[18] 翁向东.品牌创新管理的黄金法则[J].创新科技,2006(5):54-55.
[19] 徐艟.跨境经典电商品牌产品的广告传播策略[J].对外经贸实务,2015(10):69-71.
[20] 徐梦阳.新媒体时代如何提高中小企业品牌的国际传播效果:以跨境电商出口为例[J].中国商论,2016(36):9-10.
[21] 杨溪璐.浅谈平台玩具的设计及其对市场的影响[D].天津:天津科技大学,2014.
[22] 杨永超.我国跨境电子商务企业的自主品牌建设与营销战略[J].商业经济研究,2017(11):70-72.
[23] 依绍华.我国商贸流通业自主品牌发展策略研究[J].经济纵横,2018(4):63-70.
[24] 尹先先.基于跨境电子商务的中国OEM企业自主品牌建设研究[D].合肥:安徽大学,2015.
[25] 赵晓东.中国啤酒品牌关系网络特征挖掘与演化分析[D].北京:北京工业大学,2013.
[26] 周胜,段淳林.中小企业品牌升级的内外驱动力研究[J].黑龙江社会科学,2009(2):75-77.
[27] 朱立.品牌文化战略研究[M].北京:经济科学出版社,2006.

第 12 章 数字贸易：跨境电子商务的未来

[学习目标]
- 了解跨境电子商务的发展趋势;
- 了解数字贸易概念的演进历程;
- 掌握数字贸易的内涵、特征与本质属性;
- 掌握跨境电子商务与数字贸易的关系;
- 了解数字贸易的时代意义。

[素养目标]

随着新型数字技术的应用,以实物货物交易为主的跨境电子商务,将不断推动生产、贸易活动的数字化、智能化转型。在分析数字贸易和跨境电子商务的联系时,让学生运用所学对跨境电子商务的未来发展畅所欲言,培育学生为未来生活而自主学习、选择、探索的能力;在展望数字贸易时,提高学生用马克思主义立场、观点和方法直面实际问题,做出正确的价值判断和行为选择的能力。

[引导案例]

打造数字丝绸之路 杭州综合试验区再升级

2018年6月27日,第三届全球跨境电子商务峰会开幕。峰会现场,杭州宣布启动"升级版"中国(杭州)跨境电子商务综合试验区(简称"杭州综合试验区")建设,以贴近用户和市场,建设"数字丝绸之路"重要战略枢纽城市。作为我国首个跨境电子商务综合试验区,杭州自2015年3月以来已启动85项制度创新。杭州市综合测试办公室副主任史黄凯说,跨境电子商务企业从8 000家增加到14 000家,跨境电子商务进出口额占全市外贸总额近15%。为继续引领全球数字贸易发展,推进杭州电子水处理厂试验区建设,杭州将推进综合试验区"升级版",进一步激发企业生产力。

杭州综合试验区将重点发展数据服务,利用网上交易、智能物流、数字金融、知识服务等枢纽功能,不断降低企业跨境贸易成本。目前,杭州综合试验区已与电子商务交易技术国家工程实验室合作。电子商务交易技术国家工程实验室主任、清华大学教授柴跃亭表示:"将大力推广电子合同、电子发票、区块链等新兴技术。"升级后杭州综合试验区将更好地服务企业"走出去"。杭州将以菜鸟物流等大型物流公司为载体,拓展世界主要贸易国的货运航线,加快在吉隆坡、莫斯科、迪拜等地的全球物流布局,建设智能物流枢纽。

杭州综合试验区也将获得更多的跨境贸易话语权。继2016年8月率先发布跨境电子商务指数和白皮书后,杭州综合试验区又于近日首发了《跨境电子商务创新研究报告》,从多维度剖析了跨境电子商务的"杭州模式",并在国内外众多城市得到了推广。

资料来源:吴佳妮,赵路.打造数字丝绸之路枢纽城市 杭州跨境电子商务综试区再升级[EB/OL].(2018-06-28)[2019-03-10].http://zjnews.zjol.com.cn/zjnews/hznews/201806/t20180628_7643075.shtml.

数字丝绸之路建设是依托"一带一路"区域范畴,旨在推进跨境电子商务的发展。跨境电子商务衍生于电子商务,无法脱离互联网发展,又是数字经济的一种体现。在"互联网+外贸"的发展思路下,数字丝绸之路也会演化为另一种发展趋向,即数字贸易。

12.1 跨境电子商务发展的趋势

12.1.1 贸易成本普遍降低

跨境电子商务充分利用互联网与数字技术优势,能有效降低各个贸易环节的成本支出。

第一,跨境电子商务信息汇集能帮助贸易参与主体充分了解交易信息,大大降低了贸易各方合作沟通的信息成本和交易成本。

第二,跨境电子商务的洽谈、合同签订、资金支付和海关申报等过程均可通过数字化方式完成,这种无纸化和虚拟化的作业模式在很大程度上节约了谈判成本、合同成本、支付成本和通关成本。

第三,跨境电子商务采用数字化物流作业,高效率和高精度的物流作业将有助于减少国际贸易的物流成本支出。

随着跨境电子商务的不断发展和普及,贸易成本普遍降低这一趋势将愈发凸显。

12.1.2 中间环节大幅减少

依据贸易的不同获利方式,中间商可分为佣金中间商和加价销售中间商。佣金中间商只出售服务,如提供专业化运输服务和金融支付及借贷服务等。跨境电子商务能有效减少因佣金中介商对贸易参与主体资质审查所需的征信、审查、复核等中间环节,提高贸易效率。而加价销售中间商具有货物的交易所有权,可通过分销转卖来赚取利润。跨境电子商务能有效促使企业和消费者直接进行沟通,交换信息,达成交易,从而弱化加价销售中间商在贸易中所起的贸易中介作用,缩减相应的中间环节。在未来,跨境电子商务的中间环节会大幅减少,并呈现出两头活跃、中间萎缩的发展态势。

12.1.3 生态系统智能互联

随着跨境电子商务的广泛应用,跨境电子商务平台将成为协调和配置资源的基本经济组织,是价值创造和价值汇聚的核心。在跨境电子商务平台上,价值创造不再强调竞争,而是充分利用互联网技术和信息集成,通过整合各供应链上的相关环节,促成包括产品提供者、服务商和消费者等在内的相关贸易参与主体的交易协作和适度竞争,共同创造价值。以跨境电子商务平台为核心,实现各贸易参与主体和环节之间的智能联动,不断强化各贸易参与主体的共赢性以及整体发展的持续性，从而打造出一个更为互联、更加智能的有机生态系统。

12.1.4 弱势群体广泛参与

国际贸易弱势群体指的是相对于规模庞大的企业而言，在传统国际贸易中容易被忽视的贸易群体，如中小微企业、个体商户等。目前，尽管各国（地区）部分贸易弱势群体的产品和服务质量很高，但其却因渠道垄断、信息不对称和贸易成本过高等问题难以进入国际市场而为境外消费者所知。跨境电子商务的发展则为贸易弱势群体建立国际竞争优势提供了新的机遇。跨境电子商务能有效地打破渠道垄断，促进贸易流程便利化、透明化，降低贸易弱势群体进入国际市场的门槛，进而促使各国（地区）贸易弱势群体能够广泛地参与国际贸易并从中获利，推动普惠贸易的进一步发展与繁荣。

12.1.5 个性偏好充分体现

随着网络信息技术的迅猛发展，消费者对产品和服务的个性化需求被进一步激发。跨境电子商务在消费与生产流通环节之间搭建起了一条高效的交流渠道，使消费者的个性化需求能够得到反应与满足。在跨境电子商务中，大量虚拟企业、中小企业乃至个人都可以通过网络共享信息、资源，进行生产经营合作，分散的贸易流量和消费者偏好等信息通过平台汇集成一个整体，这为跨境电子商务中的产品差异化生产和个性化服务定制提供了更多可能性，也为实现智能制造提供了更充分的消费者信息集成，消费者个性偏好和需求将因此得到充分体现。

新闻摘录

深耕个性定制化市场，电子商务企业如何应对旺季爆单

近几年跨境电子商务迅速发展，市场订单碎片化已成为主流，尤其是旺季，爆仓、物流积压等问题就浮现出来。那么针对旺季，跨境电子商务企业应该如何备货？如何应对风险呢？

厦门指纹互动电子商务有限公司（以下简称"厦门指纹"）招商经理 Calais 认为应对旺季爆单，个性智能化 C2M 模式是可取之道。个性化市场最重要的过程就是新的产品，是对传统产品的升级和替代，最终所有产品都将实现个性化生产。

C2M 是英文 Customer-to-Manufacturer 的缩写，是一种新型的工业互联网电子商务的商业模式，又被称为短路经济。随着定制化产品的发展和无限延伸，现在的普货在未来都将被定制产品替代。Calais 认为满足消费者对产品定制化的需求，正是 C2M 发挥强项的时刻。

1. 如何应对旺季爆单？

旺季是跨境电子商务企业发力的主要战场，机遇同挑战并存，在这一战场上，不少跨境电子商务企业苦于库存压力、备货压力，但厦门指纹却在一天创下了 18 万单的纪录，赚得盆满钵满，这和厦门指纹 C2M 模式的优势息息相关。

那么 C2M 模式究竟是怎样的一个模式呢？又能为跨境电商卖家带来什么？刺激消费，还是提高销量？为什么能对旺季爆单应对自如呢？

厦门指纹采取的 C2M 模式并不是严格意义上的 C2M 模式，而是 C2B2M 模式，可以说更优于传统的 C2M 模式。C2B2M 模式只和中间端 B 端合作，没有直接接触到 C 端，这是与其他 C2M 的最大区别。同时，B 端已围绕厦门指纹形成一个小的生态闭环，包括国内外主流第三方平台、工厂、分销商、设计师、物流企业、配套资源服务商等。这种模式的优势主要体现在去掉了中间环节，增加各 B 端的变现能力，同时平台最大化让利给各个 B 端，以确保平台各个生态的平衡发展。

Calais 认为厦门指纹的发展离不开自主研发的个性化定制系统，将成本控制在与传统工厂流水线相当的水平。"结合强大的分销商团队，同时配合成熟的规模化定制系统、低于 15 天的超快速供应链反应系统，以及与物流公司的官方合作等，再加上这几年积累的经验，便能应付旺季爆单的情况。"

另外，厦门指纹为了更好地应对旺季，接下来将扩充产品线。目前已经对接亚马逊所有站点，以及速卖通、eBay、Wish，接下来还会对接 Lazada 等。

2. 未来试水智能化定制

个性化定制市场发展潜力巨大，但想要真正达到个性化，还需要不断升级和发展，智能化定制可能是未来发展的大趋势。目前市场上的个性化定制在一定程度上属于初级阶段的定制，很容易出现仿货，跟卖现象严重。为了在定制市场站稳脚跟，需要与时俱进，将个性化披上智能的外衣。

"目前大家对厦门指纹的认识更多的是个性化定制跨境电子商务企业。接下去，公司的重心将转向国内市场，着重发展国内定制品牌：燃物！目前我们正在对燃物做全方位的改版升级。"Calais 提到升级将从三个方面入手：第一，重品质，选择无印良品、CK 等 T 恤的制造商以确保燃物底衫品质；第二，将燃物作为朴树厦门演唱会官方指定电子商务合作品牌，尝试投入更多赞助，扩大宣传力度；第三，开设线下体验店，超过 200 平方米的线下体验店将于 7 月中旬首推试运营，以打造爆品的形式将线上线下结合起来，同时开始试水智能定制硬件以及 VR 虚拟现实的场景式定制开发，让定制更具趣味性。

思考题：
1. 跨境电子商务企业如何运作个性化的定制市场？
2. 试分析定制市场的经营重点。

资料来源：涂佳慧.深耕个性定制化市场，跨境电商卖家如何应对旺季爆单［EB/OL］.（2017-06-22）［2020-03-10］.https://www.cifnews.com/article/26955.

12.2 数字贸易的提出与演进

12.2.1 数字贸易的提出

Weber（2010）在研究数字经济时代国际贸易规则时提出，一般意义上，数字贸易是指通过互联网等电子化手段传输有价值产品或服务的商业活动，数字产品或服务的内容是数字贸易的核心。熊励等(2011)将全球范围内的数字贸易概括为以互联网为基础,以数字交换技术为手段,为供求双方提供互动所需的数字化电子信息,实现以数字化信息为贸易标的商业模式。这是截至目前我们发现的国内外最早的有关数字贸易概念的论述。

2013年7月,美国国际贸易委员会(USITC)在《美国与全球经济中的数字贸易Ⅰ》中正式提出了数字贸易定义,即通过互联网传输产品和服务的国内商务和国际贸易活动,具体的交易标的包括:音乐、游戏、视频、书籍等数字内容;社交媒体、用户评论网站等数字媒介;搜索引擎;其他产品与服务。李忠民等(2014)在研究我国数字贸易的发展态势与影响时就采纳了这一定义。但是,2014年8月,该机构又在《美国与全球经济中的数字贸易Ⅱ》中对数字贸易这一概念进行了修改,将其解释为互联网和互联网技术在订购、生产及递送产品和服务中发挥关键作用的国内商务或国际贸易活动。数字贸易的标的具体包括:使用数字技术订购的产品与服务,如电子商务平台上购买的实体货物;利用数字技术生产的产品与服务,如存储软件、音乐、电影的CD和DVD等;基于数字技术递送的产品与服务,即该机构发布的前一版定义中所包含的内容。

美国的其他机构也根据自身的需要,对数字贸易做出相关定义。美国商务部经济分析局(USBEA)在2012年的《数字化服务贸易的趋势》中提出数字化服务贸易概念,即因信息通信技术进步而实现的服务的跨境贸易,具体分类如下:版权和许可费;金融和保险产品;长途通信;商业、专业和技术服务等。这一概念主要用于衡量美国的国际数字服务贸易。2017年,美国贸易代表办公室(USTR)发布的《数字贸易的主要障碍》报告认为,数字贸易应当是一个广泛的概念,不仅包括个人消费品在互联网上的销售及在线服务的提供,还包括实现全球价值链的数据流、实现智能制造的服务及无数其他平台和应用。该报告列举了诸多事实:物联网已经将超过50亿台设备连接起来,汽车、冰箱、飞机甚至整幢建筑物都在不断地生成数据并将其发送到国内外的处理中心。制造业产生的大量数据被广泛应用于研发、生产、运营、服务等价值链各环节,从而降低生产成本并提高生产效率。

12.2.2 数字贸易的演进

通过梳理美国多个机构发布的数字贸易定义(简称"美版定义")及相关研究文献,我们根据交易标的的不同,将数字贸易概念的演进历程划分为以下两个主要阶段:

第一阶段(2010—2013年):将其视为数字产品与服务贸易的阶段。在这一阶段,数字贸易的标的仅包括数字产品与服务。[①] 无论是Weber(2010)、熊励等(2011),还是2013年美国国际贸易委员会的定义,都将数字贸易的标的物限定在数字产品与服务范围内。这一阶段实质上是将数字贸易理解为通过数字化方式传输的贸易,实体货物的贸易被排除在外。这一阶段的数字贸易标的范围相当狭隘,与经济现实脱节较为严重,因而很快被全新的概念替代。

---

① 1999年,WTO在《电子商务工作方案》中将"数字产品"定义为通过网络进行传输和交付的内容产品。这些产品是由传统或核心版权产业创造,通过数字编码并在互联网上进行电子传输,且独立于物理载体。其分类如下:电影和图片;声音和音乐;软件;视频、电脑和娱乐游戏。2014年6月,欧盟委员会发布的《什么是数字服务》报告认为,数字服务包括信号、文字、图像等信息的传输服务,视听内容的广播服务,以及电子化网络实现的服务。

第二阶段(2014—2017年):将其视为实体货物、数字产品与服务贸易的阶段。在这一阶段,实体货物被纳入数字贸易的交易标的中,强调数字贸易是由数字技术实现的贸易。2014年8月,美国国际贸易委员会对"数字贸易"定义的修改,认为数字贸易是互联网和互联网技术起关键作用的商业贸易活动,只要在订购、生产及递送等一个或多个环节中互联网或互联网技术起到了关键性的作用,就可将其视为数字贸易。显然,原有的交易标的范围被大大拓宽,在订购、生产等环节运用数字技术的产品也被纳入数字贸易的交易标的,而非仅仅包括数字化的产品与服务。2017年,美国贸易代表办公室将"数字贸易"概念进一步扩展,不仅明确地指出互联网上销售的产品属于数字贸易,而且还将实现全球价值链的数据流、实现智能制造的服务及无数其他相关的平台和应用纳入数字贸易范围中。这主要是基于经济社会中数字技术与传统产业融合发展的现实,越来越多的商业活动采取了数字化的形式,企业普遍运用数字技术参与国际竞争与合作。

12.3 数字贸易的内涵与特征

12.3.1 数字贸易的内涵

随着跨境电子商务在我国的蓬勃发展,业界对数字贸易形成了更具中国实践特色的见解。2017年12月4日,敦煌网创始人兼CEO王树彤在第四届乌镇世界互联网大会中提出,"随着中国从消费互联网向产业互联网迈进,以敦煌网为代表的中国互联网企业开创了全新的'数字贸易中国样板',中国样板具备独创的商业模式、可推广的行业标准及可复制的创新实践三大特点,为更多的国家带来新的发展机会,赋能更多的中小企业通过数字贸易走向全球市场"。

在制造业智能化转型的全球背景下,基于我国电子商务特别是跨境电子商务在世界范围内率先实践的有益尝试,从G20杭州峰会关于"数字经济"的权威解读出发,借鉴美版定义的合理内核,我们认为,数字贸易是以现代信息网络为载体,通过信息通信技术的有效使用实现传统实体货物、数字产品与服务、数字化知识与信息的高效交换,进而推动消费互联网向产业互联网转型并最终实现制造业智能化的新型贸易活动,是传统贸易在数字经济时代的拓展与延伸。

美版定义在其发展过程中内涵与外延不断被拓宽,但仍然有很大的局限性。美国贸易代表办公室2017年版的定义虽然也有提及智能制造,但仍将其视为一种服务纳入数字贸易的标的范围。而本书的定义则进一步提出数字贸易的发展将推动消费互联网向产业互联网转型,并将实现制造业智能化作为数字贸易发展的最终目标。这是本书结合我国数字贸易特别是跨境电子商务实践的全新提炼,在平台化、生态化趋势日趋明显的当下,数字贸易成为重塑传统价值链、促进产业转型升级的重要驱动力。本书的定义进一步深化了对数字贸易的理解与认知,为数字贸易的未来发展指明了方向。

前面梳理了数字贸易概念的演进历程,并阐释了我们对数字贸易内涵的理解。为了更加全面地了解数字贸易,我们有必要进一步辨析数字贸易与传统贸易的异同,分析数字贸易与跨境电子商务之间的关系,并提炼数字贸易的本质属性。

12.3.2 数字贸易与传统贸易的异同

1. 相同之处

第一,贸易的行为本质相同。贸易最初始于史前社会,除了自给自足的生活方式,史前人类也通过彼此之间货物和服务的自愿交换,满足各自的需求。数万年后的今天,贸易的本质仍然没有发生变化,无论是传统贸易,还是数字贸易,本质上都是商品、服务、生产要素在不同主体之间的转移,通常是一方以金钱为代价获取另一方的商品、服务、生产要素。传统贸易以金钱交换货物、服务及生产资料,数字贸易以金钱交换传统实体货物、数字产品与服务、数字化知识与信息,但这都没有改变贸易作为交换活动的本质。

第二,贸易的内在动因相同。无论是国内区域间贸易还是国际贸易,贸易活动的内在动因都是一致的。以绝对优势理论、比较优势理论为代表的古典国际贸易理论是研究贸易动因的经典理论,国内区域间贸易的研究同样使用了这一分析逻辑。国家之间技术水平的绝对(相对)差异产生了绝对(相对)成本的差异,一国应当生产自己具有绝对(相对)优势的产品,并用其中一部分交换其具有绝对(相对)劣势的产品,这样贸易双方都将获得更高的福利水平。专业化生产和劳动分工及由此产生的规模经济,是传统贸易和数字贸易的内在动因。

第三,贸易的经济意义相同。数字贸易与传统贸易一样,具有以下经济意义:克服各类资源在各主体之间流动的障碍,调整各个区域内资源的供求关系与价格;密切各主体之间的经济联系,弱化信息不对称;促进资源在更合理的结构上得到利用,使得各主体均可发挥其资源、技术的比较优势;激发各主体的创新活力,提高生产效率与经济效益。

2. 不同之处

第一,贸易的时代背景不同。第一、二、三次工业革命带来了交通通信工具、生产方式的巨大变革,轮船、火车、汽车、飞机等运输工具的出现,使得长距离贸易成为可能;信息技术的进步使得实时通信成为可能;蒸汽机、内燃机广泛应用于生产中,机器生产代替手工劳动,生产效率快速提高,贸易商品大幅增加。正是在这样的背景下,传统贸易大发展、大繁荣,加速推动了经济全球化格局的形成。而数字贸易则是在第三、四次工业革命背景下诞生的一种新型贸易活动。数字技术使得原有的通信、传输方式发生重大变革,数据成为关键性的生产资料,生产组织网络加速重构,传统产业正经历数字化、智能化的升级。数字贸易在数字经济时代将逐渐成为贸易活动的主流。

第二,贸易的时空属性不同。传统贸易从交易开始到交易完成的周期长,受商品价格变化、货币汇率波动等因素的影响大,期货、期权等金融衍生品被广泛应用于减少贸易活动的时间风险。而在数字贸易的交易过程中,信息通信技术大幅提高了交易效率,贸易的时间不确定性大大降低。传统贸易受地理距离的制约较大,贸易成本是贸易活动的一个重要影响因素。而在数字贸易中,处于现代信息网络中的贸易双方不再具有严格的空间属性,地理距离的限制作用大幅弱化。因而,数字贸易依托现代信息网络与信息通信技术在很大程度上突破了时间与空间的限制。

第三,贸易的行为主体不同。在传统贸易交易过程中存在代理商、批发商、零售商等诸多中间机构,供给方和需求方并不直接进行交易磋商,而是委托给各自的代理人决策。

但在数字贸易中,现代信息网络与信息通信技术使得供求双方之间的直接交易成为可能,中间环节大幅压缩。此外,电子商务 B2C、C2C 等商业模式的普及使得个人消费者在贸易活动中扮演着越来越重要的角色。在未来的智能制造时代,C2B、C2M 等商业模式将进一步强化个人消费者的作用。

第四,贸易的交易标的不同。传统贸易的交易标的主要是货物、服务及生产要素,数字贸易的交易标的相对复杂。数字贸易强调数字技术在订购、生产或递送等环节发挥关键性作用,因而其交易标的包括在电子商务平台上交易的传统实体货物、通过互联网等数字化手段传输的数字产品与服务,以及作为重要生产要素的数字化知识与信息。数字贸易的交易标的范围与传统贸易的交易标的范围存在较大差异,两者互不包含,但有部分重合。

第五,贸易的运作方式不同。传统贸易需要固定的交易场所,以及证明材料、纸质单据等实体文件,而数字贸易往往是在互联网平台上达成,不需要任何实体材料,全部交易过程实现电子化。在传统贸易中,货物规模大、价值高,主要采取海运、火车等运输方式。而数字贸易则存在诸多的不同:个人在电子商务平台上订购的商品主要通过邮政、快递等方式寄送;部分跨境电子商务企业采取海外仓模式,先通过海运、空运等方式将大批货物运输到目的国海外仓,再通过邮政、快递等方式寄送给消费者;数字产品与服务的贸易则采取数字化的递送方式,无须实体货物的交付。

第六,贸易的监管体系不同。在传统贸易中,各国商务、海关、税务等监管部门,以及 WTO 等国际组织是贸易的主要监管机构;各国国内的贸易制度,双边、多边的国际贸易协定是约束贸易行为的主要法律规范。而数字贸易的监管体系不仅涉及前述的监管机构与法律规范,还强调对数字贸易中的关键要素——数据进行监管。李海英(2016)认为数据本地化是数字贸易国际规则的重要焦点,包括服务本地化、设施本地化和存储本地化三重含义。2018 年 2 月,苹果公司将中国内地的 iCloud 服务转由云上贵州公司负责运营,用户的 iCloud 数据也会转移到位于中国境内的服务器上,这很好地践行了数据本地化的数字贸易准则。

12.3.3 数字贸易与跨境电子商务的关系

作为有机组成部分,跨境电子商务会助推数字贸易时代的早日到来。电子商务特别是跨境电子商务作为数字贸易的重要组成部分,已经逐渐展现其旺盛的生命力与广阔的发展前景。未来,随着云计算、大数据、人工智能等新型数字技术的广泛应用,跨境电子商务的分析、预测、运营管理能力将得到大幅提升。原来以货物交易活动为主的跨境电子商务,将不断拓展其商务活动半径,整合传统产业链,推动生产、贸易活动的数字化、智能化转型。

作为新型贸易活动,数字贸易是跨境电子商务未来发展的高级形态。需要注意的是,现阶段的跨境电子商务仍然处于数字贸易的初级阶段,产业的垂直整合力度不够,对传统产业的影响十分有限。数字贸易并非简单的货物交易活动,它突出强调数字技术与传统产业的融合发展,以推动消费互联网向产业互联网转变,并将实现制造业的智能化升级作为最终目标。因而,数字贸易是跨境电子商务未来发展的目标。

12.3.4 数字贸易的本质属性

1. 内在属性

第一,虚拟化。数字贸易的虚拟化属性具体表现在三个方面:①生产过程中使用数字化知识与信息,即要素虚拟化;②交易在虚拟化的互联网平台上进行,使用虚拟化的电子支付方式,即交易虚拟化;③数字产品与服务的传输通过虚拟化的方式,即传输虚拟化。交易虚拟化在我国已经非常普遍,2017年全国网上零售额达到7.18万亿元,同比增长32.2%,其中,实物商品的网上零售额达到5.48万亿元,增长28.0%,占社会消费品零售总额的比例为15.0%,比2016年提升2.4个百分点。网上零售对社会消费品零售总额增长的贡献率为37.9%,比2016年提升7.6个百分点,对消费的拉动作用进一步增强。①

第二,平台化。在数字贸易中,互联网平台成为协调和配置资源的基本经济组织,不仅是汇聚各方数据信息的中枢,更是实现价值创造的核心。平台化运营已经成为互联网企业的主要商业模式,淘宝、亚马逊等电子商务平台是其中的典型代表。此外,传统企业也致力于通过平台化的转型提升竞争力。著名建筑机械企业三一重工花重金打造工业互联网平台——根云,这一平台接入能源设备、纺织设备、专用车辆、港口机械、农业机械及工程机械等各类高价值设备近30万台,实时采集近万个参数,服务工业领域的各个行业。根云平台给制造企业提供了低门槛、即插即用的工业互联网,打通了企业与工业互联网应用之间的最后一公里。

第三,集约化。数字贸易能够依托数字技术实现劳动力、资本、技术、管理等生产要素的集约化投入,促进研发设计、材料采购、产品生产、市场营销、物流运输等产业链各环节的集约化管理。美邦服饰、七匹狼、九牧王等服装企业纷纷将智能化、信息化作为重点发力对象,建立"互联网+"平台,以准确反映市场需求变化、避免形成高库存、降低生产成本,实现按需生产的集约化生产模式。在数字贸易背景下,企业越来越多地采用线上销售的方式,直接将产品与服务提供给最终消费者,绕过了经销商、零售商等中间环节。与此同时,信息搜寻成本、合同成本、沟通成本等传统的贸易成本大大降低,贸易效率大幅提高。Lewis(2011)针对eBay二手车拍卖市场的研究发现,卖家在线上交易中更愿意将照片、文字等私人信息发布在网站上,这能有效降低交易中的信息不对称,使合同的订立更加准确,交易效率得到提升。

第四,普惠化。在传统贸易中处于弱势地位的群体,在数字贸易中能够积极、有效地参与贸易并且从中获利。数字技术的广泛应用大大降低了贸易门槛,中小微企业、个体商户和自然人都可以通过互联网平台面向全国乃至全世界的消费者。2013—2016年,在阿里零售平台上,国家级贫困县的网络销售额在2014、2015年先后突破100亿元、200亿元大关,2016年接近300亿元,是2013年的3.4倍。贫困县的创业者、小企业通过电子商务将特色产品,比如贵州湄潭的茶叶、江西寻乌的脐橙、新疆和田的玉器、河南光山的羽绒服、吉林靖宇的人参等销往我国境内各地甚至境外。

---

① 高峰.商务部召开例行新闻发布会(2018年1月25日)[EB/OL].(2018-01-25)[2020-03-15].http://www.mofcom.gov.cn/xwfbh/20180125.shtml.

第五,个性化。随着个人消费者越来越多地参与到数字贸易中,他们的个性化需求也越来越受到重视。商家很难再靠标准化的产品与服务获利,根据消费者的个性化需求提供定制化产品与服务成为提升竞争力的关键。亚马逊境外购的分析报告发现,面对海量选品,消费者的选择非常多样化,长尾选品(原来不受重视的销量小但种类多的产品或服务)的销量增长明显。2017年,亚马逊境外购中园艺类商品的销量增长近三倍。与单一色系的商品相比,色彩丰富的商品更受消费者的青睐,拥有七种色彩的Lodge珐琅铸铁锅成为消费者的新宠。

第六,生态化。在数字贸易背景下,平台、商家、支付、物流、政府部门等有关各方遵循共同的契约精神,在产品开发、市场推广、客户服务等事务中平等协商、沟通合作,共享数据资源,共同实现价值创造,形成一个互利共赢的生态体系。中国(杭州)跨境电子商务综合试验区注重创建整合货物流、信息流、资金流的综合性信息化管理服务平台即"单一窗口",为各类商品提供海关、出入境检验检疫、物流、金融、咨询等一站式信息资源和服务,探索形成以"单一窗口"为核心的"六体系两平台"顶层设计,先后出台两批86条制度创新清单,使跨境贸易活动融入电子商务数据服务合作的新生态。

2. 外在属性

第一,数字贸易以信息通信技术作为技术支撑。自20世纪40年代以来,信息通信领域取得重大突破,电子计算机、大规模集成电路及互联网的发明和普及为数字贸易提供了必要的技术支撑。近年来,云计算、大数据、移动互联网等新型信息通信技术的发展又进一步推动了数字贸易的发展,不仅拓展了数字贸易的标的范围,而且提升了数字贸易的交易效率。

第二,数字贸易以制造业智能化作为历史使命。在传统产业数字化转型的背景下,数字贸易的目标不再仅仅是实现货物、服务与生产要素的高效交换,数字贸易更应当承担起推动实现制造业智能化的历史责任。通过数字贸易的联结,来自世界各地多样化、个性化的需求被反映到产品研发、设计与生产过程中。制造业企业在努力满足消费者需求的同时,将不断推动生产过程的柔性化改造,最终实现数字化、智能化的升级。

12.4 数字贸易的时代价值

推动形成全面开放新格局是社会主义新时代国家对外贸易的重要倡议。习近平总书记在党的二十大报告中指出,推进高水平对外开放,稳步扩大规则、规制、管理、标准等制度型开放。推动货物贸易优化升级,创新服务贸易发展机制,发展数字贸易,加快建设贸易强国,推动共建"一带一路"高质量发展,维护多元稳定的国际经济格局和经贸关系。我国虽然已经成为货物贸易大国,但是仍处于全球价值链的中低端,要完成从贸易大国到贸易强国的转变,实现产业向全球价值链的中高端移动,就需要"坚持高水平对外开放,加快构建以国内大循环为主体、国内国际双循环相互促进的新发展格局","加快建设世界重要人才中心和创新高地",营造稳定、公平、透明的贸易环境,"形成更大范围、更宽领域、更深层次对外开放格局"。数字贸易,适应开放型世界经济,与国家经济战略相吻合,对于全面开放新格局的形成具有重要意义。

12.4.1 拓展对外贸易的组织形态

数字贸易能够适应多元化、个性化的市场需求,不断促进线上线下融合发展,借助这一契机,有利于拓展我国对外贸易的组织形态。目前,数字贸易已培育出多种贸易新业态和新模式:第一,数字贸易下订单的碎片化、需求的个性化及国家的差异化能让跨境电子商务的优势得到充分的发挥,一种全新的贸易业态即跨境电子商务蓬勃发展;第二,数字贸易构建的开放、多维、立体的多边经贸合作模式,极大地拓宽了进入国际市场的路径,大大促进了多边资源的优化配置与企业间的互利共赢;第三,数字贸易促进了多种产业深度融合,催生了包括采购、仓储、加工包装、分销、配送和信息服务在内的一体化供应链管理模式。数字贸易对培育贸易新业态、新模式具有重要意义,对外贸易的业态和模式将朝着更开放、更高端、更融合的方向不断发展。

12.4.2 实现贸易强国的宏伟目标

近几年,我国对外贸易发展的外部环境和内在条件均发生了深刻变化,对外贸易发展的动力减弱,贸易增速有所放缓。我国虽是贸易大国,但和世界贸易强国还相距甚远,庆幸的是,数字贸易为我国早日实现贸易强国的宏伟目标带来了新契机。数字贸易利用互联网的开放性将传统链条式交换的贸易转向统一聚合的全球市场,大大减少了中间环节,降低了贸易成本,给予了我国中小微企业及个体商户迈入国际市场并从中获利的有利条件,有效提高了资源配置效率和贸易效率。发展数字贸易,以信息化、标准化、集约化为导向,加快信息技术在流通领域的创新应用,促进线上线下融合,这对推动我国贸易经济的增长具有重要意义。

12.4.3 提升贸易政策的制定弹性

传统国际贸易政策出于保护本国市场、扩大本国出口市场、促进本国产业结构改善、积累资本或资金以及维护和发展本国的对外政治经济关系等目的,会对进出口数量、种类、关税和贸易保护对象等做出严格的限制,其发挥作用的余地相对较少。为有效减少限制数字贸易发展的壁垒和障碍,推动数字贸易市场开放,促进数字贸易持续健康发展,迫切需要进行数字贸易规则谈判,构建出一个全面、统一、规范、透明的全球数字贸易规则体系(李忠民等,2014)。我国在数字贸易发展上积累了大量经验,在国际市场上具有先发优势。我国应充分借鉴自身和其他国家(地区)在构建数字贸易规则方面的经验教训,通过中美、中欧等经贸谈判平台率先开展全球数字贸易规则的讨论,掌握数字贸易规则制定的话语权,这有利于提升贸易政策的制定弹性,增强贸易政策的回旋余地,以充分保护我国贸易参与主体的诉求。此外,数字贸易所营造的更加和谐、平等、自由、便利、开放的国际贸易氛围和数字贸易中的流量和信息沉淀,有助于我国制定和实行高水平的贸易自由化与便利化政策。

12.4.4 增强全球网络的辐射能力

我国是世界贸易大国,国际贸易网络已经形成并且正在深入发展;生产网络也在近百个境外工业园区(含国家确认的境外经贸合作区)的建设中逐渐形成;至于服务网络,无论是消费品出口所需的售后服务网络,还是为全球生产基地提供的服务网络体系,都在逐步完善。数字贸易将进一步推动我国贸易、生产和服务网络向纵深发展,有效增强其对全球网络的辐射能力。数字贸易促使买卖双方借助互联网和信息技术迅速完成贸易活动、加强直接联系、降低贸易成本、提高贸易效率,有助于提升我国贸易、生产与服务网络的附加值和竞争力。加强贸易网络、生产网络和服务网络的联动性,形成以我国企业引领的集高端制造和现代服务于一体的面向全球的国际产业体系,对推动形成全面开放新格局具有重要意义。

12.4.5 探求竞争优势的创新源泉

在传统国际贸易下,国际竞争优势主要由市场结构、市场行为等外生性因素以及异质性资源、企业核心能力等内生性因素决定。全球数字贸易则强调信息集成、消费者个性偏好、智能制造和贸易生态系统的关键性作用。数字贸易下的信息资源是无限的、可再生的、可共享的,确保贸易信息的质量、时效性和共享性将成为塑造国际贸易新竞争优势的关键条件。充分利用数字贸易平台汇集的贸易流量和消费者信息集成,并以此来指导企业的决策与智能化生产,创造出能够满足境外消费者个性化需求的产品和服务,有助于提高企业在国际市场上的竞争力。此外,数字贸易创造了更加公平的贸易机会,我国大量的中小微企业将在国际舞台上发挥越来越重要的作用。发展数字贸易有助于我国培育国际竞争新优势,打造出一个以数字贸易平台为核心,集普惠、集约、个性为一体的有机国际贸易生态系统,不断推动形成全面开放新格局。

12.5 数字贸易的研究展望

12.5.1 数字贸易对国际经济理论研究的挑战

Smith(1776)在《国富论》中最早提出了绝对优势理论,开启了国际贸易理论研究的序幕。经过240多年的发展,国际贸易理论主要经历了古典贸易理论、新古典贸易理论、新贸易理论和新新贸易理论四大发展阶段。

古典贸易理论是从生产技术差异的角度来解释国际贸易起因的。该理论的一个重要假设是生产要素只有劳动力,因此,生产技术差异就具体化为劳动生产率差异。与古典贸易理论相比,新古典贸易理论扩大了生产要素的范围,认为在生产过程中不只有劳动力一种要素投入,还包括资本、自然资源等其他要素投入。与新古典贸易理论相比,新贸易理论将市场是完全竞争的、产品是无差异的及不存在规模报酬等假设前提分别修订为市场是不完全竞争的、异质性产品及规模报酬是递增的。与新贸易理论相比,新新贸易理论开始关注微观企业层面而非局限于宏观国家层面贸易,使得国际贸易理论获得了新的微观基础。新新贸易理论主要包含异质性企业贸易理论和跨国公司内生边界理论。异质性企业贸易理论从微观层面衡量了贸易自由化状态下生产率差异所导致的资源重新配置进而引起的福利变化;而跨国公司内生边界理论解释了为什么境外生产主要发生在跨国公司内部,而不是采取外包或者许可的方式。

可以看出,国际贸易理论是在其前提假设不断被修订的过程中得以发展的。现有国际贸易理论的前提假设若无法适应现实的经济基础,客观事实就会倒逼理论的变革。从古典贸易理论、新古典贸易理论、新贸易理论到新新贸易理论,理论的前提假设逐步放松。新新贸易理论因其前提假设和分析框架最接近现实基础而被认为是目前最贴近现实贸易的理论。

然而,随着数字贸易的日渐兴起,新新贸易理论前提假设的现实基础逐渐发生改变,数字贸易将对新新贸易理论带来重大挑战,具体如下:

第一,挑战了"国际贸易的固定成本显著高于国内贸易"这一命题。异质性企业贸易理论认为,由于企业进入国际市场比国内市场的难度要大,当企业选择出口时,就要付出更大的进入成本,因此,该理论包含一个重要假设即国际贸易的固定成本显著高于国内贸易。而在数字贸易中,企业利用互联网和数字技术就能快速完成原先很难完成的以及完成不了的贸易环节,企业进入国际市场的门槛大大降低。也正因为如此,越来越多的中小微企业和个体商户加入国际贸易并建立品牌优势从中获利。显然,在数字贸易背景下,上述命题将难以成立,企业进入国际市场所需的固定成本会越来越低,不断趋近于国内贸易的固定成本。

第二,挑战了"异质性主要体现为生产率差异"这一命题。异质性企业贸易理论认为,企业生产率高低决定了企业是否有能力出口或去国外市场开展经营活动。而在数字贸易中,企业生产率的差异变得不再重要,企业智能化水平才是异质性的主要来源。企业的关键性生产资料是数据,通过分析自身信息和经数字贸易平台汇聚而来的贸易流量和信息集成,企业判断并规划自身行为以实现智能制造的目标。此外,制造业也不再只是单纯的第二产业,而将成为融第二产业与第三产业为一体的新型智能化制造业。企业在实现智能制造的过程中,不断推动消费互联网转向产业互联网,进而通过重新分配社会资源提高社会福利。

第三,挑战了"只有生产率高的企业才能从事出口活动"这一命题。异质性企业贸易理论认为,只有生产率高的企业才能从事出口活动,而在数字贸易中,生产率低的企业也能够从事出口活动。在数字贸易中,企业能够通过全球互联网平台直接面对境外消费者,进入国际市场的门槛大幅降低,生产率较低的企业更容易参与国际贸易活动。此外,借助数据分析,低生产率企业通过"自我选择效应""学习效应"和"再分配效应",可以寻找从事出口活动的新驱动因素。

第四,挑战了"跨国公司最基本的生产要素是资本和劳动力"这一命题。跨国公司内生边界理论假定,只有资本和劳动力两种基本生产要素。而在数字贸易中,数据是相对于资本和劳动力而言更重要的生产要素,是企业的关键性生产资料。企业通过搜集数据、分析数据和应用数据,最大限度地降低生产成本和交易成本,满足消费者日益增长的个性化需求,不断增强企业的核心竞争力。在数字贸易中,数据逐渐成为一种稀有的生产要素。为了获取数据、信息等稀缺的无形资产,数字贸易时代的企业会更多地选择内部化以增强企业核心竞争力。

第五,挑战了"跨国公司基本生产要素可以在部门间自由流动"这一命题。跨国公司内生边界理论假定,生产要素可以在部门间自由流动。而在数字贸易中,企业掌握数据就掌握了主动权。数据能够帮助企业科学决策,是未来企业竞争的核心要素。为了建立和维持竞争优势,核心数据成为企业的商业机密,不能为公众和其他商业组织和部门所知悉。除此之外，数字贸易下跨国公司强调的是母公司而并非子公司对核心数据的控制、整合和配置能力。因此，部分数据要素无法实现在各部门间甚至是部门内的自由流动，这与跨国公司内生边界理论的假设前提不符。

第六，挑战了"跨国公司只有垂直一体化和外包两种生产组织形式"这一命题。跨国公司内生边界理论假定，跨国公司只有垂直一体化和外包两种生产组织形式。在数字贸易中，竞争不再是企业与企业、供应链与供应链的竞争，而是生态圈与生态圈的竞争。数字贸易平台作为整个贸易生态系统的核心，正在重塑全球价值链中的商业模式、运营模式和合作方式。显然，在数字贸易背景下，企业不再简单地选择垂直一体化战略或外包业务方式，而是更多地选择平台战略，利用数字贸易平台的张力和资源整合能力，不断提升其核心竞争力。

除此之外，数字贸易下的数字产品与服务、数字化知识与信息这些特殊贸易标的的大量涌现，也改变了模型前提假设的现实基础，挑战了新新贸易理论：

第一，挑战了"国际贸易存在冰山运输成本"这一命题。异质性企业贸易理论假定国际贸易均存在冰山运输成本，显然这一假定不符合现实情况。首先，在服务贸易中，冰山运输成本就不存在。除此之外，数字贸易中的数字产品与服务、数字化知识与信息等也不会因在区域间进行运输和传送而"融化"掉，因而这些产品的贸易也不存在冰山运输成本。正是由于冰山运输成本的存在，商品越集中在接近国际市场及交通运输便利的地方生产就越能节约成本，从而企业会更有利可图，这也是异质性企业空间集聚的一个重要驱动因素。而在数字贸易中，由于数字产品的交易不存在冰山运输成本，从事数字贸易的异质性企业不会出于运输成本考虑而围绕国际目标市场做高度空间集聚。

第二，挑战了"企业边际成本服从帕累托分布"这一命题。异质性企业贸易理论的一个重要前提假设是企业边际成本服从帕累托分布。然而，数字贸易下的许多产品如数字产品与服务以及数字化知识与信息产品等，由于具有虚拟性、可复制性和无排他性等特点，边际成本几乎为零。显然，企业边际成本服从帕累托分布这一假定不符合数字贸易下的经济事实。因此，由该假设推导出的结论很有可能是错误的。

通过分析可以看到，数字贸易使得新新贸易理论的现实基础发生了重大改变，进而给该理论带来了重大挑战。此外，为了进一步拓宽和完善国际贸易理论以适应新时代下的社会经济发展，我们还必须关注以下经济事实：

（1）"贸易的交易成本大幅下降"这一事实。在传统国际贸易中，由于信息是不对称的，信息搜寻成本、合同成本、沟通成本等交易成本高昂，对生产者和消费者的决策行为产生重要影响。但是在数字贸易下，现代信息网络和信息通信技术的应用使得数字贸易中的搜寻成本、合同成本、沟通成本等交易成本大幅降低，贸易便利化程度大大提高。此外，在互联网平台上完成的交易，用户的各项行为数据被完整记录，这为更准确地衡量搜寻时间、搜寻成本提供了可能。"贸易的交易成本大幅下降"这一事实值得密切关注。

（2）"产品的替代弹性越来越小"这一事实。在传统国际贸易理论中，产品的替代弹性是贸易理论模型中的重要参数，对国际贸易行为有着重要影响。而在数字贸易中，为了获取市场份额并创造更大的竞争优势，生产厂商通过充分利用数字贸易平台汇集的贸易流量和信息集成来实现柔性生产和智能制造，从而生产出差异性更强的产品以满足消费者日益增长的个性化、多样化需求。数字贸易下交易标的的差异化程度越大，产品之间的替代弹性就越小,企业就越有可能从贸易中获得超额利润。所以,必须关注"产品的替代弹性越来越小"这一经济事实。

(3)"贸易的响应时间可被记录"这一事实。贸易的响应时间指的是价值链各个环节从开始到结束所需的时间,包括搜寻时间、文件准备时间、谈判时间、备货时间、运输时间、装卸时间和清关时间等。在传统贸易理论中,由于实际贸易时间的波动和不确定性非常大、实际贸易时间难以测度,其对贸易的影响也就很难判断,出于简化目的,贸易时间这一变量往往被忽略。而在数字贸易中,多数贸易环节依托互联网和数字技术完成,响应时间可以被完整记录,克服了传统贸易理论的技术难关。响应时间直接关乎贸易各环节的效率,是未来企业竞争优势的重要来源,对于数字贸易而言具有重要意义。因而,我们必须关注"贸易的响应时间可被记录"这一事实。

12.5.2 数字贸易对中国国际经济理论研究的机遇

1. 学术自信日趋增强的社会氛围

改革开放以来,我国经济社会发展取得了长足的进步,对外贸易已经成为国民经济的重要组成部分,国际经济理论的"中国经验"已作为一种客观存在进入我国学者的视野。我国是哲学社会科学大国,研究队伍、论文数量、政府投入等都位居世界前列。我国学术自信和底气日趋增强,而这些学术自信和底气正如习近平总书记在党的二十大报告中指出的,"全面建设社会主义现代化国家,必须坚持中国特色社会主义文化发展道路,增强文化自信"。数字贸易的蓬勃发展极大地激励了我国学者对于国际经济理论研究的信心。从研究数字贸易的"中国经验"到解决"中国问题",不断提升我国国际经济学科研究的"中国自信",有利于推动我国国际经济理论的发展与创新。

2. 数字贸易蓬勃发展的先行优势

我国数字贸易蓬勃发展的先行优势为国际经济理论研究提供了历史难得的发展机遇。目前,我国在跨境电子商务、跨境移动支付等很多方面处于世界领先水平,这为我国数字贸易及相关学科理论的未来发展提供了良好的环境土壤。我国企业特别是跨境电子商务企业和平台运营商已逐渐成为全球数字贸易新担当,肩负着促进全球数字贸易、实现"买全球、卖全球"的重大使命。此外,2016年我国数字经济规模首次超过20万亿元人民币,达22.6万亿元人民币,增速高达18.9%,占GDP的比例达到30.3%,牢牢占据全球第二大数字经济体地位,这也在很大程度上树立了我国对未来数字贸易及国际经济理论研究发展的信心。

3. 对接能力不断提升的科研队伍

现阶段,虽然相对于欧美等发达国家(地区)而言,我国国际经济理论研究水平仍比较薄弱,但是在我国科研队伍始终坚持向前看、向强者看齐、与前沿比肩的研究信念驱动下,我国国际经济理论研究水平与世界领先水平的差距越来越小。在这个伟大变革的时代,数字贸易为我国国际经济理论研究提供了一次难得的发展机遇,有助于进一步缩小这一差距。把数字贸易作为我国国际经济理论研究的重点对象,能帮助我国科研队伍摆脱"追随者"的命运,激发我国科研队伍的研究灵感和创新,不断提升我国科研队伍对接国际学科理论前沿的能力,促进我国国际经济理论创新发展,从而实现真正意义上的世界一流科研队伍建设,让世界知道一个发展中的中国、开放中的中国和为人类社会发展进步做出贡献的中国。

本章要点

- 数字贸易是以现代信息网络为载体,通过信息通信技术的有效使用实现传统实体货物、数字产品与服务、数字化知识与信息的高效交换,进而推动消费互联网向产业互联网转型并最终实现制造业智能化的新型贸易活动,是传统贸易在数字经济时代的拓展与延伸。
- 数字贸易与传统贸易在贸易的行为本质、贸易的内在动因、贸易的经济意义方面相同,在贸易的时代背景、贸易的时空属性、贸易的行为主体、贸易的交易标的、贸易的运作方式、贸易的监管体系方面不同。
- 数字贸易具有内在属性与外在属性,其内在属性表现为虚拟化、平台化、集约化、普惠化、个性化、生态化;其外在属性表现为以信息通信技术作为技术支撑、以制造业智能化作为历史使命。

重要术语

数字贸易(Digital Trade)　　　　　个性偏好(Personality Preference)
贸易成本(Trade Cost)　　　　　　竞争优势(Competitive Edge)
弱势群体(Disadvantaged Groups)　　新新贸易理论(New-new Trade Theory)

思考题

1. 试论述数字贸易的发展历程。
2. 试比较数字贸易与传统贸易的异同。
3. 试分析数字贸易与跨境电子商务的关系。
4. 试论述数字贸易的内在属性与外在属性。
5. 试分析数字贸易的时代价值。
6. 我国企业在数字贸易大潮中如何应对结构性失业问题?
7. 数字贸易未来是会取代传统贸易,还是作为一种补充手段存在?
8. 未来数字贸易时代的国际经济理论会有哪些主要特征?

案例分析题

从零到80万美元,外贸企业转型数字贸易如何完成单量逆袭?

近年来,随着跨境电子商务的蓬勃发展,越来越多的传统外贸企业开始尝试向跨境电子商务领域转型,以寻求企业发展的新增量。2017年更被称为外贸大军转型跨境电子商务的元年,跨境电子商务行业的发展上升到一个新高度。

从整个跨境贸易数字化的进程来看,跨境贸易已经从最初的在线展示信息、线下交易的1.0时代,升级为可以直接在线交易并保存交易数据的2.0时代。当前,跨境贸易正在迈进 3.0 数字贸易时代。所谓的数字贸易,比在线交易又进阶一大步,是整个贸易链的在线化、平台化。

2018 年,在数字贸易新形势下,传统外贸企业在转型的道路上该如何走?转型的传统外贸企业该如何突破发展瓶颈?

1. 转型之路波澜曲折,是机遇也是挑战

随着中国跨境电子商务的蓬勃发展,加之近年来国际贸易的严峻形势,越来越多传统外贸企业尝试通过跨境电子商务的渠道出海。一方面,企业注入互联网血液,更高效、直接地获取市场反馈的需求信息,以便调整经营策略适应市场生存环境;另一方面,借助中国跨境电子商务强劲的发展势头,企业期望能在跨境渠道上得到新的增长点。

但理想很丰满,现实却很骨感。传统外贸与跨境电子商务虽说面对的都是境外市场,但无论是在模式上还是在渠道上,仍存在本质的差别。没有经验的传统外贸企业在转型之路上还是会面对重重困难:

(1) 正式运营难。跨境电子商务的操作性比较强,没有运营经验的传统外贸企业可能在开店、运营等电子商务实操方面起步较为困难。

(2) 选品备货难。这需要考量卖家精准的选品能力,传统外贸模式是下单生产,而跨境电子商务是多 SKU①的备货销售,需要占用大量的资金流,如在选品上出现差错,便可能造成大量的库存积压。

(3) 思维转变难。时代在向智能化靠拢,传统外贸企业由于长期的线下贸易形式,缺少互联网思维,在诸多项目的推进上难以转换思维,从而限制跨境电子商务的发展。

在 3.0 数字贸易时代的新形势下,传统外贸企业的转型更增添了未知定数,既是机遇也是挑战。

2. 贸易即服务,数字贸易时代 TaaS 应运而生

TaaS 是什么? TaaS 即 Trade as a Service(贸易即服务),通过建立多维度、小颗粒、标准化的服务模块,构建 TaaS"乐高式"模块化数字贸易解决方案,帮助客户在国际贸易的全流程上做细致的指导、提升和整合。

TaaS 包括但不限于大数据模块、选品模块、开店模块、上新模块、营销模块、风控模块、物流模块、支付模块、品牌模块等,涵盖整个国际贸易链条的方方面面,同时每个模块再细分为更多维度的细小模块,以匹配各种贸易场景。

TaaS 能带来什么? TaaS 对于客户乃至整个数字贸易的作用可以归纳为以下三个方面:

(1) 降低成本支出,提高效率。TaaS 通过智能的供需匹配、智慧物流,可以降低外贸企业在贸易各个环节的成本支出,提高效率,普惠中小企业。

(2) 直面市场需求,精准匹配信息。TaaS 可以加速贸易双方的精准信息匹配,直接准确地获取市场一手信息,并快速反馈至生产制造端,促进贸易平衡。

(3) 降低贸易摩擦。通过生态数据的积累对买卖双方授信,提供相应的金融服务,促进外贸行业整体的良性发展。

---

① 英文全称为 Stock Keeping Unit,一般指库存保有单位,可以件、盒、托盘等为单位。SKU 是物理上不可分割的最小存货单元。在使用时要根据不同业态、不同管理模式来处理。

3. 标准化运营流程，TaaS 赋能外贸企业转型

TaaS 各模块均为贸易服务，针对不同的贸易主体，如乐高积木一样，可以自由拼拆、自由组合。以传统外贸为例，敦煌网 TaaS 为企业提供了非常有针对性的解决方案，包括大数据模块、选品模块、开店模块、上新模块、营销模块、风控模块、物流模块、支付模块、品牌模块等，每个大模块下又有更多子模块。

真实案例分享：

在敦煌网平台上有一家假发产品店铺，这家店铺之前在广东美妆批发市场——美博城线下经营长达 15 年，客户主要是来中国采购的非洲客户。但近年来，在电子商务的冲击下，客流量减少，线下租金、人力各项成本增加等问题逐渐浮现出来，店主意识到，要维持业务体量，必须转型数字贸易，搭上电子商务这趟快车。Gagaqueen 便是店主在敦煌网开设的一个店铺。

从 2016 年 3 月开始的半年，因为没有经验，Gagaqueen 并没有取得理想的销量。在敦煌网大数据模块的服务下，转机很快出现，Gagaqueen 了解到境外买家的需求，并发现发帘、发套等假发产品非常受境外消费者的欢迎，于是便在这两款产品上下了大力气。Gagaqueen 调整了热搜关键词和产品定价等，并参加 2016 年敦煌网营销模块的"双十一""黑五""网一"等推广服务，每月销售额从原来的 5 000 美元提升到 20 000 多美元，同时积累了丰富的运营经验。

在敦煌网营销模块的助力下，Gagaqueen 的促销推广活动迅速步入正轨，通过产品加权，店铺迅速成长，销量一路攀升，2017 年 8 月销售额突破 11 万美元。有了稳定的销量，Gagaqueen 便开始在品牌推广上发力。在敦煌网品牌模块的服务下，Gagaqueen 积极参与亚特兰大美发展等境外展会，获得了更多的 B 类客户，品牌知名度也越来越大。2017 年全年销售额超过 80 万美元。

Gagaqueen 可以说是数字贸易的幸运儿，在敦煌网从零到 80 万美元的成长，只用了不到一年的光景，这也充分说明在 TaaS 的帮助下数字贸易的门槛降低了，未来将有更多中小企业通过数字贸易走出国门，跨境贸易将变得更便捷、更高效。

传统贸易时代已经过去，在国内贸易严峻的形势中，如何谋得一席之地成为企业不断探索的推动力，数字贸易时代应运而生。

思考题：

1. 传统企业在数字化转型过程中，除了案例中提到的运营难、选品备货难及思维转换难，你认为还存在哪些关键性问题？
2. 在传统企业数字化转型过程中，跨境电子商务平台可以提供哪些实质性的帮助？
3. 传统企业在数字化转型后，面对境外市场还需要注意哪些问题？

资料来源：张毅.从零到 80 万美金，外贸企业转型数字贸易如何完成单量逆袭[EB/OL].(2018-01-19)[2020-03-10].https://www.cifnews.com/article/31971.

参考文献

[1] LEWIS G. Asymmetric information, adverse selection and online disclosure: the case of eBay motors[J], The American economic review, 2011, 101(4): 1535-1546.

[2] SMITH A. The wealth of nations[M]. Penguin Classics,1776.
[3] WEBER R H. Digital trade in WTO-law-taking stock and looking ahead[J]. Asian journal of WTO and international health law and policy,2010,51:10.
[4] 李海英.数据本地化立法与数字贸易的国际规则[J].信息安全研究,2016(9):781-786.
[5] 李忠民,周维颖,田仲他.数字贸易:发展态势、影响及对策[J].国际经济评论,2014(6):131-144.
[6] 马化腾,孟昭莉,闫德利,等.数字经济:中国创新增长新动能[M].北京:中信出版社,2017.
[7] 马述忠,房超,梁银锋.数字贸易及其时代价值与研究展望[J].国际贸易问题,2018(10):16-30.
[8] 庞春.专业中间商的出现:基于西方经济史与超边际经济学的解释[J].制度经济学研究,2008(4):49-63.
[9] 熊励,刘慧,刘华玲.数字与商务:2010年全球数字贸易与移动商务研讨会论文集[C].上海:上海社会科学院出版社,2011.

教辅申请说明

　　北京大学出版社本着"教材优先、学术为本"的出版宗旨，竭诚为广大高等院校师生服务。为更有针对性地提供服务，请您按照以下步骤通过**微信**提交教辅申请，我们会在1～2个工作日内将配套教辅资料发送到您的邮箱。

◎ 扫描下方二维码，或直接微信搜索公众号"北京大学经管书苑"，进行关注；

◎ 点击菜单栏"在线申请"—"教辅申请"，出现如右下界面：

◎ 将表格上的信息填写准确、完整后，点击提交；

◎ 信息核对无误后，教辅资源会及时发送给您；如果填写有问题，工作人员会同您联系。

温馨提示：如果您不使用微信，则可以通过以下联系方式（任选其一），将您的姓名、院校、邮箱及教材使用信息反馈给我们，工作人员会同您进一步联系。

联系方式：

北京大学出版社经济与管理图书事业部

通信地址：北京市海淀区成府路205号，100871

电子邮箱：em@pup.cn

电　　话：010-62767312

微　　信：北京大学经管书苑（pupembook）

网　　址：www.pup.cn